Old Ice and Us

(Wir, hier im alten Eis)

Old Ice and Us

DE

Teil I
Februar

Die Sonne scheint in mein WG Zimmer in der Via Massimo Gorki 2. Dass es der Ausgangspunkt für die bevorstehende Expedition ist, fühlt sich unpassend an. A Milano ist man weniger auf Abenteuer in der Wildnis und eher auf urbanes Überleben eingestellt. „Si mangia bene, dai". Vor einem Monat bin ich von München hierher gezogen.

Es ist Mittag und ich sitze im Bademantel im Bett. Ich frühstücke Zwieback mit Marmelade. Gestern schaute ich Federica Zianni bei Manuel Zoia an. Die Künstlerin war anwesend und erklärte mir die Gedanken hinter ihren Objekten. Das Thema „Paradoxa" bezieht sich auf die angebliche Paradoxie des Menschen als kulturelles Tier.

Apropos, ich habe gerade eben die Einladung zu meiner Ausstellung in der Stadtgalerie Brixen verschickt, die in einer Woche eröffnet. Titel: *Kulturschichten*. Auch hier wird der Gegensatz zwischen Natur und Kultur aufzulösen versucht. Ich denke: Wir Menschen lagern uns als geologische Erdschicht ab.

Dann traf ich Lisa bei Fanta. Als Offspace gestartet ist Fanta mittlerweile eine hippe Galerie. Stefano, based in Italy and Germany, klebt „Mantelabwicklungen" von Tablettenverpackungen auf ungrundierte Leinwände. Ich habe Kopfweh.

Ich lese die kurzen Selbstvorstellungen der anderen Expeditionsteilnehmenden im Forum von The Arctic Circle – Artist & Scientist Residency Program und stelle auch mich selbst im Anschluss dort vor. Erster Eindruck: Interessante Menschen und Projekte! Erwartungen übertroffen.

Bisher ging es in den Emails vor allem um die Bezahlung der Reise, die pro Person 6,600 US Dollar kostet. Jetzt ist es endlich inhaltlicher. In zwei Monaten werden wir alle schon auf dem Segelschiff sein. Wir sind 19 Frauen und 7 Männer und eine elfköpfige Crew (von der ich die Geschlechter noch nicht kenne). Es wird in den zweieinhalb Wochen weder Handynetz noch Internet geben.

Hallo,

ich bin Lourdes aus Spanien. Ich bin Malerin und unterrichte an der Universität. Zurzeit lebe und arbeite ich in Madrid.

In der Malerei untersuche ich das Verhalten der Natur in Gebieten, die sich auf das Wesentliche reduziert sind: karg und roh, unberührt, ungeschmückt und scheinbar leer.

Meine Projekte haben zwei Arbeitsphasen:

1. Der Weg: Ich beginne meine Projekte im Freien. Bei meinem letzten Aufenthalt war ich für vier Monate in Xinjiang (China), der Mongolei und Burjatien (Russland) unterwegs. Vor Ort mache ich Notizen (ich nenne sie RECORDS, Datensätze), die sich in Zeichnungen, Fotos und Worten ausdrücken. Ich greife nicht in das jeweilige Gebiet ein, sondern dessen Natur und seine atmosphärischen Elemente wirken umgekehrt auf meine Arbeit und mich.
2. Das Studio: Ich arbeite mit großformatigen Bildern und verwende meine Notizen als Referenzen. Ich male langsam und sehe jede Entwicklung als Folge und Fortsetzung der vorherigen Phase. Bei diesem Aufenthalt freue ich mich darauf, im Freien zu malen und zu zeichnen.

Ich will RECORDS zu den wesentlichen Merkmalen der Eiswüste machen, um meine Studien über Wüstenregionen fortzusetzen.

Ich bin sehr dankbar für diese Gelegenheit.

Gestern Abend war ich mit Federico Pasta essen im Brutto Anatroccolo und vorhin habe ich mit dem Therapeuten gezoomt. Obwohl wir uns nun schon seit vier Monaten regelmäßig treffen – Trennung und Therapiebeginn fielen fast zusammen – bin ich doch vor jeder Sitzung aufgeregt.

Am Montag soll ich, auch über Zoom, einen Vortrag für die Klasse von Prof. Dierk Schmidt an der Kunsthochschule Kassel halten. Die Klasse wird im April in die Arktis fahren wie ich. Daneben stellt Lutz Fritsch seine Arbeit vor. Mit Lutz aus Köln hatte ich 2017 einmal telefoniert. Er war in den 1990er Jahren auf dem deutschen Eisbrecher Polarstern mit gefahren und lange vor mir auf der Neumayer Station in der Antarktis gewesen. Dort daneben hatte er die *Bibliothek im Eis* eingerichtet. Dieser Container voller Bücher ist der im Abstand von hunderten Kilometern einzige Kulturraum im engeren Sinne (im weiteren Sinne kann man selbstverständlich auch wissenschaftliche Arbeit als kulturelle Tätigkeit bezeichnen) und sticht durch seine grüne Farbe hervor. Ich will die Präsentation mit einem Foto beginnen, das ich aus dem Fenster dieser Bibliothek auf die Forschungsstation geschossen hatte, um meine Perspektive zu verdeutlichen: Als Künstlerin und Kulturwissenschaftlerin richte ich einen anthropologischen Blick auf die naturwissenschaftlichen Prozesse, mit Fokus auf deren ästhetische Dimension. „Bei der Vorstellung deiner Arbeit wäre es für die Studierenden besonders interessant, wenn du neben den eigentlichen Arbeiten auch etwas zur Methodik erzählst. Die Veranstaltung wird von 14–17 Uhr gehen. Als Honorar haben wir 250 € veranschlagt".

Ich gehe mit Lisa auf eine Eröffnung (Jon Rafman bei Ordet) und finde meine bisherige Lieblingsgalerie Mailands (ZERO...).

Trinke Negroni in der Bar Basso aus einem Riesenglas.

Hallo Freunde!

Ich bin Katy Schutte, eine Theatermacherin und Improvisatorin aus London. Bei diesem Abenteuer interessiere ich mich für den zugrunde liegenden Zusammenhang zwischen Klimawandel und psychischer Gesundheit im menschlichen Alltag. Ich beschäftige mich mit Animismus, Solastalgie und erforsche Pyschogeografie und möchte herausfinden, wie all diese Themen einem Live- sowie einem virtuellen Theaterpublikum nahegebracht werden können.

Außerdem will ich versuchen, einige der Klänge des Polarkreises aufzunehmen. Wenn du daher ein Tontechniker oder eine Filmemacherin bist, würde ich deine Überlegungen und dein Fachwissen zu schätzen wissen. Ich habe zwar eine Ausrüstung, aber ich bin mir nicht sicher, wie sie mit der extremen Kälte zurechtkommt!

Am Ende der Tagesschau wird der neuste Bericht des Intergovernmental Panel on Climate Change, des Weltklimarats IPCC, referiert: Die Hälfte der Menschheit, rund 3,5 Milliarden Menschen, ist von der Klimaerwärmung akut bedroht. Deutschland geht das Wasser aus. Im globalen Süden kann bei einer Erwärmung um 2 Grad kein Grundnahrungsmittel mehr angebaut werden. Abendessen: Pellkartoffel.

Auf Youtube finde ich die Dokumentation des Hessischen Rundfunks vom 03.11.1983 über den französischen Sozialphilosophen Pierre Bourdieu. „Bourdieus Analyse des kulturellen Konsums und des Kunstgeschmacks der Ober-, Mittel- und Volksklasse ist für alle von Interesse, die ihre eigenen, meist als selbstverständlich aufgefassten kulturellen Vorlieben und Praktiken überprüfen möchten“. Muster, die Wahrnehmung prägen, Handeln motivieren und Sinn stiften, heißen Habitus.

Beim Workshop mit den Kunststudierenden aus Kassel fällt der Strom aus. Lutz Fritsch spricht vor mir und wieder finde ich seine Interventionen in der Landschaft überzeugend und die Arbeit wichtig. Ich hingegen schaue nicht auf Natur, sondern auf Menschen, die auf Natur schauen.

Ich interessiere mich für Bordieu, weil er sein eigenes Milieu untersucht und beschrieben hat, Akademiker*innen und die Intellektuellen an der Universität. Im Gegensatz zu meiner Erfahrung der Antarktisexpedition, wo ich als Außenstehende in einer Forschungsstation lebte, werde ich bei der Arktisexpedition Teil einer artist residency sein und somit in der vertrauten, eben „eigenen" sozialen Umgebung.

Endlich wird es real! Es macht Spaß, die Projektvorhaben zu lesen und ich freue mich darauf, euch alle kennenzulernen.

Ich bin Judith, komme aus Südtirol in Italien und habe in München Bildhauerei und Kulturwissenschaften studiert. Seit kurzem lebe ich in Mailand.

Ich arbeite multimedial und konzeptuell. Ich beschäftige mich hauptsächlich mit Wissenschaft und Religion als gesellschaftlichen Feldern, die Weltmodelle hervorbringen, und frage nach Gemeinsamkeiten und Unterschieden. Besonders relevant ist dabei der Platz des Menschen in den jeweiligen Kosmologien.

2017 habe ich drei Wochen als „teilnehmende Beobachterin" auf der deutschen Forschungsstation Neumayer III in der Antarktis verbracht und einen Expeditionsbericht über meine Erfahrungen mit „Polarforschungsritualen" veröffentlicht.

In Vorbereitung auf unsere Reise habe ich begonnen, Geschichten von Nordpolarreisen zu recherchieren und dazu Museen und Archive in London und Cambridge besucht. Ich werde ein Tagebuch über unseren Alltag an Bord schreiben und ihn mit Skizzen und Fotos festhalten (ich besitze eine Canon EOS 60D Spiegelreflexkamera).

Ein Punkt, den wir diskutieren könnten, ist die Rolle von Künstler*innen und Kulturschaffenden in den

Polarregionen bei solchen Residenzen wie der unseren. Meiner Meinung nach sind wir sehr privilegiert, diese Reise machen zu können.

Ich würde gerne einzelne Interviews mit euch führen.

Ich sitze im Trenitalia Regionalzug und komme gleich in Brixen an. Um 18 Uhr eröffnet die Gruppenausstellung, bei der meine *Hommage an Tethys* gezeigt wird: zwei Dolomitsteinplatten mit CNC-gefrästen reptiloiden Spuren und zwei großformatige blaue Fotodrucke von Ozeanoberflächen, aufgenommen bei der Atlantiküberquerung 2018.

Am Wochenende hatte Lisa Besuch von Adrian und ich von Felix. Bereits am Freitagabend betranken wir uns in der WG-Küche mit meinen Mitbewohnern Francesco und Giammarco. Am Samstag war uns die Schlange vor dem Plastic zu lang. Am Sonntag aßen wir Gnocchi mit Salbeibutter.

Felix hatte das Buch *Warum Liebe endet* von Eva Illouz mitgebracht und wir lasen gemeinsam die Einleitung. Die soziologische Perspektive auf Trennungen und „negative Beziehungen", wie es im Untertitel heißt, entlastet: Wenn Kapitalismus und neue Technologien, die uns in sexueller sowie emotionaler Freiheit den Zwang zur Wahl aufbürden, mit Schuld am Scheitern von Partnerschaften sind, bin ich weder allein mit dem Problem noch allein in der Verantwortung.

Der Therapeut ermutigt mich hingegen, mit ihm Beziehung-Führen zu üben! Durch die Aufforderung fühle ich mich herausgefordert.

Ich denke an Laura Leppert, die mich fragte, ob es mir nichts ausmache mich so nackt zu machen wie es beim Publizieren eines Tagebuchs passiert? Durch Veröffentlichen von Erlebnissen und Gefühlen werden Themen enttabuisiert und es entsteht eine Gemeinschaft von Menschen, die Ähnliches erfahren haben. Schwäche zeigen zu können ist eine Stärke.

Letzte Nacht träumte ich von Kuchen und dass Markus Lanz nach Olang kam, um mich zu meinem Gefühlshaushalt zu interviewen. Der Therapeut sagt, ich brauche mehr Aufmerksamkeit als ich gerade bekomme, was wohl stimmt. Mit Federico äußerst schlechter Kontakt, auch schlechte Träume.

Mein berufliches Leben plätschert vor sich hin. Ich bekomme zwei weitere Ausstellungsanfragen rein und telefoniere mit Eva Gratl von der Tageszeitung Dolomiten. Ich layoute den Katalog für das Jubiläum der Münchner Lesereihe für junge Lyrik, update meine Webseite und täglich zeichne ich Diagramme Okkulter Chemie. Annie Besant und Charles Leadbeater gehörten der theosophischen Gesellschaft an und schrieben 1908 *Occult chemistry, a series of clairvoyant observation on the elements of the periodical system.* Sie hatten „mit hellseherischen Mitteln" Molekülstrukturen gesehen und aufgezeichnet, über die orthodoxe Chemie hinaus aber auf sieben Ebenen von Materie, d.h. von den grobstofflichen bis zum „Uratom". Ich male ein Blatt Papier ganz bunt mit Ölstiften an, dann überziehe ich es mit schwarzer Tusche. Sobald die Schicht getrocknet ist, kratze ich die Motive heraus. Die Linien sind vielfarbig.

Natürlich ist Okkulte Chemie reine Pseudowissenschaft und keine seriöse Forschung; ich finde aber an der esoterischen Tradition nachvollziehbar, dass sie sich mit der „Leere" der Naturwissenschaften nicht zufrieden gibt, die sich nur auf die materielle Seite der Welt konzentrieren und Begehren sowie philosophische Gründe und moralische Leitfäden ignorieren.

Artemis Evlogimenou

`Hallo! Es freut mich wirklich sehr, über die Projekte von allen zu lesen. Ich bin Filmemacherin und Fotografin und` werde für die Reise an meinem laufenden Projekt ξόρκια (Zaubersprüche) arbeiten, in dem ich Gemeinsamkeiten von Okkultismus und wissenschaftlichem Fortschritt erforsche. Mein Ziel bei diesem Projekt ist es, alte Gewohnheiten und Traditionen zu hinterfragen und eine Brücke zwischen diesen beiden Welten zu schlagen; zu beweisen, dass es sich nur um zwei verschiedene Sprachen aus verschiedenen Epochen handelt, die die Funktionsweise unseres Körpers und der Welt um uns herum zu entschlüsseln versuchen. Unsere Interaktion und Beziehung mit Natur ist ein zentrales Thema in meiner Arbeit, sodass ich mich intensiv mit den ökologischen Gegebenheiten der jeweiligen Region befasse, die ich untersuchen will. Meine Forschung ist recht breit gefächert und ich setze mich mit vielen Themen wie Neurowissenschaften, Anthropologie, Kulturgeografie, Philosophie, Umweltwissenschaften und verschiedenen religiösen Praktiken auseinander.

Ich werde analoge und digitale Kameras sowie Geräte zur Tonaufzeichnung mitbringen. Ihr könnt mir also gerne Fragen dazu stellen, auch wenn mein Wissen über kalte Bedingungen rein theoretisch ist. Ich werde meine Ausrüstung bald im Schnee testen, aber die Temperaturen werden nur ein Minimum von -3°C erreichen.

Wie jeden Morgen seit zwei Wochen mache ich Yoga mit Adrienne. Lisa und ich sind bei Day 15 der 30 Days Challenge „Revolution“. Zurzeit höre ich am liebsten die Band CCCP – Fedeli alla Linea.

Wie ebenso fast täglich stehen Galerienbesuche an und Lisa und ich nehmen an der Ausstellungseröffnung von Annicka Yi im Pirelli Hangar Bicocca teil. Die Künstlerin setzt sich auch mit den Naturwissenschaften auseinander. Sie präsentiert dekorative Fotos von Schimmelpilzen in Lichtkästen. Mir ist eine reine

Abbildung von naturwissenschaftlicher Ästhetik, ohne einer inhärenten Funktionsweise der Arbeiten (z.B. Thomas Feuersteins Prometheus-Statue aus Marmor in der Eres-Stiftung, die von Bakterien live abgebaut wurde) oder einer eigenen Interpretation wissenschaftlicher Bildproduktion und Bildlichkeit, wie sie etwa Alexander Kluge in seinen Videos durch Montage, Zwischentitel und Kommentare aus dem Off vornimmt, zu wenig.

Hallo zusammen!

Mein Name ist Erin Bentley und ich bin derzeit Doktorandin der Ökologie an der Universität von Wyoming in den USA. Im Rahmen meiner Forschung leite ich ein wissenschaftlich-künstlerisches Bildungsprojekt, das Microbestiary. Unser Ziel ist es, der Öffentlichkeit durch Kunst und transdisziplinäre Bildung die Welt der Mikroben näher zu bringen.

Auf dieser Expedition möchte ich mit tragbaren DNA-Sequenzierungsmethoden herausfinden, welche Mikroben in Boden-, Schnee- und Wasserproben entlang unserer Route vorkommen. Diese Daten werden verwendet, um Methoden der mikrobiellen Ökologie in einem von mir entwickelten Kurs zu vermitteln. Der Kurs wird sich mit den Veränderungen in der Arktis befassen und damit, wie Mikroben diese Veränderungen beeinflussen und von ihnen beeinflusst werden. Die Daten werden auch für künstlerische Zwecke zur Verfügung gestellt, da eines der Hauptziele des Microbestiary darin besteht, mit Künstler*innen zusammenzuarbeiten und Mikroben noch charismatischer zu machen, als sie ohnehin schon sind!

Wenn du also an einer Zusammenarbeit interessiert bist, bitte melde dich!

Ich besuche mit Lisa das ADI Design Museum, wo Francesco das Ausstellungsdisplay für die Fashion Week aufbaut. Lisa ist

Schneidermeisterin und will für Prada arbeiten. Wir trinken gratis Champagner und gehen dann zu dritt ins Ex Combattenti e Reduci nebenan. Es ist lustig und kalt. Ich begleitete Lisa zum Busbahnhof nach Lampugnano. Während sie im Flixbus sitzt, sitze ich mit Giammarco, Carmine und Limoncello in unserer WG-Küche.

Was aber eigentlich passiert ist: Putin hat einen Krieg angefangen. Russland hat vor drei Tagen die Ukraine angegriffen und bombardiert Kyjiw. Stimmen über einen dritten Weltkrieg sind vernehmbar. Menschen demonstrieren. Um 15 Uhr startet die Antikriegskundgebung auf der Piazza Cairoli vor dem Stadtschloss. Die ukrainischen Menschen sitzen in Kellern und U-Bahn-Stationen.

Ein komisches, damit zusammenhängendes Phänomen ist, dass viele Instagram-User*innen ihre Teilnahme an den Demonstrationen in den Stories teilen. Wie bei vergangenen politischen Issues, z.B. der Black Lives Matter-Bewegung oder der Covid-Pandemie, scheint es um die Profilierung des Selbst über die Veröffentlichung der „richtigen“ Meinung zu gehen. Ich habe vor allem Leute aus der Kunstwelt abonniert und das Präsentieren der eigenen moralischen „Überlegenheit“ gefällt mir nicht.

Ich bin alleine auf zwei Ausstellungseröffnungen. Die erste findet bei Care of, einer Non-Profit-Organisation für zeitgenössische Kunst in Mailand, statt und ist menschenleer. Die Künstlerin gibt mir eine Führung. Die zweite Eröffnung findet im Condominio statt, einem Space, der sich „mit aktueller Bildlichkeit und Fragen der Repräsentation“ auseinandersetzt. Sie ist in und voller Leute.

Nach einem SMS-Wechsel mit Federico habe ich fast einen Fahrradunfall. Ich blockiere ihn auf allen Kanälen. Dann gehe ich in der Piscina Solari schwimmen und esse auf dem Rückweg eine Piadina mit Rohschinken.

Es ist schon erstaunlich, wie oft man über die gleichen Denk- und Beziehungsstrukturen reden kann; der Therapeut gähnt manchmal.

In Bezug auf meine Arktisreise tut sich, dass ich die Flüge nach und aus Longyearbyen, der Haupstadt Spitzbergens, von und nach München buche. Ich werde über Oslo fliegen. Die Kosten für The Arctic Circle – Artist & Scientist Residency Program betragen 5.735,69 Euro, für An- und Abreise 939,23 Euro.

Im November letzten Jahres war ich im Rahmen der Residency 11:11 mehrere Wochen lang in London und recherchierte. Mein Fokus lag auf Frauenfiguren und marginalisierten Personen in der Geschichte der Nordpolarfahrten. Wie ich rausfand, hat das Scott Polar Research Institute (SPRI) in Cambridge kein entsprechendes Material im Archiv. In einer Oxfam Buchhandlung in Central London kaufte ich *The Arctic Grail – The Quest for the Northwest Passage and the North Pole, 1818–1909* (2000) von Pierre Berton. Der Nordpol war angeblich zum ersten Mal 1909 vom US-Amerikaner Robert Edwin Peary erreicht worden. Lisa Bloom beschreibt in *Gender on Ice* (1993), wie Reisen in die Polargebiete seit Beginn von nationalistischen Interessen geleitet und mit imperialistischen Interessen verknüpft waren. Die Unterfangen funktionierten im Mindset ihrer Gegenwart, daher ist es nicht überraschend, dass lange Zeit ausschließlich Weiße die Anführer der Entdeckungsfahrten und Beteiligte mit anderen ethnischen Hintergründen nicht der Rede wert waren, maximal zuarbeiten durften; so Pearys Begleiter, der Schwarz und ja auch der erste Mensch am Nordpol war. Sein Name ist Matthew Alexander Henson.

Ebenso wurde die indigene Bevölkerung des nördlichen Polarkreises eher wie eine Art „natürlicher Faktor“ der dortigen Landschaft betrachtet und entsprechend damit umgegangen, d.h. entweder als Ressource genutzt oder als Hindernis beseitigt, und die gesteckten Ziele weiter verfolgt. Von Anfang an hatte man wohl gemerkt, dass deren Lebensweise an die extremen Umweltbedingungen bestens angepasst war und Überleben ermöglichte. Mit Peary und Henson sind vier Inuit mitgegangen: Iggiánguaĸ, Sigdluk, Ôdâĸ und Uvkujâĸ.

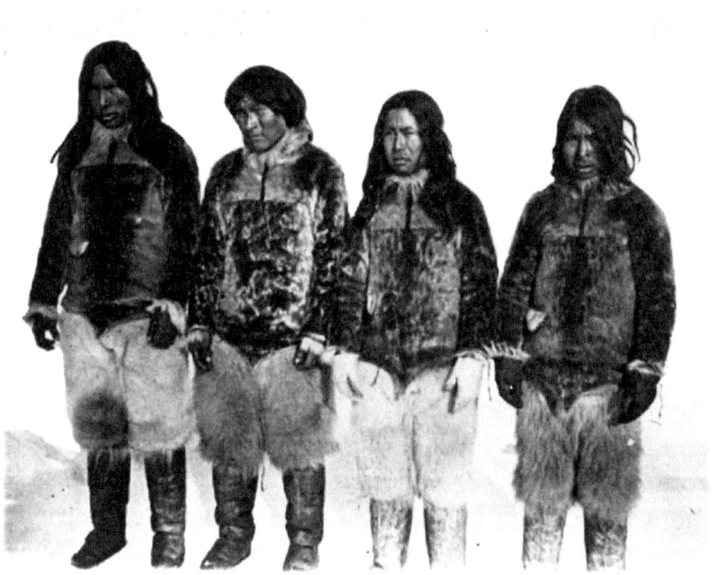

The four North Pole Inuit (Inughuit), Seegloo (Sigdluk), Ootah (Ôdâĸ), Egingwah (Iggiánguaĸ), Ooqueeah (Uvkujâĸ) standing. 4.6.1909. 5 x 7 x 1/16 in. (13 x 18 cm). Peary-MacMillan Arctic Museum on the Bowdoin College university campus

Auch Pearys Ehefrau Josephine begleitete ihn in die Arktis und kümmerte sich um den Haushalt der Hütte. 1893 bekam sie in Grönland ein Baby. Sie veröffentlichte ihre Erfahrungen als *My Arctic Journal – A Year Among Ice-Fields and Eskimos* und später die Kinderbücher *The Snow Baby* und *Children of the Arctic*. Sie gilt als erste Weiße Frau, die in der Arktis überwinterte; 2014 ist ein Film über sie erschienen.

Ihr Ehemann hatte bei einer Reise allein gen Norden wohl etwas angefangen mit einer Frau aus der indigenen Bevölkerung. Wikipedia schildert es folgendermaßen: „Im Jahr 1900 ertrug sie [Josephine] die Situation nicht mehr und machte sich auf eigene Faust auf den Weg nach Grönland, um Robert E. Peary zu suchen. Die Reise wurde für sie zum Desaster, denn Peary hatte in der Zwischenzeit mit Aleqasina, einer Inuit-Frau, die er sich mit deren Mann Piuaiittuq Ulloriaq teilte, eine zweite Familie gegründet. Josephine war wütend. Sie schrieb ihm einen 26 Seiten langen Brief: ‚Zu denken, dass sie in Deinen Armen lag, Deine Zärtlichkeiten empfangen hat, Deine Liebesschreie gehört hat – schon bei dem Gedanken möchte ich sterben... Du hast mir drei Jahre der besten Lust geschenkt, die eine Frau haben kann; danach spürte ich Vergnügen und Schmerz zu gleichen Teilen – bis jetzt, wo alles nur Schmerz ist außer der Erinnerung an das, was war.' Sie wollte den Brief auf Grönland hinterlassen und nach Hause zurückreisen, ohne auf Peary zu warten. Aber der arktische Winter machte ihr einen Strich durch die Rechnung. Das Schiff, auf dem sie reiste, saß im Eis fest. Als Peary im folgenden Frühling in die Gegend kam, erzählten ihm die Inuit, dass ‚Mitty Peary' an Bord war, und gaben ihm den Brief. Er las und terminierte seinen Besuch an Bord auf seinen eigenen Geburtstag, um ihr den Wind ein wenig aus den Segeln zu nehmen. Was ihm gelang".

Mit dem Therapeuten geht es darum, dass ich tendenziell das Gefühl habe meine Anwesenheit sei egal oder ich störe.

Aus der westlichen Perspektive spielten Frauen in der Geschichte der Nordpolarfahrten bis weit ins 20. Jahrhundert hinein hauptsächlich eine Rolle als unterstützende und vermissende Ehefrauen. Ganz zentral dabei Jane Franklin, deren Obsession für Arktisexpeditionen weit über das Verschwinden ihres Mannes hinausging bis zu ihrem eigenen Tod, obwohl sie schlussendlich nie selbst die Arktis bereiste.

Jane Griffin, wie sie eigentlich hieß, stammte aus einer reichen Familie und fuhr zunächst selbst in der Welt herum. Sie durchquerte Australien und gründete eine politische Bewegung, die sich für bessere Bedingungen in tasmanischen Frauengefängnissen einsetzte. John Franklin war mit ihrer besten Freundin, der Autorin Eleanor Anne Porden, verheiratet. Diese starb nur zwei Jahre nach der Hochzeit. Weitere zwei Jahre später, 1828, verlobten sich Jane und John. Berton schildert John Franklin weder als philosophisch und literarisch interessiert noch als emotional besonders intelligent. Ich glaube, er faszinierte die Freundinnen wegen seines Abenteuergeistes.

1845 fuhr John los, um die Nordwestpassage zu finden; das war damals wohl vor allem für die Briten ein populäres Unternehmen. Er kehrte nie zurück. Jane organisierte in der Folge fünf Expeditionen, die sein Schicksal aufklären sollten. Auch als bereits klar war, dass John und seine Leute tot waren, suchte sie finanzielle Förderer, Kapitäne und Mannschaften. Sie schrieb so viele Briefe an das Königshaus, an Wissenschaftler, Unternehmer, Seefahrer und einflussreiche Leute der Londoner Gesellschaft, dass ihr Haus „The Battery“ genannt wurde. Die Suchexpeditionen haben rückblickend einen enormen Beitrag zur Erforschung der nördlichen Polargebiete geleistet.

Auf Nachfrage des Therapeuten erzähle ich von meinen Recherchen und komme ins Reden, bis hin zu Shackleton und Scott und bis die Stunde vorbei ist. Ich texte ihn sozusagen damit zu. Ich kann nicht einschätzen, ob sein Interesse echt oder professionell ist.

Bei einer Ausstellungseröffnung in der galleria ZERO... treffe ich Silvia Hell, eine Künstlerin, die auch aus Südtirol kommt und seit über zehn Jahren in Mailand lebt. Leider ist irgendwann mein Kopf zu müde für Konversation auf Italienisch, aber bis dahin läuft es gut und ich lerne einige neue Leute kennen. Ich kann vielleicht ab sofort das Studio von Silvia in Bovisa übernehmen; sie ist da gerade ausgezogen. Es ist billig (200 Euro) und condiviso. Es sind zufällig zwei Atelierkollegen da mit Andreas tausche ich Kontaktdaten und am Mittwoch schaue ich mir den Raum an.

Nach der vorletzten Episode der 30 Days Yoga Challenge mit Adrienne mache ich mein neues Video *Wunde Stellen des Planeten Ich* für die Förderpreisausstellung fertig. Es kombiniert Bewegtbilder aus den Polarregionen mit Ausschnitten meines Videotagebuchs, das ich im Teenageralter aufgenommen habe. Im Gegensatz zur Heroisierung von „Entdeckern" in den Geschichten historischer Polarfahrten, inszeniert es eine Art Anti-Selbstheroisierung. Die in der Antarktis abgefilmten naturwissenschaftlichen Forschungsprozesse werden zu Metaphern des Erkundens von Körper, Psyche und der eigenen Vergangenheit, Messtätigkeiten zur autobiographischen Untersuchung. Risse im Eis und Abschürfungen der Haut zeigen menschliche und planetare Verletzlichkeit im gleichen Maßstab. Das fünfzehnminütige Video endet mit einem Bibelzitat: „Denn keiner von uns lebt für sich allein, und keiner von uns stirbt für sich allein". (Römer 14:7)

Der Therapeut meint im Rückblick auf die vorige Sitzung, in der ich meine Faszination für Geschichten von Polarexpeditionen zum Ausdruck brachte, es sei für eine Psychoanalyse durchaus angemessen auch „sichere" und nicht nur „wunde Stellen" zu besprechen. Daran erkenne man schließlich Situationen, die kein Problem darstellten und die man entsprechend als Vorbilder nutzen könnte. Er erzählt mir daraufhin ganz tagesaktuell, dass am gestern die Endurance, das 1915 gesunkene Schiff von Sir Ernest Shackleton, gefunden wurde.

Beeindruckende Unterwasserbilder der Endurance sind online zu finden und ein Video des Tauchroboters, der das Wrack in

3,000 Meter Tiefe in der Weddellsee inspiziert. Es ist in „brillantem“ Zustand und soll nicht geborgen werden; es steht als „historische Stätte“ wie unter Denkmalschutz und bleibt an seinem ihn nun eigenen Ort. Eine weitere sichere Stelle: Mein Lieblingsessen sind Schlutzkrapfen, eine Pustertaler Spezialität.

Nachdem John Franklin schon zwei Jahre nichts mehr hatte von sich hören lassen, begannen die Briten 1848, auch auf Druck von Jane Griffin, mit der Suche. Zu dieser Zeit war noch nicht allen klar, dass Seewege mal zugefroren, mal offen sein konnten; daher schätzte man die Route von Franklins Schiffen nicht richtig ein und schaute an den falschen Stellen.

John Rae schien geeignet für die Mission, weil er bei einer vorausgehenden Arktisexpedition im Gegensatz zu einem Kollegen, der dabei rund 20 Kilo verlor, zwei Kilo zulegte. Zwischen 1848 und 1854 unternahm er mehrere Suchexpeditionen. Rae scheute sich im Unterschied zu vielen Zeitgenossen nicht, die Lebensweise und Überlebensstrategien der indigenen Bevölkerung zu adaptieren, von ihr zu lernen. Er präferierte kleine Crews und Kanus und war in der Lage, frisches Fleisch zum direkten Verzehr zu jagen. Das lieferte entsprechende Nährstoffe und seine Leute litten nicht am Hauptproblem damaliger Polarfahrten, Skorbut. Franklins zwei Schiffe waren hingegen mit einer Ausstattung losgefahren, die ich mir wie eine Aristokratenwohnung vorstelle: Sie hatten eine Bibliothek mit über 3,000 Büchern dabei.

Schiffe waren für das Vereinigte Königreich, für „Entdeckungsreisen“ von der Insel aus und dementsprechend auch für Arktisfahrten, zentral. Im National Maritime Museum in Greenwich, London, sind ganze Räume einzelnen Schiffen gewidmet.

Wenn ich an Schifffahrt denke, denke ich an meine Atlantiküberquerung mit Mathias. Wir gingen am 12. November in

Genua an Bord des Frachters CMA CGM Puget und kamen am 27. November in New York an. Die Wellen waren echt hoch. Mir war schlecht.

Ich finde eine wissenschaftliche Grafik, in der Emotionen körperlich verortet werden. Die 6 Primäremotionen sind Freude, Trauer, Ärger, Angst. Überraschung. Ekel. Neben dem Gefühl gehören auch eine Reihe körperlicher Reaktionen dazu, zum Beispiel Übelkeit. Auf der Arktisreise werde ich meine Primäremotionen kartographieren.

Ich sage dem Therapeuten, dass ich das mit der Introspektion gar nicht so leicht finde. Ich kenne wenige Worte für Gefühle, aber ich kenne zum Beispiel ein Loch in der Höhe des Brustbeins, das alles nach innen saugt, sodass sich die Schultern nach vorne krümmen. Das trat zuletzt auf, als ich in der U-Bahn auf den Bildschirm mit Aufnahmen aus Mariupol blickte. Die dazu passende Emotion heißt vielleicht „Krieg sehen“ oder „existenzieller Schrecken mit einhergehender Lähmung wegen Echtzeitinformationen. Und man kann nichts tun“. Der Therapeut fragt, ob es nicht schade wäre, wenn eine Atombombe die Welt auslöschen würde, und ich sage nein.

Seit der Trennung von Mathias kenne ich außerdem diese Stirnempfindung. Dabei handelt es sich um eine Art imaginierte Fettschicht zwischen meinem Schädel über den Augen und der Außenwelt. Prof. Darleen Ketten von der Harvard University hatte in ihrer Fellow Lecture im Hanse-Wissenschaftskolleg Delmenhorst von einer Fettschicht an der Stirn von Walen erzählt, über die sie Echoschwingungen wahrnehmen. Sie dient ihnen zum Hören, also zur Kommunikation. Meine hingegen wirkt leider isolierend.

1850 suchten Rettungsexpeditionen mit insgesamt vierzehn Schiffen nach John Franklin. Davon kamen zehn Schiffe aus dem Vereinigten Königreich, für eine Expedition hatte Jane das Geld eingetrieben. Sie schrieb einen Brief an den US-amerikanischen Präsidenten Taylor, der ihn und die Öffentlichkeit erweichte. Also stiegen die Vereinigten Staaten in die Suchmission ein. Die Medien berichteten. Die britische Öffentlichkeit war ebenso passioniert, John wieder zu finden, sodass die Navy unter Druck stand. Die Anzahl der Suchmissionen und die Anzahl darin involvierter Menschen stand in keinem Verhältnis mehr zu den zwei Schiffen und 129 Männern Franklins. Lady Franklin investierte ihr gesamtes Privatvermögen.

Ich fahre nach München für den Ausstellungsaufbau in der Galerie der Künstler:innen. Neben meinen Freundinnen werde ich auch zweimal den Therapeuten in seiner Praxis treffen. Ich war seit vor Weihnachten nicht mehr in München. Ich werde in meinem Atelier wohnen und freue mich schon darauf. Ich esse Couscoussalat im Zugabteil.

Gestern hatte ich Tinder Talk mit Davide. Davide, der sich in der App beim Verspeisen eines Sandwichs präsentiert, will bis zu meiner Rückkehr dirty pics schicken, ich aber meinte, er soll mir Sprachnachrichten zukommen lassen.

Der Seesack aus dem Bekleidungslager des Alfred-Wegener-Instituts ist aus Bremerhaven angekommen und ich habe die Polarkleidung anprobiert. Parka mit Pelz, Winterhose. Arbeitshandschuhe, Thermohandschuhe 2x, Wollmütze, Stiefelsocken 2x, Isolierstiefel, Gletscherbrille, Sonnencreme, Lippenpflegestift, Polaroverall. Thermo-unterwäsche besitze ich noch vom letzten Mal. Mit den zitronengelben Moonboots habe ich dasselbe Kostüm wie beider Antarktisreise dabei. Ich muss mir einen großen Koffer besorgen und für meine Spiegelreflexkamera weitere SD-Karten kaufen. Filme für die analoge Kamera, Batterien für das Zoom-Aufnahmegerät und eine Festplatte fürs Back-up. Meinen Reisepass habe ich erst vor kurzem erneuert.

Auch *Purity and Danger* von Mary Douglas ist angekommen. Lisa und ich wollen es gemeinsam lesen. Das Buch ist von 1966 und heißt auf Deutsch *Reinheit und Gefährdung*. Die britische Anthropologin Douglas beschreibt die Idee von Reinheit als positives Ordnungsprinzip, im Gegensatz zu ihren Vorgänger*innen, die sie als Furcht vor Unreinheit fassten.

Aufräumen heißt im Endeffekt ordnen und geordnet wird anhand von bestimmten Prinzipien, die richtig zu sein geglaubt werden. Aufräumen ist keine negative Tätigkeit der Beseitigung von Verunreinigung, sondern eine positive Tätigkeit des Ordnens der Welt, ein kreatives Moment. In dem Zusammenhang werden die Klassifikation von Schmutz und Regeln zu seiner Eliminierung ein politisches Problem. „Schmutz ist im Wesentlichen Unordnung. Es gibt keinen absoluten Schmutz: Er existiert im Auge des Betrachters", schreibt Douglas in der Einleitung. Mit dem Konzept der Hygiene kann man also der Struktur einer Gesellschaft auf die Spur kommen. Einerseits wird mit Hygienevorschriften versucht, Verhalten (von anderen) zu normieren. Andererseits wird in deren Einhalten die Zugehörigkeit ausgedrückt. „Uncleanness", Unreinheit, ist eine Art von Gefahr: „Die Betrachtung von Schmutz beinhaltet die Reflexion über das Verhältnis von Ordnung und Unordnung, Sein und Nichtsein, Form und Formlosigkeit, Leben und Tod."

Der Status von Unordnung wird in der Thermodynamik Entropie genannt und lässt sich durch alle möglichen mikro-skopischen Konfigurationen eines Systems definieren. Die Entropie kann in einem geschlossenen System wie dem Universum nur zunehmen. Mehr Entropie heißt, dass es wärmer wird, weil die Teilchen des Systems nicht im Regal liegen, sondern umher bouncen. Ein damit im Zusammenhang stehendes Todesszenario unseres Kosmos ist der Hitzetod des Universums.

Unser Planet wird schon heißer. Das arktische Meereis schmilzt früher im Jahr und entsteht später. Die dunkle Meeresoberfläche absorbiert mehr Hitze als eine weiße Schneeoberfläche und verstärkt den Effekt der Erderwärmung.

Die Polargebiete werden oft als pur – rein – und gleichzeitig als besonders gefährdet gelesen. Nicht nur durch die Brille von Mary Douglas gesehen ist die Klimakrise ein Ausdruck von Verunreinigung. Die beobachteten Prozesse in der arktischen Landschaft können als Entropiezunahme gefasst werden. Ihre Reinheit ist gefährdet, und dadurch unsere ganze Kosmologie, die in einem Planeten mit der an permanentem Wachstum ausgerichteten Spezies Mensch besteht.

Hallo zusammen,ich bin Sandra aus Berlin (Deutschland), multidisziplinäre Künstlerin, Schwerpunkt Musik, Fotografie, Video. Komme von der Malerei, habe in London studiert.

Meine Arbeit basiert auf den Themen Identität, Geschlecht, Körper und erweitert sie um Raum, Landschaft und Umgebung. Ich verbinde Landschaftserfahrungen mit emotionalen Phänomenen. Sowohl in meiner Musik als auch in meiner Kunst wird die eigene innere Erfahrung mit der äußeren Umwelt verknüpft.

In Bezug auf den Aufenthalt in der Arktis interessiere ich mich für das Menschliche im Verhältnis zu einer Welt, die ihm feindlich gesinnt ist. Ich interessiere mich für den Menschen als Lebewesen mit seinen Fähigkeiten und Grenzen unter den extremen Bedingungen der Arktis. Die visuelle Schönheit der Landschaft kontrastiert mit ihrer Eigenschaft als eher ungünstiger Lebensraum für uns Menschen.

```
Meine Stärken liegen in der Improvisation und der kurzfris-
    tigen Anpassung an die realen Umstände, um eine fiktive
    Welt. Mit neuen Handlungsmöglichkeiten zu entwickeln.
    Werde mit Fotokamera arbeiten!
```

Jane schrieb Briefe an ihren Mann, die sie den jeweiligen Expeditionen mitgab, die aber immer wieder zurückgebracht wurden. Sie schrieb ihm Briefe, als er schon längst tot war. Sie befragte alle Arktisexperten ihrer Zeit, darunter viele Walfänger. Zwar Lehnstuhlgelehrte, eignete sie sich einen der umfangreichsten Wissensschätze über das Nordpolargebiet an. Sie konsultierte auch alternative Medien, Wahrsager*innen. Schließlich gelang es ihr, eine eigene Mannschaft und zwei kleine Schiffe zusammen zu bekommen. Der Expeditionsleiter war ein alter Bekannter aus Tasmanien, der noch nie in der Arktis gewesen war. Er hatte aber den genauen Ort geträumt, an dem Janes Herz zu finden sei. Schlussendlich behielt sie Recht mit dem Glauben an den ursprünglichen Plan, demzufolge ihr Gatte durch den Great Fish River die Nordwestpassage vollenden hatte wollen. Entgegen den offiziellen Modellierungen des Eises und der Meeresströmungen war er nach Süden durchgedrungen; seine Partnerin kannte ihn und das triumphierte über die Berechnungen der anderen. Der Therapeut meint, ich könne in meinem Arktistagebuch auch eine Sektion für Träume anlegen.

Zum Weltfrauentag weise ich in meinen Instagram-Stories auf die internationale Aktion *Girls on Ice* hin, die junge Frauen im Teenager-Alter zu Exkursionen auf Gletscher mitnimmt. Vor allem geht es dabei um Mädchen aus Nicht-Akademikerfamilien mit dem Ziel, ihnen die Welt des Eises, die Berufsbilder der Glaziologin, Meteorologin und Geophysikerin sowie Naturwissenschaften im Allgemeinen näher zu bringen. Außerdem erwähne ich Esther Horvath, die vielfach ausgezeichnete Dokumentarfotografin des Alfred-Wegener-Instituts. Sie war mit der Endurance22 Expedition im Südpolarmeer unterwegs, die das Schiff von Ernest Shackleton fand. Ich liebe ihr Bild mit den beiden Eisbären an Messinstrumenten der MOSAiC-Expedition. Es hat den World Press Photo Award 2020 gewonnen. Horvath arbeitet aktuell an einer Porträtserie von Polarforscherinnen, #womenofarcticscience #womenofantarcticscience

Vorgestern habe ich Armenia Studio besichtigt. Der Name kommt von den Mailänder Filmstudios Armenia Film, die im Stadtteil Bovisa lagen bis die Faschisten mit Cinecittá den Hauptort der italienischen Filmproduktion nach Rom verlagerten. In meinem zukünftigen Atelier wurden die Filmrollen entwickelt. Der Ort ist cool, ein Baumarkt nebenan, 5 Minuten Fußweg zu Federicos Wohnung. Pietro hat den Raum während der Covid-Pandemie gefunden und wohnt mit Margaux und drei Katzen im Zimmer nebenan. Ich organisiere Tisch und Stuhl und ziehe ein.

Im April ist die Durchschnittstemperatur im arktischen Ozean minus 10 Grad. Ich habe mit einem Cardio-Training angefangen, das ich täglich machen will. Dauert nur 10 Minuten.

Falls ich später nicht mit Lisa zur Dancehallparty ins Leoncavallo gehe, sehe ich Davide, der sich als Jurastudent entpuppt hat. Mittlerweile gibt es zwei weitere Datingapp-Davides. Einer ist Psychologe (Okcupit), der andere Glaziologe (Tinder).

Davide, der Glaziologe, ist gerade nach München gezogen und arbeitet für die Akademie der Wissenschaften. Er kennt Olaf Eisen, Georg Kaser, Lindsey Nicholson und war auch schon bei der alljährlichen Summer School in Karthaus im Schnalstal. Er war weder beeindruckt, dass ich sein Fach erraten habe, noch, dass ich diese glaziologischen Koryphäen gut kenne, auch nicht, dass ich selbst schon in der Antarktis war und im Begriff bin in die Arktis zu reisen, und ebenso wenig, dass ich Kunst über seinen Untersuchungsgegenstand mache. Auf meine Einladung in die Lothringer 13, wo ich bei der Förderpreisausstellung Videos mit Bezug zur Polarforschung zeigen werde, hat er geantwortet: Strano ma interessante haha. Lisa und ich finden, er hat sich disqualifiziert.

Lisas Gedicht:

Lampugnano
Du Muskelprotz
Hundert Augen
Rotes Plastik
Alles rast auf mich geschlossen
Zu Bistro Metro San Siro
Warten hört sich immer gleich an
Das Gegenteil von Filmabspann
Lamugn anno kluges Mädchen
Dein Ideal unter zähen Sohlen
Fein zerlaufen
Du Schönheit
Du Lunge

Ich schaue eine Dokumentation über die verschollene Expedition des John Franklin von 2016, dem Jahr, in dem dessen letztes Schiff gefunden worden war.

Franklin war bei Antritt der Reise schon alt; er schien ein geeigneter Reiseleiter, da er sowohl erfahren als auch hart im Nehmen war. Bei einer vorausgehenden Expedition hatte er gegen den Hungertod seine Lederstiefel gegessen. Obwohl seine Mannschaft Proviant für drei Jahre dabei hatte, d.h. 62 Tonnen Mehl, 3 Tonnen Tabak, 4 Tonnen Schokolade und 4000 Liter Zitronensaft, kam kein Mitglied lebend zurück. 1850 fand man Kleiderfetzen, die Reste eines Lagers und Gräber auf der Beechey-Insel. 1859 fand man eine Notiz in Stein, ein in ein Steinmal eingeschlossenes Stück Papier, das Informationen zum Verlauf der Geschichte enthält und heute im National Maritime Museum, aufbewahrt wird. Davon erfährt man, dass Franklin am 11.06.1847 starb und 15 Matrosen und 9 Offiziere ebenso bereits gestorben waren. Im dritten Winter im Eis verließ der Rest der Mannschaft das Schiff und nahm den Landweg. Die Oral History übermittelt, dass ein paar Inuit Weiße Männer getroffen haben, darunter einen, der sie mit dem Inuktitut-Wort für „Freund" begrüßte. Sie gaben ihnen ein bisschen Fleisch, konnten sich aber nicht um 40 ausgehungerte Menschen kümmern. John Rae berichtete 1854 in der Times, dass die gefundenen Skelette auf Kannibalismus schließen ließen. Die viktorianische Gesellschaft war schockiert, denn heldenhafte Seefahrer essen einander nicht auf. Charles Dickens stellte vielmehr die These auf, dass die Inuit die letzten Überlebenden der Expedition getötet hatten.

In den 1980er Jahren tauchten aus dem Permafrost Leichen der Franklinexpedition mit Bleiwerten in den Haaren auf. Als Todesursache wird mittlerweile eine Kombination aus Skorbut und einer Bleivergiftung, zusätzlich zu Kälte, Hunger und Tuberkulose angenommen. Die Konservendosen aus Metall waren mit bleihaltigem Zinn verschlossen worden und der Vitaminlieferant Zitronensaft nicht haltbar genug. Forensische Berichte bestätigten 2015 anhand von Schnitten in den Knochen den Kannibalismus-Verdacht.

Mittels ferngesteuerter Sonarsuche fand ein kanadisches Team 2014 die 33 m lange Erebus, das Hauptschiff der Franklinexpedition. Solche Errungenschaften dienen Nationen zur Bekräftigung ihres Anspruchs auf Polargebiete mit Bodenschätzen, die bis dato ohne Besitzer sind. Das Wrack liegt nur 11 Meter tief; der exakte Ort bleibt geheim, um es vor Trophäenjäger*innen zu schützen. Es sei ein „Traum für die Unterwasserarchäologie, ein Schatz voller Informationen, ein Fenster in die Geschichte, ein Jahrhundertfund, der neue Nahrung für den Mythos bietet". Ein 3D-Modell des Schiffes und eine Kopie der Glocke wurden erstellt. Wie man jetzt weiß, hat das zweite Schiff der gleichen Expedition, Terror, das letzte Stück geschafft und die Nordwestpassage vollendet. Offiziell war es 60 Jahre danach Amundsen (der auch als erster Mensch am Südpol gilt). „Lady Franklin" kommt in der Dokumentation nur einmal vor.

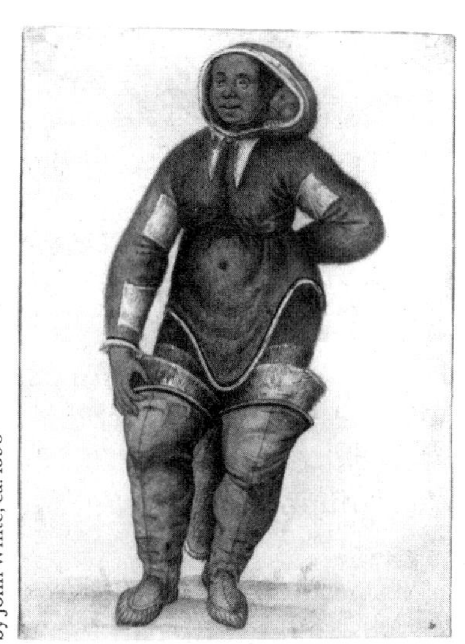

Portrait of Arnaq and Nutaaq from Frobisher Bay, pen and ink on paper, by John White, ca. 1590

Die zwei Scheiben Brot mit Guacamole, die ich auf der Außentreppe in der Nachmittagssonne verspeise, machen mich richtig zufrieden. Der Podcast *1,5 Grad* von Luisa Neubauer, dem deutschen Face von Fridays for Future, dämpft die Laune wieder. Sie liest den Ukrainekrieg als einen Krieg um fossile Energien. Was als keine Lösung der Abhängigkeit von russischer Kohle und russischem Erdgas vorgestellt wurde, nämlich Flüssiggas zu importieren, ist mittlerweile passiert. Vorgestern hat der deutsche Außenminister einen entsprechenden Deal abgeschlossen. Dazu der Postillion: „'Hallo Herr Nicht-Putin, ich habe gehört Sie verkaufen Gas' und 9 weitere Sätze, mit denen Habeck den Scheich von Katar beeindruckt hat".

Fragen, die mir von meinen deutschen Freunden bezüglich Italien gestellt werden und die ich nicht beantworten kann: Liefert auch Italien Waffen an die Ukraine? Woher nimmt Italien seine Energie? Wie lange dauert in Italien die Elternzeit nach Geburt eines Kindes?

Ich werde in die Whatsapp-Gruppe von Armenia Studio aufgenommen. Mirko gestaltet einen Flyer für die offenen Ateliertage und mein Name steht drauf, wie immer ist es der längste.

Bin im Flixbus, auf dem Weg nach München. Ich arbeite am Text, der meine Präsentation auf dem Billboard am Lenbachplatz begleiten soll. Ich bin eingeladen worden, zwei Motive an der 5x5 Meter großen Tafel, der sogenannten Kunstinsel, installieren zu lassen. Ich habe zwei Schwellenmomente ausgewählt, die ich im Umfeld der Neumayer-Station in der Antarktis fotografierte. Eine Leiter, eine Rampe. Es geht um die liminale Phase der Menschheit im jetzigen Stadium der klimatischen Entwicklung unseres Planeten. Der Intergovernmental Panel on Climate Change spricht von einem kurzen und sich schnell schließenden „Fenster" zur Sicherung einer lebenswerten Zukunft. Victor Turner, Religionsethnologe, nannte Liminalität den Schwellenzustand einer Ritualgemeinschaft zwischen zwei sozialen Ordnungen. Die Menschheit muss den Durchgang zu einer klimagerechten Weltordnung passieren.

In Mailand hat es noch nie geregnet, seitdem ich dort lebe. Die Luftqualität ist mit die schlechteste in ganz Europa. In Bayern ist der Himmel heute graugelb getönt vom Saharasand.

Ich bin um neun beim Therapeuten und habe einen Traum zu berichten, er kam drin vor und war nackt. An einem sonnigen Winternachmittag spazierte ich mit Sophie durchs Hochpustertal. Wir waren entspannt und unterhielten uns gut. Plötzlich fiel mir ein, dass ich eine psychoanalytische Sitzung vereinbart hatte. Ich konnte mich aber nicht mehr erinnern, wo die Praxis war. Sie war schlussendlich bei Toblach. Ich eilte gestresst dort hin und kam erst kurz vor dem eigentlichen Ende des Termins an. Unterwegs stritt ich mit meiner Mutter, die mich an dieser Unternehmung hindern wollte, weil es dabei nur um mich gehe. Der Therapeut kam gerade aus der Dusche und vollführte ein paar Box-Moves. Ich sagte ich hätte auch mal geboxt. Er sagte es sei sehr aufschlussreich, dass ich ein Problem mit der Zeit hätte. Dann hatte er keine Zeit mehr und ich musste den Raum verlassen; davor trat noch ein Handwerker auf, der ein Abhörgerät darin installierte.

Die Eröffnung der Förderpreisausstellung verläuft unspektakulär. Es sind sehr viele Leute da. Ich glaube, wenige Besucher*innen schauen mein Video ganz an. Wer die Preise bekommt, erfahren wir erst nach der Jurysitzung in einigen Wochen, also nach meiner Reise.

Hallo alle.

Mein Name ist Josh und ich komme aus Milwaukee, Wisconsin, USA. Ich bin Tontechniker/Komponist/Musikproduzent und ich liebe es, Artist Residencies an Orten mit besonderen Klanglandschaften zu finden, wo ich mit Fieldrecordings arbeiten kann.

Mein Ziel für diese Residenz ist es, auf Arbeiten aufzubauen, die ich zuvor in der Arktis gemacht habe. Vor ein paar Jahren habe ich im Denali-Nationalpark ein Stück aufgenommen und veröffentlicht, das ausschließlich Samples von toten Baumstämmen, die angeschlagen werden, enthält. Es handelt vom Permafrost und der Gefahr, die von Treibhausgasen „wiedererwachter" Organismen ausgeht.

Ich bin mir nicht sicher, was die fesselndsten Geräusche auf dieser Reise sein werden, aber ich will viel experimentieren. Ich werde mein Zoom H6, ein Richtmikrofon und einige Kontaktmikrofone mitnehmen. Ich bin besonders daran interessiert, Samples von Eis (bewegend, schwimmend, knackend?) aufzunehmen. Ich würde gerne einige Kontaktmikrofone bauen, die „in das Eis getrieben" werden können (natürlich nur, wenn das erlaubt ist). Je nach finanziellen Möglichkeiten will ich auch ein Hydrophon ausprobieren.

```
Ich habe gesehen, dass Andere auch Fieldrecordings machen
    wollen, und ich würde mich gerne darüber austauschen!
    Ich bin auf jeden Fall bereit, meine Tonaufnahmen zu
    teilen, und ich würde Kenntnisse über Temperaturschwan-
    kungen/Kondensation usw. wirklich zu schätzen wissen.
Ich freue mich darauf, mit euch allen in der echten Welt in
    Kontakt zu treten!
```

Lisa und ich haben das ganze Wochenende zusammen verbracht. Für Freitagabend hatte ich Davide I abgesagt und stattdessen Lisa getroffen, und Samstag Abend hat Marco ihr Date gecancelt und Lisa hat mich getroffen. Wir waren Spritz trinken und Pizza essen bei Il postino in Lambrate.

Mit Davide II ist Funkstille. Davide III beschreibt seine Ausbildung zum Psychoanalytiker, er ist im vierten Jahr und beendet bald seine eigene Therapie. Eigentlich sieht er mir zu langweilig aus. Ich habe ihn geliked, weil er in der Bio stehen hat, dass man anstatt in andere Länder auch tief ins Innere reisen kann.

Ich bin generell recht gut gelaunt die Tage. Deswegen erwischen mich Federicos Emails kalt. Wollte spontan bei ihm vorbeischauen, mache es dann aber doch nicht. Lisa kocht einen Radicchio Risotto.

Ich rufe meinen Papa zum Vatertag an. Er erzählt, dass eine eintägige Kunstausstellung in der alten Schmiede gegenüber dem Elternhaus stattfindet. Ihm wurde Stenose diagnostiziert, was eine Verengung des Rückenmarkkanals durch erweiterte Wirbelverknöcherung bedeutet und seine Schmerzen beim Gehen verursacht.

Ich kaufe im Baumarkt Metallprofile, um meine Zeichnungen darauf zu präsentieren. Es gibt es einen hitzigen Nachrichtenaustausch in der Whatsapp-Gruppe von Armenia Studio, weil eine junge Kuratorin das Gemeinschaftsatelier als Zusammenschluss bezeichnete, um schwache Einzelpositionen zu kompensieren. Ich habe das Wort „zoccola“ gelernt.

Es folgt eine Zigarettenpause. Der Deutschlandfunk berichtet, dass die Impfpflicht aufgrund des massiven Papiermangels nicht eingeführt werden kann.

Pünktlich zum Frühlingsbeginn ist die Sonne stärker geworden und hat die Luft schon ein bisschen aufgewärmt. Ich werde es immer erstaunlich finden, dass Jahreszeiten einfach mehr oder weniger Abstand zur Sonne bedeuten. Vielleicht benutze ich bald Gesichtscreme mit Lichtschutzfaktor, ich will nicht noch mehr Falten. In Polargebieten es ist wichtig, sich auch die Nasenunterseite mit Sonnencreme einzuschmieren!

In der Lady Franklin Bay, etwa 1,100 Meilen (1,800 km) oberhalb des Polarkreises, ist die Sonneneinstrahlung auf vielleicht drei Monate im Jahr beschränkt und der Schneefall gering. Das Wasser in der Bucht ist von Jahr zu Jahr vereist, mit rein zufälligen Öffnungen, die eine Navigation nur schwer ermöglichen. Die Lady Franklin Bay ist eine arktische Wasserstraße in der Region Qikiqtaaluk, Nunavut, Kanada. Viele geographische Einheiten der Arktis tragen britische Namen. Die Landschaft um die Bucht besteht aus kargen Felsen mit einigen sehr flachen Gletscherschichten, die durch Frost und Permafrost an Ort und Stelle gehalten werden. Das natürliche Nahrungsangebot in dieser Bucht beschränkt sich im Sommer auf verschiedene Säugetiere im Meerwasser, gelegentlich Moschusochsen und vereinzelte Seevögel, die man über dem Wasser beobachten kann. Die Pflanzenwelt ist auf kurzlebige Moose und Flechten beschränkt.

Ich buche ein Airbnb in der Nähe des Flughafens Oslo mit Abholservice für die Nacht zwischen München-Oslo und

Oslo–Longyearbyen. Carmine und ich machen Frühjahrsputz in der WG.

Meine allgemeine Kondition: wenig essen, regelmäßig Sport, viel trinken. Magnesium vor dem Einschlafen.

Lisa und ich haben Besuch und gehen Essen bei Boccondivino. Das ist ein Spektakel, vier Stunden lang wird ein Gang nach dem anderen gebracht mit einem jeweils passenden Wein dazu. Wir sprechen unter anderem über das Konzept feministischer Außenpolitik, die auf radikale Diplomatie in internationalen Beziehung setzt im Gegensatz zu einer friedensstabilisierenden Aufrüstung auf allen Seiten – einem Angstregime. Davor spazieren wir auf dem Cimitero Monumentale, dessen Grabskulpturen aus dem 19. Jahrhundert die Dramatik des Todes als Verlust vermitteln. Das Mailänder Großbürgertum, z.B. die Familie Campari, demonstriert ihren Status.

Bin nicht so gut drauf. Habe PMS. Ich sitze im Atelier und höre *Vortex* von Nick Cave. Immerhin arbeite ich einige Punkte meiner Todo-Liste ab und absolviere mein tägliches 10-minütiges Cardioprogramm. Esse Müsli zu Mittag.

Im Forum sehe ich, dass ich in einer Zweierkabine mit Frederike aus Berlin bin. Aaron O'Connor, der Programmleiter, schwächt Bedenken zu Seekrankheit ab. Weil wir vor allem an der Küste entlang segeln werden und täglich an Land gehen, ist kein hoher Wellengang zu erwarten. Die Expeditionsleiterin heißt Sarah Gerats. Sie schreibt, dass April Teil der „fünften Jahreszeit" der Arktis ist, d.h. Winter mit kalten Temperaturen, aber trotzdem fast 24 Stunden Tageslicht. In Arktis und Antarktis werden zurzeit Höchsttemperaturen erreicht, es ist bis zu 32 Grad Celsius wärmer als normal. Am 20. Juni 2020 wurde im russischen Ort Verkhoyansk mit 38°C der neue arktische Rekord gemessen.

Hallo, mein Name ist Frederike Cranach. Ich bin gerade nach Berlin gezogen, nachdem ich die letzten 16 Jahre im Ausland gelebt habe.
Ich mache Skulpturen, Zeichnungen, Drucke und Mixed Media Arbeiten. Mein Hauptaugenmerk liegt auf Egagropili – faserige Seegras-Pellets, die im Mittelmeer gefunden werden.
Der Einfluss und die Beziehung zwischen Menschen und ihrer Umwelt/Natur ist etwas, das mich besonders interessiert. Daher hoffe ich, dass ich tiefer in dieses Thema eintauchen und Meinungen und Erfahrungen austauschen kann.
Wer Interesse daran hat, Arbeitsmaterialien für Drucke usw. mit mir zu teilen, lasse es mich bitte wissen. Es könnte das Herumschleppen verringern.
Ich habe von ehemaligen Teilnehmer*innen gehört, dass es sehr hilfreich ist, einen Gimbal und ein Fernglas dabei zu haben.
Bis bald.

Gestern Abend habe ich bei der Eröffnung von Doris Ghetta und benachbarten Galerien vorbeigeschaut. Der Rückweg mit dem Fahrrad war 45 Minuten lang. Ich habe währenddessen den Podcast von Jan Böhmermann und Olli Schulz angehört und mir nachher eine Pasta Aglio Olio gekocht. Habe mich nicht bei Davide I gemeldet, obwohl er in der Nähe der Galerie wohnt; habe dann schon wieder einen Davide gematcht. Nummer vier sticht durch einen elaborierten Text hervor. Es gibt übrigens noch einen David (ohne E), ein junger Modede signer, der Lisa und mich an einer Ampel angesprochen hatte. Er fragt in einer Instagram DM, wie sich mein Leben in Mailand entwickelt und ob ich ihm einen Globus ausleihen kann. (Nein.)

Bis zu einem gewissen Grad ist unser unvollständiges Bild von Lady Franklin von ihr selbst geprägt. Sie war dafür berüchtigt, dass sie Zeilen in ihren Schriften redigierte, Seiten herausriss und ihre Tagebücher und Briefe verbrannte, und sie gab zu Protokoll, dass sie niemals „nur eine dieser Schriftstellerinnen" sein wollte. „Die Kontrolle ihrer öffentlichen Persona war ihr sehr wichtig", schreibt Erika Behrisch Elce, „aber das ließ große Lücken in ihrer eigenen Biographie. Und so wie Sir John Franklin fehlte, so fehlt auch ein Bild ihrer Beziehung." Behrisch Elces Roman *Lady Franklin of Russell Square* (2018) imaginiert einen Briefwechsel zwischen Jane und John, um ihre Biographie zu erzählen. Ich finde diese literarische Strategie interessant.

Material im Scott Polar Research Institute
Subject: Women. Personal Name: Franklin Jane, 1792–1875,
Traveller and Social Reformer.
Ende der dort zusammengefassten Biographie: „Im Jahr 1860 erhielt Lady Franklin als erste Frau eine Medaille der Royal Geographical Society für ihre Bemühungen um die Organisation der Suchexpeditionen. In Begleitung ihrer angeheirateten Nichte Sophia Cracroft unternahm sie weiterhin ausgedehnte Reisen und besuchte Alaska, die Vereinigten Staaten, Hawaii, Kanada, Südamerika, China, Japan, Indien und Europa. Sie starb am 18. Juli 1875 in London."

Von der Webseite der Bayerischen Staatsbibliothek lade ich das folgende Buch ganz runter: *The Life, Diaries and Correspondence of Jane Lady Franklin 1792–1875,* edited by W. F. Rawnsley, published by Cambridge University Press in 2014. Series: Cambridge Library Collection – Polar Exploration. Subjects: British History after 1450, Historical Geography, History.

Ich rufe Benita vom DG Kunstraumin München an und sage ihr, dass Federico und ich kein Paar mehr sind. Wir wurden beide eingeladen zur Documenta nach Kassel zu fahren und es wäre fast ein Doppelzimmer für uns gebucht worden. Kontakt mit Fede schwierig. Ich esse Caprese.

Mit dem Therapeuten geht es darum, dass ich gelernt habe, Zuneigung durch Unterstützung auszudrücken und Männer als hilfsbedürftige Wesen wahrnehme. Umgekehrt empfinde ich erfahrene Hilfeleistung als Liebesbeweis und folglich ein Stück weit als Sicherheit. Ich erwähne den Hochzeitsvorbereitungskurs von Elfi und ihrem Mann, in dem sie von den fünf „Sprachen der Liebe“ erfuhren (Hilfe, Zeit, Sex, Geschenke, Komplimente). Es ist laut Therapeut normal, dass man in Zweierbeziehungen ausgleichende Gerechtigkeit sucht.

War mit Lisa bei Frizzi & Lazzi, Popcorn gegessen.

Hallo liebe Schiffskameraden!

Ich freue mich, mit euch nach Svalbard zu reisen, und es ist toll, von euren Projekten zu hören. Ich bin Emma Stibbon, eine britische Künstlerin, die mit Zeichnung und Druck arbeitet. Meine Arbeit konzentriert sich auf Umgebungen, die einen raschen Klimawandel aufzeigen. Ich freue mich bei unserer Reise auf Meereis und Gletscher, denn mein Projekt befasst sich mit den Auswirkungen von schmelzenden Eisschilden und Gletschern auf den Anstieg des Meeresspiegels. Ich plane, meine Beobachtungen mit der Kamera (und hoffentlich auch mit einer Drohne) und durch Zeichnungen festzuhalten. Ich freue mich darauf, alle kennenzulernen – nicht zuletzt Sarah und das Expeditionsteam!

⤳ Hallo Emma, schön, dass du an dieser Residenz teilnimmst. Ich kenne deine Zeichnungen, die zusammen mit Arbeiten von mir 2018 in der Gruppenausstellung *Eiskalt* in der Eres-Stiftung München gezeigt wurden. Ich freue mich sehr darauf, dich persönlich kennenzulernen!

Vom Luna Park schallt der Titelsong des ersten *Frozen* Films herein: Prinzessin Elsa singt „Let it go“, als sie sich von der Welt abwendet und ihren Kristallpalast errichtet. Margaux pfeift.

Ich hänge meine Zeichnungen in die Atelierecke. Sieht hübsch aus. Auch Andreas findet es schön. Er versteht nicht, warum wir nie über das Atom hinausgekommen sind. Moleküle – molecole. Chimica occulta. Feinstofflich – impercettibile? Ja, das ist eben genau die Frage.

Mein Bruder Simon ist da. Wir besuchen die Aufführung von Nina in Turin. Nina ist meine Freundin und eine Choreographin. Ihre neueste Arbeit heißt Faintings und hat eine Trauerweide im Zentrum. Es gefällt uns gut. Fast das ganze Stück besteht aus einem Unisono der drei Tänzerinnen. Das Farbmotiv ist grün und Nina legt eine sehr genaue Beobachtung von Naturphänomenen, auch Tieren, an den Tag. Sie spielt wie manche Filme (ich denke an *König der Löwen*) mit der romantischen Sehnsucht nach einem Aufgehen im Kreis des Lebens. Wir schlafen in einem einfachen Hotel neben dem Bahnhof und fahren nach dem Frühstück nach Brescia, wo wir unsere Eltern zum Mittagessen treffen. Die sind mit einer von der Volkshochschule organisierten Tagesfahrt im Bus aus Bozen gekommen und schwänzen ihr Nachmittagsprogramm, um mit uns abzuhängen. Es ist lustig und reibungslos und das tut allen gut. Wir essen Eis.

Beim Ramen-Essen, nachdem wir „radical art" gegoogelt haben, entwickeln Simon und ich eine Performance für die Arktis. Ich soll mich in arktischen Gewässern waterboarden lassen.

Hallo alle!

Ich bin Kelsey Miller, eine multidisziplinäre Künstlerin, geboren und aufgewachsen in Antigua (!!), Westindien. Jetzt lebe ich in Rhode Island. Der Hintergrund meiner Kunst liegt in der Druckgrafik und entsprechenden Eigenschaften von Wiederholung, Anhäufung und Überlagerung. Der Inhalt meiner Arbeit orientiert sich an alltäglichen Zyklen – dem rasanten Tempo von Nachrichten und Wetter, dem langsamen Aufbau von Archiven und Beobachtungen – und gründet auf einer repitetiven Tätigkeit des Aufzeichnens, Veränderns, Sammelns und Verbreitens, die sich in Drucken und großformatigen Installationen manifestiert.

Frottagen sind in letzter Zeit zu einem wichtigen Teil meiner Praxis geworden, um Zeit und Ort zu registrieren, und ich werde auf unserer Reise vermutlich viele davon machen. Wenn ich eine umweltfreundliche Möglichkeit finde, möchte ich auch vor Ort Cyanotypien produzieren.

Eine andere Sache: Hier in Rhode Island gehe ich im Winter fast täglich baden bzw. schwimmen (das Wasser ist nahe dem Gefrierpunkt) und ich hoffe sehr, dass ich wenigstens einmal die Gelegenheit haben werde, in die arktischen Gewässer einzutauchen!

Horvaths im Bildband *Expedition Arktis* erzeugt inspirative Momente. Ich nehme ein Blatt und skizziere und gleich kommen neue Fragen auf. Ich bespreche die Idee mit Barbara Asnaghi von der Fonderia Battaglia, denn es geht um eine Installation mit Objekten aus Bronze. Barbara ist in meinem Alter und sehr freundlich. Eine einmonatige Residenz in der Erzgusswerkstatt scheint möglich, ich kenne allerdings noch nicht den Preis. Der Werkstattleiter ist auch mit dabei und von meinen Polarexpeditionen beeindruckt: Nicht alle Kunstschaffenden hätten Geschichten, die erzählt werden müssen. Ich absolviere den ganzen Termin auf Italienisch und bin stolz.

Der Geruch von warmem Wachs und die Arbeitsplätze im Freien, wo ein Handwerker mit Hochdruckstrahl die aus der Form geschlagene Bronze von den gröbsten Schamottresten reinigt, lösen in mir Freude aus. Die Gießerei gibt mir sofort das Gefühl, dass ich da bleiben möchte. Meine Zeit als Brunos Assistentin in der Erzgusswerkstatt der Kunstakademie habe ich in guter Erinnerung.

Vor dem Einschlafen schaue ich Youtube-Videos über Arte Povera. Ich mag Stein und Metall. Ich glaube, mein Drang mit beständigen Materialien zu arbeiten ist auch ein Umgang mit Vergänglichkeit. Ich stelle mir gern vor, wie nach meinem Tod die von mir umgeformten Materiebestände in der Welt weiter bestehen, aber eben in der Form, die ich ihnen gegeben habe. Es gibt übrigens Lebewesen, die nicht auf natürliche Art sterben: Pantoffeltierchen. Das Pantoffeltierchen war 2017 der „Einzeller des Jahres".

Gestern Abend wieder mit Lisa vor dem Bahnhof Lambrate abgehangen. Sie bewirbt sich um einen Job als Prototipista in Paris. Auf die ganzen Bewerbungen innerhalb Mailands kam noch keine Reaktion. Es ist untertrieben zu sagen, dass ich es schade fände, wenn Lisa die Stadt verlässt. Sie ist hier meine beste Freundin und ich habe noch nie eine Freundin so oft, nämlich täglich, getroffen. Die Gespräche mit Lisa entsprechen meinem neuen Ich, weil wir praktisch ständig Situationen hinsichtlich ihrer Beziehungsdynamiken analysieren. Wir reden auch über Politik, Familie, Federico und Adrian, über unsere Partyvergangenheit auf dem Land und beruflichen Zukünfte in der Stadt.

Stressstimmung im Atelier. Pietro beschimpft Matteo V. Margaux war beim Friseur, ich war beim Pizzaessen. Federico schaut sich Armenia Studio an. Ich habe Verdauungsprobleme. Wir haben uns nichts zu sagen.

Ich erkläre meine Arbeit einem jungen Sammler und soll ihm ein Portfolio mit den Preisen aller verfügbaren Arbeiten schicken. Im Restaurant esse ich Asparagi Bismarck und dann kommt Sophia.

Ich bin Nico, ein chilenischer Künstler, der seit zehn Jahren in Leipzig lebt. Ich arbeite mit Video und

Fotografie, hauptsächlich mache ich Videoinstallationen. Ich beschäftige mich viel mit digitaler Bildnachbearbeitung. Von Zeit zu Zeit mache ich auch 3D-Animationen und Zeichnungen. Ich werde – wie wahrscheinlich viele von euch – verschiedene Arten von analogen und digitalen Kameras, Drohnen, eine 360°-Kamera und so weiter mitbringen. Ich versuche, die Technik zu reduzieren und genug Platz für ein paar Klamotten zu lassen.

Ich bin im Süden Chiles aufgewachsen und seit jeher liegt einer der Schwerpunkte meiner Arbeit auf der Beziehung zwischen Landschaft und Kultur. Mein letzter Aufenthalt (letztes Jahr) war in Feuerland, Patagonien, und ich habe dort das gemacht, was ich schon an vielen anderen Orten gemacht habe und was wahrscheinlich auch in Svalbard so sein wird. Ich werde in verschiedenen Lichtsituationen filmen und fotografieren, und nach der Reise werde ich das Material mit unterschiedlichen Programmen bearbeiten, in der Hoffnung auf „glückliche Zufälle" oder Entdeckungen.

Ich bin sehr gespannt auf das, was wir sehen werden, und hoffe, dass die Technik in der Kälte länger als ein paar Minuten durchhält.

Bis bald.

Habe intensive Tage der Milano Art Week hinter mir. Sophia und ich waren mit Adrian und Lisa in Ausstellungen in der Fondazione Prada, im ICA und im Hangar Bicocca, auf der Messe miart, bei Performances in der Triennale und bei Marsell. Auch abends haben wir die Orte, an denen sich die Kunstwelt trifft, aufgesucht. Am Tag der Preview waren es die Bar Basso und das gegenüber liegende Caffé degli Artisti, am Tag drauf eine „Secret Party" im Paradise, wo der Bruder von Felix Gaudlitz aus Wien aufgelegt hat. Der Galerist ist ein Kindheitsfreund von Sophia, aber leider arrogant. Ich habe zufällig Simona Andrioletti getroffen und mich am richtigen Platz gefühlt.

Sophia war begeistert von der architektonischen Gestaltung der Prada-Anlage. Wir haben uns im am Turm angebrachten Aufzug, halb Glas, halb Marmor, mit rosa Licht und Soundinstallation, fotografiert. Elmgreen und Dragset zeigen fragile Männlichkeit als klassische Skulpturen und demonstrieren, wie hochglänzend und perfekt poliert Bronze sein kann. Miriam Cahn ist „die beste lebende Malerin“ (Adrian) und bringt mit den reduziertesten Mitteln existenzielle Situationen auf die Leinwand. Steve McQueen schafft es mit seinen filmisch einfach angelegten 16mm-Projektionen ebenso, eine Atmosphäre der Intimität und des Schmerzes zu erzeugen.

In der Sektion „upcoming“ der Messe waren Sperling und Nir Altman aus München vertreten. Wir haben Giammarco am Stand von Chert Lüdde getroffen und Margaux, die eine Arbeit bei Michel Rein ausstellt. Wir haben die Trends 2022 extrahiert: Sandbilder, Schweißfigurationen, Gummistiefel, Märchengemälde, Reliefs und Picasso.

Leider haben wir die Arbeit *Higher.XTN* von Michele Rizzo, die vor wenigen Wochen im Haus der Kunst in München aufgeführt worden war, aus Ungeduld verpasst und nur sein langsames Stück *Rest* gesehen. Ricardo Benassis textbasierte Videos machen Spaß, ich kenne den Künstler von der Techno-Ausstellung im Museion in Bozen. Mir gefällt die Zeile, dass es für unsere Generation kein Paradox mehr darstellt, lesend zu tanzen oder tanzend zu lesen.

Mit dem Therapeuten spreche ich über Fluchtmöglichkeiten aus einer repressiven Umgebung. Daran denkend, dass ich jahrelang die Lesekönigin der Dorfbibliothek war, kommen mir die Tränen. Ich bin immer noch nicht ausgeschlafen von den letzten Tagen und wir haben zu viel Alkohol getrunken. Sport habe ich seit drei Tagen keinen gemacht.

Auszuschlafen hat richtig gutgetan. Gerade weht der Geruch von etwas Gebratenem in mein Zimmer. Es hat ein paar Tropfen geregnet und die Stadt ist gleich grüner geworden.

Essen, duschen und dann Ausstellungseröffnung in der Casa Testori, wo Margaux mythologische Figuren aus Wachs zeigt, behufte Beine ohne Oberkörper, die anhand ihres Schwanzes stehen können. Bei einer der drei Signore dringt der Schwanz auf dem Rückweg vom Boden in den Arsch ein.

In den Nachrichten: Der IPCC gibt heute ein auf dem ersten und zweiten Teil des sechsten Sachstandsbericht basierendes Dokument heraus, welche politischen Maßnahmen getroffen werden müssten, um „Schaden von Leib und Leben" zu verhindern. Die Erde wird sich in spätestens zwanzig Jahren um 1,5 Grad erwärmt haben, wenn nicht früher. Sich amplifizierende Prozesse sind in Gang gesetzt und nicht mehr aufhaltbar. Die gebräuchliche Formulierung mit dem ewigen Eis ist in Bezug auf die Arktis absurd, da das Eis dort alles andere als ewig ist. Ab 2035 gibt es eisfreie Sommer in der Arktis.

Ich sage dem Therapeuten, wenn ich in der Arktis Plastik finde, bin ich deprimiert. Am Abend schlägt mir meine Suchmaschine Ecosia (schon 989 gepflanzte Bäume) einen Artikel auf der Tagesschau-Seite vor, dass Wissenschaftler*innen vom Alfred-Wegener-Institut in der Arktis gleich viel Mikroplastik wie in anderen Regionen des Planeten gefunden haben.

Ich gehe in die Piscina Solari zum Schwimmen und dann in die aktuelle Ausstellung der Galerie von Doris Ghetta sowie zur Ausstellungseröffnung von Matteo P nahe dem Dom. Beide befinden sich in einem Küchenstudio. Adrian und Lisa laden zum Abschiedsessen ein. Morgen startet meine Reise. Es gibt Linguine mit Rotebeete-Pesto. Ich denke ich hab alles eingepackt. Vor allem der Pass ist wichtig.

Eine Email von Aaron. Das Schiff hat wetterbedingt Verspätung und kann den geplanten Ausgangspunkt in Longyearbyen nicht pünktlich erreichen. Es fährt deswegen übermorgen von Tromsø in Norwegen los und wir kommen erst irgendwann, nach einer dreitägigen Fahrt übers offene Meer, in Spitzbergen an. Ich buche also kurzfristig einen neuen Flug von Oslo nach Tromsø.

Ich finde einen guten Platz im Zug nach München: einen leeren Vierersitz in einem ruhigen Wagen. Bis Verona schlafe ich, dann frühstücke ich ein Brioche. Ich arbeite am Antrag für die Steiner-Stiftung; die Finanzierung dieser Fahrt muss noch organisiert werden. Ich glaube, ich habe schon wieder vom Therapeuten geträumt.

Ich bespreche mit ihm meine Erwartungen und Gefühle in Bezug auf die Reise. Ich äußere als „praktisch fundierte Sorge" die Angst vor Seekrankheit, die ich von der Atlantiküberquerung kenne, jetzt, da die Reiseroute sich geändert hat. Der Therapeut wird nervös, weil es regnet und er seinen Fahrradsattel nicht in Sicherheit gebracht hat, woraufhin er raus rennt, um ihn abzudecken: „Ich hänge an diesem Sattel". Ansonsten sprechen wir über eine Art religiöse Naturerfahrung bzw. vom Trostpotential der Eislandschaft. Ich beteuere, dass die Abwesenheit von Zivilisation eine wahnsinnige Ruhe in mir auslöst, und beschreibe, dass man in etwas Größerem aufzugehen glaubt, aber ohne irgendeine Form von Gegenleistung etwa im Unterschied zum Musizieren im Orchester. Nicht mal eine Handlung ist dafür nötig, die reine Existenz reicht aus. Das entlastet.

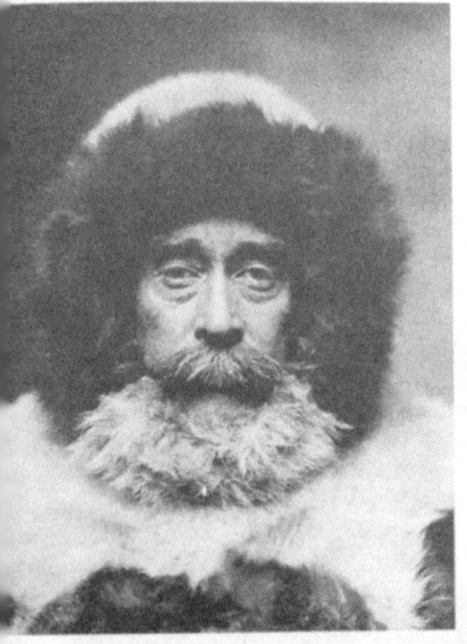

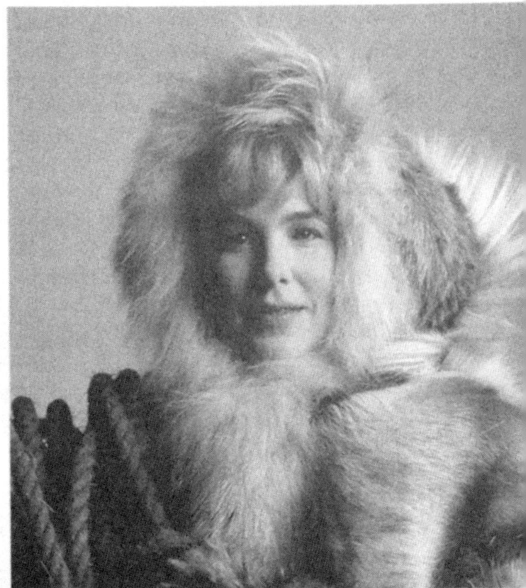

years later, and began the laborious preparations for his coming career as a polar hero.

The timing was right in his case. Other explorers could tell stories about fairytale landscapes, of achievements and terrible trials in jungles, rain forests and deserts. The sou[illegible] of the Nile (Lake Victoria) h[illegible] discovered in the 1850s; [illegible] and the interior of Africa [illegible]ored over the next dec-[illegible] [illegible]lorers including David [illegible] Henry Stanley. In [illegible]me (the beginning of [illegible]y), Mount Everest had [illegible]imbed, but there were [illegible]known territories left to [illegible]he polar regions, however, [illegible] unknown. These inaccessi-[illegible]emes held an almost magical [illegible]ion for the popular imagina-[illegible] The explorers who tested them-[illegible]ves against the ominous natural [illegible]orces at the poles were admired with a frightening intensity.

THE ARCHETYPICAL HERO

Joseph Campbell, the American author born in 1904, wrote many books on comparative mythology in which he analysed the function of the cult of the hero. In Campbell's opinion, the hero was an important part of society and also of one's own development. Campbell believed that the archetypal patterns he seemed to find among heroes from all civilisations served to strengthen the ties between the individual's personal realisation of inner qualities and the role the individual plays in real life.

In his book *The Hero with a Thousand Faces,* from 1949, Campbell describes what he calls "the Hero's Journey" through a series of challenges – "the Twelve Stages" – that lead him from ordinary reality to the status of a permanent hero. Central among these stages is the notion that the hero must conquer death in order to return to reality. The path back from great deeds is

ROBERT PEARY
Portrait by Byron Company, 1909
Museum of the City of New York
USA

MONICA KRISTENSEN
Portrait by Lord Snowdon, 1989
Lord Snowdon and Condé Nast

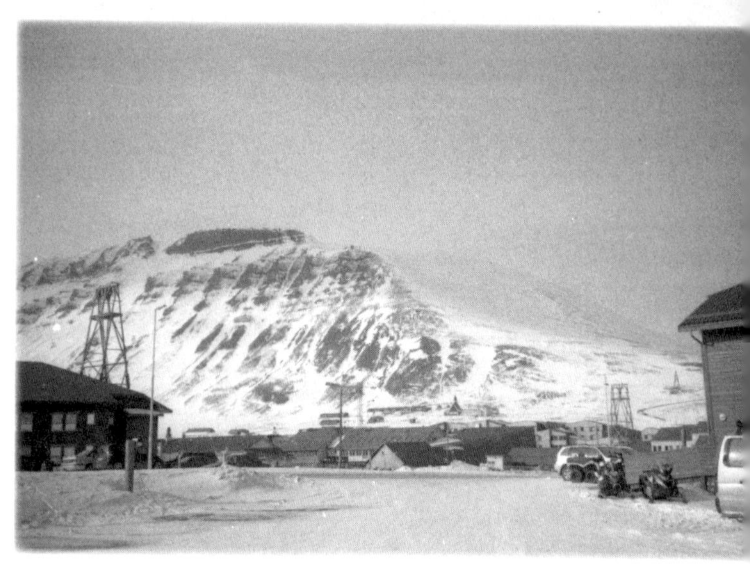

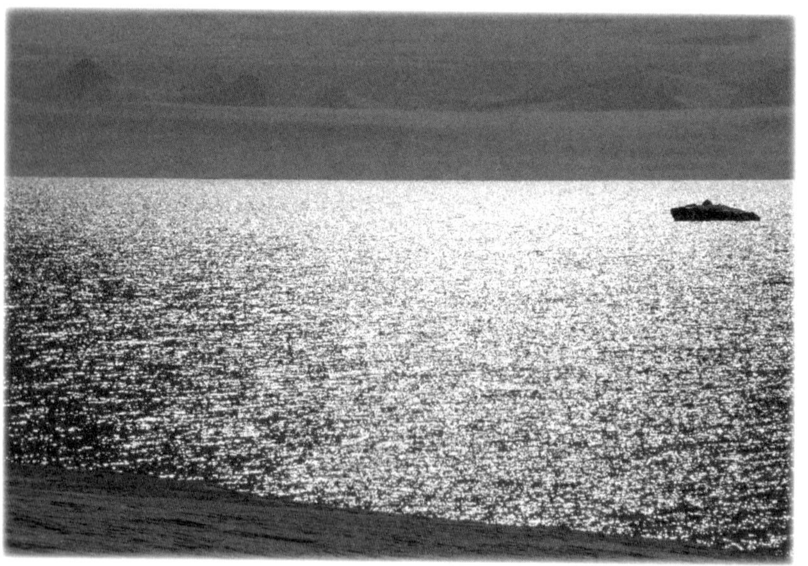

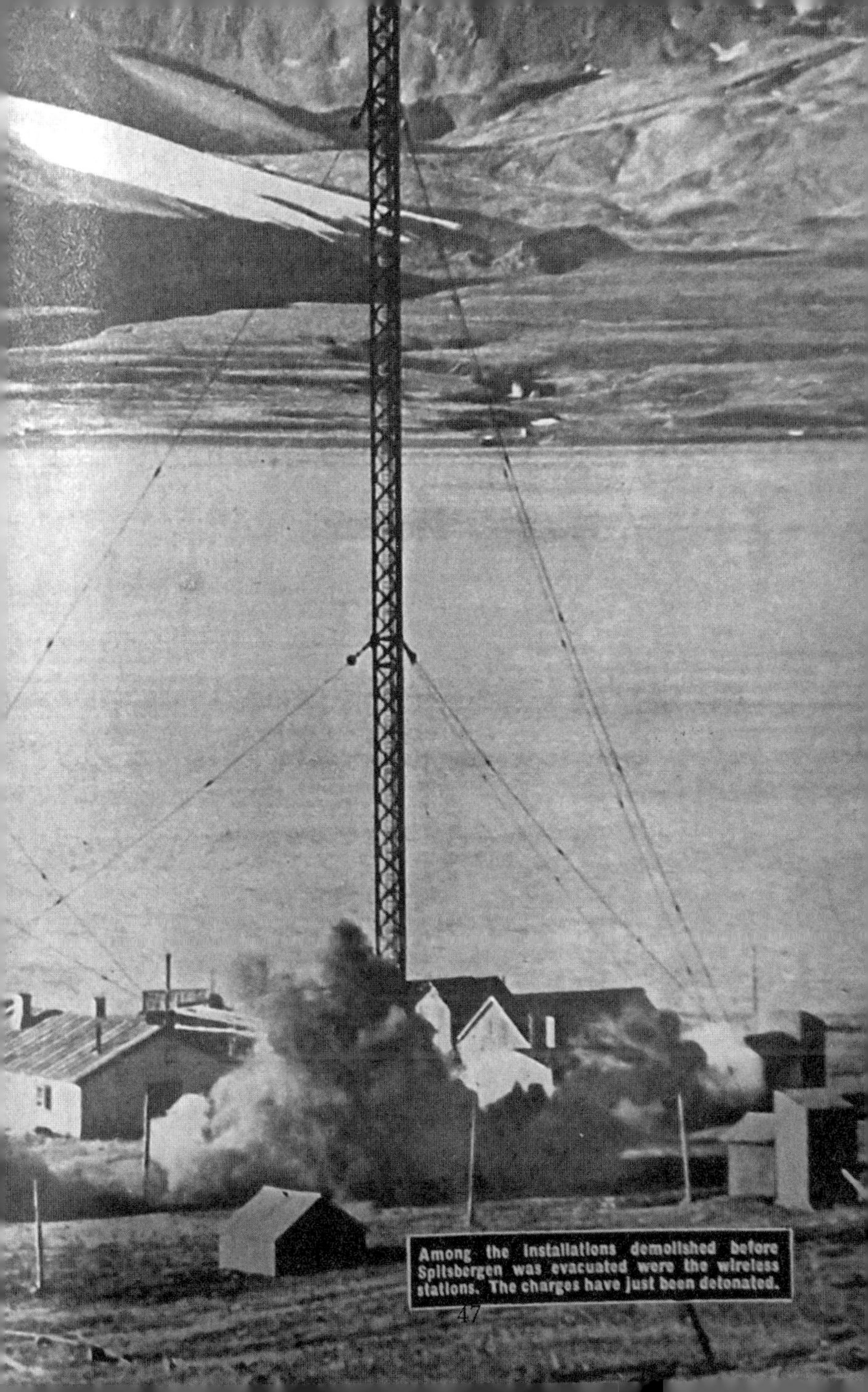

Among the installations demolished before Spitsbergen was evacuated were the wireless stations. The charges have just been detonated.

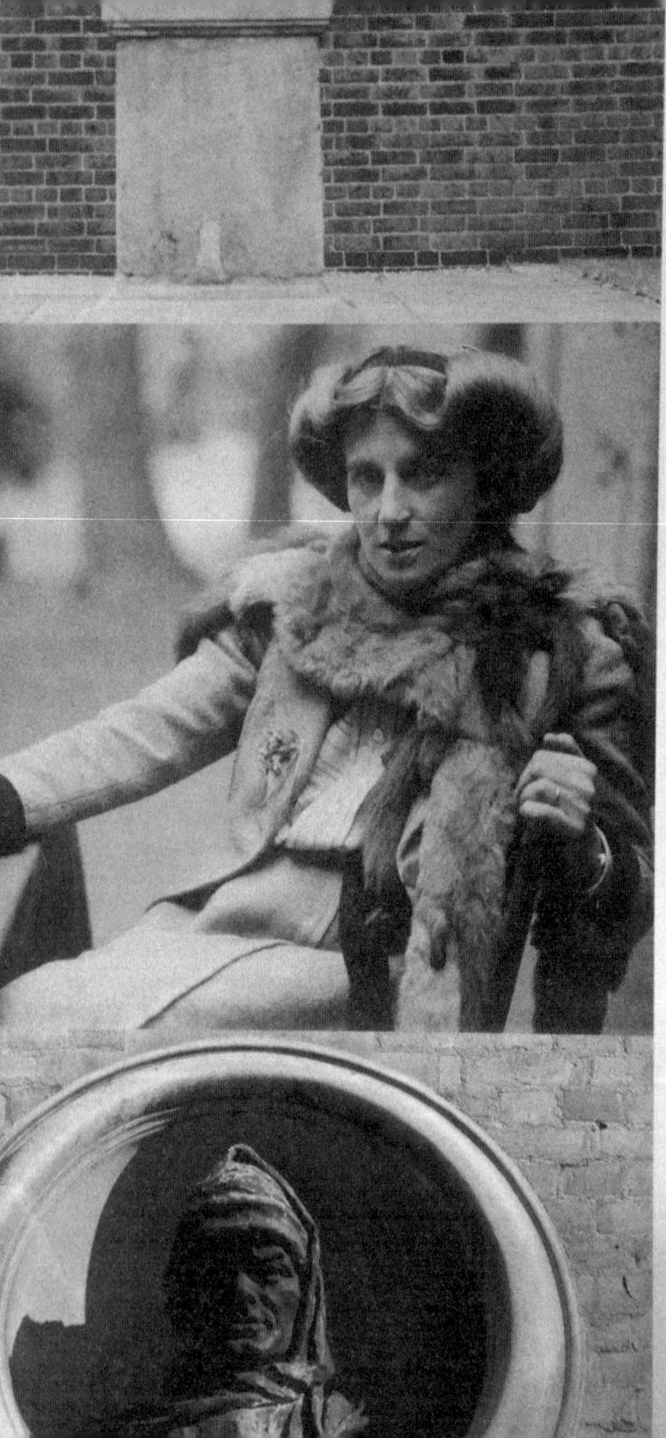

Lady Kathleen Scott

SPRI was shaped by both the intellectua and fundraising support of Kathleen Scott, Captain Scott's widow. Her sculptures also grace the building. Kathleen, who was mentored by the renowned sculptor Auguste Rodin in Paris, produced many works modelled on famous friends over the course of he life. Her sculpture *Youth* was modelled on A. W. Lawrence – the younger brother of Lawrence of Arabia – and is now displayed in the front garden of the Institute. The bust of her late husband takes pride of place above the entrance to the 1934 building. Kathleen eventually remarried but continued to b a formidable part of the Cambridge pola community.

Youth

Cast by Kathleen Scott in around 1922, this bronze sculpture was given to the SPRI on the occasion of the opening of the new building in 1934.

Inventory number: Z 31

Kathleen

Lady Kathleen Scott was a well-respecte sculptor in her own right. She travelled extensively and had a wide and bohemian circle of friends.

Inventory number: P83/6/9

Bust of Captain Scott

The entablature above the main entrance to the 1934 building has been home to Kathleen's sculpture of her late husband since the building was completed.

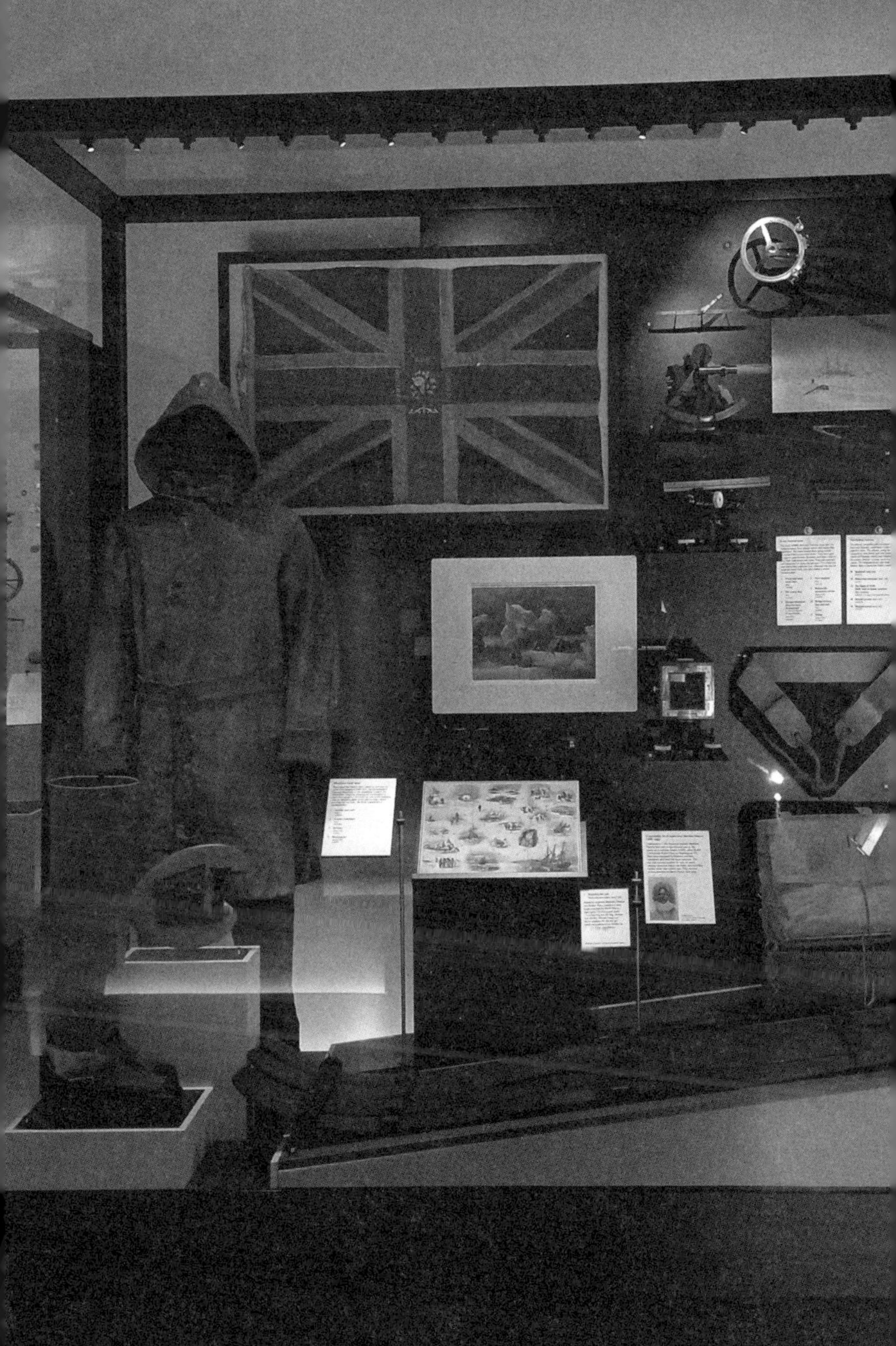

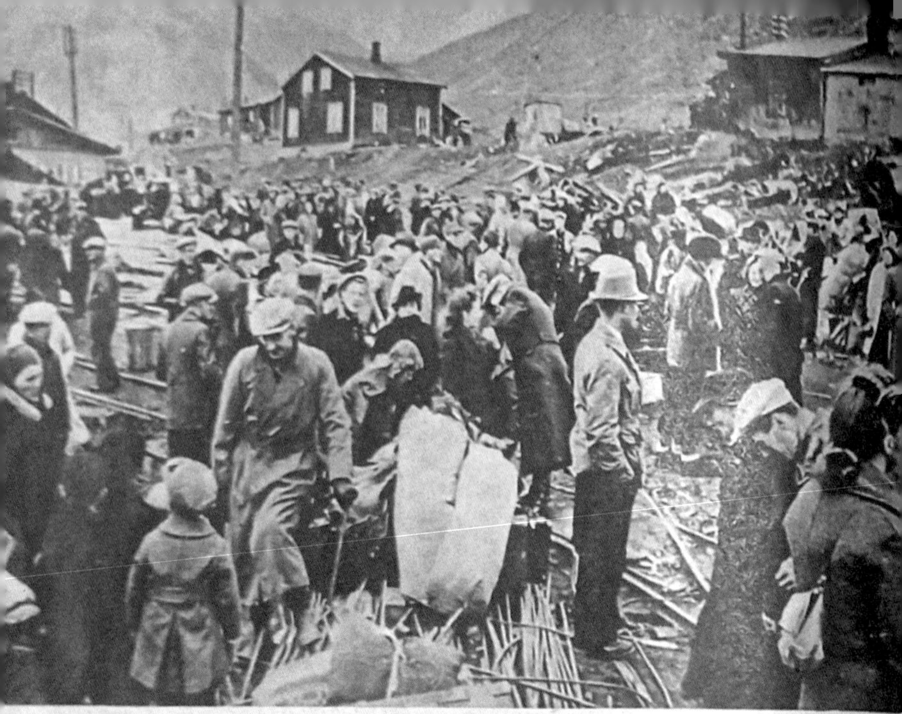

ome of the 1,000 Norwegian civilians waiting to be evacuated from Spitsbergen in 1941 when Canadian, ritish and Norwegian forces visited the islands and demolished everything which might be of use to the ermans. Spitsbergen was re-occupied by Norwegian forces in 1942.

nd took over. The weather was, as usual, ough and when the enemy ship had been scorted as far as the Southern Iceland coast he was beached on the sand there—among he shipping wreckage which litters that art of the coast and has earned it the name f " Dead Man's Coast."

The crew were taken prisoner and the -boat later towed to Reykjavik, once again scorted by British and Norwegian planes addition to the British Navy and the Royal orwegian Navy.

The U-boat was of inestimable value to dmiralty Intelligence.

During their two years' service in Iceland, orwegian Northrop pilots sighted ten -boats, seven of which were attacked with nsiderable success with depth charges and ans, but no definite "kills" were ascertained.

The Catalina aircraft of the squadron also had some success in attacks against U-boats. Five were sighted and two were attacked with good results although here again " kills " were not confirmed.

One of the many " general services " jobs for which Northrop seaplanes were used was to bring seriously ill civilians and service men from remote parts of the country to the hospital in Reykjavik. With communications as they are in Iceland, air ambulance transport was of great importance and many lives were saved in this way. Considerable skill was needed, however, to transfer the patients from rowing boat to plane in the choppy seas which are the rule rather than the exception in Icelandic waters.

Although the concrete results achieved by the squadron's two years' service in

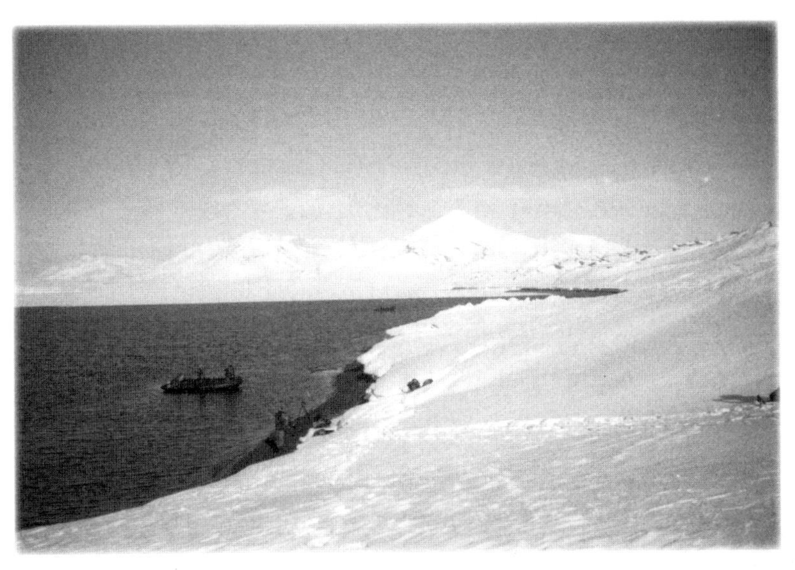

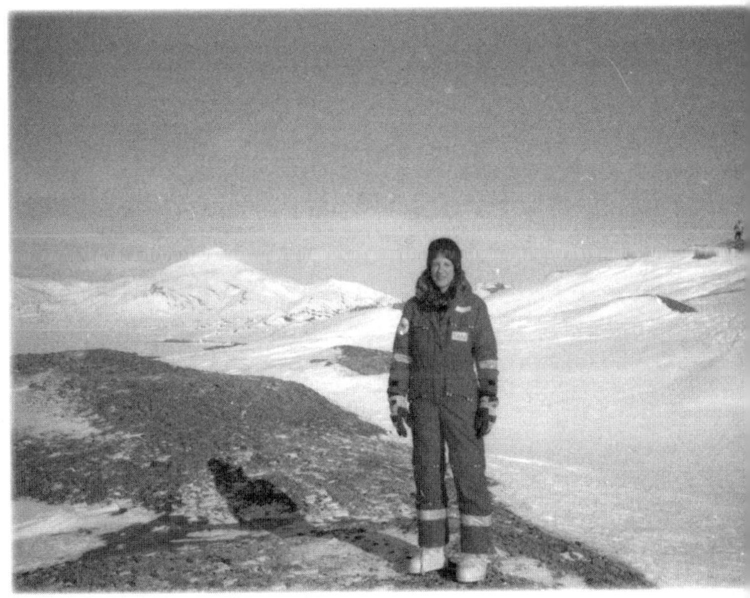

Arnaq (d. 1577) and Nutaaq (d. 1577)

Baby Nutaaq and his mother Arnaq were captured by Martin Frobisher in the Arctic in August 1577, and brought to Bristol, where Arnaq died. Nutaaq was taken to London so that Queen Elizabeth I could see him. He was displayed at an inn but he died before the Queen arrived. He is buried in St Olave's churchyard, London.

Nutaaq can be seen peeping out of Arnaq's *amauti* (hooded jacket) in this picture by English artist John White.

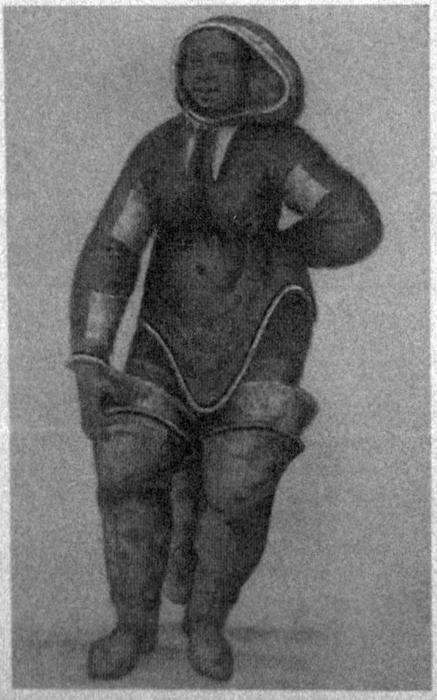

Portrait of Arnaq and Nutaaq from Frobisher Bay, pen and ink on paper, by John White, c.1590

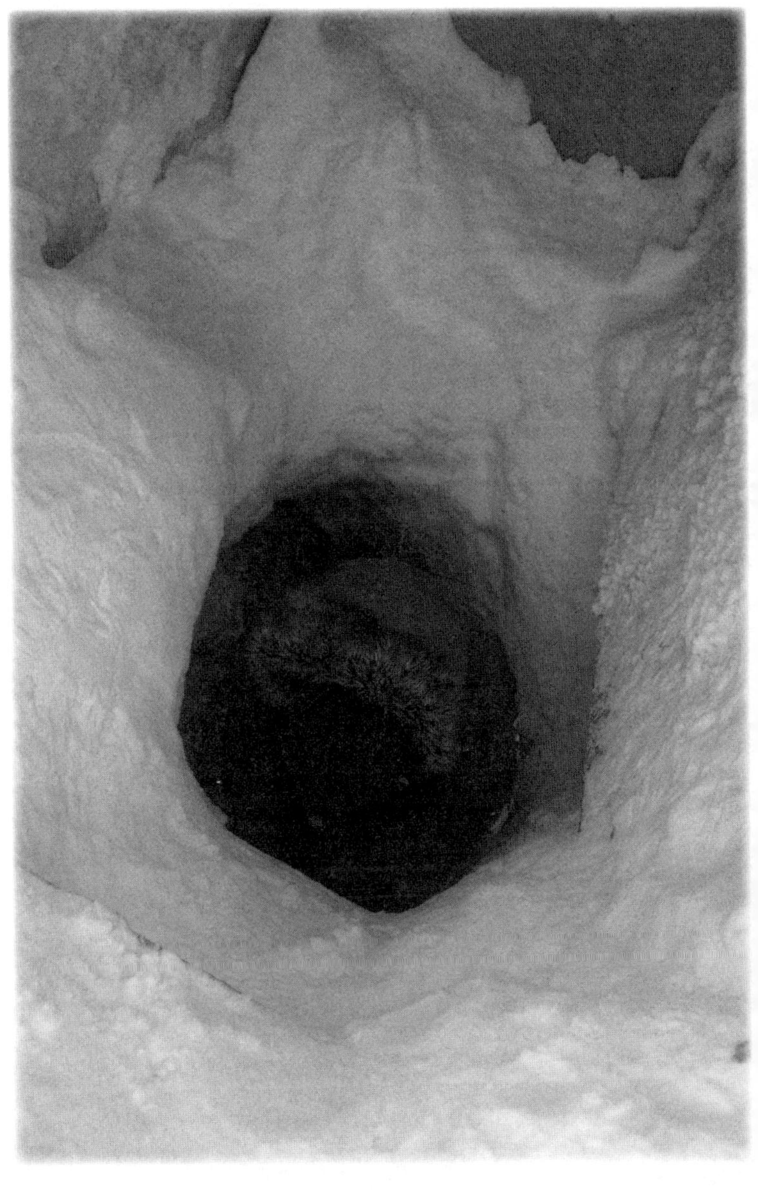

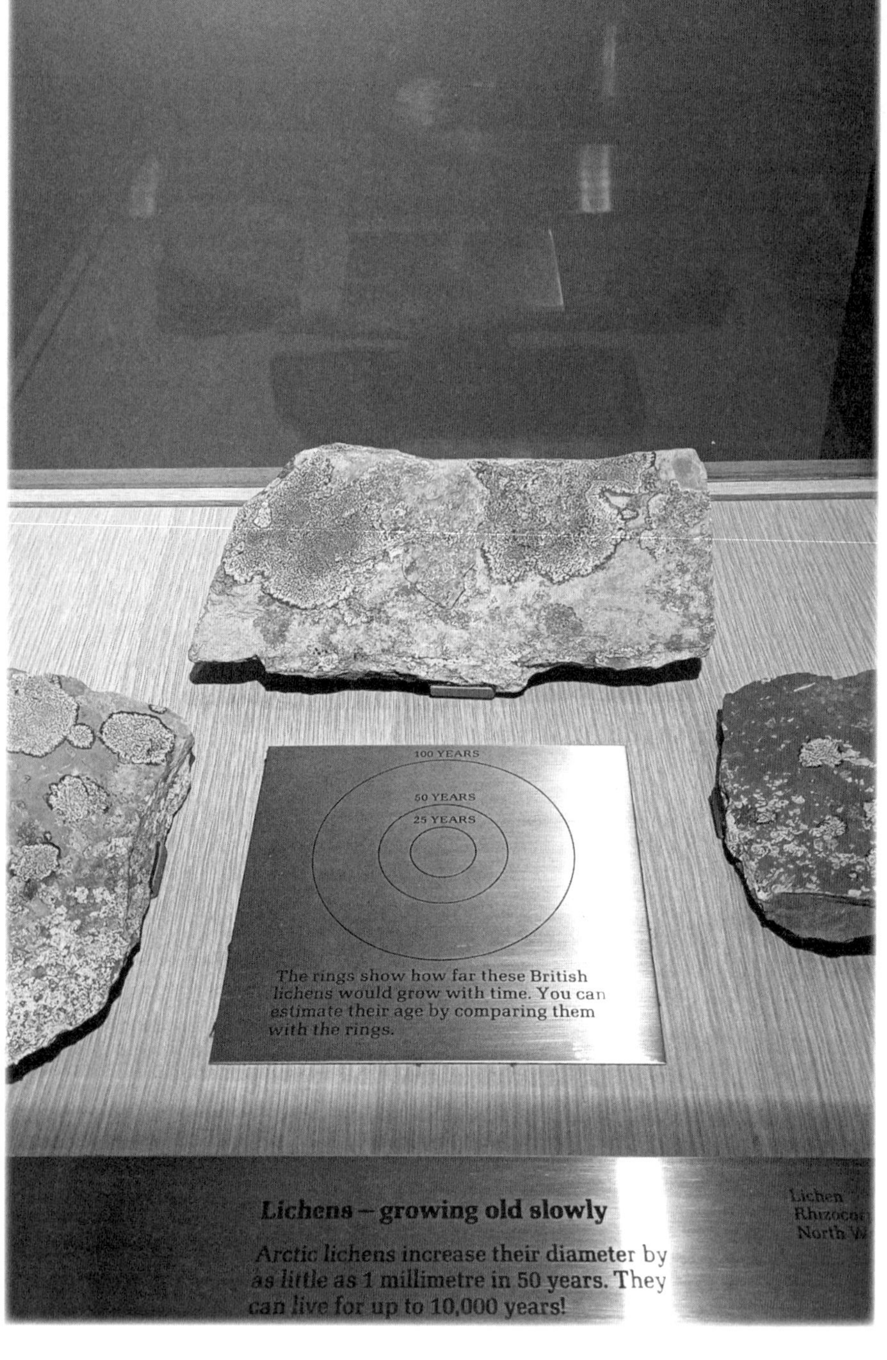
100 YEARS
50 YEARS
25 YEARS
The rings show how far these British lichens would grow with time. You can estimate their age by comparing them with the rings.
Lichens – growing old slowly
Arctic lichens increase their diameter by as little as 1 millimetre in 50 years. They can live for up to 10,000 years!

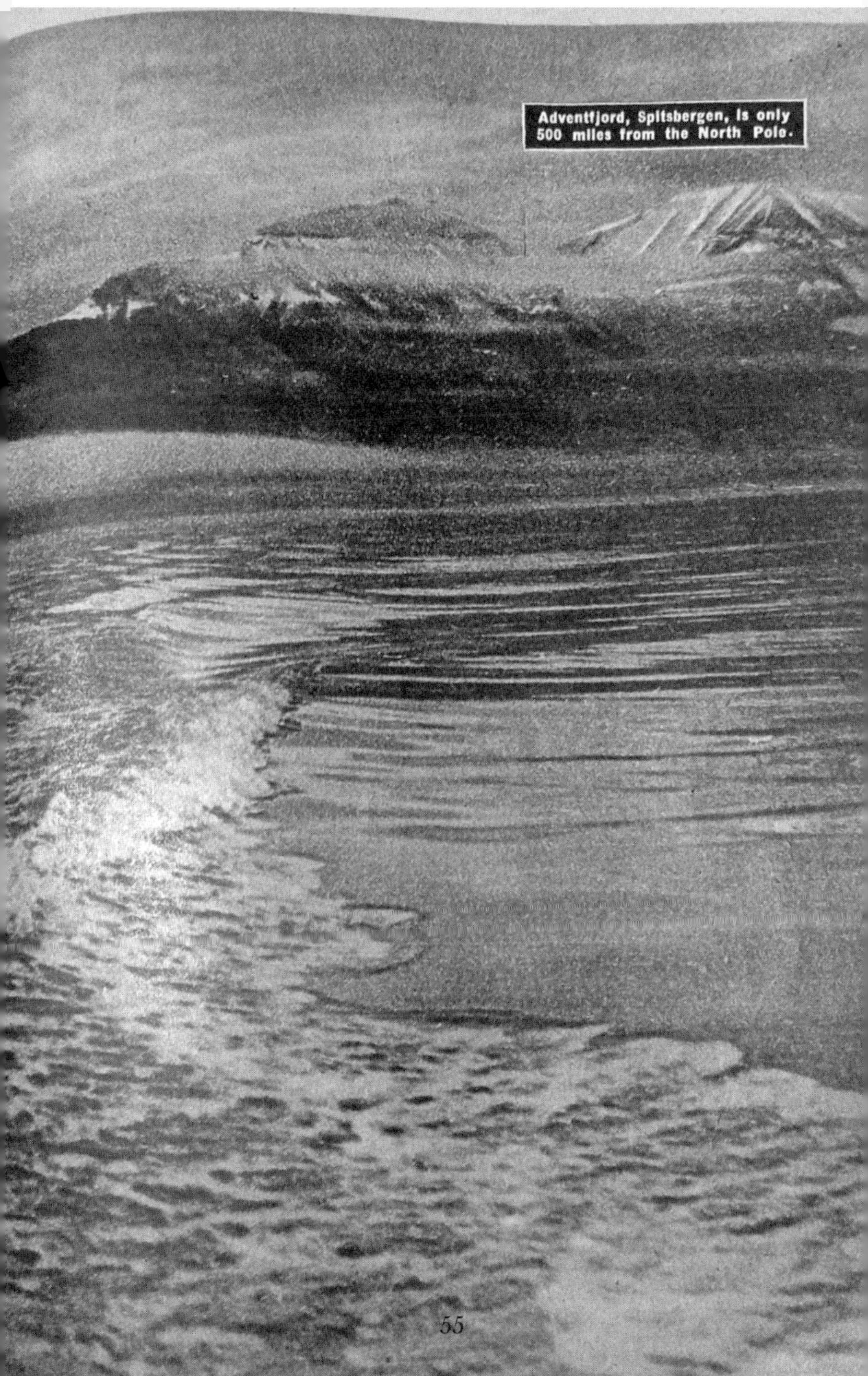
Adventfjord, Spitsbergen, is only 500 miles from the North Pole.

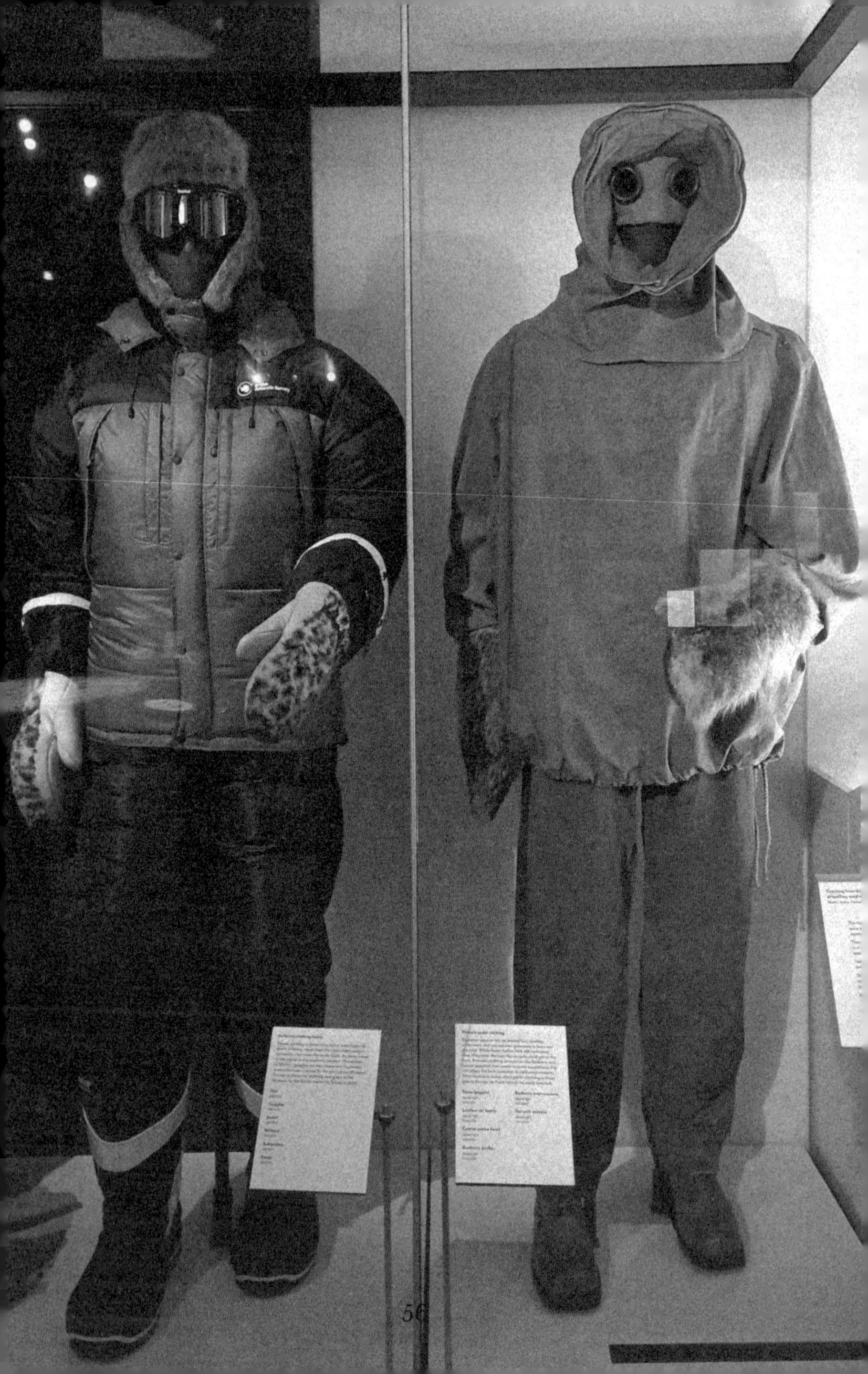

Teil II
April

Ich sitze am dreieckigen Tisch an der Kopfseite des Gemeinschaftsraumes, wo auch gegessen wird. Die Spitze zeigt zur Rückseite des Schiffes und seit einer Stunde fahren wir. Mit den Begrifflichkeiten hat man es hier weniger als ich es vom Containerschiff und der Neumayer-Station kenne. Vielleicht wird auch dieser Raum „Messe“ genannt. Er ist relativ gemütlich, mit dunklem Holz und Messinghandläufen eingerichtet. Die Wände sind dunkelgrün gestrichen und haben runde Luken und die Bänke sind gepolstert. Es gibt eine Bar – Getränke und Süßigkeiten muss man leider im Unterschied zu Neumayer III kaufen – und eine Durchreiche zur Küche.

Das Dreimast-Segelschiff Antigua wurde 1957 in Thorne (Vereinigtes Königreich) gebaut und fuhr in den ersten Jahren als Fischereifahrzeug, bis es Anfang der 1990er Jahre von Großseglern gekauft und zu einer Barkentine für den Passagierverkehr umgerüstet wurde. Seitdem verfügt die Antigua über 16 Doppelkabinen für Passagiere, jede mit eigener Toilette und Dusche und einem kleinen Bullauge. Länge: 49,50 m, Breite: 0,13 m, Tiefgang: 3,10 m, maximale Segelfläche: 750 m², Hauptmotor von Cummins mit 400 PS, Geschwindigkeit: 5–7 Knoten, je nach Strömung und Wetter.

Gestern kamen wir, schon als Fünfergruppe, vom Flughafen Tromsø mit dem Expressbus im Hafen an und es gab eine Art marokkanisches Taboulé. Es schmeckte gut, auch der Kaffee zum Frühstück war gut und in der ersten Nacht auf der Antigua habe ich gut geschlafen.

Der Kapitän begrüßte uns und er stellte die Crew vor. Es ist ein Mix aus Frauen und Männern, 11 Leute. Es gibt ein Navigationsteam und ein Expeditionsteam, welches uns mit unseren projects hilft. Dessen Leiterin Sarah macht das schon seit 10 Jahren. Dann gibt es noch das Küchenteam, bestehend aus dem Koch Piet und den zwei Servicekräften Sabrina und Jette. Es wurde auf den general alarm hingewiesen, bei dessen Ertönen wir uns alle an Deck treffen sollen. Die Essenszeiten sind: Frühstück um 8, Mittag um 13 und Abendessen um 19 Uhr.

Wir verließen das Schiff noch einmal und tranken Cocktails in der Tromsøer Tiki-Bar. Das war seltsam, ein karibischer Vibe in der arktischen Hauptstadt. Die Becher waren geformt wie diese Figuren auf den Osterinseln.

Wir wurden latent darauf vorbereitet, dass wir Spitzbergen möglicherweise nicht erreichen werden. Bevor sich nicht ein Fenster von mindestens drei Tagen öffnet, treten wir die Überfahrt gar nicht erst an. Wo wir jetzt sind, ist das Wetter in Ordnung. Die Sonne scheint und es gibt diese langgezogenen leichten Schmierwolken (Zirrus?). Gerade wird eine Karte von Nordnorwegen über die von Svalbard geklebt.

Erst letztens hat meine Mama bemerkt, dass ja vor allem oben und unten auf der Karte die Distanzen ganz falsch sind – zum Beispiel scheint es von Spitzbergen nach Grönland einen halben Atlantik weit zu sein.

Das Schiff ist meines Erachtens sehr klein, fast klaustrophobisch. Im Vergleich zur Containerschiffreise: Die CMA CGM Puget war 200 Meter lang, die Antigua ist 50 Meter lang. Hier ist die Wasseroberfläche nah, nur geschätzte zwei Meter unter der Reling. Viel niedrigere Brücke, viel weniger Hierarchie, viel mehr Frauen auch in Führungspositionen.

Wir sind eine sehr Weiße Reisegruppe. Ich meine damit die Hautfarbe und dass nahezu alle Teilnehmenden aus westlichen, reichen Industrienationen kommen. Meine Liste an Interviewfragen schließt die Frage nach der Finanzierung der Reise ein. Wir sprechen darüber, dass wir im Falle eines Nicht-Erreichens von Svalbard eine compensation fordern. Aaron rät, uns drauf einzulassen: „Embrace the adventure!"

Natürlich ist die erste Frage meistens die nach der Herkunft, das nervt. Molly setzt sich neben mich und skizziert mit Bleistift auf ein circa A5 großes Blatt. Mir gegenüber befindet sich Nastja, die am Macbook Portfolios durchsieht und Leute für eine artist residency in Finnland auswählt. Sie trägt Goldohrringe und eine hübsche Wollmütze und ich fühle mich etwas underdressed; immerhin habe ich schon viele Komplimente für meine Polarjacke bekommen, die mir wirklich gut steht. Die Bullaugen projizieren runde Bilder der vorbeiziehenden Meeresoberfläche an die Decke.

Ich vermisse Mailand, das ist mir mit München nie passiert. Lisa schreibt mir eine süße Nachricht (wir haben noch Netz), dass es beim Radfahren für sie klingt, als wäre ich bei ihr. An meinem schrottigen Mailänder Rad klappert der Ständer bei jedem Treten in die Speichen. Adrian hat es ausgeliehen.

Ich lerne Emma kennen. Sie ist herzlich und hat my work gelobt. Carolyn erzählt, als sie das Logo auf meiner Kleidung sieht, dass Alfred Wegener als einziger Wissenschaftler im frühen 20. Jahrhundert mirages fotografiert und beschrieben hat. Diese eisigen Fata Morganas, gespiegelte Eisberge sind Gegenstand ihrer künstlerischen Forschung. Ich kenne solche optischen Effekte aus der Antarktis.

Auf meine Nachfrage wird erklärt, dass sich die Windstärke anhand des Wellengangs und Widerstands an der Takelage abschätzen lässt. Wind in den Polargebieten ist viel stärker, weil die Luftmoleküle durch die Kälte dichter gelagert sind und ein Kubikmeter Luft mehr Masse hat als in wärmeren Gefilden. Der Kapitän sagt, auf der Skala von 1 bis 12 haben wir gerade eine leichte 4. Ansonsten wird das Wetter von Wetterapps abgelesen, ich lade die App „Wetter" runter. Sie sagt 2 Beaufort Wind mit 11 Stundenkilometer und 996 mbar Luftdruck. Der Wert der Temperatur in der App entspricht derjenigen des Thermometers an der Außenrückwand der Brücke.

Auf der Brücke gibt es ein Iridium Satellitentelefon und internet und ein Radargerät, dessen Kontrapart auf dem Hauptsegel dreht. Der Tiefenmesser zeigt circa -170 Meter an. Es liegt ein Logbuch herum. Vor allem bei einer längeren Strecke wie der geplanten Überfahrt nach Spitzbergen werden die Koordinaten notiert, denn wenn der Strom ausfällt, kennt man den eigenen Standort und kann mit der Karte aus Papier weiter navigieren. Es wird ein Kompass mit zwei GPS-Punkten benutzt. Je näher am Pol, desto nutzloser ein normaler Kompass, weil die Feldlinien am Nordpol senkrecht in den Erdball eintreten und der magnetische Eisennadel-Kompass daher im Kreis dreht. Das Schiff fährt mit Dieseltreibstoff und kann 24 Tonnen tanken, was für 3x Tromsø–Longyearbyen reicht.

Ich fühle keine der sechs Primäremotionen Freude, Trauer, Wut, Angst. Überraschung. Ekel. Bin relativ ruhig und präsent, schaue mich um.

Meine Kabinenkollegin Frederike ist sympathisch und ich spüre eine Verbindung zu Emma, auch zu Nico. Wenn man öfter in solche Gruppensituationen gerät, beispielsweise in artist residencies, kehren Persönlichkeitstypen und Beziehungsmuster wieder. Merke einen Anflug von Arroganz, wenn ich die Aquarellierenden sehe. Alle trinken die ganze Zeit Tee oder Kaffee, das gibt's umsonst.

Sarah macht Fotos von uns. Sie kündigt an, dass wir später an einem „alpengleichen Fjord“ anhalten, „wenn euch die Alpen etwas sagen“. Ich freue mich aus Heimatgefühlen so sehr, dass ich laut lache. Viele hier kommen nicht aus Europa und die Alpen sind tatsächlich kein Bezugspunkt.

Habe einen kurzen Mittagsschlaf in der Kabine gemacht. Gerade werden frisch gebackene Muffins mit Kirschen und Sahne gebracht.

Bei der Sicherheitsunterweisung beschreibt der Kapitän was zu tun sei, wenn eine Person über Bord geht, und zwar zuerst einmal das zu rufen, „person over board“. Bis es jemand hört, soll man es eventuell mehrmals oder sogar oft schreien. Gleichzeitig soll man mit ausgestrecktem Arm und Zeigefinger in die Richtung zeigen, der Person im Meer folgen und die Augen nie abwenden. Nebenstehende sollen sich anschließen, und das Schiff wendet. Der Person über Bord wird ein Rettungsring zugeworfen. Man muss sich beeilen, denn nach wenigen Minuten tritt Hypothermie ein. Beim Rausholen der Person aus dem Wasser soll sie in horizontaler Stellung sein, damit nicht plötzlich das ganze Blut aus dem Kopf in die Füße fließt. Der Kapitän sagt es sei in seiner Karriere nur einmal passiert, dass ein Passagier über Bord gegangen ist; die darauffolgenden vier Minuten und 20 Sekunden, bis sie wieder auf trockenem Boden stand, waren die längsten seines Lebens.

Eine Sicherheitsvorkehrung im Alltag an Bord ist es, die Türen gut zu schließen. Bei starkem Wellengang schlagen sie ansonsten zu, und wenn jemand den Finger im Türrahmen hat, kann er ab sein. Ich erlebe die Unterweisung ohne viele Gefühle, ich habe keine Angst.

Ich bekomme wieder Komplimente für meine Kleidung. Ich trage die Skihose in grau und die dunkelblaue Oversize-Jacke mit rotem Innenfutter und weißem Pelz in der Kapuze, die schwarzen Lederstiefel mit Stahlkappen und Pelzfutter sowie die schwarze Mütze mit dem großen türkisen AWI-Schriftzug an der Stirn und die gelb-braunen dicken Fingerhandschuhe.

Am ersten Tag gibt es mittags Burritos und abends Lachs (für mich gefüllte Zucchini, weil ich Fisch hasse), plus ein weißes Schokomousse.

Lisa smst, dass sie bei Lutz Hülle in Paris Probearbeiten wird. Ich habe das Gefühl, dass sie Mailand verlassen wird, dass unsere Tage gezählt sind. *Le nostre ore contate* von Massimo Volume ist ein toller Song. Ich habe auf dem Boot noch keine Musik gehört.

Ich beginne mit der Arbeit. Der Photogrammetrie-Test mit einem Schneehaufen an Deck klappt. Bei dieser Technik umkreist man das zu reproduzierende Objekt und macht im selben Abstand dazu Fotos, mit denselben Kameraeinstellungen auf allen Höhen. Dann rechnet eine entsprechende Software die Bilder zu einem digitalen 3D-Modell. Ich setze mich als Maßstab ein, indem ich ein Foto von meinem Arm neben dem Objekt aufnehme. Ich will es nicht nur abnehmen, sondern mit meinem Körper vermessen. Ich bin das Lineal.

In einem nordnorwegischen Weiler gehe ich mit der zweiten Deutschen, Sandra, Sie lebt wie Frederike in Berlin lebt. Spazieren. Wir tauschen uns über unsere Exfreunde aus. Ich muss sagen, dass auf dem Schiff der wahrscheinlich heißeste Typ, den ich je getroffen habe, mitfährt. Vielleicht liegt diese Klassifizierung aber auch am Punkt in meinem Zyklus, an dem ich mich gerade befinde.

Erin aus Wyoming erzählt von ihrer Reise nach Süddeutschland, wo sie München und Kloster Ettal besichtigte, und meinte

Bayern sei der tollste Ort, an dem sie je war. Das freut mich, weil vor allem im innerdeutschen Vergleich München oft schlecht abschneidet.

Der Weckruf für die Nordlichter war ein Fehlalarm, nur das Iphone 13 von Reza hat sie gesehen und dargestellt. Ich habe gut geschlafen und meine Träume beim Aufwachen vergessen.

Seth in signaloranger Jacke fotografiert mit dem Teleobjektiv beim Fenster rein. Pablo malt links neben mir das Interieur, Niels mir gegenüber probiert seine neuen Ölstifte aus und füllt A4 Formate mit pastosen Strichen. Am Nebentisch Sandra, die auch die Palette ausgepackt hat. Nico liest *The left hand of darkness* von Ursula K. Le Guin.

Ich fühle mich gut, komischerweise nicht außergewöhnlich, wieder keine der sechs Primäremotionen. Die Stimmung im Raum ist freundlich, konzentriert. Auch der Wellengang ist ruhig.

Ich stehe vorne am Bug, lasse den Wind wirken. Zwischen zwei Gipfeln sieht man blaues Eis. Tuomas, ein guide, spricht mich an. Er fragt, ob ich viel geschrieben habe bisher und sagt, er würde es gerne eines Tages lesen. Ich sage, er kann es eines Tages lesen und frage, ob er gerne liest. Er sagt ja, seit Neustem, und ich frage warum seit Neustem. Und er sagt, weil er einen Wert darin erkannt hat, nicht nur die eigenen, sondern auch Erfahrungen anderer zu erleben.

ZOOM0001.WAV, Freitag, 8. April, 2022,
11:56:04 AM (7.55 min):

JN. Okay. Auf Deutsch, oder?

FC. Ja, können wir auf Deutsch machen.

JN. Wie du willst.

FC. Denglisch.

JN. Denglisch, genau. Das sind meine Fragen an dich. Die erste Frage lautet: Was ist dein Projekt?

FC. Ich weiß es selber noch gar nicht so genau. Ich habe mich 2020 beworben und das ist jetzt zwei Jahre her. Durch Corona hat sich da immer wieder was verschoben. Ich habe viele verschiedene Ebenen, auf denen ich arbeite, von Zeichnungen über eine Arbeit mit Wörtern, einfach viele unterschiedliche Sachen. Ich werde dann gucken, was daraus wird, wenn ich wieder zurück bin.

JN. Das macht Sinn.

FC. Ja, absolut. (lacht)

JN. Wie wird deine Reise gezahlt?

FC. Die zahle ich selber. Mein Bruder hat mich unterstützt, netterweise. Und da wir das über Jahre jetzt abbezahlt haben, hat es auch nicht ganz so weh getan.

JN. Warum bist du hier?

FC. Weil ich gerne meine, oder was heißt gerne --- Ich glaube, es ist nötig, ab und zu seine Komfortzone zu verlassen. Und ich habe schon einen Heidenrespekt vor Wasser und auch vor Segeln. Und ich glaube, dass das viel bewegen kann. Ich möchte ein bisschen an meine Grenzen gehen und gucken, was dann mit mir und vor allem auch mit meiner Arbeit passiert.

JN. Was siehst du gerade?

FC. Ich sehe gerade eine wunderschöne weiße Landschaft mit großen Bergen, die aus dem Meer herausragen und eine wilde See mit weißen Schaumkronen. Und es ist fast --- Ja, es hat was Cineastisches, Unwirkliches eigentlich.

JN. Was weißt du über diesen Ort?

FC. Oh Gott, Norwegen. Ich war noch nie in Skandinavien vorher. Das ist jetzt der Hardcore-Einstieg. Wir segeln hier gerade durch. Wir sollten eigentlich woanders sein, deswegen weiß ich über den Ort hier im Speziellen nicht so viel. Aber durch unsere Crew und durch viele Mitstreiter auf diesem Boot lernen wir auch voneinander und ich hoffe, ich werde noch mehr über diesen Ort erfahren.

JN. Wie siehst du dich in dieser Landschaft?

FC. Als Störfaktor?

JN. Was ist deine Lieblingslandschaft?

FC. Schwer zu beantworten. Ich glaube, ich habe keine Lieblingslandschaft in dem Sinne. Ich habe die Eislandschaft auch so noch nie erfahren. Vielleicht wird es meine neue Lieblingslandschaft. Aber ich bin offen, und ich finde in der Unterschiedlichkeit liegt die Schönheit.

JN. Was ist Natur?

FC. Natur ist Leben, Natur ist Evolution.
Natur ist wunderschön. Natur ist aufregend, gewaltig und kraftvoll.

JN. Okay, die Frage Nummer neun: Was bedeutet Kälte? Was bedeutet Wärme?

FC. Ich glaube, das ist immer relativ. Wie die Holländer sagen, es gibt kein schlechtes Wetter, es gibt nur schlechte Kleidung. --- Ich glaube, mit unseren Möglichkeiten in beidem zurechtzukommen. Natürlich nur bis zu einem gewissen Grad. Ich hab Kälte in dem Sinne auch noch selten so extrem erfahren. --- Aber man macht das hier ja auch, damit man Sachen sehen kann, die man normalerweise vielleicht nicht sieht oder fühlt oder spürt.

JN. Wie rein ist dein Gewissen?

FC. Puh, schwere Frage. Wahrscheinlich --- Also nicht ganz rein. Ich glaube, wir haben alle kein reines Gewissen, was es nicht besser macht. Weil hier zu sein --- Hier ist man ja auch irgendwie hingekommen. Und dann das zu rechtfertigen „für die Kunst" finde ich auch schwierig. Ich glaube, jeder muss für sich versuchen, ja, ein bisschen weniger von den Sachen zu machen, die der Umwelt nicht guttun. Aber, ja, trotzdem noch so leben, dass man selber die Welt um sich herum irgendwie erfahren kann.

JN. Das schließt perfekt an: Was ist die soziale Rolle deiner Kunst in Zeiten der Erderwärmung?

FC. Ich habe ja --- Mein Hauptmaterial sind Seegrasbälle, die aus dem Mittelmeer kommen. Und deren Ursprung liegt in Riesenseegrasteppichen im Mittelmeer. Und diese Seegrasteppiche sind bedroht, was eine Katastrophe ist für das Mittelmeer, weil es einer der größten Sauerstofflieferanten ist. Da laichen Fische drin und so weiter. Umwelt war eigentlich als ich angefangen habe gar nicht so der Hauptfokus. Aber es rückt natürlich immer mehr in den Fokus. Und --- Jetzt habe ich den Anfang der Frage vergessen.

JN. Was die soziale Rolle deiner Kunst ist.

FC. Ach so. Ich will keine Zeigefinger-Kunst machen oder Leute belehren. Ich glaube eher, dass ich durch Schönheit, weil meine Kunst sehr ästhetisch ist, Leute dazu bringen möchte, einfach über die Natur nachzudenken. Und was Natur für uns bedeutet. Und wie wichtig sie für uns ist.

JN. Ja. Ich bin gerade alarmiert, weil jetzt schon die Batterie blinkt.

FC. Ups.

JN. Hast du Angst vor dem Klimawandel? Wo siehst du Gefahr?

FC. Ja. Ich habe Angst vor dem Klimawandel. Aber ich finde, es ist auch irgendwie schwierig zu greifen. Ich glaube, diese Wassermassen, die uns in den nächsten Jahren begegnen werden, sind durchaus gefährlich und bedrohlich für unseren Lebensraum. Und ich finde, das ist schon etwas, das man ernst nehmen sollte, egal, ob das jetzt, wie manche Leute behaupten, nichts mit dem Klimawandel zu tun hat, sondern mit normaler Veränderung unseres Planeten. Aber es ist trotzdem, glaube ich, eine Gefahr für die Menschheit.

JN. Wie fühlst du dich?

FC. Gut! Ich bin total aufgeregt. Ich bin überwältigt von allen Sachen, die hier so auf einen niederprasseln. Ja, ich bin ganz aufgeregt.

JN. Was hast du geträumt?

FC. Ich habe gar nichts geträumt.
Ich habe so tief geschlafen, dass ich wie in einem komatösen Schlaf war, was toll war.

JN. Was ist am Tag deiner Geburt passiert?

FC. Gott, am Tag meiner Geburt. Ich weiß gar nicht. Ich bin geboren worden. Ich weiß es wirklich nicht. Mein Leben hat begonnen.

Ich habe das erste Interview mit meiner Kabinenkollegin Frederike vor dem Mittagessen geführt. Die Fragen funktionieren, auch sie findet das. Es gibt Chicken Curry mit Reis.

Nachmittags wird in einer Bucht der Anker nach unten gelassen. Sie bringen uns mit Zodiacs an Land. Gleich nach dem Einsteigen in so ein Schlauchboot muss man sich auf den aufgeblasenen Gummirand setzen und weiterrutschen. Wir ziehen unsere life vest an. Das ist eine Art Gurt, den man sich um den Nacken hängt und festzurrt und der Auftrieb verleiht, wenn man ins Wasser fällt.

Alle packen ihre Geräte aus und nehmen auf. Ich finde es schon bemerkenswert, wie ähnlich solche Situationen von Künstler*innen sind, die mit ihren Kameras „jammen". Viele sind trotz Bewusstsein fürs Bild nicht frei von Sehgewohnheiten, sondern reproduzieren sie intuitiv.

„Dirt is matter out of place": Sand am Strand ist kein Dreck, Sand in der Wohnung hingegen schon, wie Mary Douglas sagt. Ich suche mit meinen Händen nach Plastik und finde zum Glück nicht viel, aber doch zwei kleine Stücke.

Sandra, Frederike und ich machen an Deck zehn Minuten Krafttraining. Die Sonne geht unter und lässt einen roten Himmel stehen. Die Wolkenränder sind rosarot. Emma aquarelliert ganz vorne. Ich bin so müde, dass ich keinen sinnvollen englischen Satz mehr rausbringe. Unsere Kabine ist neben denjenigen der guides und ich erfahre im Flur davor, dass das Lieblingsessen von Tuomas Hamburger ist. Meines ist Pizza. Ich habe die Schlutzkrapfen verschwiegen, weil ich annehme, er, als Finne, kenne sie nicht.

Am Abend serviert Piet eine stunning mustard soup und Schweinefilet mit Kartoffelpurée. Ich esse zwei Créme Brulées.

Für meinen Norweger-Pullover kriege ich von Pablo ein Kompliment.

Heute erinnere ich mich latent an meinen Traum. Auf Einladung von Riccardo reiste Federico nach China und erzählte mir, dass auch Mathias dabei sein wird. Ich fühlte mich ausgeschlossen. Dieses Gefühl hatte ich zum ersten Mal im Kindergarten, als der Anführer beschloss, dass nur die älteren Kinder der Gruppe Zugang zu einem geheimen Wissen bekommen. Dann habe ich noch geträumt, dass ich mit Florian war – entweder auch in China, oder wir irgendwo waren auf der Suche nach einem chinesischen Restaurant – und wir wollten etwas essen. Als ich ein Restaurant gefunden hatte, bemerkte ich, dass er nicht mehr da war. Er hatte sich mit seinem neuen Freund ins Hotelzimmer zurückgezogen.

Ich bade im arktischen Meer. Wo das Schiff liegt, gibt es eine Holztreppe ins Wasser. Bei hohem Stress hilft Eisbaden, das ist wohl erwiesen. Es zwingt den Körper in kürzester Zeit zur Aussetzung von dermaßen vielen Stresshormonen, dass man sich nachher zwangsläufig entspannt. Das Herzklopfen ist anstrengend, ich habe eine Primäremotion. Aufregung, Freude. Kelsey hat Neoprenhandschuhe und Neoprenschuhe und bleibt am längsten im Wasser. Ich bekomme keine Luft vor lauter Kälte. Auf den Fotos, die Frederike von mir gemacht hat, erkennt man deutlich Bauchmuskeln. „Dein Sixpack ist eine Unverschämtheit". Ich fühle mich gut, weil ich mich überwunden habe. Ich mag mein Selbstbild als eine mutige Person. Zum Mittagessen gibt es eine solide Carbonara.

ZOOM0004.WAV, Samstag, 9. April 2022,
10:01:54 AM, (12.26 min):

JN. Es ist also der neunte April und ich sitze hier auf Skorpa mit Erin, nicht nach Erin Brockovich benannt.

EB. Nein. (lacht)

JN. (lacht) Und die erste Frage ist: Was ist dein Projekt?

EB. Mein Projekt ist das Mikrobestiarium, also ein künstlerisch-wissenschaftliches Vermittlungsprojekt, das Kunst nutzt, um Mikrobiologie zu unterrichten und die Öffentlichkeit auf andere Weise für Mikrobiologie zu begeistern. Wir arbeiten viel mit K-12-Schulen und dieser Art von Bildung in den Vereinigten Staaten zusammen. Also mit Kindern, die unter achtzehn Jahre alt sind. Wir haben ein paar Galerien und solche Dinge.

JN. Cool! Wie wird deine Reise finanziert?

EB. Sie wird durch einen nationalen Zuschuss der Vereinigten Staaten finanziert. Es handelt sich um einen EPSCoR-Zuschuss, das ist das etablierte Programm für Forschung. Aber --- Das Mikrobestiarium wird als ein Projekt zur Förderung der Vielfalt im Bildungsbereich finanziert. Und weil ich dieses Programm leite, haben wir es geschafft, einen Zuschuss und einen kleinen Unterzuschuss zu beantragen und das Geld zu bekommen.

JN. Ja, das ist cool. Also du zahlst nicht privat.

EB. Nein, nein. Zum Glück.

JN. Warum bist du hier?

EB. Ich bin hier, weil ich glaube, dass es A) in der Arktis einige wirklich interessante mikrobielle Aktivitäten gibt, die wichtige Auswirkungen haben könnten, vor allem in den kommenden Jahren, und B) um Künstler*innen zu treffen und mit ihnen zusammenzuarbeiten, mit denen ich sonst keine Gelegenheit hätte, in Kontakt zu kommen.

JN. Was siehst du im Moment?

EB. Was ich im Moment sehe? Hauptsächlich den Pier.
Mit all den Seepocken und dem Seegras, das im Wasser hin und her treibt. Das Seeschaumgrün des Holzes am oberen Ende des Piers ist interessant und ich frage mich, ob das die Farbe ist, mit der es gestrichen wurde, oder ob es eine Art Rückstand ist, den das Meer hinterlässt.

JN. Was weißt du über diesen Ort?

EB. Ich weiß, was Sarah uns erzählt hat. Also, ich weiß, dass er anscheinend verlassen ist, mit Ausnahme einiger Häuser, die noch Besitzer haben und im Sommer besucht werden. Man kann hier Rentierschulen finden, was interessant ist. Ich weiß, dass es in der Mitte der Insel einen See gibt und dass man auf der anderen Seite, wenn man ziemlich genau in diese Richtung geht – ich sage „in diese Richtung“, was für ein Audiomedium nicht hilfreich ist, aber das macht nichts, zu einem großen gelben Haus am Ufer gelangt. Es war auch ein Ort, an dem während des Zweiten Weltkriegs Kriegsgefangene waren, deutsche Kriegsgefangene. Und einige von ihnen sind danach geblieben und haben sich hier niedergelassen. Ihre Namen findet man auf Grabsteinen und auf einigen der kleinen Friedhöfe auf der Insel.

JN. Ein gutes Gedächtnis! --- Wie siehst du dich in dieser Landschaft?

EB. Hm. Ich nehme an, irgendwie als --- Ich weiß nicht das richtige Wort. Ich würde sagen, als Außenseiterin, aber ich glaube, das hat einen negativen Beigeschmack, den ich nicht unbedingt meine. --- Eine Besucherin, denke ich, wäre vielleicht das richtige Wort. Ja, denn es ist nicht --- Es fühlt sich für mich nicht unbedingt fremd an, besonders bei diesem Wetter. --- Das Wetter ist mir sehr vertraut, und auch die Atmosphäre ist mir von einigen Orten in meiner Heimat sehr vertraut. Besucherin wäre vielleicht das Wort, nach dem ich gesucht habe.

JN. Und was ist deine Lieblingslandschaft?

EB. Wahrscheinlich die Prärie. Wenn man die Berge in der Ferne sieht, aber dazwischen ist eine Art Ebene, vielleicht ein paar sanfte Hügel, etwas rote Erde.

JN. Ich glaube, das ist sehr amerikanisch. Oder zumindest war ich selbst noch nie an einem solchen Ort. (lacht)

EB. (lacht)

JN. Was ist Natur?

EB. Ich denke, eine Definition dafür könnte die natürliche Welt sein. Natur ist also alles, was nicht von Menschenhand gemacht ist. Dinge, die der Mensch nicht geschaffen hat. Alles, was darüber hinausgeht, würde ich als Natur bezeichnen.

JN. Was bedeutet Kälte?
Was bedeutet Wärme?

EB. Da gibt es eine Reihe von Definitionen. Ich nehme an, Kälte ist, zumindest jetzt gerade, die physische Empfindung von Kälte. Aber es gibt auch Kälte im Sinne von emotionaler Kälte oder Abgeschiedenheit. --- Wärme ist für mich wiederum das physische Gefühl, an einem Ort zu sein, an dem man, vor allem wenn man aus der Kälte kommt --- Wenn man aus der Kälte in die Schiffskabine kommt, spürt man Wärme sowohl in Bezug auf die Temperatur als auch in Bezug auf das einladende Gefühl.

JN. Wie rein ist dein Gewissen?

EB. Hm. (lacht) Wie rein ist mein Gewissen. (lacht) Ich denke, mein Gewissen ist wahrscheinlich ziemlich rein. Ich weiß nicht, ob meine Gedanken es sind. Aber ich denke, mein Gewissen ist es. (lacht)

JN. (lacht) Okay. Die nächste Frage richtet sich an Künstler*innen, aber sie funktioniert auch für Wissenschaftler*innen. Was ist die soziale Rolle deiner Arbeit? Und was ist die soziale Rolle deiner Arbeit in Zeiten der Klimaerwärmung?

EB. Ich glaube, die soziale Rolle meiner Arbeit könnte in der Bildung liegen. Es ist wie --- Mit dem, was ich vorhabe zu tun, werde ich die Öffentlichkeit direkt ansprechen.

Ich weiß also nicht, ob das mit der Definition von „sozial" übereinstimmt. Aber

JN. Ja, in gewisser Weise: Welche Funktion in der Gesellschaft hat deine Arbeit?

EB. Das Ziel ist es, zu bilden. Die Rolle, die sie haben sollte, ist zu informieren und vielleicht zu inspirieren. Ein Zuwachs an Wissen oder Handeln.

JN. Und hat es in einem weiteren Sinne etwas mit dem Klimawandel zu tun?

EB. Ja, zum Teil schon. Wir wissen noch nicht sehr viel darüber, welche Rolle Mikroben beim Klimawandel spielen, aber wir wissen, dass sie es tun.

JN. Dann sind wir jetzt bei Frage zwölf.

EB. Krass.

JN. Hast du Angst vor dem Klimawandel? Wo siehst du Gefahr?

EB. Ja, die sehe ich. Die Gefahr. Ich schätze, ich habe auf eine existenzielle Weise Angst. Weißt du, was ich meine? Es ist nicht dasselbe, wie wenn man Angst vor der Dunkelheit hat. Es ist eher etwas, an das man sich hin und wieder erinnert und bei dem man sich irgendwie hoffnungslos fühlt, was wohl eine eigene Art von Angst ist. --- Ich sehe Gefahren in vielen der großen Klimaveränderungen, wie z. B. einer längeren Waldbrandsaison, die früher beginnt und später endet. Wir haben jetzt mehr schwere tropische Stürme. Und, naja, das konzentriert sich zwar sehr stark auf die Vereinigten Staaten, aber ich weiß, dass das überall der Fall ist und dass diese wirklich negativen Klimaauswirkungen die Menschen überall treffen.

JN. Hm. Ja. In Deutschland sind es eher Überschwemmungen.

EB. Ja, und auch Tsunamis.

JN. Wie fühlst du dich?

EB. In diesem Moment?

JN. Ja.

EB. Zufrieden, denke ich. Es hat wahrscheinlich am meisten mit dem Ort zu tun, an dem wir uns befinden. Dies ist ein Ort, an dem ich mich auf seltsame Weise zu Hause fühle, wenn man bedenkt, dass es überhaupt nicht wie mein Zuhause ist. (lacht)

JN. (lacht) Nicht so bewohnbar.

EB. Nein. Ich meine, je nachdem, wen du fragst, ist Wyoming wohl auch nicht so bewohnbar. (lacht) --- Nein, es ist einfach --- Er hat eine besondere Ruhe.

JN. Ja, da stimme ich zu. Vielleicht fühlst du dich auch zufrieden, weil du gerade den Mast bestiegen hast.

EB. Ja! Ich bin gerade auf die Takelage geklettert. Ich habe das getan, was ich mir vorgenommen habe. Ich bin sehr zufrieden mit mir. (lacht)

JN. Sehr gut! Was hast du geträumt?

EB. Was ich geträumt habe?

JN. Letzte Nacht.

EB. Letzte Nacht. Ich habe von Rugby geträumt. Ich habe tatsächlich von Rugby geträumt. Ja. Ich weiß, dass es bizarr war, und ich weiß, dass es eine seltsame andere Sache gab, die passierte. Aber ich erinnere mich, dass an einem Punkt, was auch immer geschah, eine Pause gemacht wurde und wir Rugby spielten. (lacht)

JN. (lacht) Okay. Und die letzte Frage ist, was an dem Tag passierte, an dem du geboren wurdest?

EB. Ich habe den gleichen Geburtstag wie Elton John, das ist also cool. Aber das war offensichtlich --- Nun, offensichtlich wurden wir nicht am gleichen Tag geboren. Aber an dem Tag, an dem ich geboren wurde, hat Elton John wahrscheinlich seinen Geburtstag gefeiert. (lacht) Auch mein Onkel hat seinen Geburtstag gefeiert, weil wir am gleichen Tag geboren sind, viele Jahre auseinander. --- Ich weiß es nicht. Ich weiß von keinen großen Ereignissen, die an meinem Geburtstag passiert sind. Meine Mutter ist nach Rock Springs ins Krankenhaus gefahren. (lacht) Ich nehme an, das ist an diesem Tag passiert.

JN. Das war das Interview!

EB. Ausgezeichnet.

Ich habe mir von Sergei, einem der guides, eingehend seine Tattoos erklären lassen. Auf dem rechten Arm trägt er zwei Mythen der Inuit aus Grönland. Sedna wurde einem Mann versprochen, der sich als Rabe entpuppte, woraufhin sie nicht mehr bei ihm sein wollte. Obwohl er der König der Raben war. Sie war im Kanu ihres Vaters irgendwo zwischen Rabenreich und Ursprungsort und wurde von ihrem Exmann in Rabenform am Weiterfahren gehindert. Ihr Vater warf sie über Bord. Er hackte ihr die ersten Glieder aller Finger ab und aus ihrem Blut erwuchsen die großen Meeressäuger. Sie hielt sich weiter am Kanu fest und es wurden ihr die zweiten Glieder aller Finger abgetrennt. Daraus erwuchsen die kleinen Meeressäuger. Sedna ist die Göttin des Meeres. Darüber befindet sich ein Geschwisterpaar. Der Bruder vergewaltigte die Schwester und sie rannte vor ihm davon, so schnell, dass sie in den Himmel aufstieg. Sie ist der Mond, er die Sonne, und nur bei Sonnenfinsternissen gelingt es ihm, sie einzuholen.

Ist Kanu und Kajak eigentlich das gleiche?

Auf dem linken Arm hat Sergei Motive der Chukchi aus Nordrussland abgebildet, z.B. Eisbären und Iglus. Er lebt auf Spitzbergen und gibt im dortigen Polarmuseum Führungen. Er liebt die Inuitkultur und sagt, über seine Tattoos sei er öfter mit den Museumsbesucher*innen ins Gespräch gekommen als anhand der Objekte in Vitrinen. Inuitfrauen hätten ein volltätowiertes Gesicht im Gegensatz zu Männern, weil bei Kampfhandlungen aufgrund der dicken Kleidung nur Gesichter sichtbar sind und die Feinde erkennen sollen, wen sie angreifen können und wen sie verschonen müssen. Außerdem hätten Inuitfrauen auch ein bestimmtes Muster auf die Innenseiten ihrer Oberschenkel tätowiert, wobei die Tätowiererin beim Ritual des Stechens ihr Wissen weitergebe. Der Grund für das spezifische Muster ist, so Sergei, dass Babys bei der Geburt als allererstes etwas Schönes von der Welt sehen.

Zum Abendessen gibt es frittierte Hühnerkeulen mit Reis und Brokkoli und eine Champignonsuppe.

Danach hält der Kapitän einen Vortrag über das Wetter, also wie er sich Informationen darüber beschafft, anhand von welchen Parametern er diese beurteilt und seine Navigationsentscheidungen fällt. Er nutzt die Webseite Windy, die auf das europäische Wettermodell zurückgeht und die ich vom Meteorologen bzw. Flugwetterberater der Neumayer-Station kenne. Windy sagt ein geeignetes Fenster für Dienstagmittag bis Freitagabend voraus. Das amerikanische Modell widerspricht dem hingegen leider und zeigt ungünstige Windstärken und -richtungen mit hohem Wellengang für den gleichen Zeitraum an. Es gibt auch eine Webseite für Eisprognosen rund um Spitzbergen, auf deren Karten zwischen Fast Ice, Drift Ice, usw. unterschieden wird. Wir hoffen auf das europäische Modell und warten noch ein bisschen.

Marius setzt sich für den Vortrag neben mich. Er ist der dritte guide in Sarahs Expeditionsteam. Er hat ein Feuermal auf dem Nasenrücken und arbeitet als life coach. Unsere Arme berühren sich und er sagt, er habe das Gefühl mich schon jahrelang zu kennen. Ich erwidere, ich habe das Gefühl ihn seit Mittwoch zu kennen. Ich erzähle ihm dann, dass ich bei meinen Vorbereitungen auf die Containerschiffreise gelesen habe, das Lustzentrum zu aktivieren helfe gegen Seekrankheit.

Zum Frühstückskaffee lese ich ein Gespräch mit Alexander Kluge: *Die Entstehung des Schönheitssinns aus dem Eis*. Die titelgebende These bezieht sich auf die große Eiszeit vor 600 Millionen Jahren, als alle Kontinente eisbedeckt am Äquator lagen. Dieser Planet Erde wird snowball earth genannt. „Schnee-ball Erde" meint eine geowissenschaftliche Theorie über mehrere globale Vereisungen im späten Präkambrium, als Gletscher von den Polen bis in Äquatornähe vorgestoßen waren, das Meer weitgehend zugefroren und somit nahezu die gesamte Erdoberfläche von Eis bedeckt war. Der menschliche Sinn für Schönheit sei eine zu diesem Zeitpunkt evolutionär erworbene Anlage und bestehe in der Erinnerung an Wärme, „in die Erinnerung eingebrannte Einbildungskraft, ein durch die Kälte geschultes Unterscheidungsvermögen". Kluge spricht davon, dass das Entscheidende nicht der Unterschied zwischen Wahrheit – oder Realität – und Fiktion sei, sondern in der poetischen Arbeit geprüft werden müsse, in welchen Erzählungen und Bildern sich Erfahrung kristallisiert: Welche Geschichten „bleiben hängen"?

Wie ein Erdkern führe die Libido im Menscheninneren zu äußeren Kausalketten, die wir Geschichte nennen: „Diese Wechselbeziehungen zwischen Innen und Außen zu studieren, das ist die Echolot- oder Fledermausarbeit der Poesie". Die Libido lasse sich am Beruf, den man ausübt, an den Tätigkeiten und dem Lebenslauf ablesen, und man könne davon ausgehend sagen, woran wir sterben. Die Libido liege den Gefühlen zugrunde, sie bestehe aus Gefühlssplittern und könne in Sprachfetzen nach außen dringen. Ein Psychoanalytiker sehe Tendenzen, sehe die Libido indirekt. Nach Kluge hat Freud den Zusammenhang zwischen Libido und Gefühlskomplex „sprachlich magnetisiert". Gefühle seien nicht sprachlich fundiert, aber sie könnten von einem nahestehenden Ausdruck angezogen werden, der dann zwar nicht dieses Gefühl verbalisiert und ist, aber nahe dran. Dieses so gebundene Gefühl sei in seinem „natürlichen Aggregatszustand": halb gesellschaftlich, halb individuell, halb umschwärmt von Libido und halb von der Sprache.

Ich habe von Federico geträumt und mich geärgert (Primär emotion). Ich beobachte keinen Fortschritt an mir und habe im Traum beschlossen, ihn nicht mehr zu treffen.

An der Flussmündung des dritten landings gibt es eine kleine, vom Dorf Akkarvik betreute Hütte, ähnlich dem Winterraum der Lanzwiesenalm daheim. Marius kocht darin Kaffee über offenem Feuer. Er macht mir ein Kompliment für mein Outfit und erklärt er beginne hiermit das Flirten.

Ich unterhalte mich mit Emma. Sie zeichnet gerne en plein air, im Freien, weil sich dann der Moment bei ihr einbrennt. Wir sind uns einig in der Tatsache, dass sich durch die Erfahrung der Polargebiete die Einschätzung der menschlichen Position im Kosmos relativiert. Für uns fühlt sich das gut an. Carolyn kommt dazu, sie ist Professorin für Literatur und kennt Lisa Bloom, die *Gender on Ice* veröffentlichte.

Erst gestern habe ich den Schluss des Buches gelesen, in dem Bloom das Narrativ von Scott und Peary vergleicht und feststellt, dass im zweiten Falle – unterstützt durch das National Geographic Magazin – Heldentum durch das Meistern der Technologie und die körperliche Stärke von Peary konstruiert wird. Heldenhaftigkeit wird sowohl zum Ideal von Männlichkeit als auch zum nationalen Ideal, die Figur des Helden damit zur Identifikationsfigur für nationale Identität. Scott hingegen, der sowieso im eigentlichen Sinne scheiterte, weil Amundsen 1912 zuerst den Südpol erreichte, wird in der Geschichtsschreibung als geistig stark herausgestellt. Er war beim race to the South Pole gestorben. Sein veröffentlichtes Tagebuch wurde editiert und dahingehend poliert, dass keine Äußerungen über körperliche Beschwerden zur Sprache kommen, sondern Willensstärke und moralische Überlegenheit in den Vordergrund treten. Er selbst schlägt im Tagebuch den Bogen von der Antarktis nach England und zeichnet somit selbst ein bestimmtes Bild seines Heimatlandes.

Für Carolyn ist ihr gemeinsam mit Marget untersuchtes Phänomen der mirages gerade auch hinsichtlich seiner Funktion für nationalistische Interessen aufschlussreich, denn scheinbar gesichtete Landstriche wurden sofort in die entsprechende Nation, in die USA, integriert. Nachdem sich die neuen Länder als optische Täuschungen erwiesen hatten, mussten sie wieder von der Karte gestrichen werden.

ZOOM0005.WAV, Sunday, April 10, 2022,
11:30:30 AM, (22.28 min):

SS. Ich muss einfach meinen Körper wieder fit kriegen.

JN. Ja. Ja, es ist doch auch gut, wenn man nicht immer durchzieht, was man sich vorher überlegt, weil dann hätte man vielleicht auch gar nicht kommen müssen.

SS. Ja, dann die Chance zu nutzen und Sachen zu machen, die kommen. Ideen.

JN. Ich hatte ja auch eine konkrete Idee mit dieser Schiffszeitung. Das mache ich halt gerade nicht. Es ist einfach zu viel.

SS. Ja, es ist zu viel.

JN. Ja, Sandra, fangen wir an, oder? Es schließt tatsächlich an. Was ist dein Projekt?, ist die erste Frage.

SS. (lacht) Mein Projekt. Auf dem Boot?

JN. Ja. Und oder beziehungsweise die Frage lautet: Was ist dein Projekt? Du kannst auch sagen, innere Ruhe finden. Oder so.

SS. Ach so, okay. Da habe ich mehrere Projekte. Ich überlege kurz. Ich glaube generell --- Eigentlich, würde ich sagen, ist mein Projekt damit verbunden, intuitiv Dinge zu tun, die meine Arbeit, also die halt meine künstlerische Arbeit oder meinen Ausdruck, meinen künstlerischen Ausdruck, voranbringen. Voranbringen ist ein sehr optimierendendes Wort --- In Verbindung mit der Landschaft gehen, in Verbindungen mit Menschen gehen, in Verbindung mit Energien gehen und visuell Dinge ausdrücken. Konzeptionell steht dahinter diese Idee, dass die Landschaft, wo wir hier sind – also beziehungsweise sind wir ja erst auf dem Weg in die Arktis –, uns gegenüber sehr feindlich ist. Wir könnten gar nicht überleben ohne Werkzeuge, ohne das Schiff, ohne Wärme oder andere Menschen. Und zeitgleich ist die Landschaft überwältigend schön. Und das würde ich gerne in Bildern ausdrücken. Und es hat auch was damit zu tun, eine Verbindung zurück zur Natur zu finden und den Menschen nicht als übergeordnet zu verstehen, sondern als etwas, das zur Natur gehört. Diese Demut gegenüber der Natur zu haben und sich als Teil dessen zu fühlen und nicht Ressourcen auszunutzen, sondern irgendwie einen Weg zu finden: Wie kann ich denn mich als Teil der Natur fühlen? Ohne --- Ja, ohne dieses „Ich zerstöre ganz viel und beute Natur aus". Also wie gibt es da einen anderen Weg. Das deutlich zu machen.

JN. Wie wird deine Reise gezahlt?

SS. Oh, die habe ich selber --- Nein, zum Teil --- Meine Mama unterstützt mich. Ich habe dafür gearbeitet, habe gespart, die Hälfte der Reise. Und meine Mutter hat – sie ist eine große Förderin, ich bin ihr sehr dankbar – mir tatsächlich die zweite Hälfte bezahlt. Und dann habe ich noch im Voraus eine Polar-Wundertüte verkauft. Genau.

JN. Das klingt süß. Was war in dieser Wundertüte drin?

SS. Ach so, es sind Fotografien. Man konnte Foto-Editionen in unterschiedlichen Größen vorher schon kaufen, um mich damit zu unterstützen. Und wenn ich von der Reise zurückkomme, produziere ich bestimmte Formate und Bilder. Die Personen wussten halt nicht unbedingt, was sie bekommen.

Aber sie wissen, dass sie in einer bestimmten Größe in einem bestimmten Material einen aufgezogenen Print bekommen.

JN. Schlau, eigentlich. Warum bist du hier?

SS. (lacht) Ich finde es total faszinierend. Ich mag Boote und Schiffe. Das war mein großer Traum, schon als ich 19 war, auf einem Schiff --- Eigentlich wollte ich Maat werden mal eine ganze Weile und habe dann aber angefangen zu studieren. Und während Covid bin ich komplett durchgedreht und dachte, ich bin jetzt eh alleine. Ich will weg aus meiner Wohnung, wo ich die meiste Zeit verbracht habe. Ich will Sachen sehen und nicht mehr nur meine Wände. Das war ein ganz großes Bedürfnis. Und dann hab ich dieses Arctic Circle Programm entdeckt und dachte: „Wow, das ist es". Also es war eher so eine Bauchentscheidung: „Da will ich hin". Komplett bekloppt, dass man jetzt in die Kälte will und in die Arktis, aber ich dachte, das ist irgendwie --- Keine Ahnung, das ist das, was ich machen will. Es fühlte sich richtig an.

JN. Kann ich gut nachvollziehen, auch mit Covid. Was siehst du gerade?

SS. (lacht) Dich. Mit deiner großen felligen Mütze, dahinter einen schneebedeckten Berg mit Bäumen, die kahl sind, einen bedeckten weißen Himmel und davor leider, muss man ja auch sagen, so eine Stahlblechhütte, die nicht besonders schön ist und in die Landschaft passt. Und Teile des Schiffs, einen der Masten und die Seile und Fender und die Rettungsboote.

JN. Du hast ja auch den Segelschein.

SS. Ja.

JN. Wir kennen uns ja schon ein bisschen. Weil ich gerade über das Wort Fender --- Also Fender zum Beispiel ist mir kein Begriff. Was weißt du über diesen Ort?

SS. Über diesen Ort gar nicht so viel. Ich glaube, wir haben gestern Abend im Reinfjord angelegt. Ich habe gestern die meiste Zeit in meinem Zimmer verbracht, weil ich merke, dass ich eine Erkältung bekomme beziehungsweise einen Husten. Das heißt ich habe mich gar nicht so viel informiert. Vor allen Dingen haben wir kein Internet. Ich könnte noch nicht mal recherchieren. Es stehen ein paar Häuser hier, also man kann davon ausgehen, dass Leute hier leben. Aber so richtig viel --- Es ist in Norwegen, in der Area Tromsø. Und es ist sehr klein. (lacht)

JN. Acht Familien oder so. Wie siehst du dich in dieser Landschaft?

SS. Wie ich mich in dieser Landschaft sehe? Na, im Moment gar nicht, weil ich mich echt kränklich fühle. Wenn ich mich in der Landschaft sehen würde --- Mit großer Bewunderung und großem Abstand und gleichzeitig irgendwie sehr verbunden und sehr --- Eigentlich unglaublich, das zu sehen. --- Sehr klein innerhalb dieser Landschaft. Vor allen Dingen ist es jetzt schon der wievielte, der dritte oder der vierte oder fünfte Ort, den wir sehen. Und das habe ich mir gestern gedacht: Da sind halt überall diese krassen, hohen, weißen, mit Baumbestand bedeckten Berge. Und wir sind irgendwie winzig dagegen, wenn man sich auch anguckt wie groß und weit diese Fjorde sind.

JN. Was ist deine Lieblingslandschaft?

SS. Oh. Schwierig zu sagen. Almería fand ich wahnsinnig toll. Das ist ein bisschen das Gleiche wie hier, nur in Beige. (lacht) Ist auch nicht viel los. Aber es ist diese Weite und ja, diese Dürre im Prinzip. Auch ein bisschen Wüstenlandschaft. Und Island fand ich mega toll. Also in Nordisland mit dem Auto an der Küstenlinie entlangzufahren und dann in diese Weite zu gucken und diese Vulkane oder auch diese schneebedeckten Berge zu sehen. Und die vereisten Seen. Ja, da könnte ich ein ganzes Jahr lang rumfahren, um die Insel.

JN. Was ist Natur?

SS. Was Natur ist? Gute Frage. Alles das, was natürlich ist. Ich glaube, es ist alles Natur. Also selbst wenn man --- Also alles, was uns umgibt. Man könnte selbst sagen, dass die Kultur des Menschen mit seinen technischen Errungenschaften und mit all dem, was ja eigentlich für uns artifiziell ist, also was wir trennen von der Natur, all das, was der Mensch erschafft, und auch wie er Natur zerstört, dass es auch ein Teil der Natur ist. Weil das ist die menschliche Natur, die Kultur, die zur Natur des Menschen gehört, die natürlich nicht besonders förderlich ist für andere Arten von Natur. Aber ich glaube, eigentlich ist alles Natur.

JN. Ich habe eine ähnliche Meinung, beziehungsweise umgedreht. Ich hätte gesagt, alles ist Kultur, weil man als Mensch gar keinen natürlichen Blick auf Natur hat, sondern einen vermittelten oder geprägten Blick. Aber im Endeffekt ist es auch das Gleiche.

SS. Ja, stimmt.

JN. Was bedeutet Kälte und was bedeutet Wärme?

SS. Das ist ja auch relativ gesehen. Also ich würde sagen, in der Arktis mit fast --- Naja, wie kalt kann's da werden, minus 40 Grad wird es wahrscheinlich momentan nicht. Das ist für uns kalt, für manche Mikroben nicht. Für mich ist Kälte, je nachdem, wie lange man der ausgesetzt ist, natürlich irgendwie was Tödliches. Während Wärme --- Eigentlich genauso. Es kommt immer auf das Maß der Dinge an. Wärme ist zwischen 36 und 40 Grad für uns ziemlich gut und erträglich. --- Und der Widerspruch --- Also, dass wir eigentlich beides brauchen. Du stellst spannende Fragen. Es ist spannend, wenn man darüber nachdenkt, dass --- Man geht ja immer von sich aus. Im Grunde genommen ist es immer relativ, auf sich bezogen. Man kann es natürlich auf andere Sachen beziehen. Auf die Erderwärmung. Dann kriegt Wärme direkt eine andere Bedeutung. Oder Kälte. Auf mich bezogen weiß ich: Ich kann nur eine bestimmte Bandbreite an Temperaturen ertragen oder aushalten, ehe mein Körper damit nicht mehr klarkommt. So definiere ich Kälte und Wärme für mich, weil es das Naheliegendste ist, um mein eigenes Überleben zu sichern.

JN. Passt ja auch zu deinem künstlerischen Ansatz, den eigenen Körper als Testfeld zu benutzen.

SS. Ja, genau. Davon auszugehen, was ich selbst erfahren kann. Alles andere kann ich nur theoretisch erfassen.

JN. Wir rein ist dein Gewissen?

SS. (lacht) In Bezug auf was? Da habe ich sofort an mein Auto gedacht, mit dem ich sehr viel gefahren bin und sehr viel Benzin verbraucht habe. Da habe ich manchmal sehr große Gewissensbisse, dass ich doch relativ viel Öl verbrauche und mein Auto zeitgleich so liebe und diese Freiheit liebe, mit dem Auto durch die Gegend fahren. Da ist mein Gewissen nicht ganz so rein, weil das sicherlich mit dem Fahrrad auch ginge. Naja, ich könnte nicht so viele Sachen mitnehmen. Sonst ist mein Gewissen --- Ja, mein Gewissen ist eigentlich meistens okay. (lacht)

JN. Was ist die soziale Rolle deiner Kunst? Und was ist die soziale Rolle deiner Kunst in Zeiten der Erderwärmung?

SS. Mh. Also, für mich macht meine Kunst großen Sinn. Ob meine Kunst eine soziale Rolle erfüllt, kann ich gar nicht sagen, weil das müssen ja im Prinzip Andere entscheiden. Ob also meine --- Die soziale Rolle meiner Kunst für mich – vielleicht so, wie ich mir das vorstelle oder so, wie ich denke, dass es Sinn macht – ist, was aufzuzeigen. Also ein Narrativ aufzuzeigen von Dingen, von Geschichten, die mir in den Kopf kommen, während ich bestimmte Orte besuche. Und vielleicht auch eine Bewusstwerdung für bestimmte Sachverhalte. Zum Beispiel finde ich in Bezug auf Natur und Kultur die Polarisierung oder die Polarität zwischen männlich und weiblich sehr spannend, dass Natur eigentlich immer --- Es gibt eine Konnotation der Natur als das Weibliche, das Animalische, das Unberechenbare, das Schlechte vielleicht und die Kultur und die Technik als das männliche Prinzip. Was sich ja infrage stellen lässt, ob das so richtig ist. Ich will diesen Gedanken in Bildern darstellen. Und dass dieses Prinzip des Animalischen, des Wilden, von Kultur auch teilweise unterdrückt wird. Das ist ein Thema, das mich interessiert, was somit ja auch eine soziale Rolle meiner Kunst verdeutlicht. Ich weiß nicht, ob die Kunst sozusagen an sich eine soziale Rolle innehat.

JN. Ja. Hast du Angst vor dem Klimawandel?
Wo siehst Du Gefahr?

SS. Angst. Ich finde es sehr bedrohlich. Ja, es ist eher eine --- Ich würde sagen, dass es keine Angst ist, sondern eher so etwas subtil Unterschwelliges, was einem irgendwie immer wieder begegnet, wenn man darüber nachdenkt. Man hat nicht so richtig das Gefühl, dass man was dagegen machen kann. Und dann auch zeitgleich – du hattest ja gerade das schlechte Gewissen ausgesprochen --- Zeitgleich tut man auch Dinge, die dem nicht förderlich sind. Also --- Was war der zweite Teil der Frage?

JN. Wo siehst Du Gefahr?

SS. Wo siehst Du Gefahr. Naja, dass halt --- Dass wir einfach weitermachen und gar nicht so --- Ich glaube, die Linie haben wir schon in den Achtzigern passiert, dass man bestimmte Dinge einfach bleiben lassen könnte, also dass die Politik bestimmte Dinge einstellt, einstellen sollte, weil die Menschen alleine machen es nicht von selbst. Also die Gefahr oder die Angst besteht darin, dass dieser Punkt schon längst überschritten ist und wir uns mit unserem Lebensstil unser eigenes Grab schaufeln. Da gehören auch die Flüge dazu, die wir unternehmen. Wobei ich glaube, dass das generelle Konsumverhalten und internationale Export-Import-Verhalten den größten Teil ausmacht, das nicht sehr bewusste Handhaben von Ressourcen und die Interessen von Staaten und persönlichen Interessen irgendwelcher reichen Leuten. Ich finde es sehr unübersichtlich und ich weiß, ich kann da nicht viel machen, weil ich dafür an der falschen Position bin. Das ist die Angst: Dass man eigentlich nur in seinem kleinen Bereich was verändern kann.

JN. Wie meinst du das jetzt? Das finde ich interessant. Also die Angst bezieht sich auf das Unkontrollierbare, weil man eh nur für sich selber was machen kann und das ganze Außen unübersichtlich und deswegen Angst einflößend ist.

SS. Genau. Ja, ja, genau. Durch die fehlende Kontrolle, dass man weiß, man könnte Dinge ändern, aber nur im kleinen Rahmen. Und dass man nicht weiß, was passiert. Klar, Klimawandel, den gibt's, aber inwieweit der fortschreitet, wie die Zukunft aussieht, das kann ja niemand sagen. Und die Frage ist auch: Wenn wir jetzt auf Hybrid- und Elektroautos umschalten, ob das am Ende so positiv ist. Weil die Produktion, nur ein Beispiel, von Elektroautos wiederum auch viel Strom kostet. Also es hat --- Ein Freund von meinem Bruder ist Diplom-, frag mich nicht, Ingenieur, Gedöns, Techniker. Der hat das hochgerechnet und gemeint es wäre totaler Quatsch, wenn wir so viele Autos produzieren würden, wie es jetzt Benzinautos gibt. --- Also es ist gar nicht möglich, weil es so viel Strom verbrauchen würde, dass wir dafür wieder neue Atomkraftwerke bauen müssten. Also die Rechnung geht bei vielen Dingen nicht auf. Und ich habe das Gefühl, es sind auch hier wieder nur wirtschaftliche Interessen. Man hat das Gefühl, „ja, jetzt machen die das anders" und „super, da passiert was". Und dann gibt es Leute, die dagegen rechnen und was anderes zeigen. Und dann denkt man sich „Okay, wem kannst du da eigentlich noch vertrauen", und die eigene Handlungsmöglichkeit ist nicht besonders groß. Weniger Fleisch essen, weniger --- Eigentlich weniger Auto fahren. Und ich mache alles falsch. (lacht) --- Weniger fliegen --- Mehr Fahrradfahren.

JN. Ja! Wie fühlst du dich?

SS. Ich fühle mich ein bisschen geschwächt und erkältet. --- Während ich wünschte, ich hätte mehr Energie. Um die Vorstellung dessen, wie es sein würde und was ich erarbeiten kann, was vorher eine große Vorfreude war, nicht zu versauen, indem ich jetzt richtig krank werde. Grad so ein bisschen energielos. Leichte Kopfschmerzen.

JN. Jetzt gehen wir gleich rein essen. Vorletzte Frage ist: Was hast du geträumt?

SS. Oh!
(lacht)

JN. Aha, da gibt's was!

SS. Ja, ich träume jede Nacht sehr intensiv. Ich weiß nicht, ob ich das erzählen kann. Es war sehr --- Ich war mit meiner Mutter auf einer Party von einem Freund. Naja, ich habe --- Ich musste mein Auto umparken, damit ich kein Ticket bekomme. Und meine Mutter wollte dann, dass ich mit nach Hause komme, weil es schon so spät war. Ich habe ihr gesagt, „nein, du kannst das Auto nehmen, ich möchte noch bleiben". Sie hat sich sehr große Sorgen um mich gemacht, dass ich auf dieser Party bleibe. (lacht) Ich bin dann aber dageblieben und der Traum wandelte sich noch mal. Ja. (lacht)

JN. Den Rest muss man sich dazu denken. (lacht)

SS. (lacht) Ja.

JN. Was ist am Tag deiner Geburt passiert?

SS. Ich habe tatsächlich eine Zeitung von dem Tag, aber ich weiß es nicht auswendig. Also ich hab noch diese Zeitung aus dem Jahr --- Ich weiß es tatsächlich nicht mehr. Also, ich habe es gelesen, aber ich hab's vergessen. Ich glaube, es lag Schnee, das weiß ich. Ich glaube, es lag Schnee wie hier.

JN. Du bist ja auch Schütze.

SS. Das danach. Steinbock. Du bist Sagittarius. Meins ist direkt im Anschluss. Schütze geht bis zum 21. Dezember, dann fängt der Steinbock an. Meine Venus ist ein Schütze. (lacht)

JN. Ja, gut, das war's.

SS. Das waren schon 15 Fragen?

JN. Das waren 15 Fragen. Danke Sandra!

SS. Gerne.

Kartoffelsuppe und Hotdogs, danach gehen wir wandern. Wir ziehen die Schneeschuhe an. Bald zieht es zu. Wir sehen das Schiff in der Bucht nicht mehr. Der Schneefall ist hart, eisig, und sticht auf die Haut im Gesicht. Ich denke an Touren mit meinem Vater und an Reinhold Messner. Es wird bei den meisten Teilnehmenden klar, warum sie hier sind. Das Bewusstsein für den Klimawandel, die Erderwärmung, ökologische Zusammenhänge und die Fragilität von natürlichen Prozessen ist bei allen spürbar. Es geht im Allgemeinen mit der Meinung einher, dass nicht der Planet Erde selbst verletzlich ist, sondern der Planet als Lebensraum für die Spezies Mensch. Als wir in der Whiteout-Situation am Ziel ankommen, finde ich Gefallen an der Idee, Teil der letzten Gruppe von Menschen zu sein, die damit irgendwie auch wieder zur Gruppe der ersten Menschen werden kann. Wie bei *I am legend* oder in der Arche Noah. Tuomas meint, wie groß ich mir diese Gruppe vorstelle, zur 7 Milliarden großen Gruppe der letzten Menschen gehört ich bereits.

Bei der Fahrt zum nächtlichen Ankerplatz schwankt es beachtlich, die Wellen sind aber anscheinend unter einem Meter hoch und wir erwarten vier Meter in der Barentssee. Zwei Leute übergeben sich. Sachen fallen aus den Regalen, ein Glas zerbricht in unserem Waschbecken. Wir stehen an Deck und visieren den Horizont an. Wir werden von Sarah und dem Kapitän auf Seekrankheit vorbereitet: „Don't give up and don't loose hope."

Nach dem Abendessen (Pasta) geht es für einen Spaziergang on shore. Mit Sergei spreche ich beim Rauchen über Nationalität. Ich kann das mit der ungelösten Frage nach Zugehörigkeit gut verstehen, sage ich. Er meint, wir sollen alle lokaler handeln und Wertegemeinschaften bilden, Kollektivität also anhand von geteilten Überzeugungen aufbauen: valueability statt nationality. Dann lernen Frederike und ich von Sergei Durak, ein regular russian card game.

Heute Nacht habe ich geträumt, dass ich eine neue Beziehung starte. Der Partner war obdachlos und Alkoholiker und es war relativ stressig, mich um ihn zu kümmern und alles zu organisieren. Es hat mir aber nichts ausgemacht.

Jetzt ist es 11 Uhr. Es schneit. Meine Stimmung hat sich eingependelt. Ich mache ein paar Fotos. Man soll nicht mit leerem Magen in See stechen, sagt der Kapitän. Kaffee, Zigaretten und Alkohol bzw. ein Kater seien gar nicht gut. Er gibt konkrete Tipps, welche Haltung im Bett einzunehmen ist bei starkem Wellengang. Wir sollen ins Klo kotzen, können das aber auch über die Reling tun. Plötzlich sind die Wogen höher, sodass man das Schwanken wieder deutlich spürt. Frederike hat mir Drückbänder für den Puls geliehen, sie helfen.

ZOOM0007.WAV, Montag, 11. April 2022,
15:20:40 PM (12.17 min):

JN. Also, Artemis, was ist dein Projekt?

AE. Ok. Ich untersuche die Ähnlichkeiten von Magie und Wissenschaft und verstehe sie als zwei verschiedene Sprachen, die versuchen unsere Körper und die Umwelt um uns herum zu verstehen. Ich tue dies, indem ich bestimmte indigene Kulturen betrachte, ihre Sprache, magischen Rituale oder Traditionen studiere. Und dann untersuche ich die Dinge, an die sie glauben, daraufhin, ob an ihnen etwas Wahres ist, ob sie funktionieren. Und dann finde ich Bezüge zur Wissenschaft, so kann es zum Beispiel etwas mit Kräutern zu tun haben. Es kann etwas mit Neurowissenschaften oder Telepathie oder Schamanismus zu tun haben. Und am Ende der Recherchen zu jeder Kultur erstelle ich einen Zauberspruch, ein Ritual, das auf ihrer Kultur und einer wissenschaftlichen Tatsache beruht. Und es ist dazu gedacht --- Die Beschwörung soll dich durch einen körperlichen oder geistigen Heilungsprozess führen.

JN. Das habe ich aus deinem gestrigen Vortrag verstanden, aber jetzt ist es noch klarer.

AE. Weil ich mit einer Person spreche und nicht mit vielen.

JN. Ich war auch ziemlich aufgeregt, als ich meinen Vortrag gehalten habe, muss ich sagen.

AE. Ja, ich war --- Ich habe etwas gesagt und es wieder vergessen, weil ich nervös war. Es war wirklich seltsam. „Was habe ich vorhin gesagt? Ok, mach einfach weiter".

JN. Die zweite Frage lautet: Wer bezahlt deine Reise?

AE. Ich, und ich bin verschuldet. (lacht)

JN. (lacht)

AE. Weiter.

JN. Warum bist du hier?

AE. Ich habe zufällig von der Residenz erfahren und --- Ich weiß nicht, ob es davor oder danach war, dass ich zum Polarkreis kommen wollte. Ich weiß es nicht. Ich wollte diese Sache und das Projekt kam danach. Ich wollte schon immer zum Polarkreis kommen und dann dachte ich mir, dass dieses Projekt dazu passen würde. Also habe ich mich beworben.

JN. Was siehst du im Moment?

AE. In welchem Sinne, was sehe ich? --- Das ist interessant. Denn bevor ich hierherkam, musste ich mit Ablehnung und Enttäuschung umgehen, und jetzt habe ich das Gefühl, dass das weitergeht. --- Und aufgrund des Ortes, an dem wir uns befinden, und der aktuellen Umstände, habe ich es mit einem anderen Ich zu tun. Es ist sehr interessant, das zu sehen. --- Ok, zu Hause in Zypern habe ich es überwunden. Aber jetzt ist es noch wichtiger, das zu tun und herauszufinden, wie man mit der Gegenwart umgeht, und das ist es, womit ich mich sowieso auseinandersetzte. Denn alle Kulturen, mit denen ich mich beschäftige, sind sehr --- Sie haben eine symbiotische Beziehung zur Natur. Und wenn man eine symbiotische Beziehung mit der Natur hat, ist nichts bestimmt, nichts ist festgelegt. --- Es ist sehr organisch, und das hier ist auch leider sehr organisch. --- Aber ich genieße es.

JN. Ich meinte auch, was siehst du im Moment, also hier?

AE. Ah! Ich sehe Leute, mit denen ich noch lange Zeit Kontakt haben werde. Das ist wirklich cool. Ich habe das Gefühl, dass die Gruppe, in der wir sind, für alle perfekt ist.

JN. Gute Stimmung, niemand wird ausgeschlossen, richtig.

AE. Alle sind --- Ja. Ja, ich stimme zu.

JN. Was weißt du über diesen Ort?

AE. Ich weiß über die arktische Landschaft Bescheid, über einige der geologischen und umweltbedingten Faktoren, die sie beeinflussen. Und ich kann es mir zugleich nicht vorstellen, weil ich so etwas Extremes noch nie erlebt habe. Alles ist also ziemlich theoretisch.

JN. Wie siehst du dich in dieser Landschaft?

AE. Kannst du das erklären?

JN. Ja. Wie stellst du dir deine Beziehung zu dieser speziellen Landschaft vor? Ich meine, manchmal war ich mit den Interviewpartnern draußen und dann konnten sie direkt beschreiben, was sie um sich herum sehen und wie sie sich selbst darin verorten. Zum Beispiel: „Ich störe“ oder „ich integriere mich in diesen planetaren Zyklus“ oder was auch immer. Oder „es fühlt sich wie zu Hause an“.

AE. Ich habe das Gefühl, dass ich ein Zuhause finden werde. In gewisser Weise. Es ist ganz anders als dort, wo ich aufgewachsen bin oder wo ich bisher gewesen bin, aber ich fühle mich sehr vertraut damit.

JN. Und was ist deine Lieblingslandschaft?

AE. Oh. Soll ich einfach eine auswählen?

JN. Du kannst auch sagen, du wählst mehrere und dann wählst du mehrere.

AE. Ich liebe Wüsten, Sanddünen und das Meer.

JN. Jetzt sind wir bei Frage acht. Was ist Natur?

AE. Das ist eine gute Frage. Ich glaube, wenn ich es zusammenfassen soll: Die Natur ist die Gegenwart. Die Natur sind wir.

JN. Was bedeutet Kälte? Was bedeutet Wärme?

AE. Ok. --- Bevor ich die Kleidung gekauft habe, war Kälte wirklich unangenehm. Aber jetzt, wo ich richtige Kleidung habe, ist es ganz anders. (lacht) Es ist wie --- Früher war Kälte für mich unangenehm und Wärme war angenehm. Aber jetzt haben sie eine ganz andere Bedeutung. Wie lautete die Frage nochmal?

JN. Was bedeutet Kälte? Was bedeutet Wärme?

AE. Ich denke, es sind verschiedene Stadien des Seins. Ich kann im Moment nichts anderes dazu sagen.

JN. Wie rein ist dein Gewissen?

AE. Ha! Es ist nicht rein! Ich weiß nicht, wie ich es erklären soll. Es ist nicht so, dass man Schuldgefühle hat, aber --- Ich weiß nicht, was du mit Gewissen meinst. Wenn man ein --- Wenn man das Gefühl hat, ein reines Gewissen zu haben, ist man mehr mit sich im Reinen. Und ich kann sagen, dass ich jetzt mehr mit mir im Reinen bin als je zuvor in meinem Leben. Und es wird besser, je älter man wird. Aber es ist definitiv nicht rein.

JN. Ich frage auch nach der Reinheit, weil die Eislandschaft oft als etwas sehr Reines beschrieben wird oder interpretiert werden könnte. --- Was ist die soziale Rolle deiner Kunst? Was ist die soziale Rolle deiner Kunst in Zeiten der Klimaerwärmung?

AE. Der Grund, warum ich dieses Projekt begonnen habe, ist wohl, dass --- Ich interessiere mich für beides, für Magie und für Wissenschaft. Ich liebe diese Bereiche, und das, was sie miteinander verbindet, ist die Natur. Das ist das, was mir am nächsten ist. Und als ---
Wie lautete die Frage nochmal?

JN. Was ist die soziale Rolle deiner Kunst?

AE. Mit dem, was ich tue, hoffe ich, den Menschen die Natur näher zu bringen, damit sie verstehen, dass wir nicht über oder unter ihr stehen, sondern Teil von ihr sind.

JN. Hast du Angst vor dem Klimawandel? Wo siehst du Gefahr?

AE. Ich habe keine Angst davor, nicht weil er nicht stattfindet, sondern weil er stattfindet. Also müssen wir uns ihm stellen. Was war der zweite Teil der Frage?

JN. Wo siehst du Gefahr?

AE. Wo ich Gefahr sehe? Dass die Leute es nicht ernst nehmen.

JN. Wie fühlst du dich?

AE. Jetzt? Nicht seekrank. Weil ich vorher gekotzt habe.

JN. Hast du?

AE. Hotdogs und --- Nicht gut. (lacht)

JN. Wovon hast du geträumt?

AE. Wovon ich letzte Nacht geträumt habe? Ich habe --- Normalerweise erinnere ich mich an meine Träume. Aber seit ich auf dem Schiff bin, gibt es diesen wirklich seltsamen Übergang, bei dem die Träume eine Fortsetzung der Realität sind. Ich weiß nicht, was da passiert. Aber es hat sich seit kurzem verändert.

JN. Letzte Frage. Was geschah an dem Tag, an dem du geboren wurdest?

AE. Ich weiß es nicht genau. Was am Tag meiner Geburt geschah? Ich weiß es nicht. Ich habe keine Ahnung, wie ich diese Frage beantworten soll. (lacht)

Piet bringt gerade frische Waffeln. Aus der Küche kommt ein Geruch, Fleischpflanzerl, geschätzt. Ich mache Musik an, die Playlist „Vento Forte“, die mir Federico zu meinem letzten Geburtstag geschickt hat.

Es gibt eine scharfe Peperonisuppe, Baguette mit selbstgemachten Aufstrichen und Salat mit Ei. Doch keine Fleischpflanzerl.

Es bleibt immer länger hell. Ich habe sexuelles Verlangen.

ZOOM0008.WAV, Montag, 11. April 2022, 17:45:44 PM (16.38 min):

JN. Bist du bereit?

NR. Ja. Kannst du mich hören?

JN. Ich höre dich. Hier sind Nico und Judith. Was ist dein Projekt?

NR. Mein Projekt ist es, verschiedene Videoaufnahmen zu machen. Ich möchte eine Videoinstallation aus dem Material machen, das ich hier sammle. Es ist ein laufendes Projekt. Ich habe keine klare Vorstellung davon, was ich machen werde. Das hängt von der Art der Bilder ab, die ich bekomme.

JN. Wie wird deine Reise bezahlt?

NR. Ich habe Fördermittel aus Chile und Deutschland bekommen, von verschiedenen Förderinstitutionen, vom Kulturministerium und von --- Außerdem habe ich eine Arbeit verkauft und ja, auch von meinen Ersparnissen.

JN. Warum bist du hier?

NR. Weil ich mich für Orte interessiere, die weit weg sind und die Menschen eher durch Bilder kennen. Für mich ist es eine große Frage, wie wir durch Bilder mit der Realität in Beziehung treten. Ich möchte also eigene Bilder von diesen Orten erzeugen und sehen, was ich mit diesen Bildern machen kann. Bilder von einem Ort, die irgendwie manipuliert wurden, können eine andere Sichtweise desselben Ortes anregen.

JN. Es klingt begründet, dass du hier bist.

NR. (lacht)

JN. Wirklich.

NR. (lacht) Dankeschön.

JN. Was siehst du im Moment?

NR. Ich sehe diese Törtchen da drüben und du lachst und das Foto von der Crew dort, das super cool ist, und die Leute drumherum machen was weiß ich. Ja, und diesen, wie nennt man das, Gemeinschaftsraum, in dem wir viele Stunden verbracht haben. Es ist ein wirklich toller Raum, aber ich habe ein bisschen Angst davor, so viel Zeit nur in diesem Raum zu verbringen. (lacht)

JN. Die nächsten drei Tage, meinst du?

NR. Ja, ich meine, wir sind die meiste Zeit während der ganzen Reise hier. Die Zeit, die wir bei den Anlegestellen verbringen, ist nicht so lang, und dann kommen wir hierher zurück und sehen uns die Präsentationen an, wir essen, wir machen alles hier. Also ist dieser Ort vielleicht relevanter als alles andere. (lacht)

JN. (lacht) Also: Was weißt du über diesen Ort?

NR. Über den Ort selbst weiß ich nicht viel. --- Ich habe gestern mit Katy und Molly gesprochen und wir haben uns gefragt, was für Geschichten es hier gibt. --- Was --- Ich weiß nicht --- Was hier im Laufe der Jahre passiert ist, denn dieses Schiff stammt, soweit ich weiß, aus den sechziger Jahren, etwa Ende der fünfziger, Anfang der sechziger Jahre. In all den Jahren, in denen es durch diese Gewässer gereist ist, sind also sicher interessante Geschichten passiert, die wir nicht kennen. Und ich denke, es wäre großartig, diese Geschichten irgendwie in Erfahrung zu bringen.

JN. Du glaubst, sie sind schon geschrieben? Sie müssen von uns erfunden werden!

NR. (lacht) Wir können ein paar Geschichten erfinden. Wir können ein paar Aufnahmen von diesem Raum machen und, ja, ein paar Geschichten erfinden, was passiert ist, und dann können wir unseren Song verwenden.

JN. La notte vola.

NR. La notte vola, ja.

JN. Das ist ein gutes Lied für dieses Thema.

NR. Stimmt.

JN. Wie siehst du dich in dieser Landschaft?

NR. Wie ich mich sehe --- Winzig. (lacht)

JN. Was ist deine Lieblingslandschaft?

NR. Ich würde sagen, meine Lieblingslandschaft ist der Süden von Chile.

JN. Wo du aufgewachsen bist.

NR. Ja.

JN. Was ist Natur?

NR. Was ist Natur? Alles, was nicht von Menschen manipuliert oder produziert wurde. Nach meinem Verständnis.

JN. Was bedeutet kalt, was bedeutet warm?

NR. Das kommt auf die Menge an. Zu viel Wärme ist für mich ekelhaft, ich kann damit nicht umgehen. Ich hasse es. Kälte, ja, ist für mich in Ordnung. Doch wenn es zu extrem ist, ist es auch zu viel. Aber ich bevorzuge kaltes Wetter. Und was es bedeutet: Es erinnert mich an meine Kindheit.

JN. Die Kälte?

NR. Ja.

JN. Wie ist das Klima, ist es ein bisschen wie hier?

NR. Ja. Dort, wo ich aufgewachsen bin, im Süden von Chile, hat es im Winter normalerweise um die drei Grad. So in etwa. Wenn man weiter in den Süden fährt, ist es sogar noch kälter. Dort ist es wahrscheinlich genauso wie hier. Aber ja, dort, wo ich aufgewachsen bin, regnet es eigentlich immer. Die ganze Zeit regnet es. Das ist mein natürlicher Lebensraum: Regen. (lacht)

JN. Wie rein ist dein Gewissen?

NR. Ich sage mal so --- Ziemlich rein. (lacht) Ja.

JN. (lacht) Was ist die soziale Rolle deiner Kunst, insbesondere in Zeiten der Klimaerwärmung?

NR. Das ist eine komplizierte Frage. Die Rolle meiner Kunst

JN. Die soziale Rolle. Also die Funktion für die Gesellschaft, die du dir wünschen würdest oder die du siehst.

NR. Ich denke, meine Werke haben ein eingeschränktes Publikum. Ich versuche nicht, Kunst für die breite Masse zu machen. Ich denke, dass das nicht gut ist. Auf keinen Fall. Ich versuche, Dinge zu machen, die nicht wie ein schneller Witz funktionieren oder die man auf den ersten Blick versteht. Sondern Dinge, die im Kopf bleiben, die etwas länger dauern und die man nicht auf Anhieb erfasst. Denn ich denke, dass man auf diese Weise die Person, die das Werk sieht, einbezieht und einen Dialog mit ihr beginnt. In diesem Sinne würde ich also sagen, dass das, was ich tue, eine soziale Funktion hat, indem es den Menschen bewusst macht, wie sie Bilder sehen. Wie sie sich zu Bildern verhalten.

JN. Prototypischer Künstler!

NR. Ich bin ein Prototyp?? (lacht)

JN. Auf eine gute Art!

NR. Das klingt nie gut. (lacht) Ich bin ein Prototyp, schön.

JN. (lacht) Nein, weil --- Kennst du das Wort „Sehgewohnheiten“?

NR. (lacht) Ja.

JN. Ja. Und manchmal hört man, dass Kunstschaffende „Sehgewohnheiten“ brechen wollen. Ich denke, wenn deine Kunst das kann, ist das eine sehr starke Sache.

NR. Schön. Ein Prototyp.

JN. Hast du Angst vor dem Klimawandel? Wo siehst du Gefahr?

NR. (lacht)

JN. Warum lachst du jetzt?

NR. Weil die Fragen lustig sind. Ich meine, sie sind nicht lustig, aber die Art und Weise, wie du sie stellst, ist lustig. Wie lautet die Frage nochmal?

JN. Ob du Angst hast.

NR. In diesem Moment Angst? Nein, ich habe keine Angst.

JN. Nein?

NR. Nein. Und wo ich die Veränderung sehe?

JN. Die Gefahr.

NR. Die Gefahr. Ich meine, ja --- Wenn ich es so sage, klingt es dumm. Aber ich denke, es ist Teil der --- Es ist ein komplexes Thema, weil --- Natürlich hat der Mensch eine Menge Dinge getan, die uns in die jetzige Situation gebracht haben. Aber es ist immer die Frage, ob all die Dinge, die passieren, Teil der Evolution sind oder nicht. Also in dem Sinne, dass vielleicht all die schlechten Dinge auch nur eine Art und Weise sind, wie sich die Dinge entwickeln. Und vielleicht muss alles in einem Moment verschwinden und das Leben wird wieder anfangen zu wachsen. Wenn wir also vom Planeten verschwinden, ist das vielleicht nur ein Teil der Evolution. Und wenn ich so darüber nachdenke, dann habe ich keine Angst.

JN. Sicher, man könnte sagen, dass man nicht verschwinden will. Als Mensch.

NR. Ja. Das Problem ist sicherlich das Ausmaß des Leids, das dieser Klimawandel für viele Menschen mit sich bringen kann. Vom moralischen Standpunkt aus gesehen ist das schrecklich. Aber wenn man das Thema unter dem Gesichtspunkt der Evolution betrachtet, ist das vielleicht einfach der Lauf der Dinge.

JN. Wie fühlst du dich jetzt?

NR. Wie fühle ich mich in Bezug auf was?

JN. Jetzt.

NR. Jetzt? Ein bisschen enttäuscht, dass wir nicht in Svalbard sind. Aber nicht allzu traurig. Ich finde es auch interessant, was wir tun, und die Leute, die auf diesem Schiff sind. Es ist eine interessante Erfahrung. Ich fühle mich im Moment eher neutral.

JN. Bist du froh und erleichtert, dass du gerade deinen Vortrag gehalten hast?

NR. Ja. (lacht)

JN. Das kann ich mir vorstellen.

NR. Ja, weißt du, ich habe Probleme mit der Sprache. Deutsch, Englisch, sogar Spanisch. Wenn so etwas wie diese Präsentation also für mich vorbei ist, ist es eine Erleichterung. Natürlich. Aber den Leuten mitzuteilen, was ich mache, ist für mich kein großes Problem. Ich habe das schon in vielen anderen Situationen getan. Ich weiß, dass die Leute verstehen können, was ich mache, auch wenn ich es nicht erklären kann. Das ist schon in Ordnung. Denke ich.

JN. Was hast du geträumt?

NR. Wann? Gestern? Letzte Nacht? Ich weiß es nicht mehr.

JN. Eine Nacht auf dieser Reise.

NR. Was mein letzter Traum war, meinst du?

JN. Wenn möglich auf dem Schiff.

NR. Eigentlich habe ich seit langer Zeit kein Bild von einem Traum mehr.

JN. Echt?

NR. Ja. Vielleicht kommt ein Bild von jemandem, der im Boot sitzt oder so etwas in der Art. Aber ich habe nicht richtig geträumt. Ich kann es dir morgen erzählen, wenn ich mich an etwas erinnere.

JN. Ok.

NR. Ich werde morgens darauf achten.

JN. Also, Leute, seid gespannt!

NR. Ja. (lacht) Wartet auf meinen Traum. Weißt du, die Sache ist die, dass du aufwachst und dann, wenn du nicht darauf achtest, deine Träume zu speichern, wirst du sie vergessen.

JN. Ja.

NR. Wahrscheinlich träume ich von Dingen. Aber dann wache ich auf und dieser --- dieser ganze Prozess und dieser --- dieser Druck, wie die Dinge hier funktionieren --- Also vergesse ich es vielleicht einfach. Denn ich bin ein Mensch, der sich für alles sehr viel Zeit nimmt. Und ich bin ziemlich langsam, wenn es um Dinge geht, weil ich mir Zeit nehme. Ich höre gerne Musik und denke, ok, ja, jetzt, jetzt fange ich an, und ich arbeite viel in der Nacht. Und dann wache ich hier morgens auf und gehe die Treppen hoch und treffe sofort eine Menge Leute. Das ist ein ziemlicher Druck, weißt du. (lacht)

JN. Du schlägst dich gut!

NR. Ich danke dir.

JN. Jetzt die letzte Frage, Nummer fünfzehn: Was geschah am Tag deiner Geburt?

NR. Was geschah? Historisch gesehen?

JN. Auch.

NR. Ich habe Geburtstag. (lacht) Ich weiß es nicht. Aber mein Geburtstag ist sehr bald. Am 24. April.

JN. Ah! Wenn wir auf dem Rückweg sein werden. Ich werde auf dem Rückweg sein. Du auch?

NR. Nein, ich werde noch in Svalbard sein.

JN. Ich werde an deinem Geburtstag um 7.30 Uhr abreisen.

NR. Ja. Schön.

JN. Ok, das war's. Ich danke dir vielmals.

NR. Ich danke dir vielmals!

Ich bin nicht gut aufgewacht und musste weinen. Primäremotion: Traurigkeit. Es tut gut, mich zurückgezogen zu haben. Meine noice cancelling Kopfhörer isolieren.

Es schneit. Ich höre das Album *Apollo: Atmospheres and Soundtracks* von Brian Eno. Sybren zeichnet neben mir mit Buntstiften und Frederike macht auch irgendetwas. Es ist der Vormittag vor der Überfahrt, manche sind nochmal an Land gegangen. Das Schiff liegt gerade im Hafen von Torsvåg. Es wird von der Crew wellenfest gemacht, Netze werden an den Seiten hochgespannt, sodass beim Rollen und Schwanken keine Dinge und Menschen über Bord gehen.

Wir haben den Motor aus und fahren mit zwei Segeln am großen Mast. Durch die Bullaugen in der Messe sieht man das Steigen und Sinken. Es fängt an. Primäremotion: Aufregung.

16 Uhr, jetzt beginnt richtige Schaukeln und wir legen Antirutschmatten unter das Geschirr. Strangeley singt mit seinem Akkordeon an Deck. Ich wünsche mir *Umbrella* von Rihanna, um eine Abwechslung zu den Seemannsliedern reinzubringen.

Ich schicke meiner Mutter mit dem letzten Internet den Namen des Schiffes, damit sie es auf marinetraffic.com verfolgen kann. Mehrmals kam mir der Gedanke ich könne bei dieser Reise tatsächlich umkommen.

Dann gehe ich in die Kabine runter und schlafe bis zum Abendessen. Es gibt Pizza, weil bei Pizza nichts überschwappt. Das Mittagsgericht war übrigens indonesisch, Nasi Goreng, gebratener Reis, Saté und so. Erst denke ich, ich bringe gar nichts runter.

Dann geht ein Stück. Als mir unbehaglich ist im Bauch, will ich mich an einen anderen Ort wünschen und mir fällt keiner ein.

Es ist durchaus lustig zu sehen, wie sich die Leute bewegen, tastend, fallend, sich stützend. Auch im Kopf ist man sehr matschig bei Seekrankheit. Der Kapitän meint es sei gar nicht so schlimm wie erwartet. Ein Interview mache ich heute nicht.

Es gibt einen Streifen Sonnenuntergang und eine Erkältungswelle an Bord. Vielleicht ist es Corona.

Ich frühstücke ein Nutellabrot und ein Käsebrot und bin guter Dinge.

Ich habe geträumt, dass ich den Förderpreis der Landeshauptstadt München bekomme. Vor der offiziellen Ansage noch habe ich ein Kreuz bei meinem Namen auf der Tabelle von hinten durch das Blatt Papier hindurchscheinen sehen. Eine frühe Kindheitserinnerung ist, wie meine Eltern und ich beim Tag der offenen Tür in der Gärtnerei Obojes sind und ich als Glücksfee die Gewinner von Blumenbouqets, Sträußen und Gutscheinen ziehe. Ich war ungefähr vier und konnte noch nicht lesen. Ich habe aber die Handschrift meiner Muter auf einer Karte unter all den Karten im großen Topf erkannt. Der Mann von der Gärtnerei Obojes hat dann nochmal die Karten durchmischt, ich habe aber die Richtung gesehen, in die unsere Karte gerutscht ist, und mit geschlossenen Augen dorthin gegriffen und sie tatsächlich herausgezogen. Was wir gewonnen haben, weiß ich nicht mehr.

ZOOM0009.WAV, Mittwoch, 13. April 2022,
9:56:30 AM (16.19 min):

JN. Ich bin hier mit Kelsey. Und die erste Frage ist: Wie hast du geschlafen?

KM. Ich habe eigentlich sehr gut geschlafen. Ich bin sehr früh ins Bett gegangen, so gegen neun. Ich glaube, ich habe bis sieben durchgeschlafen. (lacht) Ich bin ein paar Mal aufgewacht und habe mich bewegt. Ich hatte meine Wasserflasche im Bett, was gut war, um meinen Mund vor dem Austrocknen zu bewahren. Aber ich habe ziemlich gut geschlafen.

JN. Hast du geträumt?

KM. Nö. Letzte Nacht nicht.

JN. Was siehst du im Moment?

KM. Außer dir? (lacht) Ich sehe den Ozean auf beiden Seiten. Es ist interessant, durch das Fenster zu schauen und zu beobachten, wie sich die Horizontlinie vor dem Fenster auf und ab bewegt.

JN. Wie siehst du dich in dieser Landschaft?

KM. Nun, der Ozean ist wirklich eine vertraute Landschaft für mich, also fühle ich mich ziemlich neutral. Ich fühle mich zu Hause.

JN. Hast du eine --- Was ist deine Lieblingslandschaft?

KM. Der Ozean. Auf jeden Fall. (lacht)

JN. Und kannst du ein bisschen mehr darüber erzählen --- Warum? --- Woher kommt zum Beispiel deine Vertrautheit mit dem Namen „Antigua“?

KM. Ja. (lacht) Ich glaube, der Ozean ist eine Konstante in meinem Leben, solange ich denken kann, denn ich wurde auf der Insel Antigua in der Karibik geboren. Das Wasser war also schon immer Teil meines Lebens, und selbst wenn ich an neue Orte gezogen bin, ist der Ozean etwas vertrautes für mich. Er ist eine Konstante. So ziemlich überall, wohin ich gehe, finde ich den Ozean. Selbst wenn es nicht der Ozean ist, fühle ich mich mit dem Wasser verbunden. Es ist also eine Konstante in einer sich verändernden Umgebung, an wechselnden Orten.

JN. Ich werde auch ein Interview mit Lourdes machen

KM. Ja.

JN. Und soweit ich es aus den Präsentationen weiß, habt ihr beide einen formalen Zugang zur Landschaft und zum Ozean. Lourdes arbeitet mit Farbe. Du nicht, aber du bildest auch den Ozean ab. Wie würdest du deine Arbeit beschreiben? --- Du zeichnest vor allem, nicht wahr?

KM. Ja.

JN. Wie ist es, den Ozean zu zeichnen, beziehungsweise warum hast du dich für ein grafisches Element entschieden, um dich ihm zu nähern? Wie entscheidest du dich für ein bestimmtes Format oder eine bestimmte Art von Bleistift?

KM. Wenn ich in mein Skizzenbuch zeichne, ist das einfach eine Art der Aufzeichnung und ich denke nicht unbedingt daran, wie das fertige Bild aussehen wird. Ich denke, meine Arbeit ist weniger methodisch als die von Lourdes und ihre Art, die Landschaft zu zeichnen, wo immer wir uns befinden, und sie dann in Gemälde umzusetzen. Bei mir weiß ich nicht, wie das Endergebnis aussieht. Lourdes versteht sich als Malerin und ich bin --- Ich bin es nicht. Ich fühle mich nicht so sehr durch ein Medium definiert. Daher denke ich, dass die Entscheidung, in meinem Skizzenbuch eher grafisch zu arbeiten, mit der Aufzeichnung von Informationen zu tun hat.

JN. Aber du könntest das auch mit einer Fotokamera machen.

KM. Ich glaube, die Langsamkeit des Zeichnens macht dich mehr --- Ich fühle mich präsenter. Oder man sieht genauer hin, vor allem, wenn man so etwas wie den Ozean zeichnet, der immer in Bewegung ist. Ich kann diese Szene nicht zeichnen, weil sie sich in einer Sekunde bereits verändert hat. Also wähle ich eine einzelne Form daraus aus, die ich mir ansehe, und baue darauf auf. Das ist also ein viel langsamerer Prozess als ein Foto zu machen. Für mich. Es ist eine andere Art der Aufnahme, denke ich.

JN. In einem Ozeanbild oder deiner Zeichnung gibt es also in Wirklichkeit viele verschiedene --- Es gibt eine Wellenform von einem bestimmten Zeitpunkt.

KM. Ganz genau.

JN. Und eine andere Wellenform von einem anderen Zeitpunkt.

KM. Aber es sieht trotzdem wie eine einzige aus. Hast du die gesehen, die ich gestern gemacht habe? --- (greift sich eine Zeichnung) --- Es sieht nicht unbedingt so aus

JN. Ah, diese!

KM. Ja. Es sieht nicht so aus --- Es sieht so aus, als ob es ein Moment ist, der auch ein Foto sein könnte. Aber ich schaue mir diese individuelle Form an (zeigt darauf). Ich schaue raus, bis ich eine Form finde, und zeichne sie und baue darauf auf. Natürlich ändert sich der Maßstab. --- (greift nach einer anderen Zeichnung) --- Das habe ich am ersten Tag gezeichnet, als wir Tromsø verlassen haben, und das waren die Klippen, also die eigentliche Landschaft, nicht der Ozean. Wir waren in Bewegung, also --- habe ich nicht nur ein Bild gezeichnet. Ich habe die Einzeleile übereinandergelegt, sodass jede Form ein Ding ist. Es gefällt mir sehr, abstrakte Formen in der Umgebung zu finden.

JN. Ich sehe die Gleichzeitigkeit.

KM. Meine endgültige Arbeit --- Das meiste davon ist sehr viel abstrakter. Es ist kein Ozean, keine Meereslandschaft oder so.

JN. Mhm.

KM. Es stammt von ganz bestimmten Quellen.

JN. Ich weiß nicht mehr, ob du es in deiner Präsentation gezeigt hast --- Ich erinnere mich, dass in diesem Museum

KM. Die Zeichnung, wo ich auf ein anderes Kunstwerk reagieren sollte.

JN. Ja. Du hast auch Ausstellungsansichten gezeigt. Wiederum im Vergleich mit Lourdes, die diese großen Tableaus macht, hast auch du verschiedene Bilder und Dinge zusammengefügt.

KM. Ich arbeite mit der Idee, viele Elemente zusammenzubringen, um ein größeres, eindringliches Gefühl und eine entsprechende Erfahrung zu schaffen. Wenn ich zum Beispiel im Meer bin, oder in einer extremen Landschaft oder in einer Landschaft, in der man keine menschlichen Strukturen sieht, habe ich das Gefühl --- Wenn man mitten im Ozean ist und nichts sieht, spürt man diese Weite. In meiner Arbeit versuche ich, das zu übersetzen, indem ich viele Teile zusammenbringe, um etwas Größeres zu schaffen, von dem sich die Menschen umgeben fühlen können.

JN. Eine meiner Fragen im Fragenkatalog bezieht sich vielleicht darauf: Was ist die soziale Rolle deiner Kunst, insbesondere in Zeiten der Klimaerwärmung?

KM. Ja. Das ist definitiv etwas, worüber ich viel nachdenke. Die Herausforderung, wenn man versucht, aktivistische Kunst zu machen oder ein Thema anzusprechen, besteht darin, den Leuten zu helfen, eine Lösung zu finden. Es ist eine Sache, ein Interesse zu wecken. Und dann ist es eine andere Sache, herauszufinden, wie es in diesem Beispielfall anders oder umweltfreundlicher gemacht werden könnte. Das habe ich noch nicht wirklich herausgefunden. Aber ich glaube, wenn ich die Leute dazu bringen kann, einen gewissen Respekt für die Umwelt zu haben durch die Erfahrung meiner Arbeit, dann werden sie sich vielleicht ihres Handelns bewusster.

JN. Du verwendest den Begriff Umwelt. Denkst du --- Oder: Was ist Natur? Ist Natur das gleiche wie Umwelt, oder was ist Natur?

KM. Gute Frage. --- Natur ist Wildnis, würde ich sagen. Die Natur ist die Wildnis. Wenn ich jedoch von Umwelt oder Landschaft spreche, denke ich an die Umgebung, also könnte unsere Umwelt jetzt gerade das Schiff sein. Unsere Umwelt bedeutet nicht unbedingt „da draußen“.
In meiner Arbeit gehe ich von meiner unmittelbaren Umgebung aus oder von dem, was ich im Alltag erlebe. Einige meiner Arbeiten basierten auf Zeitungen, weil ich das

Gefühl hatte, dass die Nachrichten einfach --- Sie waren meine Umwelt in diesem Moment. Wenn ich also eine Arbeit mache, prozessiere ich die Informationen aus meiner Umgebung, was auch immer das bedeutet. Die Umgebung kann der Ozean sein oder ein Haus oder Nachrichten oder irgendetwas anderes. Aber ich glaube, ich würde Natur als die natürliche Welt definieren.

JN. Was ist kalt, was ist warm?

KM. Was ist kalt und was ist warm. Es ist interessant, weil ich früher Wärme mit Gemütlichkeit assoziiert habe, und jetzt habe ich gelernt, auch in der Kälte Geborgenheit zu finden und das ganze Jahr über im Wasser zu schwimmen. Ich mag die Vorstellung, dass das Wetter keinen Einfluss auf meine täglichen Aktivitäten hat. Es hält mich nicht davon ab, etwas zu tun; das Wetter diktiert nur, wie ich mich darauf vorbereite. Zum Beispiel was ich anziehe oder so etwas in der Art.

JN. Du versuchst also, eine gewisse Autonomie in Bezug auf die Umwelt zu bewahren.

KM. Ich denke schon. Ich versuche mich nicht davon abhalten zu lassen nach draußen zu gehen und etwas zu unternehmen.

JN. Wie wird deine Reise bezahlt?

KM. Ich werde mit einem Stipendium bezahlt, das ich bekommen habe. --- Ich habe mich um das Stipendium beworben, bevor ich wusste, dass ich an der Residenz teilnehmen würde, und als wir uns für die Residenz beworben haben, mussten wir angeben, wie wir sie finanzieren wollten. Also habe ich irgendwie beides gleichzeitig gemacht. Und zum Glück hat es funktioniert.

JN. Die letzte Frage: Was ist dein Projekt?

KM. Ich bin noch dabei, das herauszufinden. Aber --- Als ich hierherkam, hatte ich die Absicht, so viele visuelle Informationen wie möglich zu sammeln. Diese werde ich in mein Studio mitnehmen und wahrscheinlich in ein größeres Werk verwandeln, denn ich arbeite normalerweise in großem Maßstab. Sei es in Form von Installationen oder einfach mit größeren Bildern. Für diese Reise habe ich mir überlegt, was ich produzieren könnte, das sich transportieren lässt. --- Also habe ich ein paar verschiedene Methoden zur Bilderstellung mitgebracht, wie Cyanotypien und Skizzenbücher. Ich habe Kohlepapier zum Zeichnen und Graphitpulver für Frottagen mitgebracht. Für mich ist es neu, prozesshaft zu arbeiten, denn normalerweise bin ich konzeptuell orientiert. Ich versuche gerade herauszufinden, was der konzepuelle Teil sein kann. Ich bin mir sicher, dass es etwas mit der Umwelt und dem Klima zu tun haben wird. Aber ich versuche auch, einen alternativen Blickwinkel zu finden, weil ich nicht will, dass es nur heißt: „Ich war in der Arktis und das Eis schmilzt".

JN. Ja!

KM. Ich versuche also, eine andere Art von Botschaft zu finden. Die einzige Sache, die mir aufgefallen ist --- Was mir aufgefallen ist, oder was mir in letzter Zeit in den Sinn gekommen ist, ist die Idee des Maßstabs. Wir befinden uns in einer so riesigen Landschaft und arbeiten doch im Kleinen. Neulich habe ich zum Beispiel einen Stein abgezeichnet, der viele Bruchlinien aufwies. Ich habe ein Transparentpapier darüber gelegt und einfach die Linien gezeichnet. Das ist also wie ein Originalmaßstab von etwas, das man in der Hand halten kann. Aber wenn ich es dann vom Stein entferne, sieht es aus wie eine Berglandschaft. Der Maßstab ist also völlig --- Die Wahrnehmung des Maßstabs verschiebt sich völlig. Darüber denke ich auch bei der Bildsprache nach. Wie können kleine Teile von Informationen als etwas in wirklich großem Maßstab wahrgenommen werden?

JN. Handelt es sich bei den Informationen, die du zu sammeln versuchst und von denen du sprichst, nur um faktische und visuelle, oder berücksichtigst du auch emotionale und intuitive und affektive Informationen? Und wenn ja, was hast du entdeckt?

KM. So weit bin ich noch nicht gekommen. Ich denke, über das Sammeln von Fakten nähere ich mich der emotionalen Seite von Dingen an. Ich würde nicht sagen, dass ich in dieser Hinsicht schon etwas gefunden habe, was ich definieren könnte. Aber ich sammle visuelle Sachinformationen, und dann --- Wie ich dir vorhin mit diesen Formen gezeigt habe, mag ich ihre abstrakte Gestalt. Die Zeichnung der Berge, während wir uns bewegen, ist nicht unbedingt eine sachliche Darstellung wegen der Art, wie sie sich überlagern. Aber ich schöpfe trotzdem aus der Realität. Letztendlich würde ich es gerne --- ja, in eine emotionale Reaktion verwandeln. Ich denke, das ist der Arbeitsprozess: die visuelle Information in etwas Emotionales zu verwandeln --- das eine emotionale Resonanz hervorruft bei den Betrachtenden oder bei mir selbst, während ich es mache.

JN. Und wie fühlst du dich im Moment?

KM. Einfach ruhig, denke ich. Nichts allzu Starkes.

JN. Okay, das war's. Ich danke dir.

KM. Ich danke dir.

ZOOM0011.WAV, Mittwoch, 13. April 2022, 10:47:00 AM (29.13 min):

JN. Jetzt bin ich hier mit Lourdes. Was ist dein Projekt auf dieser Reise?

LCC. Voy a pintar y dibujar; también voy a hacer fotografías y a escribir breves textos. Con todo ello voy a intentar reconstruir la atmósfera de todos los lugares por los que vamos pasando. Cuando digo atmósfera no me refiero solo al medio natural (a la atmósfera física) sino a la suma de cosas que contribuyen a crear el ambiente que estamos viviendo; es decir, tanto en el entorno natural como en la convivencia a nivel humano. Y siempre poniendo el acento en las anotaciones hechas con pintura o dibujadas.

JN. Ich habe einiges verstanden. Was ist dibujo?

LCC. Zeichnen.

JN. Ah, ja.

LCC. Zeichnen und malen.

JN. Ich habe gerade mit Kelsey gesprochen. Sie hat einen sehr grafischen beziehungsweise druckgrafischen Ansatz, um den Ozean darzustellen. In deiner Präsentation habe ich gesehen, dass du einen Schwerpunkt auf Farbe legst. Wie kommt das? Was ist Farbe für dich? Wie setzt du Farbe ein?

LCC. De momento, en el trayecto que llevamos a mí me interesa tanto a la línea como el color. Die Farbe und die Linie.

JN. Auch die Linie also.

LCC. Ja. Por ejemplo, en el mar que es lo único que estamos viendo en las últimas 24 horas para mí es importante el plano de color que nos ofrece el mar y/o el cielo, pero también el movimiento del mar (las olas) que podría transcribirlas o interpretarlas con líneas, solamente con línea y prescindiendo de los planos de color. Es decir, en mi trabajo hay un compendio de ambas cosas: color y línea. De momento, no puedo prescindir de ninguna de las dos cosas.

JN. Vorher ging es nur um Farbe, oder?

LCC. Nicht nur um Farbe. Ich denke auch die Linie. Die Linie. Hier möchte ich die verschiedenen Arten von Farben studieren, zum Beispiel haben wir heute Morgen darüber gesprochen, dass wir diese eine Farbe des Meeres da und eine andere Farbe im Meer dort sehen. Da war es grau, dort war es sehr dunkel. Diese Sammlung von Farben ist für mich sehr interessant. Aber auch die Linie der Bewegung im Meer ist interessant. Zwei Dinge: Farbe und Linie.

JN. Glaubst du, das sind objektive Informationen oder subjektive?

LCC. In meiner Arbeit interpretiere ich normalerweise sehr viel. --- En mi trabajo hay una importante interpretación, sin duda. Y lo complemento con fotografía y con palabra – con textos – en los que quizás sí hay más objetividad. --- En mi trabajo suelo hacer mucha interpretación, a partir de la realidad. Mucho viene de mi mundo interior (que a su vez se nutre de la realidad), pero sin duda no hago un trabajo objetivo. Tomo notas en las que soy más analítica y luego eso lo voy interpretando.

JN. Glaubst du, in Text ist mehr Objektivität als in Farbe?

LCC. Wenn ich zum Beispiel sage, dass das Meer dunkel ist, dann ist das wahr. Vielleicht ist es in meinem Aquarell- oder meinem Ölbild nicht genau so. --- In meiner Malerei versuche ich, über mein Gefühl zu arbeiten. Ein Beispiel: Jetzt ist die Farbe eine Farbe. Aber in diesem Moment ist es nicht nur die Farbe. Es ist die Temperatur, es ist mein Gefühl, es ist die Bewegung. Es sind viele Elemente in meiner Malerei, nicht nur Farbe. Aber auf dem Bild ist es nur die Farbe. Im Text ist es alles zusammen, Farbe und Gefühl. Denn ich schreibe Worte, die über alle Elemente sprechen, aber diese Worte sind objektiv. Ich sage zum Beispiel: „Das Meer ist dunkel und bewegt sich langsam. Das Schiff tanzt ein bisschen". Ich schreibe all diese Dinge, und ich denke, das ist objektiv.

JN. Ja.

LCC. Ich beschreibe das.

JN. Beschreiben.

LCC. Aber meine Malerei ist eher interpretativ.

JN. Du sagst also, dass du Gefühle besser in der Malerei darstellen kannst.

LCC. Ja, ich denke schon. Ich denke, meine Bilder sind nicht wie ein Foto, zum Beispiel. Ich kann einen Unterschied machen. Das Foto ist objektiver, aber meine Fotos sind nicht gut. Ich bin keine Fotografin und sie sind nur dazu da, sich an einen Moment zu erinnern. Aber meine Malerei ist eher subjektiv.

JN. Und denkst du --- Was ist das Ziel? Was ist das gesellschaftliche Ziel deiner Kunst? Ist es eine Art, bestimmte Ideen --- Warum willst du deine Gefühle über den Ozean vermitteln?

LCC. Ich werde es zuerst auf Spanisch und dann kurz auf Englisch erklären. --- Mi pintura no es reivindicativa, no nace con la covación de dirigir hacia un pensamiento o reflexión. Me interesa hablar sobre la dimensión estética del entorno natural. Puesto que me acerco a lugares que me atraen por su belleza, eso es lo que quiero mostrar (de lo que quiero hablar). Y luego, el espectador, a raíz de lo ve en mi trabajo, puede hacerse preguntas que le lleven a reflexionar sobre el medio natural, su conservación, el cambio climático, etc. Pero a priori yo no dirijo el pensamiento del espectador; me centro en hablar en la dimensión más profunda del territorio y de la creación. Y ojalá mi pintura suscite preguntas y remueva al espectador, que le lleve a plantearse cosas y adquirir compromisos. --- Jetzt kurz auf Englisch. Ich bin keine radikale oder aktivistische Malerin.

JN. Ja.

LCC. Ich versuche, über die schöne Landschaft zu sprechen. Ich hoffe --- Ich möchte, dass meine Gemälde Fragen an die Betrachtenden stellen. Wenn die Leute meine Arbeit sehen, befragen sie sich vielleicht selbst. Aber ich will nicht --- No dirigir el pensamiento.

JN. Ja.

LCC. Meine Arbeit ist offen.

JN. Ja. Und was ist die soziale Rolle der Kunst im Allgemeinen?

PC. Lourdes hat gerade gesagt, dass sie keine --- Sie ist auf der Suche nach Schönheit und versucht, diese auf ihre Weise darzustellen, damit andere Leute über diese Schönheit nachdenken und über die Probleme, die entstehen könnten, wenn wir diese Schönheit zerstören. Aber sie ist nicht auf der Suche nach einem sozialen Standpunkt.

JN. Vielleicht nicht speziell, aber man kann auch sagen: „Ok, dann ist die Funktion der Kunst, Schönheit zu zeigen oder ein Bewusstsein zu wecken".

LCC. Für mich wirft die Kunst Fragen auf. Viele Fragen über die Natur, über menschliche Probleme. Das ist für mich die große Aufgabe der Kunst.

JN. Und was ist Natur?

LCC. Qué es la naturaleza. Ok. --- Alles, was nicht für den Menschen gemacht ist. Natürlich ist die Landschaft, natürlich sind Menschen, Tiere, die ganze Welt, die nicht für uns gemacht ist.

JN. Was siehst du im Moment?

LCC. Objektiv sehen?

JN. Ja, mit den Augen. Jetzt sehen.

LCC. Das Meer. Und meine Freunde auf dem Schiff. Das ist objektiv, aber ich sehe mehr als das.

JN. Und was?

LCC. Mehr als zu sehen, fühle ich in diesem Moment. Ich fühle danke – gratitud. Verstehst du?

JN. Dankbarkeit.

LCC. Dankbarkeit. Ich fühle mich privilegiada. Denn dies ist eine wunderbare Erfahrung an einem wunderbaren Ort. Nicht jeder kann hier sein. Aprovechar la oportunidad que se me está dando.

PC. Sie fühlt sich auch verpflichtet, das Beste aus der Gelegenheit zu machen.

JN. Wie siehst du dich denn in dieser Landschaft? Du hast schon ein bisschen geantwortet.

LCC. Ich sehe mich sehr gut. Ich fühle mich dieser Art von Landschaft nahe. Ich mag diese Art von Orten sehr gerne. Manchmal fühle ich mich hier besser als in der Stadt. Mit den Menschen, mit dir und anderen Freunden, fühle ich mich sehr wohl, weil ich denke, dass wir alle das Gleiche fühlen, mehr oder weniger. Wir haben ähnliche Sorgen. Interessen. An Dingen. Oder Gefühle.

PC. Denkweisen.

LCC. Compartimos un sentimiento común.

JN. Was ist deine Lieblingslandschaft?

LCC. Das Extreme. Meine Lieblingsorte sind Orte, wo das Natürliche essentiell ist. Nicht mit adornos, nicht mit Blumen, Vögeln, schönen Bäumen. Ich mag das natürlich. Aber ich bevorzuge das Essentielle, die Struktur der Welt.

PC. Die Weite.

LCC. Wo Menschen encuentra

PC. Finden

LCC. Sich finden. Weil man keinen Ort hat, an den man flüchten kann.

JN. Man flieht, oder man sucht Zuflucht.

LCC. Lugares muy esenciales, sin adornos de ningún tipo. Sin nada que los haga más amables. Donde la persona se encuentra con los rasgos esenciales de la creación y donde se produce un encuentro profundo y cara a cara con la naturaleza. --- Der Natur ins Auge sehen. Die Person und der natürliche Ort sprechen ohne Lärm, ohne andere Ablenkung. Du musst reden. Hier gibt es kein anderes Gespräch. Du musst still sein und hören, was das Meer oder die Berge zu sagen haben.

JN. Das ergibt Sinn, wenn ich an deine Bilder denke. Es gibt ebenso wenig Vögel und Blumen.

LCC. (lacht) Ja. (lacht) Das ist wahr. Ich versuche, dass meine Bilder die Atmosphäre wiedergeben. Und wie ich schon zu Beginn sagte, besteht die Atmosphäre aus vielen Dingen, nicht nur aus dem Wasser. Die Atmosphäre an manchen Orten ist diese Art von Geräuschen, die man hört, wenn man still ist und wartet, wartet und hört. Diese Atmosphäre ist es, die ich versuche, in meine Malerei zu übertragen. Diese Atmosphäre ist es, die ich in meiner Malerei umsetzen möchte.

JN. Was ist Kälte und was ist Wärme?

LCC. Darüber kann ich nicht objektiv sprechen. Denn objektiv gesehen ist kalt kalt und warm warm. Aber für mich ist es kalt, wenn die Menschen die natürliche Harmonie stören.

Für mich ist das kalt. Warm ist immer, wenn die natürliche Harmonie se mantiene.

PC. Aufrechterhalten wird.

JN. Ja.

LCC. Cuando rompemos el orden de la naturaleza y entre nosotros mismos, para mi eso es el frío. Es llegar a un extremo que no podemos mantener y de hecho lo vemos. La historia nos lo demuestra. Pero lo cálido es lo que mantiene el orden natural, tanto respecto a la naturaleza como entre las personas, y entre las personas y la Naturaleza. Ese orden natural para mi es lo cálido.

JN. Aber zum Beispiel sind wir auf dem Schiff auch in gewisser Weise --- Erhalten oder zerstören wir gerade die Harmonie der Barentssee?

LCC. Ich denke, wir zerstören sie nicht. Als ich mich zum Beispiel für dieses Programm beworben habe, dachte ich, das Schiff sei das beste Transportmittel. Es ist langsam, es ist proportional zum natürlichen Rhythmus. In diesem Fall ist das Flugzeug nicht das beste Transportmittel. --- Ok, wir brauchen natürlich Flugzeuge. Wir können nicht nur mit dem Pferd reisen. Aber das Schiff, und besonders dieses Schiff --- Wir haben nämlich viele Arten von Schiffen, manchmal ist das Schiff wie ein Gebäude auf dem Meer, sehr groß, und das ist verrückt und ich denke, das ist nicht gut für die Umgebung. Und dieses Schiff ist --- Ich denke, es ist ok, ja. Und für mich, im Besonderen, ist es schön, langsam nach Svalbard zu kommen, langsam, wartend, wartend. Das ist natürlich. Ich war vor einer Woche in Svalbard. Ich kam dort mit dem

Flugzeug an, sehr schön, sehr bequem, kein Tanzen. Und die Aussicht vom Himmel war wunderschön, aber es ist nicht natürlich. Ich bin von Madrid abgeflogen und in ein paar Stunden war ich in Svalbard. --- Dieser Weg jetzt ist besser für das natürliche --- unseren Geist, unsere Gesundheit und auch unseren Körper. Verstehst du das?

JN. Ich verstehe, ja. Ich habe mich nur gefragt --- Der Mensch ist auch ein Teil der Natur. Und wir haben all das hier entwickelt. Und das ist nicht gut für den Planeten und die Umwelt. Aber gleichzeitig ist es auch in gewisser Weise natürlich, weil es Teil dessen ist, was Menschen tun.

LCC. Ja, ja.

JN. Also ich weiß nicht, ob es natürlicher ist --- Oder ich frage mich: Warum ist es natürlicher, langsam zu reisen? Wir tun es doch auch schnell. Heutzutage.

LCC. Natürlich brauchen wir Autos, Flugzeuge.

JN. Ich bin nicht dafür, aber es ist in gewisser Weise natürlich geworden.

LCC. Ja. Okay, ich weiß es nicht. Ich weiß nicht, wo die Grenze ist. Ich denke, wir müssen weitermachen. In manchen Situationen müssen wir weiterhin Maschinen herstellen. Aber vielleicht müssen wir manchmal innehalten und darüber nachdenken: Was tun wir eigentlich? --- Diese Frage ist nur meine kleine Meinung. Ich weiß nichts über Biologie oder Geologie. Ich bin nur eine Malerin. Aber als ich in Svalbard war, habe ich eine Menge Tourismus gesehen. Meiner Meinung nach ein wenig desproporcionado.

PC. Unproportional.

LCC. In diesem Moment ist dieser Ort, Svalbard, in Mode. Esta de moda. Er ist in Mode und jeden Tag fahren viele Leute dorthin, um Ski zu fahren, um --- Ich weiß nicht, wozu. Aber es ist ein bisschen

PC. Touristisch?

LCC. Ja, es un poco desproporcionado. Creo que hay cosas que se ponen de moda y se satura. Esto pasa en Svalbard y en el resto del mundo. Perdemos el norte y, entonces, sobrepasamos esa línea. No hay que seguir viajando en burro, pero sí hay que actuar dentro de un orden. Como sociedad desdibujamos el sentido de las cosas, la moda nos empuja, actuamos de forma gregaria: uno hace algo y el resto le siguen sin pensar en las consecuencias a largo plazo.

JN. Aber meinst du, es ist dann gerechtfertigt, dass wir als Künstler*innen dorthin fahren? Denn wir sind ja auch Touristen.

LCC. Wir sind keine Touristen!

JN. Was sind wir dann?

LCC. Lo que voy a decir no quiero que parezca una excusa para justificar mi presencia aquí.

PC. Sie sagt, dass sie nicht will, dass das, was sie jetzt sagt, wie eine Ausrede klingt.

LCC. Ich denke, wir versuchen, mit Ehrlichkeit diese Landschaft zu bearbeiten. Wir sind nicht nur zum Vergnügen hier. Selbstverständlich werden wir es genießen, weil wir diese Gegend und diese Gelegenheit schätzen. Ich denke, das ist der Unterschied dazu, wenn man nur hinfährt, weil

„oh, ich habe Spaß!“ Zum Beispiel, ein Beispiel: „Ich habe im letzten Restaurant vor dem Nordpol ein Glas Wein getrunken“. Wenn das das Wichtigste in deinem Leben ist.

JN. (lacht)

LCC. Manche Leute denken so. Hay personas cuyo mensaje es: „He bebido una copa de vino en el restaurante que hay más al norte del mundo“. Und wenn das dein Lebensziel ist und du aus diesem Grund dorthin fährst. Das, denke ich, ist nicht interessant.

JN. Ja.

LCC. Das ist dumm. Tut mir leid. Manche Leute denken so. Selbstverständlich mögen diese Leute, was sie sehen und genießen. Aber es ist ein bisschen --- Una actitud un poco frívola.

PC. Egoistisch.

JN. Ja. Und wir sind nicht egoistisch, weil wir kommunizieren wollen?

LCC. Ja. Ich glaube, wir sind nicht frívolo. Auf Spanisch, frívolo. Du kannst im Wörterbuch nachsehen. (lacht) Materialistisch. Leute, die nur materielle Dinge mögen. Nicht mehr.

PC. Ohne Tiefgang. Oberflächlich.

LCC. Ich glaube, wir sind alle spirituellere Menschen.

JN. Was meinst du mit spirituell?

LCC. Wenn du bist in dialogo, im Dialog mit --- No te interesa solo lo superficial. Te interesan mas cosas además de eso. Creo que nuestra inquietud, la de todos los que estamos aquí, es más profunda. No solo lo anecdótico.

PC. Wenn du nicht nur interessiert bist an anekdotischen Dingen. Natürlich genießen wir das Anekdotische. Aber mehr als das.

JN. Um auf etwas sehr Materialistisches zurückzukommen: Wer bezahlt deine Reise?

LCC. (lacht) Die Hälfte davon bezahle ich, die andere Hälfte wird von einigen Firmen für Kunstmaterialien und von meiner Universität finanziert.

JN. Eine Mischung.

LCC. Eine Mischung, ja. Halb und halb.

JN. Gracias, Lourdes! --- Und gracias, Pablo, für die Hilfe!

Was man sich nicht vorstellen kann, bis man es erlebt: wie sich Wellengang anfühlt. Das Schwanken geht in alle möglichen Richtungen und ist unrhythmisch. Es ist überraschend, ruckartig, bedrohlich, aufwühlend. Ein aufgespanntes Segel stabilisiert das Schiff ein wenig.

Marius und ich unterhalten uns länger vorne am Bug. Er ist 35 und aus Rumänien und hat schon eine Scheidung hinter sich. Als es ihm am schlechtesten ging, ist er nach Spitzbergen in die Dunkelheit gezogen; jetzt ist er bereit, es wieder zu verlassen und diese Fahrt ist die Initiation in den neuen Abschnitt. Es sei gut nicht nur zu geben, sondern man müsse lernen auch anzunehmen. Das würde der Therapeut vermutlich unterschreiben.

Zwischen meiner Reise zum Südpol und meiner Reise zum Nordpol liegt der Tiefpunkt und eine Zeit, die von Stimmungsschwankungen und psychischen Ausschlägen geprägt war. Der Therapeut fehlt mir hier nicht wirklich.

Ich zeichne die Antigua, von einem Wellenkamm nach unten stürzend, in Rosarot.

Mittags Tomatensuppe, Baguette mit selbstgemachten Brotaufstrichen und Gurkensalat (für die anderen Lachs).

ZOOM0010.WAV, Mittwoch, 13. April 2022,
15:56:37 PM (21.23 min):

JN. Marius. Was ist dein Projekt?

MA. Mein Projekt ist es, dich zu beschützen. Ich bin dein Schutzengel auf dieser Reise. Ich bin hier, um auf dich aufzupassen und zu verhindern, dass du von einem Eisbären gefressen wirst.

JN. Was bekommst du dafür?

MA. Für die ganze Fahrt etwa 2,600 Euro.

JN. Und warum bist du hier?

MA. Nun, oberflächlich betrachtet würde ich sagen, dass jemand eine weitere Person brauchte, die sich als Reiseführer um die Gruppe kümmert. Das ist sozusagen die oberflächliche Ebene. Und sie haben mich gefunden. Sarah hat mich gefunden. Aber auf einer anderen Ebene bin ich Teil dieses Moments, so wie jede*r andere Teil dieses Moments ist. Ich habe davon geträumt, ich habe es mir vorgestellt, ich habe es vor acht Monaten gefühlt, ich wollte auf diesem Schiff sein und die anderen wollten diese Reise auf diesem Schiff machen. So wurde dieser Traum irgendwie Wirklichkeit.

JN. Und wie siehst du dich in dieser Landschaft?

MA. Und wie sehe ich mich in dieser Landschaft.

JN. Warum war es dein Traum, auf diesem Schiff zu sein?

MA. Ich neige dazu, neue Räume zu erkunden, weil ich auf diese Weise meinen eigenen Raum, meinen eigenen Geist, mein Unterbewusstsein erkunde. Ich lerne bei der Erkundung dieser neuen Orte und neuen Wege, mit neuen Methoden, mit neuen Werkzeugen. Ich entdecke auch neue Dinge über mich selbst und über die Realität.

JN. Irgendwelche --- Wie soll ich sagen --- Irgendwelche Ergebnisse bisher?

MA. Ja, viele Ergebnisse bisher.

JN. Welche?

MA. Je mehr --- Je weiter ich ins Unbekannte gehe, in das, was immer --- Je weiter ich ins Unbekannte gehe, an die Orte, an denen ich noch nie war, desto weniger ist von meinem alten Ich vorhanden. Mit jedem Ort, an den ich komme, habe ich das Gefühl, dass ich Schichten der Vergangenheit abwerfe. Und ich fühle mich viel wohler, wenn ich einfach so sein kann, wie ich jetzt in diesem Moment bin.

JN. Und es kommen neue Schichten hinzu.

MA. Ja, natürlich. Und diese Schicht ist eine, die mehr verbunden ist. Aber gleichzeitig verbunden mit der Umgebung um mich herum, wo auch immer ich in diesem Moment bin.

JN. Hast du eine Lieblingslandschaft, welche ist es?

MA. Auf jeden Fall der Wald. Wald mit See, das ist mein Favorit.

JN. Also ganz anders als wo wir sind.

MA. Ja. (lacht) --- Ja, das ist es.

JN. Was siehst du im Moment?

MA. Ich sehe Augen, die mich anschauen. Ich sehe dich, wie du perfekt zu der Umgebung um uns herum, zu diesem Raum, passt. (lacht) Ich bin eine sehr menschenbezogene Person. Ich mag Menschen und deshalb schaue ich mir zuerst die Menschen vor mir an. Und dann sehe ich natürlich auch das Meer. Nur einen kleinen Teil dieses Schiffs, in dem wir uns befinden.

JN. Du passt tatsächlich auch zur Umgebung.

MA. Ja.

JN. Mit deinen Augen.

MA. Ja, genau. Dieser Moment sollte so sein. (lacht)

JN. Wie rein ist dein Gewissen?

MA. Wie rein mein Gewissen ist? Nun, das kommt darauf an, denn --- Wenn ich auf der Ebene des Ichs bleibe, des Ichs ohne jede Art von Erinnerung, sondern im Moment, völlig in den Moment eingetaucht, dann würde ich sagen, dass es so rein ist wie meine Umgebung, und reiner kann ich darin nicht sein. Und irgendwie diktiert die Umgebung um mich herum, wie rein mein Bewusstsein ist.

JN. Und wieder sagst du „Umgebung“: Ist das die Natur? Was ist Natur?

MA. Nun ja. Es hängt davon ab, auf wie vielen Ebenen man sie betrachtet, würde ich sagen. Ich kann die Natur als den Raum zwischen mir und dir betrachten. Für mich ist das auch Natur. Dieser Raum ist auch Natur. Und dann haben wir in diesem Raum die materielle Seite der Dinge, nämlich diesen Tisch. Er ist auch Natur, aber er ist von Menschenhand gemacht. Ich würde sagen, er ist die menschliche Seite der Natur; er ist nur eine Erweiterung von mir, weil ich einen Tisch brauchte, um meinen Kaffee abzustellen. Und wenn ich dann nach draußen schaue, sehe ich --- Ich sehe die Natur, die in gewisser Weise von alleine entstanden ist. Das ist der Planet, das sind die Bäume, das ist alles andere, so materiell wie es ist. Und warum ist das so oder was ist das? Ich weiß nicht, ob ich das weiß. Aber ich würde sagen, es ist eine Form von Materialien in verschiedenen Formen.

JN. Beschreibst du eine materialistische oder eine spirituelle Weltanschauung?

MA. Nun, ich glaube nicht, dass es das eine ohne das andere geben kann. Ich denke, es ist eine Synergie, es ist einfach ein Ganzes. Es kann nicht das eine ohne das andere sein. Es gibt keinen Unterschied zwischen den beiden. Es ist einfach --- Es gibt keinen Unterschied.

JN. Wo siehst du Gefahr?

MA. Gefahr? (lacht) In anderen Menschen, in gewisser Weise. Zum Beispiel auf der Ebene der Persönlichkeit. Da sehe ich immer noch Gefahr. Das ist der Punkt, an dem ich unsicher bin. Das ist also das, wovor ich am meisten Angst habe. Und manchmal --- Manchmal sehe ich die Gefahr in der Natur, aber nur dann, wenn ich mich an Orten aufhalte, von denen ich weiß, dass es dort Kräfte gibt, die größer sind als ich und die mir körperlich schaden könnten.

JN. Was denkst du über Kunst, im Allgemeinen in der Gesellschaft?

MA. Ja. Ich denke, Kunst ist ein Werkzeug, das wir Menschen benutzen, um der Realität eine neue Schicht hinzu zu fügen. Sie ist einerseits --- Einerseits ist es eine Form der Beobachtung und der Detailaufnahme. Und auf der anderen Seite geht es darum, einen Weg zu finden, dieses Detail so auszudrücken, dass eine andere Person die Realität auf eine andere Art und Weise sehen kann als die alten Modelle der Realität, die sie bis zu diesem Moment kannte. Für mich ist Kunst also ein Werkzeug, um das Bewusstsein zu erweitern, und zwar das Bewusstsein so zu erweitern, dass mehr Menschen in einem Raum zusammenkommen, der ein bisschen anders ist. Anders als einige Modelle der Realität, an die viele Menschen glauben und die sie für gleich halten. Sie bringt dich also ein wenig aus deiner Blase heraus und zeigt dir eine andere Seite der Welt.

JN. Was ist kalt?

MA. Was ist kalt.

JN. Was ist warm? Wer ist die heißeste Person auf dem Schiff?

MA. Das bist eindeutig du, Judith. (lacht)

JN. Danke. (lacht) Ich werde rot.

MA. Nun, das ist der Grund. (lacht)

JN. Was ist Kälte und was ist Wärme?

MA. Kälte und Wärme ist nur eine Wahrnehmung meiner Sinne. Das ist es, was es ist. Und es ist ein Ausdruck des Raums. Von dem Raum um uns herum. --- Wir können ihn nur durch die Sinne oder durch das Temperaturempfinden wahrnehmen. Und das haben wir in uns selbst. Wir haben die Sensoren verkörpert, sie sind in uns, und wir haben auch andere Formen der Temperaturmessung geschaffen, aber wenn es darum geht, sie auf der Quantenebene oder auf anderen Ebenen zu beschreiben, einer unsichtbaren Ebene oder was auch immer, habe ich keine Ahnung, was sie sind.

JN. Aber auf einer metaphorischen Ebene?

MA. Metaphorische Ebene? Ich habe die Tendenz, Kälte und Wärme zu beschreiben als --- Wenn ich die Kälte ins Extreme treibe, dann ist das der Ort, an dem die Materie einfriert. Und die Materie ist weniger lebendig. Oder sie schwingt höher, aber irgendwie mit einem dichteren Inhalt. Und Wärme ist ein Ort, an dem das freigesetzt wird. Sie hat dort sogar die Fähigkeit zu verdampfen, wenn es sich zum Beispiel um Wasser handelt, oder sich auf eine Weise auszudehnen. Irgendwie wird sie freigesetzt und öffnet sich. Genau.

JN. Eine Stellungnahme zum Klimawandel?

MA. Eine Stellungnahme zum Klimawandel --- Dieser Planet

ist zyklisch und hat seinen eigenen Rhythmus. Und so wie dieser Planet Bäume hat, hat er auch Menschen. „So wie ein Baum Äpfel hat…“ Ich mag dieses Zitat des Philosophen Alan Watts. Er sagt: „Wie dieser Baum apfelt, menschelt dieser Planet“. Als Verb. (lacht) --- Und, naja, wenn der Planet menschelt – und bisher hat er 8 Milliarden Menschen gemenschelt –, brauchen diese Menschen Ressourcen zum Leben. Und diese Ressourcen kommen aus der Umwelt, als ein Nebenprodukt von --- Wir verbrauchen diese Ressourcen. Wir produzieren Gase, alle Arten von Nebenprodukten, weil wir konsumieren. Und während wir konsumieren, gibt es Prozesse, bei denen wir das, was wir konsumieren, in anderer Form wieder ausscheiden. Und das scheint Auswirkungen auf den Planeten zu haben. Ich wünsche mir --- Ich weiß nicht, ob ich es mir wünsche, aber ich würde gerne eine Welt sehen, in der wir Menschen uns ein bisschen mehr darum kümmern, was das Nebenprodukt unseres Handelns ist. Denn wir haben einen Einfluss auf die Umwelt. Gleichzeitig weiß ich, dass dieser Planet überlebt und dass es ihm gut gehen wird. Aber Menschen werden unter der Art leiden, wie sich der Planet an all diese Veränderungen anpasst. Wir werden darunter leiden, denn es ist schwer, nicht zu leiden, wenn das eigene Haus vom Wind verweht wird, wenn es überflutet wird oder wenn es verbrannt wird.

JN. Hast du Angst davor?

MA. Nein.

JN. Wie fühlst du dich im Moment?

MA. Im Moment fühle ich mich friedlich. Ich fühle mich sehr warm und ruhig.

JN. Hast du geträumt?

MA. Ja, ich hatte einige Träume. --- Träume im Sinne von Schlafen oder Träume im Sinne von Träumen für die Zukunft?

JN. Nein, schlafend.

MA. Ja, ich hatte ein paar Träume.

JN. Was für Träume?

MA. Nun, der letzte war ziemlich interessant. Er war --- Ich erinnere mich nicht mehr an die letzte Nacht, aber in der Nacht davor war ich --- Ich fühlte mich in einen Raum mit einer sehr weisen Person gezogen, einer Frau, und diese Frau erzählte mir einige weise Dinge. Ich erinnere mich nicht mehr an die weisen Dinge. Aber sie erwähnte --- Ich erinnere mich, dass sie erwähnte, dass du es, selbst wenn du in deinen Körper zurückkehrst, in dir haben wirst, in deinem Bewusstsein. Wie auch immer. Und als ich mich vorbereitete, als ich abreiste, sagte sie mir, ich solle mich daran erinnern, in den Körper zu kommen. Ich solle mich daran erinnern, in den Körper zu kommen. Und irgendwie wachte ich genau an dem Punkt auf, an dem meine Sinne nicht angeschaltet waren. Ich konnte also nichts hören --- Ich war dazwischen. Ich war kurz davor, dass der Körper erwacht, ich war also wach, bewusst, aber mein Körper war es noch nicht. Und ich sagte zu mir, „oh, ich muss mich daran erinnern, in meinen Körper zu kommen". Und das sagte ich dreimal und dann waren meine Sinne --- Ich konnte mich mit meinen Sinnen verbinden und ich konnte hören, mich bewegen, ich konnte einfach aufwachen und ich wachte mit einem sehr starken Gefühl des Wohlbefindens auf. Mit einem Gefühl von Glück, Leichtigkeit.

JN. Hattest du keine Angst? Ich kenne das, weil andere Leute mir ähnliche Dinge beschrieben haben, es heißt Schlaflähmung oder so ähnlich.

MA. Nein.

JN. Hattest du nie Angst, die Verbindung nicht herstellen zu können?

MA. Nein. Nein, denn der Raum, in dem ich mich befinde, wenn ich nicht im Körper bin, ist ein guter Raum und es ist in Ordnung.

JN. Wurdest du religiös erzogen?

MA. Ich bin in einem religiösen Land aufgewachsen. Zum Glück hat mich meine Familie nicht gezwungen, in die Kirche zu gehen oder irgendwas, nur meine Großmutter und so. Ich habe gesehen, wie die in die Kirche gegangen sind. Jeden Sonntag und so weiter. Ich bin als Kind in die Kirche gegangen. Aber als ich etwa 12 Jahre alt war, hatte ich eine Diskussion mit Gott und beschloss, nicht mehr in die Kirche zu gehen. Ich hatte das Gefühl, dass es nicht der richtige Ort für mich war, um meine spirituelle Seite weiter auszuleben.

JN. Und was ist die Natur für Gott?

MA. Und was ist die Natur für Gott? Lass mich ihn fragen. (lacht)

JN. Ist es ein Mann?!

MA. Sie, sie. Es. Ich weiß es nicht. In letzter Zeit, besonders im letzten Jahr, habe ich Gott eher als eine

Kombination gesehen. Es ist nicht eines, sondern eine Kombination oder so. Ich sehe es so, dass der Raum die Mutter ist, weißt du, der Raum um uns herum, der alles werden kann. Also, der Raum hier vor mir ist jetzt leer --- (legt die Hände vor dem Gesicht zusammen) --- Jetzt sind es meine Hände, jetzt ist er leer, jetzt sind es meine Hände. (lässt die Hände sinken) --- Der Raum vor mir war leer. Und jetzt ist ein menschliches Wesen vor mir und interviewt mich. Und das ist sozusagen --- Die Karte --- Die Welt --- Der Raum passiert, denn dieser leere Raum vor dir kann alles werden. Und das ist sozusagen die mütterliche Seite der Welt, würde ich sagen, also das ‚sie' der Welt. Und Hitze ist die Energie, die diese Materie bewegt und ihr die Form gibt, die sie vor uns bekommt. Es ist also eine Art Kombination, wie ich Gott jetzt sehe.

JN. Das ist eine sehr spezifische Idee.

MA. Ja, wahrscheinlich.

JN. Letzte Frage. Siehst du deinen inneren Zustand in Resonanz mit der Umgebung? Oder vielleicht auch anders herum: Siehst oder liest du Dinge, die du in der Natur und in der Umwelt siehst, entsprechend deinen Gefühlen, sozusagen in romantischer Tradition? Dass du etwas siehst und dann sagst --- „oh, das erinnert mich an dieses Gefühl?"

MA. Am Anfang manchmal ja. Wenn ich den ersten Kontakt mit etwas habe, habe ich diese Erinnerung, einige Erinnerungen, die ich in mir trage, die irgendwie hochkommen. Aber was danach ist --- Wenn ich zulasse, dass sich das auflöst, dann passiert Folgendes: Ich finde das Zentrum, ich lasse mir von der Umwelt zeigen, wer die Umwelt in gewisser Weise ist. Und lasse die Umwelt --- Ich habe mir beigebracht, mit der Umwelt um mich herum eins zu werden, und deshalb siehst du mich manchmal einfach an einem Ort sitzen und in die Umwelt eintauchen, denn nur so kann ich tatsächlich, ich weiß nicht, gleichzeitig die Umwelt sein. Ohne Erinnerung, indem ich die Erinnerung hinter mir lasse und einfach nur präsent bin, in diesem Moment. Irgendwie --- Ich lasse die Umgebung durch mich hindurchgehen. Ich versuche nicht, sie zu erinnern oder zu analysieren. Manchmal kommt nach einer Weile eine Idee darüber oder eine Art Analyse. Aber in diesem Moment brauche ich keinen Verstand, ich brauche keine konzeptuelle --- Ich brauche keine Konzepte, ich brauche keine Gedanken, ich brauche keine Emotionen. Es ist eine sehr physische Sinneswahrnehmung der Umgebung, aber keine, die aus der Erinnerung kommt, sondern eine, die in diesem Moment geschieht. Es ist wie das Lesen des Lebens. Im Moment zu leben. Ja.

JN. Ich werde das jetzt beenden.

MA. Ja, klar.

Am anderen Tisch unterhalten sich Frederike und Erin und ich habe die Kopfhörer auf, um mich zu konzentrieren. Es gibt die Leute, die sich zurückziehen und öfters allein an Deck stehen. Dann gibt es die, die viel arbeiten. Dann gibt es diejenigen, die quatschen. Und dann gibt es die Kranken. Gestern Abend wurde schließlich doch getestet und es kam raus, dass es nicht allein Erkältungen und die Seekrankheit sind, sondern dass wir Corona an Bord haben. Man sieht die ersten Masken.

Ich habe die watch von 12–16 Uhr im wheelhouse verbracht. Während der Überfahrt sind 24/7 zwei von der Navigation, ein guide und maximal zwei artists in residence zur Überwachung der Situation auf der Brücke. Da erfährt man Interna: Das

Navigationsteam hat die Anweisung vom Kapitän, mit niemandem vom Boot etwas anzufangen. Sarah hat zu ihrem Team gesagt in der letzten Nacht sei es ok.

Außerdem meinte sie, für jede Expedition des The Arctic Circle Programms gehen circa 300 Bewerbungen ein. Das überrascht mich, weil ich dachte, dass so gut wie alle genommen werden, die bereit sind den hohen Preis zu bezahlen. Aber anscheinend werden nur 10% ausgewählt. Es wird auf Diversität hinsichtlich der Medien geachtet, die Altersklassen sind auch gemischt.

Kelsey und ich gleichen unsere food diary Einträge ab. Abends gibt es Auberginenschnitzel mit Remouladensoße (für die anderen Fischstäbchen).

Der Sonnenuntergang ist später als gestern. Ich bin sehr wach.

Ich habe gut geschlafen, obwohl das Schwanken in unserer Kabine ganz vorne am Schiff öfters wieder stark war. Ich habe geträumt, dass Yuliyan, mein ehemaliger Mitbewohner in Giesing, in meinem Kinderzimmer in Olang war. Meine Tante und mein Cousin beobachteten und beurteilten uns, kommentierten und erzählten alles rum. Daraufhin machte mir die Nachbarin Vorwürfe und ich beschrieb ihr ausführlich verschiedenste Sexualpraktiken. Ich hatte ein Gefühl der Genugtuung, weil ich auf die dörfliche Überwachungsmaschine reagiert reagierte.

Ich will den Mast hochklettern und Nico und Tuomas werden filmen. Mittags gibt es Rübensuppe und Quesadillas mit Guacamole.

ZOOM0013.WAV, Donnerstag, 14. April 2022,
16:21:25 PM (35.52 min):

JN. Es beginnt mit: Was ist dein Projekt?

TK. Ist es schon angeschaltet?

JN. Ja, es läuft schon.

TK. Du machst keine genaueren Angaben?

JN. Nein.

TK. Mein Projekt ist es --- herauszufinden --- Sinn im Leben zu finden.

JN. (lacht)

TK. Darum geht es bei den meisten Dingen, die ich mache.

JN. Auch auf dieser Reise?

TK. Ja, ja. Das ist ein Teil --- meines Svalbard-Projekts, wie soll ich sagen --- neue Herausforderungen im Leben zu finden. Darum ging es für mich in Svalbard. Das ist also ein Teil davon, mehr Erfahrungen zu sammeln und neue Orte kennenzulernen, zu sehen.

JN. Ja.

TK. Also

JN. Gibt es schon Ergebnisse?

TK. Nun, bis jetzt noch nicht, da wir noch nicht nach Svalbard gekommen sind. Aber trotzdem war ich mit der Zeit hier zufrieden. Das bedeutet für mich nicht, dass --- Auch wenn es nicht das ist, wofür ich mich angemeldet habe.

JN. Ja. Was bekommst du dafür bezahlt?

TK. Ungefähr 2,600, glaube ich. Ich bin mir nicht hundertprozentig sicher. Wir haben nicht über all das gesprochen. (lacht)

JN. Marius hat das gleiche gesagt, also

TK. (lacht) Ja.

JN. Wie viel würdest du zahlen, um auf diese Reise zu gehen?

TK. Ach, naja --- Das ist wirklich schwer zu sagen, da ich die Möglichkeit habe, zu arbeiten. --- Ich weiß nicht, ich würde nicht viel bezahlen, es ist für mich wie ein Urlaub. Ich sage manchmal: Wenn ich zum Beispiel auf die Kanarischen Inseln fahren sollte, dann müsste ich dafür bezahlt werden. (lacht) Und --- Ich finde es interessant, auf dieser Art von Reise zu arbeiten, aber ich glaube, es wäre viel einfacher, mir einen Preis auszudenken oder wie viel ich zahlen würde, wenn ich nie dort gewesen wäre, nie dort gearbeitet hätte.

JN. Ja.

TK. Also, sorry. (lacht) Schwer zu beantworten.

JN. Was siehst du im Moment?

TK. Hm?

JN. Was siehst du im Moment?

TK. Das ist eine sehr schwierige Frage. Was sehe ich im Moment?

JN. Es ist auch sehr einfach, oder?

TK. Ja. Ich sehe --- Ich sehe traurige Menschen, die Hoffnung schöpfen, dass sie ihr Projekt vielleicht doch noch fertig bekommen.

JN. Du meinst mich?

TK. (Lacht) Naja, du vielleicht auch, aber ich habe nie gesehen, dass du dein Projekt nicht

JN. (Lacht) Ja.

TK. Und ich sehe --- Ich sehe, wie es mir immer besser geht, nachdem ich ziemlich --- wie --- nicht in der Lage war, wirklich als denkender Mensch zu funktionieren. Zum Glück sehe ich eine viel ruhigere See als gestern.

JN. Ja.

TK. Das ist sehr wichtig für mich.

JN. Wie siehst du dich in dieser Landschaft?

TK. Du meinst hier und nicht was wir in Svalbard haben?

JN. Ja. Ich meine, beides ist interessant. Jetzt sind wir hier in der Barentssee, aber ich interessiere mich auch für die Eislandschaft. Wie siehst du dich in der Eislandschaft?

TK. Hier sehe ich mich ein bisschen wie ein Fisch auf dem Trockenen. Wie wir auf Finnisch sagen.

JN. Wie sagt ihr?

TK. Wir sagen, es ist wie ein Fisch

JN. Ja, aber wie sagt man das auf Finnisch?

TK. Kuin kala kuivalla maalla. So sehe ich mich hier. Ja. Irgendwie an einem Ort, an dem ich mich --- Ich empfinde das Meer nicht als eine einladende Umgebung.

JN. Ja.

TK. Für mich.

JN. Und auf Svalbard?

TK. Dort fühle ich mich --- Ich fühle mich eher willkommen. Und irgendwie --- fühle ich dort oft eine Art Seelenfrieden. Auch wenn --- Das kommt, glaube ich, von vielen Dingen. Wenn da zum Beispiel die Bären sind, gibt es etwas, auf das man ein Auge haben muss. Wenn man sich umschaut und dann nichts sieht, weiß man, dass man in Sicherheit ist.

JN. Mhm.

TK. Und es --- Ich glaube, es macht das Leben irgendwie einfacher und klarer, wenn es etwas gibt, das man --- Dass man etwas hat wie sicher-nicht sicher, sicher-nicht sicher. --- Dann denkt man vielleicht nicht so viel über abstrakte --- Dinge nach, die einem im normalen Leben Sorgen machen könnten, die keine Form haben. ---

Vielleicht auch in Svalbard, wenn man manchmal die --- So wie letzten Sommer, als ich Wale aus sehr kurzer Entfernung sah, Belugawale, die unter meinem Kajak schwammen. Nur ein paar Meter, zwei Meter von meinem Kajak entfernt. Und Walrosse und so weiter. Es fühlt sich an wie --- als wäre man in einer Art --- immer noch ein bisschen wie an einem prähistorischen Ort. Und es --- Ich weiß nicht, wie ich das Gefühl beschreiben soll. Irgendwie --- Als ob man irgendwo weit zurück ist. Es fühlt sich gut an.

JN. Sehr existenziell vielleicht?

TK. Ja. Ja, ja.

JN. Was ist deine Lieblingslandschaft?

TK. Meine Lieblingslandschaft ist: Es gibt einen Fluss, einen Wald und dann ein paar Berge, nicht zu hoch, nicht zu steil.

JN. Mit Bäumen bis zum Gipfel?

TK. Nein! Also, sie haben ein bisschen weniger Bäume auf dem Gipfel. Und dann ein paar schöne Sandbänke.

JN. Auch noch?

TK. Ja. Das ist meine Lieblingslandschaft.

JN. Ist das eine imaginäre Landschaft oder hast du einen wirklichen Ort im Kopf?

TK. Es ist eine Landschaft, die ich in Finnland und Alaska und Kanada gesehen habe, also etwas, das ich erlebt habe.

JN. Was ist Natur?

TK. Was ist Natur? --- Für mich ist Natur --- Vielleicht solltest du das Aufnahmegerät kurz ausschalten.

JN. Was?

TK. Das ist eine schwierige Frage. Für mich ist Natur das, was außerhalb dessen ist, wo die Menschen leben. Das ist für mich die Natur. Ja.

JN. Aber es gibt auch die menschliche Natur.

TK. Ja, man kann das Wort auch in diesem Sinne verwenden.

JN. Oder ist es dann, wenn man an einen Ort geht, wo keine Menschen leben, nicht mehr Natur, weil man selbst dort ist?

TK. Es ist immer noch Natur, aber die Menschen haben keine dauerhaften Veränderungen an der Landschaft vorgenommen. Oder ich meine, es kann immer noch Natur sein, auch wenn die Menschen etwas getan haben, was die Landschaft und die Flora und die Tiere beeinflusst hat. Ich weiß nicht, ob im Himalaya Natur ist, wo nichts, absolut nichts lebt. Ich weiß nicht, ob ich das als Natur bezeichnen würde oder nicht.

JN. Ja. Ich persönlich weiß es einfach nicht, weil es überall Plastik gibt.

TK. Ja, das ist wahr. Ja, ich weiß nicht, was es ist.

JN. Was bedeutet Kälte und was bedeutet Wärme?

TK. (lacht) --- Kalt --- Kalt bedeutet

JN. (lacht)

TK. Scheiße, ich will nicht nur antworten, kalt bedeutet, dass man sich anziehen muss, was auch stimmt.

JN. Und Wärme, dass man sich ausziehen muss? Oder was?

TK. (lacht) Ja, naja. Kälte bedeutet, dass --- Ich glaube, es kommt auf die Jahreszeit an, was damit gemeint ist. Kälte kann --- Heutzutage denke ich, dass Kälte normalerweise gute Dinge bedeutet, weil wir so viel hören über --- die Erwärmung. Deshalb werde ich oft --- Es fühlt sich gut an, wenn es kalt ist, besonders wenn es kälter ist als es sein sollte. Denn dann vergesse ich vielleicht für einen Moment die Erwärmung. Ich denke, ok, vielleicht gibt es noch Hoffnung, wenn es heute so kalt ist. (lacht) Ich weiß, es ist kindisch, aber so denke ich oft, wenn es kalt ist. Und warm heißt für mich --- Es kommt wieder auf die Jahreszeit an. Diesen Winter war es oft viel zu warm, und das hat mir nicht gefallen, weil man die Dinge, die man im Winter machen will, nicht machen kann. Und dann denke ich ebenso mehr an die Erderwärmung. Und dann --- Wärme bedeutet, es fühlt sich an, als ob man – wenn es wirklich warm ist – von etwas Gutem umgeben ist. Es fühlt sich so an, als ob --- Man ist entspannter.

JN. Als in der Kälte?

TK. Es fühlt sich ein bisschen so an, als ob man sich vor etwas schützen müsste.

JN. Also ist Wärme eine Gefahr?

TK. Nein, Wärme fühlt sich an wie --- An meinem Körper fühlt es sich entspannend an, als ob mich jemand umarmt. So fühlt sich mein Körper an, wenn er im Warmen ist. Auch wenn mein Verstand das vielleicht nicht mag, weil es mit der Erderwärmung zusammenhängt. Und in der Kälte fühlt es sich ein bisschen so an, als müsste ich mich selbst vor den Elementen schützen.

JN. Die nächste Frage bezieht sich direkt auf den Klimawandel. Hast du Angst vor dem Klimawandel? Wo siehst du Gefahr?

TK. Ich glaube, ich habe ein bisschen Angst, aber eher bin ich traurig. Und die Gefahren, die ich darin sehe und die mich traurig machen, sind natürlich all die Tier- und Pflanzenarten, die verschwinden werden. Und dann auch die Hunderte von Millionen Menschen, die keine Nahrungsmittel für sich selbst produzieren können und die in armen Gebieten leben und die Nahrungsmittel, die in den wohlhabenderen Gebieten produziert werden, nicht kaufen können. Sie werden also wahrscheinlich verhungern und verdursten. Also --- im Rahmen dieses wirklich großen Bildes bin ich --- Es macht mich vielleicht trauriger, dass die Pflanzen- und Tierarten für immer verschwinden werden. Oder zumindest für Millionen von Jahren, bevor sich etwas tut. Und natürlich arbeite ich in Svalbard. Dort sieht man die Veränderungen schneller.

JN. Ja?

TK. Es ist also relevanter, wenn man sieht, dass die Gletscher kleiner werden und die Eisbären, ihr Verhalten und was sie jagen --- Manche fressen Rentiere, was sie früher nicht wirklich getan haben. Aber jetzt, wo die Robbenjagd schwieriger ist, weil es so wenig Eis gibt, müssen sie andere Nahrungsquellen finden. Ja, man sieht es deutlicher.

JN. Wie rein ist dein Gewissen?

TK. Ich würde sagen, ich weiß es nicht, weil ich wirklich versucht habe, bewusst zu --- Entschuldigung, ich habe über verschiedene Bedeutungen des Wortes „Gewissen“ nachgedacht.

JN. Die Sache mit der Moral.

TK. Oh, ja. Wie gut du dich fühlst.

JN. Ja, aber fühlst du dich auch schuldig?

TK. Ja, ja genau, ok. Jetzt verstehe ich. Mein Gewissen ist --- Es erinnert mich daran, vielleicht nicht jeden Tag, aber die meisten Tage, dass die Entscheidungen, die ich treffe, nicht so gut für den Planeten sind. Und dann habe ich verschiedene Möglichkeiten, mein Gewissen zum Schweigen zu bringen. (lacht) Normalerweise spende ich jeden Monat Geld, um den CO2-Fußabdruck, den ich verursache, auszugleichen. Also etwa 25 Euro im Monat.

JN. An welche Organisation?

TK. Eine finnische Organisation. Sie heißt „The Compensate Foundation“. Aber sie arbeiten mit einigen der größeren und bekanntesten Organisationen zusammen, die die eigentlichen Projekte durchführen, vom Pflanzen von Bäumen bis hin zu was auch immer. Das ist also eine der Möglichkeiten. Das Schlimme daran ist, dass es monatlich ist und automatisch von meinem Bankkonto abgebucht wird. Ich habe also nichts getan. Also habe ich den Planeten vergessen. Eine andere Sache, die ich mache: Jedes Mal, wenn ich meine Sauna aufheize, spende ich einen Euro für den Schutz der Regenwälder. (lacht) Und so ist mein Gewissen ziemlich gut. Aber es ist immer noch schlecht genug, dass ich versuche, ein paar gute Taten zu tun und natürlich zu recyceln und solche Dinge.

JN. Ok.

TK. Ja. (lacht)

JN. Was ist deiner Meinung nach die soziale Rolle der Kunst, also die Funktion von Kunst in der Gesellschaft? Du kannst auch sagen, sie hat keinen Einfluss.

TK. Die Rolle der Kunst in einer Gesellschaft. Nun, ich denke, für einen Teil der Bevölkerung ist sie eine Möglichkeit, Teil der Gesellschaft zu sein. Aber ich glaube, der größte Teil der Gesellschaft wird davon nicht so sehr berührt. --- Meinst du den Zweck der Kunst oder

JN. Ja, in gewisser Weise, oder ob sie eine Wirkung hat. Zum Beispiel, ich weiß nicht. Wenn bestimmte Künstler*innen hierherkommen, ist das sinnvoll? Glaubst du, dass sie überhaupt etwas machen können mit einem guten Ergebnis oder einer Wirkung?

TK. Ich glaube, Kunst hat keinen großen Einfluss auf die Gesellschaft. Leider --- Wenn ich an Dinge wie die Erderwärmung denke oder an diese großen Fragen, die einige Künstler*innen auch als Thema für ihre Projekte haben. Ich denke, dass Geld leider ein so großer entscheidender Faktor bei diesen großen Dingen ist, dass --- Sicher, Kunst hat einen gewissen Einfluss auf einen kleinen Teil der Gesellschaft. Aber ich denke, für die meisten Menschen ist der Einfluss nicht so groß.

JN. Und deine Kunst, welche Funktion hat sie?

TK. Ah, meine „Kunst“. Die Funktion ist --- Sie hat viele Funktionen.

JN. Ah, deine hat viele Funktionen! Nur hat die Kunst im Allgemeinen hat keine Funktion.

TK. Mich reich zu machen. (lacht)

JN. (lacht)

TK. Nein, aber einige der Arbeiten, die ich gepostet habe, die gestörten Videos mit dem Clown zum Beispiel, dienten dem Zweck --- Eigentlich ging es mir darum, die Rolle, die ich einnehmen kann, ein wenig zu erweitern. Indem ich zum Beispiel auf Instagram etwas poste, gebe ich den Leuten ein Bild davon, wer ich bin. Und ich --- Da ich bis zu einem gewissen Grad dem gefolgt bin, was in meiner Blase passiert, wollte ich das, was ich sein kann, irgendwie erweitern. Und das Ziel war auch, einige Barrieren in mir selbst zu durchbrechen, weil ich das ein bisschen beängstigend finde. Ja, das Muster dessen zu durchbrechen, was man für sich selbst hält. Die Funktion war also eine Art Selbstentfaltung. (lacht) --- Aber die meiste Zeit geht es darum, Spaß zu haben.

JN. Und wie fühlst du dich?

TK. Im Moment fühle ich mich ein bisschen müde. Müde, aber glücklich, glücklich, bald in Svalbard zu sein, und ein bisschen gestresst wegen allem, was nach Svalbard kommt.

JN. Und was ist das?

TK. Arbeit und eine Menge Dinge, die mit der Steuer zu klären sind. Anscheinend muss ich meine Steuern nach Finnland und Norwegen melden. Die Frist läuft bald ab, und dann muss ich mein Auto checken lassen.

JN. Ah, TÜV!

TK. Ja, und es ist nur eine Woche Zeit, wenn ich zurückkomme. Und vielleicht müssen sie etwas ersetzen, was 2,000 Euro kostet. Und dann --- So viele Sachen, Leute kommen zu mir nach Hause und ich werde keine privaten Momente haben.

JN. Ok, wow, du bist ganz schön gestresst.

TK. Aber gleichzeitig fällt mir ein: „Ok, alles geht immer gut“.

JN. Was hast du geträumt?

TK. Was ich geträumt habe?

JN. Letzte Nacht. Oder gerade eben, als du geschlafen hast.

TK. Ich kann mich leider nicht an meinen letzten Traum erinnern.

JN. Der letzte, an den du dich erinnerst?

TK. Ich weiß nicht mehr, was mein letzter Traum war. Leider. Auch wenn ich versuche zurückzugehen.

JN. Was geschah am Tag deiner Geburt?

TK. Was geschah? Am Tag meiner Geburt? Für mich war es so, dass --- Ich habe viel geweint.

JN. (lacht)

TK. (lacht) Naja, das Gleiche wie jeden Tag. Ja. Ich weiß nicht.

JN. Dasselbe wie jeden Tag ist eine gute Antwort. (lacht) --- Die letzte Frage lautet: Wenn du eine Flüssigkeit wärst, welche Flüssigkeit wärst du? (lacht)

TK. (lacht) Ich glaube, ich könnte eine Ananas sein. Vielleicht.

JN. Ah, eine Frucht! Ich sagte, eine Flüssigkeit.

TK. Eine Flüssigkeit

JN. Okay, warum eine Ananas und welche Flüssigkeit?

TK. Ich mag Ananas und --- Früher war ich mehr wie eine Ananas, die --- Die Oberfläche ist wie eine Handgranate. (lacht)

JN. (lacht)

TK. Eine harte Oberfläche. Ja, vielleicht war ich früher eher so. Es fällt mir irgendwie schwer, offen zu sein.

JN. Und dann gelb und süß im Innern, ja? (lacht)

TK. Ja, ja, genau. (lacht) Aber welche Flüssigkeit? Ich weiß es nicht. Ich wünschte, ich wäre Olivenöl, aber ich bin eher so etwas wie Wasser oder noch etwas Flüssigeres.

JN. Welche Assoziationen hast du mit Olivenöl? Oder --- Warum?

TK. Wenn ich Öl wäre --- Olivenöl ist ein bisschen ruhiger in seinen Bewegungen. Nicht so --- Vielleicht nicht so reaktiv auf --- Alles. Also dann müsste ich nicht --- Irgendwie versuchen, ruhiger zu sein, sondern es wäre wie die Grundeinstellung, ein bisschen langsamer zu sein.

JN. Ja.

TK. Ja --- Ja.

JN. Gut.

Ich klettere am Mast hoch. Es schneit und je höher ich gehe, desto mehr wackelt alles. Es gibt kein Netz, hinter mir offener Ozean. Meine Knie zittern. Primäremotion: Angst. Der erste Eisberg erscheint im Blickfeld. Ich zeige mit ausgestrecktem Arm darauf.

Immer mehr von der Sonne angeleuchtete Gletscher kommen in Sichtweite, die Südspitze und Westseite Spitzbergens, und wir fahren schnell darauf zu.

Die Filmaufnahme hat geklappt. Die Aufnahmen sehen besser aus als die Aktion selber eigentlich war. Tuomas hat nicht nur Videos, sondern auch Fotos gemacht, und ich wirke süß darauf.

Der rote Anzug steht mir gut und die gelben Schuhe dazu sind der Hit. „You can be a polar model", sagt Marius. Sybren macht mir Komplimente für meine professionelle Bekleidung, die Kompetenz ausstrahle.

Wir sind aus Norwegen raus und zum Gulasch gibt es billigeres Bier am Zapfhahn (4 statt 6 Euro). Die Dessertcreme hat meines Erachtens nach die bisher beste Konsistenz aller Dessertcremen, Mousses, Sorbets etc. Sarah erwähnt, dass die Barentssee auch „the devil's dancefloor", Tanzboden des Teufels, genannt wird. Es wird nicht mehr dunkel nachts, mein Polartag beginnt. Freude.

Svalbard liegt weit nördlich des Polarkreises. Die Polarnacht dauert von Ende Oktober bis Mitte Februar. Von Mitte November bis Ende Januar bleibt die Sonne mehr als sechs Grad unter dem Horizont, es tritt also nicht einmal eine Dämmerung ein. Im Sommer geht die Sonne von Ende April bis Ende August nicht unter. Die Ursache des Phänomens liegt in der Schrägstellung der Erdachse, die Rotationsachse der Erde ist gegenüber ihrer Bahn um die Sonne um circa 23 Grad geneigt. Im Film *Abschied von gestern* wird die Hauptfigur Anita überführt einen Pullover gestohlen zu haben. Der Richter fragt sie nach dem Motiv, worauf sie antwortet: „Ich friere auch im Sommer". Am geografischen Nordpol und Südpol dauern Polartage ein halbes Jahr, die Sonne bleibt auf nahezu gleicher Höhe über dem Horizont. An den Polarkreisen ist es genau ein Tag, an dem die Sonne nicht untergeht.

Ich habe nicht so gut geschlafen, einerseits wenig, andererseits mit Alpträumen. Ich habe geträumt mein Bruder war abgestürzt zum Grund eines Meeres, das sich im Inneren einer Lagerhalle befand. Als ich tief Luft geholt und mich an einem Haken nach unten gelassen hatte, konnte ich ihn nicht mit nach oben nehmen, weil er schaufensterpuppenähnlich in viele Teile zersprungen war, die blutig herum lagen. Er lebte. Ich bin mit einer Art Panik aufgewacht, die Haut an meinen Armen hat pulsiert und gebrannt.

Wir sind einen ganzen Tag mit zwei und sogar drei aufgespannten Segeln gefahren und haben bis zu 9,5 Knoten Geschwindigkeit erreicht. Daher haben wir die Barentssee überraschend schnell durchquert und sind 24 Stunden früher dran als erwartet. Die kalkulierte Durchschnittsgeschwindigkeit waren 5 Knoten. Draußen gibt es Robben zu sehen. Davor schwammen Delfine vor dem Bug her.

Wir werden beim Morgenmeeting in die Regularien eingeführt, die mit dem Schutz vor Polarbären zu tun haben. Die vier guides, also Sarah, Sergei, Tuomas und Marius, definieren ein Feld, innerhalb dessen sich die Gruppe bewegen darf.

Sie haben geladene, aber gesicherte Gewehre in der Hand. Taucht ein Bär auf, ist das Ziel schnellstmöglich mit dem Zodiac zurück aufs Schiff zu gelangen. Von dort aus kann man ihn eventuell fotografieren.

Liege im Bett, mir ist kalt und ich habe Halsschmerzen und einen trockenen Husten. Hatte bisher keine Covidinfektion. Es wäre ironisch, wenn ich es jetzt im arktischen Meer bekommen würde. Geimpft bin ich dreimal.

Ich habe gerade geträumt, dass Frederike ausschließlich Memes und Artikel von Spiegel Online auf ihrem Instagram-Profil postet.

Nico filmt das Meer in slowmotion, Nastja zeichnet, Sybren auch. Erin hat angefangen, ihre Mikroben zu sequenzieren. Pablo malt und liest. Lourdes fotografiert und aquarelliert. Kelsey und Katy stricken. Ich kehre in die Kabine zurück.

ZOOM0017.WAV, Freitag, 15. April 2022,
11:32:42 PM (16.52 min):

JN. Es beginnt mit den Fakten. Ich bin hier mit Katy. Weil es mit den Fakten beginnt: Was ist dein Projekt?

KS. Ich hoffe, dass ich hier für ein Theaterstück und ein digitales Stück recherchieren kann, für eine Virtual-Reality-Erfahrung.

JN. Und inhaltlich oder vom Thema her?

KS. Ich hatte ein paar Dinge, mit denen ich mich beschäftigen wollte. Eines davon ist die psychische Gesundheit und die Umwelt und die Tatsache, dass es da keinen so großen Unterschied gibt. Es ist „persönlich versus global" und vielleicht beeinflussen sie sich gegenseitig. In der sogenannten Psychogeographie geht es darum, wie wir uns zu unserer Umwelt verhalten, und zwar in Bezug auf, naja --- Wenn wir dieses Boot wie ein Museumsstück betrachten würden, würden wir anders damit umgehen. Auch rund um das Wort Solastalgie

JN. Ich kenne es, ja.

KS. Cool. Also dieses Gefühl der Nostalgie oder der Gier nach einem intensiven Gefühl in Bezug auf einen Ort, an dem man vielleicht noch nicht einmal gewesen ist. Das interessiert mich. Ja --- und seitdem ich hier bin, werde ich immer spezifischer, was die Geschichte und das Genre und so angeht. Die Geschichten kommen also, während ich die Reise erlebe.

JN. Mhm. Und wie führt deine Recherche zu einem Projekt? Schreibst du? Oder beobachtest du, und dann schreibst du, und dann --- Oder hast du Bilder, die auftauchen? Wie ist dein Arbeitsprozess?

KS. Immer ein bisschen anders. Manchmal sehe ich einen bestimmten Schauspieler oder eine bestimmte Gruppe und möchte für sie schreiben, um zu sehen, wie sie spielen würden oder so. Aber hier habe ich meine --- Ich habe für jeden einzelnen Tag eine Menge Aufgaben vorbereitet, und innerhalb eines Tages waren sie nicht mehr relevant. Aber ich schreibe ein Tagebuch, um die Erlebnisse und Emotionen festzuhalten, und, ja, einfach um mich an alles zu erinnern, sowohl an langweilige als auch an interessante. Ich denke, dass das wichtig ist. Ich habe eine Einwegkamera und mache jeden Tag nur ein Foto. Ich muss also den Moment wählen, und das ist schon interessant, denn an einem Tag vergesse ich es bis zur letzten Minute, und dann habe ich nur eine sehr kleine Auswahl. An einem anderen Tag passiert danach etwas Großartiges und es ist zu spät, um das Foto zu machen. Das ist also cool und bringt mich auch dazu, zu schauen und zu suchen. Und ich habe auch jeden Tag ein Drei-Sekunden-Video gemacht, damit ich am Ende einen kurzen Film von der Erfahrung habe. Es gibt also kleine Praktiken und Gewohnheiten, mit denen ich arbeite. Und wenn ich dann nach Hause komme, denke ich ständig über meine Arbeit nach und schreibe Ideen für die Handlung und die Charaktere auf, ebenso eine Menge visueller Ideen für die Inszenierung. Ja, und dann schreibe ich hoffentlich einen ersten Entwurf und hole vielleicht ein paar Schauspieler*innen in einen Raum und arbeite dann damit weiter.

JN. Wie wird deine Reise bezahlt?

KS. Sie wird größtenteils durch Spenden finanziert. Ich habe zwei Anträge beim Arts Council in Großbritannien gestellt, aber keiner war erfolgreich.

JN. Oh nein!

KS. Das ist in Ordnung. Ich wusste, dass es passieren kann. Und dann hatte ich einfach keine Zeit mehr, es noch einmal zu versuchen, bevor die Residency für mich von Oktober auf April vorverlegt wurde. Ich wollte lieber teilnehmen, weil ich nicht daran glaube, dass nach der Pandemie irgendetwas weitergeht. Ich dachte mir, ich muss bei der ersten Gelegenheit mitmachen. Und ich habe schon früher Crowdfunding betrieben, und es gibt Leute, die bereit sind, mich zu unterstützen. So war es also und vielleicht habe ich --- Ich habe die Ausrüstung und das Zeug hauptsächlich selbst gekauft. --- Aber abgesehen davon wurde das meiste von Sponsoren bezahlt.

JN. Schön. Und du kannst die Ausrüstung auch weiterverkaufen, wenn du willst.

KS. Ganz genau.

JN. Warum bist du hier?

KS. Ich erkunde gerne. Ich bin gerne an verschiedenen Orten und habe verschiedene --- Unterschiedliche Erfahrungen machen mich kreativer. Ich habe das Gefühl, dass es nichts zu schreiben gäbe, wenn ich nur in meinem täglichen, normalen Leben leben würde, obwohl es ziemlich interessant ist. Ich denke, wenn Kunst die ganze Zeit nur über sich selbst spricht, ist sie nicht besonders interessant. Oder sie kann es sein, aber es ist nicht das, worüber ich schreiben will. Ich liebe die Natur, verdammt noch mal. Ich bin ganz aufgeregt, wenn es Delphine gibt und Robben und so --- Rentiere. Das macht mich wirklich glücklich, also einfach --- Die Aussicht, die wir jetzt gerade haben, ist irgendwie magisch, auch wenn sie überwiegend weiß ist. Es füllt meine Seele ein wenig auf. Und es beeinflusst meine Arbeit. Außerdem ist es wirklich cool, andere Menschen mit einem anderen künstlerischen Hintergrund zu treffen. Ich habe es geliebt, die Präsentationen und so weiter anzuschauen, und ich dachte mir: „Oh ja, du könntest dies und das machen." Es erweitert meinen Horizont und ist ein bisschen beängstigend. Das ist also gut. Einfach nur auf einem Boot mit vielen Leuten zu sein, irgendwo hinzufahren, wo man noch nie war. Es ist gut, es ist gut und beängstigend.

JN. Das bezieht sich bereits auf zwei weitere Fragen. Was siehst du im Moment?

KS. Was ich im Moment sehe mit meinen Augen?

JN. Ja.

KS. Ich kann einen sehr flachen Ozean sehen, ein Meer. Ich sollte wissen, was es ist. Ein Fjord! --- Haben wir eigentlich aufgehört zu fahren?!

JN. Ja, ja. Gerade eben!

KS. Ich glaube, wir werden dort drüben andocken. Da ist der Rand des Eises, sehr dünnes Eis, und dann Berge. Sie verschwinden im Himmel, weil sie einfach immer weißer werden. Man kann nicht wirklich die Spitzen aller Berge sehen. Es ist also ziemlich --- Es ist sehr weiß und ein großes graublaues Meer und wir können Teile eines Berges sehen.

JN. Was ist Natur?

KS. Mh! Das ist eine gute Frage. Es gibt eine aktive Natur und eine passive Natur. Es gibt Natur, die existiert, wie Vögel, Bäume, Meer, Berge. Eben, Natur besteht aus Dingen, aus lebenden Dingen. Aber dann gibt es auch die Natur der Dinge, wie sie sich verhalten und was sie tun und wie sie andere Dinge beeinflussen. Ich denke, die Natur ist Leben, wie wir es kennen. Und selbst wir in unseren Hochhäusern und so weiter sind immer noch Natur. Wir bauen nur unsere kleinen seltsamen Ameisenkolonien und sind sehr zerstörerisch mit unseren Gehirnen.

JN. (lacht)

KS. (lacht) Ich denke, je natürlicher Natur ist --- Ich glaube an den Animismus, dass alles nicht unbedingt ein Gehirn, aber eine Art von Leben in sich hat. Ich bin also Hippie genug, um zu sagen: „Dieser Baum hat ein gewisses Etwas“.

JN. Auch mit anorganischem Zeug wie Steinen?

KS. Ja, ich vermute auch bei denen ist etwas im Gange. Ja. Denn manchmal denkt man sich: „Das ist ein schöner Stein! Was soll das heißen?“ (lacht) „Oh, das ist wirklich erfreulich, ich fühle mich wirklich gut dabei“. Und dann gibt es einen anderen Stein, in dessen Angesicht du dich beschissen fühlst. (lacht)

JN. (lacht)

KS. Scheiß auf diesen Stein.

JN. Glaubst du nicht, dass das nur die humanistische --- Projektion von uns auf das Objekt ist?

KS. Ich denke, es ist fast andersherum. Ich denke, es ist sehr eingebildet von uns, uns vorzustellen wir sind die einzigen, die etwas auf andere Dinge projizieren. Ich denke, dass alles existiert und eine Art Leben hat, das vielleicht nicht so ist wie unseres und vielleicht nicht denkt. Aber es ist alles eines, nicht wahr. Wir haben überall in unserem Körper Bakterien und Fauna, und es sind alles nur Teile. Ich glaube, wir sind zu eitel. (lacht) Und wir richten alles an uns aus.

JN. Vielleicht machen die anderen das auch.

KS. Ich hoffe es. Ich hoffe, es gibt viele Bäume, die Arschlöcher sind. (lacht)

JN. Welche Beziehung hast du zu dieser Landschaft?

KS. Ich weiß es noch nicht.

JN. Die Frage ist eigentlich: Wie siehst du dich in dieser Landschaft?

KS. Seit wir angekommen sind, fühle ich mich sehr offen und warte ab, wie ich mich in dieser Landschaft fühle. Ich bin im Einklang mit ihr und habe keine Angst vor ihr. Aber vielleicht wird sich das noch ändern. Es fühlt sich sehr --- ja, einfach offen an, weil es so viel Platz gibt und nicht viele Menschen. Hauptsächlich uns. Und darüber hinaus laufen nur ein paar Tiere herum, und das ist außergewöhnlich. Es fühlt sich sehr frei an, befreiend. Es ist schön. Bis jetzt gefällt es mir.

JN. Und was ist deine Lieblingslandschaft?

KS. Das ist eine gute Frage! Ich habe diese Landschaft hier noch nicht bewertet. Ich kann also nicht sagen, dass es diese ist. Schottland oder Neuseeland. Wenn es einfach nur weit weg ist von etwas Zivilisiertem, ist es gut. Ich weiß nicht, ob ich das die ganze Zeit wollen würde, aber meine Antwort ist sofort Neuseeland oder Schottland, wo es episch ist.

JN. (lacht)

KS. Und wunderschön und sehr abwechslungsreich.

JN. Was bedeutet Kälte? Was bedeutet Wärme?

KS. Das sind beides auch emotionale Zustände, nicht wahr. Kälte kann also durchaus bedeuten, dass man Menschen abschreckt. Oder cool zu sein, ist anscheinend tatsächlich ein Ding. Ich habe ein Buch über Introvertiertheit gelesen, und darin heißt es, dass kühle Leute, die als cool gelten, weniger Blutzirkulation an der Hautoberfläche haben, also sind sie tatsächlich

JN. Ah, ja?!

KS. chilliger. Das ist verblüffenderweise wahr. Und wenn man hitzköpfig oder heißblütig ist, dann ist man ein bisschen schneller wütend oder so. Es ist also etwas Wahres dran an heiß und kalt. Aber bei mir ist es so --- Wenn ich wählen müsste, würde ich mich für die Kälte entscheiden, weil ich denke, dass man es in der Kälte gemütlich haben kann, sich warm einpacken kann, ein Feuer machen und das Essen wirklich genießen. Und das ist sehr angenehm. Während ich heiße Urlaube oder so nicht wirklich mag, weil ich ab einem bestimmten Punkt nichts mehr machen kann. Es ist einfach zu verdammt heiß und dann bin ich müde und habe keine Lust auf irgendwas und bin sauer. --- Es ist doch sehr persönlich, oder? Ich meine, das ist mein Eindruck: die Dunkelheit ist heißer. Licht ist hingegen knackig kalt, aber sonnig, oder so. (lacht)

JN. Ja, ich weiß, was du meinst. Wie rein ist dein Gewissen?

KS. Mein Bewusstsein oder mein Gewissen?

JN. Also die Moral, das Innere.

KS. Ob es gut oder schlecht ist.

JN. Hast du Schuldgefühle?

KS. Oh, ich fühle mich immer schuldig, die ganze Zeit. Aber

ich denke, das liegt zum Teil daran, dass ich als Frau sozialisiert wurde, und wir sind ein bisschen dazu gemacht --- oder die Welt ist so geschaffen, dass wir uns schuldig fühlen, ich weiß nicht, Projekte zu machen, zu leben, Dinge zu wollen.

JN. (lacht)

KS. (lacht) Also für mich, ja, gibt es eine Menge Schuld. Sie ist nicht mit einer Religion oder etwas anderem verbunden. Ich weiß, dass das für einige Leute so ist. Ich glaube, ich habe Angst, die Zeit der Leute zu beanspruchen oder bedürftig zu sein oder zu viel Aufmerksamkeit zu bekommen oder so. Das ist interessant. Vielleicht werde ich es zu einer Therapiesitzung machen.

JN. (lacht)

KS. Ich fühle mich schuldig und ich arbeite daran, nicht so viel Schuld zu fühlen. Ich glaube nicht, dass ich all die Schuldgefühle brauche, die ich habe. Ich denke auch nicht, dass ich ein Arschloch bin, also --- Ich denke nicht, dass ich gemein zu anderen bin beziehungsweise gibt es wenig Handlungen, wegen denen ich mich schlecht fühle. Ich bin selbstbewusst genug, um mit der Person darüber zu sprechen, wenn ich etwas Schlechtes oder Falsches getan habe oder etwas, das der Aufarbeitung bedarf. Also ja, ich fühle mich schuldig. Aber ich versuche, es nicht so viel zu fühlen.

JN. Was ist die soziale Rolle deiner Kunst, besonders in Zeiten der Klimaerwärmung?

KS. Ja, schön. Theater ist wirklich sozial, denke ich. Ein Live-Medium ist sich bewusst, dass in erster Linie Leute zusammenkommen, mit ihren Freunden oder ihrer Familie, sie sitzen und schauen sich etwas an. Gemeinsam etwas live zu erleben, fühlt sich ein bisschen anders an als ein Film oder --- alles andere. Ein bisschen wie bei einem Musikkonzert vielleicht. Es schafft ein gemeinsames Gesprächsthema, so dass die Leute nach Hause gehen und ihre Eindrücke davon mitnehmen. Hoffentlich werden sie gut unterhalten, was eine weitere positive soziale Sache ist. Es macht die Leute entweder glücklich oder traurig oder sie denken darüber nach. In Bezug auf den Klimawandel wäre es dann einfach das Thema der Arbeit und würde ein Gespräch in Gang setzen und hoffentlich die Leute motivieren, sich damit zu beschäftigen. Ja, im Idealfall würde es die Leute dazu bringen, auf eine neue Art zu denken oder etwas aus einer anderen Perspektive zu sehen. Ich habe Dinge gesehen, die meine Perspektive verändert haben. Und das ist etwas Gutes.

JN. Wow, eine Menge Wind! Ich komme dir ein bisschen näher.

KS. Klar.

JN. Hast du Angst vor dem Klimawandel? Wo siehst du Gefahr?

KS. Ich habe Angst davor. Es ist entsetzlich. Ich denke, die Gefahr liegt darin, dass die Regierungen der Welt Dinge nicht ändern, die sie jetzt ändern könnten. Es wäre vielleicht gar nicht so schwer für sie, einen großen Unterschied zu machen. Und doch gibt es eine Menge Leute, die ihre Macht und ihr Geld und solche Dinge schützen. Ich habe keine Kinder und ich weiß nicht, wie viel davon damit zu tun hat, dass ich die Zukunft ziemlich düster sehe, aber vielleicht spielt das eine Rolle? Ich weiß es nicht. Aber das ist etwas, das mir im Moment durch den Kopf geht. Was war der andere Teil der Frage?

JN. Du hast schon geantwortet. Ob du Angst vor dem Klimawandel hast und wo die Gefahr liegt.

KS. Ja, das ist es. Und noch etwas sehr Praktisches: Man hat uns von den Temperaturen hier erzählt, und das Eis ist schon viel weniger als vor ein paar Jahren, und das ist schon beängstigend und unheimlich.

JN. Ja, wir sollten auf Eis treffen. Und es gibt keins.

KS. Ich denke, dass es für alle in einem bestimmten Alter die gleiche Erfahrung ist, aber ich bin aufgewachsen und es lag jeden Winter ein Meter Schnee und jetzt schneit es fast nie oder es gibt nur einen gelegentlichen Tag mit leichtem Schneefall dort, wo ich lebe, in London. Ich kann also den Unterschied sehen, und das ist beunruhigend.

JN. Wie fühlst du dich?

KS. Wie ich mich fühle? Ich war eigentlich gerade am Ende dieses Gedankens und dachte ziemlich positiv über die nächste Generation nach. Das scheint eine aktivistische Generation von Menschen zu sein. Sie werden viel stärker betroffen sein als ich oder vielleicht du. Ich glaube, die werden das in Ordnung bringen. Die Leute, die jetzt vierzehn, fünfzehn Jahre alt sind, haben meiner Meinung nach mehr mit der ganzen Angelegenheit zu tun und werden aktiver sein. Und die älteren Leute, die vielleicht egoistischere Ansichten haben, werden bei den Wahlen verschwinden. Und hoffentlich werden sich die Dinge ändern. Ich hoffe nur, dass es schnell genug geht.

JN. Ja, genau.

KS. Ich bin also hoffnungsvoll. Es gibt eine Möglichkeit der Veränderung.

JN. Was hast du geträumt?

KS. Tatsächlich habe ich geträumt. Es gibt jemanden in einer Firma, mit der ich im Moment zusammenarbeite, und es ist eine wirklich schwierige Beziehung. Ich habe davon geträumt, dass ich zum ersten Mal seit langer Zeit wieder mit dieser Person essen gehe und mit ihr klarkomme. Das war schön. --- An diesen Traum erinnere ich mich.

JN. Und die letzte Frage ist: Was geschah am Tag deiner Geburt?

KS. Meine Mutter lag 52 Stunden lang in den Wehen.

JN. Oh!

KS. Krass, oder ? --- Ich bin das dritte Kind. Und ich wurde zur Mittagszeit geboren. --- Ich glaube, das ist alles, was ich --- Oh, und ich bin verkehrt herum auf die Welt gekommen. Ich kam mit den Füßen zuerst.

JN. Oh!

KS. Ich war also eine Steißgeburt.

JN. Dramatisch.

KS. Das ist alles, was ich weiß.

JN. Danke, dass du meine Fragen beantwortet hast.

KS. Es war mir ein Vergnügen.

Nach dem Mittagessen betreten wir zum ersten Mal den Boden von Spitzbergen. Wir sollen uns auf einer Papierliste eintragen, ob wir an Land oder an Bord sind. Auch auf der Neumayer-Station gab es ein Stecksystem beim Ein- und Ausgang, für den Überblick und das Überleben.

Ich habe mein Kostüm an. Sarah bleibt bei Gjertsenodden an der Anlegestelle der Zodiacs, während die drei anderen guides die Eckpunkte des Feldes markieren. Ich spaziere mit Frederike über den Schnee. Sergei kaut Nikotinkaugummis.

Der Effekt ähnelt meiner Wahrnehmung in der Antarktis: Alles ist sehr isoliert, wie im white cube. Auch die Menschen. Die Szene, vom Hügel überblickt, wirkt extrem statisch. Je kälter ein Material ist, desto fester und weniger dynamisch seine Atome. Ich sehe kaum Bewegungen. Die in der Landschaft verstreuten Menschen scheinen still zu stehen, und im Gegenlicht der weißen Bühne wirken alle Figuren trotz bunter Jacken schwarz. Bei niedrigeren Temperaturen haben die Teilchen eines Systems weniger mögliche Anordnungen.

Endlich stellt sich das Gefühl ein, weswegen ich diese Reise angetreten bin. Ich habe eine Resonanzerfahrung.

Die Aktionen der Künstler*innen, die ich beobachte, finde ich nicht „lächerlich", wie ich befürchtete. Ihre Handlungen scheinen vor dem epischen Hintergrund nicht unsinniger als die der Wissenschaftler*innen in der Antarktis. Wir werden in dieser Umgebung zu Menschen, auf diese Existenzform reduziert und darin gleich, wir sind klein. Es gibt zwei Hügel, die eine Bucht einrahmen und große Berge im Hintergrund. Ich stelle fest: Ironie ist hier unmöglich. Das erleichtert mich auch. Weil es keine Metaebene gibt. Man kann sich hier nicht darüber stellen, wenn man darin ist.

Am Übergang vom Land zum Wasser ist Seeeis aufgebrochen. Die Schollen sind noch nicht weggetrieben und liegen sehr nah aneinander, der Spalt dazwischen ist schmal. Sarah sagt, wir dürfen sie betreten. Ich stelle mich auf zwei Platten und trete wie auf einem Stepper. Frederike filmt mit ihrem Handy. Im Bild sieht man das Auf und Ab meines Kopfes, ein Hin und Her der Schultern. An der Kante reibt sich Eis ab.

Das Wetter ändert sich schnell. Es kommt Wind auf und plötzlich wird es kalt. Meine Finger in den Fingerhandschuhen sind steif geworden. Die Moonboots halten hingegen gut warm. Frederike hat elektrische Einlegesohlen dabei, die theoretisch über Bluetooth gesteuert werden können. Praktisch funktionieren sie aber nicht. Beim Rückweg mit dem Zodiac spritzt es. Sybren und ich sitzen ganz vorne und sind nass, als wir beim Schiff ankommen. Ich mache den Fehler, die Hände mit Warmwasser auftauen zu wollen.

Mir werden die Tarotkarten für not too distant past, present and future gelegt. Ich habe die schlimmste Karte hinter mir, den Turm. Das ist keine Überraschung: plötzliche Veränderung, abrupter, unwiderruflicher, grundlegender Bruch, Chaos, Zusammenbruch bisheriger Lebensstrukturen. Die Gegenwart (der Eremit) besteht aus Introspektion, Alleinsein, Seelensuche, Selbstbesinnung auf dem Lebensweg, Weisheit, Reife. Die Hohepriesterin bringt heiliges Wissen und Intuition, das Unterbewusste, Vereinigung von Gegensätzen und das göttliche Weibliche.

Das Programm des Tages ist es, in den Schlauchbooten zwischen den Eisformationen umherzufahren. Die Atmosphäre ist magisch. Es schneit leicht, sodass die Schollen und die größeren Objekte aus Eis mit Schnee bedeckt sind. Wenn der Motor ausgeschaltet ist und gerade niemand auf den Auslöser drückt, hört man das Rieseln vom Schnee, das Schwappen des Wassers gegen Boot und Eis und wie die Eisflächen gegeneinanderstoßen. Molly wünscht sich drei Minuten Stille. Die Bodenfläche (Wasser mit Eisschollen) und der Himmel (Wolken) bewegen sich gegeneinander. Das Licht wandelt sich beständig. Wir sehen eine Robbe und in der Ferne ein Walross. Erin und Reza nehmen samples aus dem arktischen Ozean.

Schmelzen ist bemerkbar. Die Formen sind weich, es tropft. Es ist Frühling in der Arktis. Meine pocket camera liefert mir mehrere minutenlange Aufnahmen in super Qualität. Meine Canon-DSLR-Kamera habe ich mit der festen Brennweite in den Plastiksack gepackt. Der Nagellack go overboard trifft die Farbe des Meeres heute ziemlich gut.

Wir malen auf meine Initiative mit den Filzstiften Ostereier. Es ist Karsamstag. Sabrina und Piet haben 40 Eier gekocht. Die Segel werden mit gemeinsamer Kraft eingeholt.

Es finden Kabinenwechsel wegen Covid statt.

Ich bin froh und springe an Deck rum. Nico filmt und sagt, er will eine Dokumentation über mich machen.

ZOOM0023.WAV, Samstag, 16. April 2022,
16:05:49 AM (25.08 min):

JN. Bereit?

JE. Ich bin bereit.

JN. Cool. Ich bin hier mit Josh und wir fangen gleich mit der ersten Frage an: Was ist dein Projekt?

JE. Mein Projektvorschlag war es, Klänge in der Arktis aufzunehmen. Ich wollte den Schwerpunkt auf Eis legen. Im

Laufe der Jahre, also im Jahr 2019, fing ich an, Eis mehr und mehr in den Fokus zu nehmen, weil sich viele meiner Arbeiten im Allgemeinen, aber vor allem auch im Rahmen von Artist Residencies, mit der Erderwärmung befassen. Das Eis ergibt also nicht nur Soundsamples, sondern ist auch Thema, wenn man über das Verschwinden des Meereises spricht.

JN. Mhm. --- Wie war dieser Tag für dich, hast du etwas Interessantes gefunden?

JE. Heute war toll. Wir waren bei --- Dahlbreen?

JN. Ich weiß den Namen auch nicht.

JE. Wir waren beim Gletscher und ich habe einen Haufen riesiger „Brocken", würde ich sie nennen, aus Eis gefunden. Ich habe mein Kontaktmikrofon darauf geklebt und dann das Zoomgerät darunter gehalten. Und dann habe ich mit einem Gummihammer draufgeschlagen. So hallte das Eis und ich bekam auf diese Weise einige interessante Töne.

JN. Wirst du von Abledon gesponsert?

JE. Nein, noch nicht. Aber wenn du irgendwelche Kontakte hast

JN. Ich dachte wegen deiner Präsentation

JE. Ich weiß. Ich liebe die Software einfach so sehr. Ich denke, sie sollten mir einen Job geben oder so.

JN. Das denke ich auch. --- Kommen wir zur zweiten Frage: Wie wird deine Reise bezahlt? Die Artist Residency. Wer bezahlt den Aufenthalt?

JE. Oh. Gute Frage. Ich habe ein Crowdfunding gemacht. Ich habe im Grunde alles auf Kredit gemacht für die vergangenen --- wie auch immer --- wie lange wir auch immer gezahlt haben. Und dann habe ich im letzten Monat eine Sammelaktion gemacht und 9,000 Dollar erhalten.

JN. Also ist es komplett bezahlt. Du hast eine Fanbase? Es scheint so.

JE. Ich war --- Wenn man einige Jahre zurückgeht, kann man --- Man kann alle seine Kontakte aus dem Mailprogramm exportieren. Ich habe also 2,000 Email-Adressen exportiert und bin sie dann durchgegangen und habe sie sortiert. Und ich habe persönlich gemailt, nicht nur eine Gruppen-CC-Email erstellt. Ich habe über zweihundert Leute persönlich angemailt.

JN. Ok. Wow.

JE. Und dann habe ich eine Instagram-Seite eingerichtet. Ich hatte vorher kein Instagram und ich habe die Kampagne dort wirklich vorangetrieben. Ich würde also nicht sagen, dass ich eine Anhängerschaft habe. Ich würde sagen, ich habe jeden Gefallen eingefordert, den ich bekommen konnte. Ich habe im Laufe der Jahre eine Menge kostenloser Arbeit geleistet. Weißt du, Musiker*innen sind im Allgemeinen pleite, und ich arbeite mit vielen Musiker*innen zusammen. Ich habe also viel umsonst gearbeitet, und es war an der Zeit für mich, zu sagen: „Hey, kannst du mir etwas abkaufen, denn ich muss das wirklich machen".

JN. Fühlst du dich jetzt unter Druck, weil dich so viele Leute unterstützt haben?

JE. Ja, das tue ich. Und das hat es super stressig gemacht, selbst nur, hierher zu kommen. Denn ich habe Angst vorm Reisen und davor, dass ich meinen Flug verpasse, weil ich schon so viele Flüge verpasst habe und es manchmal igendwie vermassle. Ich trinke in der Flughafenbar und sie rufen meinen Namen über die Sprechanlage.

JN. Echt jetzt? Ist das passiert?

JE. Ja, das ist passiert. Es war sehr dumm. (lacht)

JN. (lacht)

JE. Ich leide also unter Reiseangst, und zu wissen, dass ich Produkte an etwa 90 Leute liefern muss, hat viel Stress verursacht, ja.

JN. Warum bist du hier?

JE. Ich finde die Idee von Kunstresidenzen im Allgemeinen richtig gut. Ich würde jede Residenz überall mitmachen. Wahrscheinlich werde ich in Zukunft keine Residenzen mehr machen, für die ich bezahlen muss. Ich versuche bezahlt zu werden. Aber ich würde überall --- Ich würde wirklich überall hingehen. Ich bin an fast allem interessiert, weißt du. Ich würde überall auf der Welt hingehen, wenn man mir einen Ort anbietet, an dem ich Kunst machen kann. Ein Freund hat mir den Link zu dieser Artist Residency geschickt, wahrscheinlich vor vier oder fünf Jahren. Ich habe mich zweimal beworben und beim zweiten Mal die Zusage bekommen. Ich bin hier, weil es sich wirklich cool anhört und ich sozusagen ein Stoßgebet gesprochen habe. Ich habe nicht wirklich erwartet, dass ich genommen werde. Und als ich genommen wurde, habe ich mich an einen Künstler aus Chicago namens Anders gewandt, der so etwas wie mein Mentor dafür war. Er hat gesagt: „Mach es einfach und kümmere dich später um das Geld“. Und dann hat er mir mit ein paar Crowdfunding-Ideen geholfen.

JN. Cool! Nächste Frage. Draußen wäre es besser, aber heute ist es ziemlich stürmisch. Was siehst du im Moment?

JE. Nun, vorhin sind wir durch ein paar dunstige --- Wir hatten Eisberge auf beiden Seiten von uns und die waren wirklich vernebelt. Die Sonne scheint wahnsinnig hell, und es ist eine Art surreale arktische, sonnige, bergige, raue Landschaft.

JN. Wie siehst du dich in dieser Landschaft?

JE. Ich sehe mich vermutlich als Individuum, das überlebt. Ich denke viel über Menschen und menschliche Migration nach, und ich denke auch oft über indigene Menschen nach. Wenn ich hierher komme, denke ich zuerst, dass Menschen nicht hier sein sollten. Dies ist kein Ort für uns, weißt du.

JN. Ja.

JE. Aber dann gibt es indigene Menschen, die hier seit Tausenden von Jahren leben, Zehntausenden von Jahren. Und so ist es --- Das bedeutet für mich, dass Menschen durchaus hier sein können. Also, warum sollten sie nicht? Meine Ansicht über indigene Menschen ist, dass sie wirklich --- Alle Kulturen, die ich untersucht habe, fanden einen Weg, in Harmonie mit der Erde zu leben und sich mit ihr zu vereinen. Das ist eine Verallgemeinerung, aber zumindest in Nordamerika und bei dem, was ich über die indigenen Völker im nördlichen Polargebiet und alle möglichen anderen indigenen Völker gelesen habe, scheint es, dass sie wirklich Harmonie zwischen den Menschen und der Erde gefunden haben, die uns offensichtlich entweder egal ist oder der wir uns schlichtweg --- verweigern, um Geld zu verdienen. Aber als Individuum habe ich das Gefühl, dass ich mich anpasse. Denn dies ist in vielerlei Hinsicht ein ganz anderes Leben für mich.

JN. Ja. Für jeden von uns. Was ist deine Lieblingslandschaft?

JE. Meine Lieblingslandschaft. Ich muss sagen, dass ich im Herzen ein Strandtyp bin. Ich liebe das warme Wetter. Ich liebe die Sonne. Ich schwimme gerne. Ich mag es wirklich --- Wenn Geld keine Rolle spielen würde, wäre ich wahrscheinlich in Barcelona oder so.

JN. Was ist Natur?

JE. Was ist Natur? Natur ist --- Das ist eine gute Frage. Denn ich habe das Gefühl, dass wir Menschen --- Wir sind über den Punkt einer „natürlichen" Welt hinausgegangen, weil wir alles beeinflusst haben. Ich denke, wir gehören jetzt dazu. Aber wir waren auch schon immer dazugehörig. Wir sind Tiere, nicht wahr. Ich würde die Natur als alles betrachten. Denn wir sind ein Teil von ihr, und wir haben sie so sehr verändert, dass wir uns jetzt zurückziehen müssen, weil wir sie zu sehr verändert haben. Es geht also um alles, um uns, um die Umwelt und um jedes Lebewesen.

JN. Was bedeutet Kälte und was bedeutet Wärme?

JE. Kälte kann für mich manchmal Panik bedeuten. Ich bin an einem ziemlich kalten Ort aufgewachsen, wo es sechs Monate im Jahr kalt ist, und daher bin ich es irgendwie gewohnt. Aber ich bekomme immer noch dieses panische Gefühl, wenn mir kalt wird. Das ist kein schönes Gefühl.

Und Wärme wäre wohl eher ein Trost für mich. Ich liebe den Sommer. Ich habe wirklich das Gefühl --- Wenn ich zwischen warm und kalt wählen müsste, würde ich mich immer für warm entscheiden. Ich liebe einfach alles, was mit schönem Wetter und Schwimmen zu tun hat.

JN. Du hast es sogar hier gemacht!

JE. Ja. Ja, so würde ich es zusammenfassen.

JN. Wie rein ist dein Gewissen?

JE. Wow! Es kommt darauf an. Ich glaube wirklich --- Ich schwanke oft hin und her. Das ist etwas, das ich wirklich reflektieren musste. Ich habe das in der Arbeit mit meinem Therapeuten herausgefunden. Ich neige zu --- Ich neige dazu, ein geringes Selbstwertgefühl zu haben, also arbeite ich mit meinem Therapeuten daran, es zu steigern und mich mit dem wohlzufühlen, was ich bin, und selbstbewusst zu sein, was meine Entscheidungen angeht. Es ist wirklich schwierig in der modernen Welt, denn es gibt so viele Entscheidungen, die sich negativ auf andere Menschen auswirken, vor allem auf ausgebeutete Menschen auf der ganzen Welt oder auf die Umwelt, die sich wiederum auf alle Lebewesen auswirkt. Es ist also schwer zu sagen: „Oh, ich habe ein völlig reines Gewissen". Nein, das ist nicht der Fall. Aber es ist rein genug, um meinen Träumen zu folgen und so etwas wie das hier zu machen. Wir mussten Flugtickets kaufen, um hierher zu kommen, und das ist nicht so toll. Die Leute sollten weniger fliegen, um die Treibhausgasemissionen zu reduzieren. Ich würde also sagen, ich fühle mich wohl genug, ich reise immer noch gerne, ich lebe gerne mein Leben. Aber im Hinterkopf habe ich immer ein paar Schuldgefühle. Sogar bei den Entscheidungen, die ich im täglichen Leben treffe, Fleisch essen,

Auto fahren. Aber man muss auch mit sich selbst leben und man muss wirklich ehrlich sein und sich eingestehen, dass es bestimmte Dinge gibt, bei denen alle Menschen egoistisch sind. Man muss ein Gleichgewicht finden.

JN. Was ist die soziale Rolle deiner Kunst, besonders in Zeiten der Erderwärmung?

JE. Meine --- Die Richtung, die ich eingeschlagen habe, ist der Weg der Bewusstseinsbildung. Was verrückt ist, denn zumindest in den USA sprechen wir seit den siebziger Jahren über die globale Erwärmung. Offensichtlich wurde das Thema von den Konzernen und den Ölfirmen verdrängt, die einfach nehmen wollen was geht, bevor alles komplett im Arsch ist. Aber ja, ich denke, meine Rolle ist trotzdem noch das Bewusstmachen. Ich habe ein Projekt im Denali-Nationalpark gemacht, bei dem es um das Auftauen des Permafrosts ging. Einige dieser Konzepte sind schwierig, weil es manchmal fast wie aus einem Science-Fiction-Film wirkt, wenn man über Mikroben spricht, die hunderttausend Jahre lang gefroren waren und wieder leben werden. --- Ich glaube wirklich an die Macht der Kunst. Und so versuche ich immer, Künstler*innen zu fördern. Ich betreibe ein Aufnahmestudio in Milwaukee und ich --- Ich versuche im Rahmen des Budgets der Leute zu arbeiten und Künstler*innen zu unterstützen, damit es mehr Stimmen gibt, die die Dinge sagen, die gesagt werden müssen. Hoffentlich kommt dabei ein positiver Wandel zustande.

JN. Kurze Nebenfrage, weil du die Pluralität von Stimmen erwähnt hast und du Machthierarchien und so weiter relfektieren zu scheinst.

JE. Ja.

JN. Ist es nicht in gewisser Weise eine sehr homogene Gruppe, auf diesem Schiff? Also europäisch und US-amerikanisch, sozusagen?

JE. Ja, und ich glaube, das ist so, weil

JN. Es kostet.

JE. Es kostet einen Haufen Geld. Also --- Ich weiß nicht, ob du es bemerkt hast, aber ich würde sagen, fast jeder hier ist aus --- Nein, das stimmt nicht, aber eine Menge Leute hier kommen aus reichen Ländern.

JN. Genau, das ist es, was ich meine.

JE. Man kann sogar an der Hautfarbe erkennen, dass es eine sehr --- eurozentrische, nordamerikanische Gruppe ist und --- eine Menge dieser Leute kommen aus Ländern, die viel Geld haben.

JN. Ich meine, es ist nicht überraschend. Es wäre interessant, eine Gruppe zu haben, die --- Auch künstlerisch, nicht nur wegen der Gerechtigkeit, sondern, wie du schon sagtest, denke auch ich, dass mehr unterschiedliche Stimmen interessant wären.

JE. Ja. Ja. Ich bin froh, dass du das angesprochen hast. Ich habe viel darüber nachgedacht. Und ich würde dieses Programm dazu ermutigen, entweder ein paar Spender*innen zu finden oder Wege zu suchen, es Leuten etwas leichter zu machen

JN. Vielleicht sollten wir eine Email formulieren oder mit Sarah sprechen. Wahrscheinlich wissen sie es selbst schon.

JE. Ich wüsste nicht, wie man das nicht sehen könnte. Aber manche Leute sind für bestimmte Dinge einfach nicht empfänglich, weißt du. Oder sie haben sich entschieden, sie nicht zu sehen.

JN. Hast du Angst vor dem Klimawandel und wo siehst du Gefahr?

JE. Ja, ich habe die ganze Zeit Angst. Ich meine, die Gefahr ist --- Die Gefahr ist überall. Ich würde sagen, dass sich die dringlichsten Probleme um Wasser drehen, also um den Anstieg des Meeresspiegels und die Vertreibung von Menschen. Und dann, in den USA, im Westen, sehen wir viele Dürren im Süden. Wir sehen viele Dürren und verrückte Wettermuster, von denen wir nie gedacht hätten, dass es sie jemals geben könnte. Darunter auch, wie nennt man das, einen --- Polarwirbel, der vor etwas mehr als einem Jahr über den Süden zog und das Stromnetz in Texas zerstörte. Denn Texas ist ein --- Ich weiß nicht, wie ich es ausdrücken soll. --- Sagen wir einfach, dass Texas den Ruf hat, ein wenig großspurig zu sein. Texas verfügt über ein eigenes Stromnetz und weigert sich, Strom aus den umliegenden Stromnetzen aufzunehmen oder an sie abzugeben. Texas war also wochenlang ohne Strom, und es herrschten Minustemperaturen. In Texas.

JN. Oh.

JE. Ja, das kann einfach nicht passieren. Das sollte nicht passieren. Wir erleben also diese verrückten Wettermuster. Ich persönlich besitze ein Gebäude in Milwaukee, das am Lake Michigan liegt, der größten Süßwasserquelle Nordamerikas. Daher mache ich mir Sorgen über die Vertreibung von Menschen und die möglicherweise größte Völkerwanderung, die wir in der Geschichte der Menschheit je erlebt haben. Die Menschen kommen aus kleineren

Ländern, von Inseln, die entweder unter Wasser stehen oder überflutet werden, so dass sie Ernte und Fortbewegungsmittel verlieren. All diese Dinge. Ich persönlich glaube der ich am Lake Michigan, im Mittleren Westen und in den USA lebe, und viele Klimawissenschaftler sagen das auch –, dass der Mittlere Westen eine Art Renaissance erleben wird. --- Meine Stadt war immer so etwas wie eine kleine Schwester von Chicago. Aber es gibt Grund zu der Annahme, dass die Stadt wegen der Süßwasserquellen und des relativ angenehmen Klimas geradezu explodieren wird. Ich bin --- Also ich --- Ich persönlich befürchte, dass die Leute mit Waffen auftauchen und sagen: „Wir holen uns das Wasser". --- Das ist der Punkt, an dem ich in meinem Denken bin: Ist mein Ort ein guter Ort für die nächsten Jahrzehnte? Möglicherweise. Aber es könnte auch der Schauplatz einiger ernsthafter Konflikte sein.

JN. Verstärkst du deine Eingangstür? (lacht)

JE. Ganz genau.

JN. Mit dem Rest des Crowdfunding-Geldes

JE. Kaufe ich ein paar Waffen.

JN. Und wie fühlst du dich?

JE. Im Moment fühle ich mich gut. Heute Nachmittag war ich ein bisschen seekrank, ich hing in meinem Zimmer ab und hatte im Grunde keine Sicht nach draußen. Das war ein bisschen hart. Aber jetzt geht es mir gesundheitlich besser. Ich fühle mich okay.

JN. In welchem Zimmer wohnst du im Moment? Immer noch bei Seth?

JE. Nein, ich bin in Nicos Zimmer umgezogen, denn Nico war positiv getestet und ich war negativ.

JN. Nico? Nein, Seth?

JE. Beide, Nico und Seth. Sie sind jetzt Mitbewohner im Covidsumpf. (lacht)

JN. Du bist also auf dich allein gestellt.

JE. Ich lebe ein luxuriöses Leben ganz allein. Es ist verrückt.

JN. Mal sehen, für wie lange.

JE. Ja, genau. (lacht) Wenn ich heute Abend positiv getestet werde, dann --- Dann werden wir alle drei zusammen sein.

JN. (lacht) Hast du etwas geträumt? Was hast du geträumt?

JE. Ich kann mich nicht an viele Träume auf dieser Reise erinnern. Ich bin letzte Nacht für ein paar Minuten eingeschlafen und ich glaube, ich hatte ein paar Träume. Aber vielleicht war ich auch jedes Mal, wenn ich mich hingelegt habe, einfach nur erschöpft. Ich mache sozusagen eine Zeitreise in den Morgen. Ich erinnere mich nicht wirklich an einen meiner Träume.

JN. Und die letzte Frage: Was geschah am Tag deiner Geburt?

JE. Der Tag meiner Geburt, der 26. Februar 1988. Ich habe keine Ahnung. Ich habe nie nachgeforscht. Tut mir leid, dass ich dir da nicht weiterhelfen kann.

JN. Ich danke dir für das Gespräch.

JE. Aber sicher!

Es gibt Bratwurst mit Kartoffelbrei und Mousse a chocolat. Während des Sonnenuntergangs spielen wir an Deck Fußball mit einem Brocken Eis.

Beim Barabend werden Alter und Beziehungsstatus ein Thema. So ungefähr ein Drittel bis die Hälfte der Leute sind single und ich bin mit 31 die zweitjüngste der residents. Ziemlich viele sind 34 Jahre alt. Mir kommt die Idee eines candlelight dinners auf dem Zodiac, „Arctic dating". Es kommt zu einer Tattoopräsentation, bei der im Licht der Bar die einzelnen Motive gezeigt und erklärt werden. Fast alle sind tätowiert, Nastja ist Tätowiererin. Neben den Inuitmotiven auf beiden Armen trägt Sergei einen dreiköpfigen Hund und einen asiatischen Drachen auf der Brust, Tuomas ein Croissant. Sarah hält ihrs versteckt. Auf Josh steht „ok". Niels hat einen Hammer wie ich, aber größer.

Ich habe geträumt, dass Nico gemeinsam mit 100 Pflanzen eine Wohnung bezieht und wir besprechen, wo man die alle hinstellen soll.

Beim Frühstück gibt es die bunten Ostereier und die Schokoladeneier von Lindt, die Emma mitgebracht hat. Sarah und Sergei halten einen Vortrag über die Geschichte von Svalbard. Das sind meine Notizen:

- 1596 fährt Willem Barents nach Norden und trifft einen Bären: Bjørnøya, die „Bäreninsel", ist die einzige Insel der Barentssee. Barents zeichnet sie als erster auf eine Karte. Er sichtet Spitzbergen.
- Je nachdem wer die Geschichte schreibt, sind die Wikinger die ersten Siedler auf Spitzbergen.
- Nachdem Barents das Gebiet kratographiert hat, geht 1611

der Walfang von Seiten der Engländer und Niederländer los. Aber nur im Sommer.

- Als die Wale sich von Gebieten rund um das Land fernhalten, entwickelt man eine neue Technik, um sie direkt im Meer zu zerschneiden und ihr Öl zu gewinnen. Daraufhin finden keine Landgänge auf Spitzbergen mehr statt.
- Auf Spitzbergen gibt es Gräber von Walfängern, die an Skorbut gestorben sind. Als Gegenstück gilt der „Salatberg", wo früher ein Vitamin-C-haltiges Kraut wuchs.
- Auch Robben werden gejagt.
- Ab 1850: Weitere Gründe für Nordpolarfahrten sind Wissenschaft und Tourismus. Mineralien und Rohstoffvorkommnisse werden entdeckt, z.B. Marmor, Eisen, Kupfer. Nur Kohle lohnt sich.
- Ein Fremdkörper auf Spitzbergen ist Holz, das es ursprünglich nicht gibt, das aber als Treibholz ankommt.
- Bergbau geht los.
- 1906: Der Amerikaner Mr. Longyear gründet die Siedlung, die heute die Hauptstadt Longyearbyen ist.
- 1920: Im Spitzbergenvertrag wird der Name des Archipelagos zu Svalbard. Norwegen übernimmt die Verwaltungshoheit. Die Hauptinsel bleibt „Spitzbergen", das kommt von „spitzer Berg". Svalbard heißt hingegen „kalte Küste" im nordgermanischen Dialekt, der Name stammt aus einer Wikingererzählung von 1194.
- Svalbard ist offiziell international territory. Immigration ist ohne ein Visum möglich.
- Das Rechtssystem ist norwegisch. Die Steuern bleiben auf der Inselgruppe. Sie sind niedrig, dafür gibt es kein Sozialsystem, keine Altersheime, keine öffentlichen Verkehrsmittel.
- Sysselmester heißt das Amt des Gouverneurs von Svalbard. Er ist ein Repräsentant der norwegischen Regierung, gleichzeitig Polizeichef, Richter und Inhaber anderer offizieller Funktionen. Ende des 20. Jahrhunderts wurde die Selbstverwaltung durch die Bevölkerung gestärkt. Im Oktober 2007 fanden erstmals Wahlen für ein lokales Parlament statt. Fünf Parteien

nahmen daran teil. 1,563 Personen waren wahlberechtigt, die Wahlbeteiligung betrug 40,27%.

- Rund 2,500 Einwohner*innen leben insgesamt in Longyearbyen und Ny Ålesund. Es sollen nicht noch mehr Leute hinziehen. Angestellte in der Infrastruktur Schule, Krankenhaus, Bergwerk bekommen eine Wohnung, nur etwa 20 Prozent der Wohnungen sind privat. Wenn man nicht für ein Unternehmen arbeitet, das Wohnraum zur Verfügung stellt, ist es äußerst schwierig, eine Bleibe zu finden.
- Für die umfangreichen Forschungsprojekte wurde ein 20-Gbit/s-Unterwasserkabel vom norwegischen Festland ausgelegt und es gibt die Satellitenstation SvalSat, somit sind in allen größeren Siedlungen schnelle Internetanschlüsse verfügbar.
- Für Svalbard existiert die eigene länderspezifische Top-Level-Domain .sj. Sie wird derzeit nicht verwendet, ist aber für potenzielle zukünftige Nutzung reserviert.
- Svalbardposten heißt die norwegischsprachige Zeitung, die einmal monatlich auf Papier und täglich im Internet erscheint.
- In Longyearbyen befand sich die einzige Bank des Archipels, die nördlichste Bank der Welt. Am 21. Dezember 2018 erfolgte der erste Bankraub der Arktis durch einen arbeitslosen russischen Staatsbürger. Er erbeutete 9,000 Euro, konnte die Insel aber nicht ungesehen verlassen. Es folgte die Überstellung an ein norwegisches Gericht in Tromsø. Die Bank schloss 2020, auf Svalbard gibt es kein Bargeld mehr.
- Aus der Sowjetunion wurden viele ukrainische Bergarbeiter geschickt, daher waren die russischsprachigen Leute auf Svalbard hauptsächlich Ukrainer. Seit Kriegsbeginn sind die Russen in der Überzahl.
- Es gibt einen Gefängnisraum, der vor allem für übermäßig alkoholisierte Personen genutzt wird.
- Es gibt eine Bar, KB.

Das zweite landing in der Hocharktis findet bei grauen Bedingungen statt. Der Schnee ist ein leeres Blatt. Ich verharre in einer Liegestütze, Frederike nähert sich mir mit der Kamera in Spiralform. Sobald sie vor meinem Kopf angekommen ist, senke ich mich ab und stempele mein Gesicht in die weiße Oberfläche.

Aus dem Boden ragen unzählige sesselgroße Formen aus blauem Eis. Ich messe ein Feld von 2 x 4 Einheiten meiner Körperlänge ab. Ich wische und bürste den Schnee von fünf Artefakten und schieße im Anschluss hunderte Fotos. Ich will die Eisobjekte und ihre Position zueinander – den ganzen abgegrenzten Raum – Dokumentieren und als 3D-Modell mit nach Hause nehmen. Ich mache keine Pause, schwitze. Es hat minus acht Grad.

Beim Abendessen (Thai Curry und eine schleimige Suppe) bin ich äußerst gut gelaunt. Ich rufe „my life got back on track" und auch wenn die anderen nicht wissen, was ich meine, freuen sie sich. Ich trinke ein halbes Bier und viel Tee und fühle mich immer noch etwas krank. In der Hornbækbukta fallen blumige Schneeflocken wie aus dem Bilderbuch. Das habe ich vorher in meinem Leben noch nie gesehen. Erstaunen und Bewunderung. Dann zieht es auf und wir sehen den Gletscher.

ZOOM0027.WAV, Sonntag, 17. April 2022,
8:06:41 PM (17.55 min):

JN. (lacht) Sergei, was ist dein Projekt?

SC. (lacht) Nun ja. Mein Projekt ist es, ein Guide auf dem Schiff zu sein. Es ist eigentlich kein Projekt, sondern mein Job. Ich bin hier, um Künstler*innen und Wissenschaftler*innen bei der Arbeit an ihren Projekten zu helfen.

JN. Wer bezahlt deine Reise? Wie viel bekommst du für deine Reise?

SC. Niemand zahlt für meine Reisekosten. Denn ich arbeite auf dem Schiff. Das ist meine Arbeit.

JN. Eine sehr diplomatische Antwort. Warum bist du hier?

SC. Nun, die Antwort ist: Ich bin hier, weil ich auf dem Schiff arbeite, um Künstler*innen und Wissenschaftler*innen bei ihren Projekten zu unterstützen. (lacht)

JN. (lacht) Was siehst du im Moment?

SC. Was ich sehe?

JN. Ja.

SC. In diesem Moment?

JN. Mhm.

SC. Im Moment sehe ich die Kabine, in der wir normalerweise frühstücken, zu Mittag und zu Abend essen. Ich sehe Judith, die Interviewerin, und einige andere Künstler*innen, die Karte von Svalbard. Einige Wale an der Wand.

JN. Was weißt du über diesen Ort?

SC. Über welchen Ort?

JN. Wo du dich im Moment befindest. Du kannst selbst interpretieren: Ist es Svalbard, Ny Ålesund, der Speisesaal, das Schiff?

SC. Ok.

JN. Oder die Situation, in der man sich in einem Interview befindet.

SC. Ich weiß über alles ein bisschen Bescheid. Judith hat mir netterweise ein wenig über das Interviewprojekt erzählt. Ich weiß nicht so viel über das Schiff. Ich weiß ein paar Informationen über den Kongsfjord, wo wir jetzt sind, wo die Siedlung Ny Ålesund liegt. Das ist die ehemalige Bergbausiedlung, die dann in eine wissenschaftliche Siedlung von verschiedenen Ländern umgewandelt wurde und die das Hauptquartier der wissenschaftlichen Erforschung des nördlichen Teils von Svalbard darstellt. Und natürlich kenne ich Svalbard selbst. Ich lebe hier schon seit einigen Jahren. Also --- Ich habe auch Führungen in verschiedenen Siedlungen auf Svalbard gemacht und im Svalbard Museum. Ich weiß also ziemlich viel über die Geschichte dieses Ortes.

JN. Erinnerst du dich an einige --- Gibt es ein paar lustige Fakten über Svalbard?

SC. Lustige Fakten. Verwirrende Frage, Interviewerin Judith. Lustige Fakten.

JN. Gibt es zum Beispiel eine Wahl zur Miss Svalbard?

SC. Ich habe einen lustigen Fakt. Also, die Hauptinsel Spitzbergen wurde vom nördlichen Teil der Inselgruppe aus entdeckt, nicht vom südlichen. Und der historische Witz ist, dass, wenn sie vom südlichen Teil aus entdeckt worden wäre, sie einen anderen Namen hätte. Denn Spitzbergen bezieht sich auf ein spitzes, scharfkantiges Gebirge, das sich hauptsächlich im Norden befindet, während der Süden eher flach ist. Das ist also der Witz.

JN. Wie würde es dann heißen?

SC. Wie flache Berge. Ich weiß nicht, wie das auf Niederländisch heißt, aber nicht Spitzbergen.

JN. Flachbergen.

SC. Flachbergen. (lacht)

JN. Wie siehst du dich in dieser Landschaft?

SC. Fantastisch. Fantastisch. Ich war vierzehn oder vielleicht fünfzehn, als ich merkte, dass ich das heiße Klima, die warmen Temperaturen nicht mag. Ich fühle mich bei kalten Temperaturen und in den Bergen wohler. Ich meine, es geht nicht nur um die Temperaturen, sondern auch um das Gesamtbild des Ortes. Die Umgebung, die natürliche Umgebung und auch die Menschen. Ich fühle mich im Norden einfach viel wohler. Ich fühle mich fantastisch, wirklich. Das ist kein Scherz. Ich fühle mich in gewisser Weise wie zu Hause. Irgendwo --- Irgendwo, wo ich hingehöre.

JN. Du bleibst also hier?

SC. Ja, auf jeden Fall. Auf jeden Fall.

JN. Was ist deine Lieblingslandschaft?

SC. Ich würde sagen, es ist eine Mischung. Ich mag es, wenn man gleichzeitig Berge und das Meer hat, den Ozean. Wenn ich mir eines aussuchen müsste, würde ich mich für das Meer entscheiden.

JN. Was ist Natur?

SC. Ich denke, alles ist Natur. Was man in der Natur selbst sieht, in der Umgebung und auch in den Menschen. Vor allem, wenn sie nicht in Eile sind, in einer großen Stadt, und immer versuchen mit verschiedenen Dingen im Takt zu sein, bei der Arbeit und dann woanders, dann wieder bei der Arbeit, woanders. Kindergärten, Schulen, Universitäten. Wenn man also näher an der Natur ist, ist man selbst natürlicher.

JN. Meinst du?

SC. Auf jeden Fall.

JN. Die Menschen in einer Stadt sind also keine Natur?

SC. Sie sind natürlich immer noch Natur, aber sie --- Sie haben viel mehr Schichten. Unnatürliche Schichten.

JN. Aber dann ist nicht alles Natur. Wenn es unnatürliche Schichten gibt.

SC. Natürlich unnatürlich. Ich meine, sagen wir mal --- Sagen wir mal, der größte Teil der Natur ist dort, wo man nicht so viel Umwelt hat --- Die Industrie

JN. Die Industrie ist das Gegenteil?

SC. Ja. Technologien. Wenn es einfach wird, ist es Natur. Wenn es kompliziert wird --- Ich meine, industrielle Dinge sind sehr schön, aber sie sind nicht sehr natürlich. Das ist ein bisschen anders.

JN. Aber auch das Netz einer Spinne ist nicht sehr einfach.

SC. Ein Spinnennetz.

JN. Ja, es ist kompliziert, oder?

SC. Das würde ich so nicht sagen.

JN. Es ist interessant, nicht wahr? Sich das zu fragen.

SC. Ich habe gestern eine Frage über eine Mikrowelle gehört. Sie wurde als eines der ungelösten Rätsel des gesamten Universums bezeichnet.

JN. Wie lautet die Frage?

SC. Es war Judith, die Interviewerin, die die Frage gestellt hat. Ich denke also, es ist besser, sie zu fragen.

JN. Es ist ein Zitat von Homer Simpson, das ich durch meinen Freund Paul kenne: „Könnte Jesus einen Burrito in der Mikrowelle so heiß machen, dass er ihn selbst nicht mehr zu essen vermag?“ (lacht) Was bedeutet Kälte? Was bedeutet Wärme?

SC. Kälte und Wärme?

JN. Ja, und wer ist die heißeste Person an Bord? (lacht)

SC. Ich. Oder?

JN. (lacht) Was bedeutet also Kälte und was bedeutet Wärme?

SC. Es geht nicht um Personen, denke ich. Es hängt sehr von den Menschen ab, denn wir sind alle sehr unterschiedlich, und einige von uns sind mehr --- sagen wir mal körperlich, manche sind eher emotional. Ich sage also einfach, was es für mich bedeutet. Für mich bedeutet Kälte, lange Zeit draußen zu sein. Zum Beispiel acht, neun Stunden mit dem Motorschlitten auf dem Gletscher zu fahren, bei starkem Wind und wirklich niedrigen Temperaturen, und dann nach Hause zu kommen und zu sehen, dass niemand auf einen gewartet hat.

JN. Aha.

SC. Das ist kalt. Es geht nicht um kalt und warm. Es geht, glaube ich, um Einsamkeit. Ich habe vor einiger Zeit darüber nachgedacht, und ich denke, einsam zu sein ist, wenn man zum Beispiel Angst vor dem Fliegen im Flugzeug hat. Und dann landet man und es gibt niemanden, dem man sagen könnte, dass man gelandet ist.

JN. Das ist einsam.

SC. Das ist Einsamkeit.

JN. Ja. Ich weiß.

SC. Also Kälte ist ähnlich. Es ist, als wäre man --- Es geht nicht darum, ein Held zu sein oder so, es geht nur darum, dass man einen sehr harten Tag im Feld verbracht hat, dass man ganz rot im Gesicht ist, weil starker Wind wehte und es Eis regnete, und dann nach Hause kommt. Und das war's. Und sich selbst einen Tee macht, ganz allein. Und warm ist das Gegenteil. Wenn du weißt, dass da jemand ist, der auf dich wartet. Nicht --- Nicht --- Ich spreche nicht von dem Büro, in dem der eigene Tracker kontrolliert und gewartet wird. Ich spreche natürlich von Persönlichem.

JN. Ich könnte meiner Mutter eine SMS schicken, dass ich zurück bin, aber das ist nicht dasselbe. Aber es ist immerhin etwas.

SC. Auch wenn --- Nein. Das funktioniert bei mir nicht. Warm war auch, als wir von Nordnorwegen auf dem Seeweg nach Svalbard kamen. Als wir das erste Mal das Land sahen, war das --- Das war schön. Als ich dann den Fjord sah, in dem ich lebe, war es warm. Das war, als wäre ich wieder zu Hause. Nicht nur mit dem Flugzeug, anderthalb Stunden von Tromsø entfernt, und man ist da. Auf dem Meer braucht man Zeit, man denkt an zuhause. Man stellt sich vor, wie es dort ist, wie das Wetter ist. Denn auf Svalbard verlässt man sich sehr auf das Wetter, und das ist es, woran man ständig denkt. Du denkst also nach, stellst dir etwas vor und dann siehst du es und --- Das ist warm.

JN. Wie rein ist dein Gewissen?

SC. Ich habe das Gefühl, dass es eigentlich ziemlich rein ist. Ich würde nicht sagen hundertprozentig oder neunzigprozentig. Aber ziemlich rein und --- Das habe ich Svalbard zu verdanken, der natürlichen Umgebung und den Meditationen.

JN. Was ist die soziale Rolle der Kunst, besonders in Zeiten der Klimawandels?

SC. Ich denke, die soziale Rolle der Kunst besteht darin, Menschen zu vereinen. Das ist fantastisch, wie Kunst manchmal die Menschen verbindet. --- Man braucht die Sprache nicht zu kennen. Man muss nicht, ich weiß nicht, gebildet sein. Ich meine, man muss es natürlich sein, aber manchmal funktioniert Kunst auf einer sehr einfachen Ebene. Sie ist sehr einfach. Wenn es so ist --- Nochmal. Es ist fast dasselbe wie in der Natur: Wenn es einfach ist und man es einfach versteht, funktioniert es. Und die Funktion besteht darin, es zum Funktionieren zu bringen, die Menschen dazu zu bringen, auf einer grundlegenden

Ebene zu denken, ohne dass sie eine höhere Bildung oder Abschlüsse oder Sprachen oder irgendetwas Besonderes haben müssen, um es zu verstehen.

JN. Wo würde man diese grundlegende Ebene im Körper lokalisieren? Im Bauch oder im Herzen?

SC. Irgendwo in der Nähe des Herzens, würde ich sagen, ja. Es ist unterschiedlich. Wie gesagt, wir sind meistens entweder emotional oder körperlich. Bei den Emotionalen würde ich sagen, es ist in der Nähe des Herzens, bei den Körperlichen in der Nähe des Kopfes, irgendwo im Kopf.

JN. Hast du Angst vor dem Klimawandel, wo siehst du Gefahr?

SC. Als Guide auf dem Schiff sehe ich überall Gefahren. Die Dinge verändern sich sehr. Und der ganze Planet verändert sich. Es geht nicht nur um das Klima. Es geht um unsere Lebensweise, um Gesellschaften, um Politik, um eine ganze Menge Dinge. Ich weiß es also nicht. Ich bin einfach sehr gespannt darauf, was am Ende rauskommen wird. Das zwanzigste Jahrhundert war ein ziemlicher Sprung, und jetzt ist es vom Umfang her noch größer.

JN. Und hast du Angst?

SC. Nein.

JN. Warum nicht?

SC. Warum ja.

JN. (lacht) Wie fühlst du dich?

SC. Gut.

JN. (lacht)

SC. Müde. --- Müde. Ich fühle mich, als hätte ich in der Sonne gestanden und mich um die Menschen in der Umgebung gekümmert. Um sicher zu gehen, dass keine Eisbären in der Gegend sind. Und es ist schon komisch, dass die meisten Leute denken, dass die Sonne einem Leben und Energie schenkt. Aber in Wirklichkeit saugt sie einen aus. Sie saugt Energie buchstäblich aus dir heraus und du bist --- Wenn man lange in der Sonne ist, fühlt man sich sehr ausgelaugt. Man muss sich ausruhen. So gesehen sind Mond und Nacht und Abende viel einfacher für den Körper und die Psychologie.

JN. Ah?

SC. Die Physiologie, meine ich. Aber auch die Psychologie, auch die Psyche.

JN. Was hast du geträumt?

SC. Wann?

JN. Letzte Nacht oder auf dem Boot im Allgemeinen.

SC. Ich hatte auf dem Schiff tatsächlich eine ganze Menge Träume. Ich glaube, ich habe sie jeden Tag. Aber der klarste Traum war der, dass --- Es war Kelsey, eine unserer Gäste, die kam und sagte: „Sergei, ich brauche noch etwas Klebeband“. Das geschah am zweiten Tag der Reise. Sie brauchte etwas Klebeband, um Schnüre im Zimmer zu befestigen und einige Bilder zum Trocknen aufzuhängen. Im Traum bat sie also um mehr Klebeband, und ich hatte Angst, weil ich mich daran erinnerte, dass ich jemandem Klebeband gegeben hatte, und ich nicht mehr wusste wem. (lacht) Ich konnte also nicht helfen, und das war schlimm.

JN. Hast du auch außerhalb deines Jobs dieses Helfer

SC. Ja.

JN. Weißt du, es gibt Leute, die brauchen es, dass --- Ist es das Schönste auf der Welt, wenn du dich gebraucht fühlst?

SC. Mhm.

JN. Ja.

SC. Es stimmt, was du gesagt hast, nicht nur helfen, sondern gebraucht werden. Das ist mein Kern. Mir fehlt es, wenn ich nicht gebraucht werde. Und zwar sehr. Und ich glaube, deshalb nehme ich diese Rolle gerne an. Weil ich mich gebraucht fühle. Und das hat für mich ziemlich viel Sinn.

JN. Was geschah am Tag deiner Geburt?

SC. Es gab einen Schneesturm. Es war der Abend des Schneesturms, und deshalb habe ich einen Namen für mich gewählt aus den nördlichen Kulturen Russlands, aus der Nenets-Kultur, und das ist Hadko. Derjenige, der während des Schneesturms geboren wurde.

JN. Sehr schön! Die bisher beste Geschichte zu dieser Frage.

SC. Dankeschön, dankeschön.

JN. Danke für das Interview, danke.

Es ist Ostermontag und ich hatte keine Träume.

Ich habe wieder eine Idee, wieder filmt Nico. Mein Gesicht wird unter einem Haufen Schnee begraben und das close-up zeigt, wie die Wärme der Haut den Schnee zum Schmelzen bringt. Wasser sammelt sich in meinen Augenhöhlen und weil ich froh bin, dass es keine Tränen sind, muss ich fast weinen. Diese 15 Minuten wirken sehr heilsam.

Das Wetter ist bestimmendes Thema der Expeditionsleitung. Das Klima um Spitzbergen ist arktisch. Es ist das ganze Jahr kühl bei zwar regelmäßigen, aber geringen Niederschlägen. Die Küstenregionen sind im Sommer nur für etwa sechs Wochen schneefrei, die Fjorde frieren im Winter zeitweise zu. Die Winter sind trotz der nördlichen Lage sehr mild, da der Westspitzbergenstrom, ein Ausläufer des Golfstromes, entlang der Westküste relativ warmes Wasser ins Nordpolarmeer transportiert. Er ist der Hauptgrund dafür, dass die Inselgruppe überhaupt bewohnbar ist. Die Jahresdurchschnittstemperatur liegt bei −6,7°C. Durch die Erderwärmung haben sich auf Spitzbergen spürbare klimatische Veränderungen ergeben. Zwischen 1970 und 2020 ist die Durchschnittstemperatur auf Spitzbergen um 4 Grad Celsius gestiegen, in den Wintermonaten um 7 Grad. Am 25. Juli 2020 wurde mit 21,7 Grad Celsius für das Spitzbergenarchipel eine neue Rekordtemperatur gemessen, welche zugleich die höchste je im europäischen Teil der Arktis gemessene Temperatur darstellt; zudem wurden im Juli 2020 vier Tage in Folge Temperaturen über 20 Grad gemessen. Wie in weiten Teilen der Arktis lässt sich auch auf Spitzbergen die gefürchtete Eis-Albedo-Rückkopplung feststellen: Durch die Eisschmelze wandeln sich Eisflächen in offenes Wasser, dessen dunkle Oberfläche mehr Sonnenenergie absorbiert statt sie als zuvor helle Oberfläche zurückzustrahlen; dadurch erwärmen sich diese Gewässer und Eis in der Umgebung schmilzt immer schneller, wodurch weitere offene

Gewässer entstehen usw. Bis zum Ende des Jahrhunderts wird auf Spitzbergen ein Temperaturanstieg zwischen 7 und 10 Grad erwartet.

Mittlerweile ist Nastja positiv. Meine Nase läuft heute nicht mehr. Frederike hustet, wir beschließen aber, uns nicht testen zu lassen.

Sandra und Tuomas stehen auf einem Hügel der Blomstrandhalvøya, von dem aus man die Siedlung Ny Ålesund sehen kann. Es sind wenige Container und Häuser, eines davon muss die deutsche Forschungsstation des Alfred-Wegener-Instituts sein. Da einige Covid haben, dürfen wir uns dem Dorf nicht nähern.

ZOOM0028.WAV, Montag, 18. April 2022,
11:21:33 AM (28.50 min):

JN. Ich bin hier mit Molly und ihrer Wärmflasche, und es beginnt wie immer mit Frage eins: Was ist dein Projekt?

MB. Oh! Mein Projekt ist es zu beobachten und Ideen zu finden, wie mein Projekt aussehen könnte. Es ist eine Erweiterung der Forschung, die ich seit ein paar Jahren über das arktische Meereis und die Idee von Grenzen durchführe, darüber, wie wir die Arktis als leer ansehen und Unternehmen und Regierungen dies als Rechtfertigung für Ausbeutung und Zerstörung nutzen. Tatsächlich ist die Arktis, arktisches Meereis etwa, aber sehr komplex und es gibt viele verschiedene Arten, es zu kennen, viele verschiedene Geschichten und verschiedene Perspektiven darauf. Das war meine ursprüngliche Recherche für die Diplomarbeit. Jetzt schaue ich mir das Meereis nur noch an. (lacht) Stehe ein bisschen darauf herum.

JN. Was waren noch einmal die drei Kategorien in deinem Vortrag?

MB. Ach ja. Also, in meiner Diplomarbeit habe ich mir erstens die Materie angesehen. Eis als Eis, als Materie. Zweitens Technologie, also wie wir uns Technologie in Bezug auf Eis vorstellen. Und dann die Infrastruktur. --- Oh, warte, nein, Infrastruktur ist sozusagen das, was ich mit Technologie meine. Also wie wir uns den Bau von Infrastruktur vorstellen oder Dinge wie Ölplattformen und Eisbrecher patentieren, im Gegensatz zum Eis. Der dritte Punkt war das Territorium. Entschuldige bitte, ich bin heute im Eismeer geschwommen. (lacht) --- Territorium bedeutet, dass wir über die territorialen Ausmaße des Eises nachdenken, wie die Arktis in einem territorialen Maßstab gezeichnet wird. Wir haben gerade vorhin darüber gesprochen, dass das Meereis nicht jedes Jahr ganz wegschmilzt, zum Glück noch nicht. Aber es wird oft nur als weißer, offener Raum gesehen. Ich habe also versucht, darüber nachzudenken und das Gebiet auf eine komplexere und vielschichtigere Art zu zeichnen, die die verschiedenen Geschichten und unterschiedlichen Arten, es zu kennen, berücksichtigt. Auf eine kritische Weise. Denn ich habe das Gefühl, dass es recht problematisch ist, wie --- wie wir es denken.

JN. Weil das Gebiet nicht als eine Art von Selbstzweck beziehungsweise zwecklos angesehen wird?

MB. Weil wir es uns als etwas Anderes entgegensetzen. Wir sehen es als etwas Anderes an und benutzen das als Rechtfertigung. Oder wir denken nicht so viel darüber nach, wenn wir es betreten. Und wir sehen es auch als leer an. Es gibt hat eine lange Tradition, sich die Arktis, die eine Wüste ist, aber auch Wüsten generell als leer und unfruchtbar vorzustellen, obwohl sie das in Wirklichkeit gar nicht sind. Wie eine Art Ödland oder so. Hat das deine Frage beantwortet?

JN. Vielleicht stelle ich die letzte Nebenfrage und dann machen wir weiter und kommen eventuell später auf diesen Punkt zurück. Du meinst, das vorherrschende Bild der Arktis ist ein Problem wegen der indigenen Bevölkerung? Oder wegen des Klimas?

MB. Aus all diesen Gründen, aber ich denke, für mich und vielleicht auch für die indigene Bevölkerung ist es unglaublich problematisch, sich die Arktis als leer und --- als leer vorzustellen und als, ja, kolonisierbar oder, du weißt schon, als ein Territorium, aus dem man etwas herausholen kann. Es gibt so viele Geschichten davon, und Menschen haben Geschichten darüber geschrieben. In meinem Projekt bin ich ein wenig darauf eingegangen, aber ich habe mich mehr darauf konzentriert, es in Beziehung zum Klimawandel zu setzen. Eines der wichtigsten Dinge, die in diesem Zusammenhang eine Rolle spielen --- Das wichtigste Dokument, das mich auf diese Thematik aufmerksam gemacht hat, ist ein chinesischer Bericht aus dem Jahr 2018. Darin wird das, was ich am problematischsten finde, sehr nüchtern oder krass dargelegt: Einerseits wird der Klimawandel in der Arktis und auf der ganzen Welt stattfinden und ein Problem darstellen. Aber auf der anderen Seite müssen wir uns auf die kommerziellen und kapitalistischen Möglichkeiten konzentrieren, die der Klimawandel bietet. Also wird im Bericht eine Linie direkt über das Dach der Welt gezogen, durch das, was vom arktischen Eisschild übriggeblieben ist. Er projiziert diese Zukunft. Und so denke ich --- Ich denke, sich die Arktis als leeres Gebiet vorzustellen oder als ein weiteres Gebiet, das kolonisiert und ausgebeutet werden kann, ist wirklich kontraproduktiv für den Klimawandel. Ja, ich verstehe Klimawandelpolitik als die Tendenz der Menschen, sich Orte als Grenzen vorzustellen und sie dann zu erobern, wie wir das immer und immer wieder tun. Man kann das sogar beim Mond und beim Mars beobachten. Wir stellen uns Landschaften immer wieder neu vor, und das entschuldigt immer wieder Wellen der Verwüstung oder des Überfischens oder ähnliches. Ich denke, mein Beitrag ist eher --- es kritisch zu betrachten und darüber nachzudenken, wie wir Orte anders zeichnen könnten. Es geht nicht darum, wie wir den Klimawandel aufhalten können. Aber ich denke, wenn man Landschaften und die Welt anders entwirft und sich vorstellt, hat man die Möglichkeit, anders darüber zu reflektieren, und dann kann man auch anders handeln.

JN. Andernfalls kann ein Systemwandel nicht eintreten, richtig?

MB. Ganz genau.

JN. Wie wird deine Reise bezahlt?

MB. Ich habe dafür bezahlt. Ich habe einen gut bezahlten Hauptberuf, mit dem ich meine Kunst finanzieren kann. Und dann habe ich Geld von Freunden und Familie bekommen. --- Sie haben im Grunde meine Ausrüstung und mein Outfit bezahlt und auch einige Upgrades für meine Farbsammlung. Ich würde also sagen, dass ich vielleicht 2,200 Dollar an Spenden gesammelt habe, und die Residenzgebühr habe ich aus meinen eigenen Mitteln bezahlt.

JN. Cool.

MB. Ja.

JN. Die nächste Frage wäre, wir haben schon ein bisschen darüber gesprochen: Warum bist du hier?

MB. Ah! --- Speziell in Bezug auf meine Forschung wollte ich eine Gelegenheit haben, sie auf den Boden der Tatsachen zu stellen. Ich meine, das Problematische an meinen Recherchen im Allgemeinen war, dass ich sie geschrieben habe, ohne den Ort zu kennen, nicht wahr. Ich stellte mir den Ort einfach aus der Ferne neu vor, und deshalb wollte ein Teil von mir --- Ich wollte eine Möglichkeit haben, die Wahrheit zu ergründen und zu überlegen, ob meine Gedanken relevant sind. Sind meine Zeichnungen relevant vor der Erfahrung der tatsächlichen Landschaft?

JN. Deine Diplomarbeit scheint sehr theoretisch zu sein beziehungsweise auf Kulturwissenschaften zu basieren. Aber du sagtest, es heißt Materialstudien. Oder wie nennst du es?

MB. Material studies.

JN. Material studies mit einem besonderen Fokus auf die Landschaft.

MB. Genau, es ist eine landschaftsarchitektonische Arbeit, die viele verschiedene Disziplinen zusammenbringt. Und auch ein bisschen die Kunst betrifft. Zum Beispiel Arten des Sehens.

JN. Was siehst du im Moment?

MB. Ist das die Interviewfrage?

JN. Das ist eine Interviewfrage, ja. Normalerweise habe ich versucht mit den Interviewpartner*innen, nach draußen zu gehen und mich an verschiedene Stellen zu setzen. Aber mittlerweile ist es zu kalt geworden.

MB. Ja.

JN. Du kannst auch über das reden, was wir vorhin gesehen haben.

MB. Ja. Auf dem Boot habe ich vor kurzem eine Menge --- Wir haben viel Gletschereis und auch Meereis gesehen. Am spannendsten sind für mich gerade die Momente, in denen ich das Meereis besser verstehen kann. Der Eisberg, der am interessantesten war --- Es gab viele interessante Eisberge, aber bei einem war klar, dass er umgekippt ist, nachdem Eis geschmolzen war, denn man konnte sehen, wo Meereis am Eisberg klebte. Der Eisberg war also umgekippt und hatte diese Art von Ebene, die etwa einen Meter herausragt und sich um ihn herumwindet. Ein bisschen wie der Ring des Saturns. Ich lerne die Eisformen und Eisbewegungen zu sehen. Ja, ich denke, es lohnt sich diese Maßstabsverschiebungen wahrzunehmen. Das Eis selbst von ganz nahe ansehen, aber sich auch daran erinnern hochzublicken auf Berge und Gletscher und diese großen Weiten. Denn wir befinden uns in einer so gewaltigen Landschaft, und ich klebe an der Wasseroberfläche. (lacht) Am Meereis.

JN. Ja.

MB. Ja, genau. Und beim Betrachten des Meeres habe ich viele blaue, graue und weiße Farbtöne gesehen, so viele davon, das war etwas Besonderes. Scheint mir. Nicht monochrom, aber fast. Eine so begrenzte Farbpalette innerhalb einer Landschaft.

JN. Vorhin war ein bisschen Braun in dem einen Eisberg.

MB. Ja. Braun.

JN. Was weißt du über diesen Ort?

MB. Über Svalbard weiß ich nicht so viel. Gestern haben sie uns eine Geschichtsstunde gegeben, das ist so ziemlich alles, was ich über Svalbard selbst weiß. Aber indem ich hier bin und beobachte, weiß ich, dass sich das Wasser ständig verändert. Man kann nicht eine Minute lang wegschauen, ohne dass sich der Charakter, die Farbe und die Beschaffenheit des Wassers verändert haben. Und dass es den ganzen Tag so hell ist, dass ich mein Bullauge schließen muss, um zu schlafen. Aber trotzdem gibt es viele verschiedene Qualitäten von Licht. Ich habe das Gefühl, es ist fast eine Übung. Hier zu sein ist fast eine Übung darin, auf wie viele Arten man eine Sache tun kann. Auf wie viele Arten kann der Himmel ganz weiß sein? Auf wie viele Arten kann --- Ich fange an, das zu lernen. Vielleicht auch, um Sarah zu zitieren: das Wetter, das Wetter, das Wetter. (lacht) Sarah sagte: „Wir hoffen, dass es besser wird". Dass es sich ändert, sich schnell ändern kann. Und ich weiß auch, dass es wichtig ist, viel nach draußen zu gehen, weil es sich ändert.

JN. Wie siehst du dich in dieser Landschaft?

MB. Mh. Das ist eine gute Frage. Einerseits bin ich überrascht, dass es immer noch dieselben alltäglichen Gedanken über mich selbst und das Leben gibt. Es ist immer noch mein Gehirn. Es funktioniert immer noch so, wie mein Gehirn funktioniert. Aber es gibt, teils wegen des Erhabenen und wegen der Größe der Landschaft, auch diese Momente, in denen man aus sich herausgeht und sich seiner selbst nicht bewusst ist, das Selbstbewusstsein ablegt oder so. Ich hatte nicht wirklich das Gefühl, wovon alle reden: „Oh, ich bin so klein". Ich fühle mich nicht so. Aber vielleicht fühle ich mich manchmal --- irrelevant? Auf eine gute Art und Weise! (lacht)

JN. Ja, das Gefühl kenne ich! Vielleicht meinen die Leute das mit „Ich bin so klein“.

MB. (lacht) Guter Punkt.

JN. Was ist deine Lieblingslandschaft?

MB. Im Leben?

JN. Ja.

MB. Ich glaube, ich kann nicht wählen. Ich liebe Hochgebirgsseen. Ich komme aus der Gegend um die San Francisco Bay, und die hat etwas, was mich tief berührt. ---
Es fühlt sich wie zu Hause an. Aber ich kann mich nicht entscheiden. Es gibt so viele tolle Landschaften.

JN. Was hat dich dazu gebracht, Landschaftsarchitektur zu studieren?

MB. Ich war davor Bildhauerin gewesen und nach New York gezogen. Irgendwann hatte ich keinen Platz mehr. Oder was auch immer, das ist nur eine Ausrede. Aber ich fing an, kleiner und kleiner und flacher und flacher zu arbeiten. Und dann habe ich nur noch zweidimensional gearbeitet und viel geschrieben für Geld. Und ich vermisste einfach das räumliche Denken und wollte --- Ich wollte eine Karriere. Eine typischere Karriere, als ich anfangs gedacht hatte. Landschaft ist wirklich schön, weil sie sich mit der Zeit entfaltet. Und weil es dort nicht so spezifisch ist. Wenn man ein Gebäude entwirft, heißt es 1,64 oder was auch immer Zentimeter höher, und bei der Landschaftsgestaltung heißt es: „Oh, es ist einen Meter daneben, das ist okay“. Ich schätze das Chaotische daran.

JN. Cool.

MB. Und auch mein Interesse an Grenzregionen ist schon lange vorhanden. Landschaftsarchitektur passt also sowohl im praktischen Sinne als auch im Sinne einer intellektuellen Auseinandersetzung.

JN. Ich musste daher einfach mit dir reden. Es ist sehr interessant, mit einer Landschaftsarchitektin zu sprechen: Was ist Natur?

MB. Oh mein Gott. (lacht) Ich meine, vielleicht vorneweg, wir sind es auch. Wir sind ein Teil davon und nicht getrennt. Wenn man sich Natur als getrennt vorstellt, ist es ähnlich, wie wenn man sich Orte als Grenzgebiete vorstellt, wenn auch eine Ebene darunter. Weißt du, diese Vorstellung von Getrenntsein ist ein Problem. Was ist Natur? Es ist sozusagen alles, was uns umgibt. Es ist ein überholtes Konzept. Oder ein Konzept, das sehr stark und sehr schnell ausgeweitet werden muss. (lacht) Ist so etwas wie ein Laptop Natur? Ich weiß es nicht. Wir produzieren ihn. Es ist also etwas, das wir machen. Vielleicht ja.

JN. Was bedeutet Kälte? Was bedeutet Wärme?

MB. Für mich ist Wärme wie --- Vielleicht gebe ich dir eine wörtliche Antwort. Wärme ist eine heißere Temperatur, Kälte ist eine niedrigere Temperatur. --- Heute habe ich beim Eisbaden fast meine Daumen verloren. Mir wurde zu kalt. Kälte ist also gefährlicher, als ich es mir vorstelle.

JN. Okay. Wie rein ist dein Gewissen?

MB. (lacht)

JN. Auch weil Reinheit ein Begriff ist, der oft mit dieser Landschaft in Verbindung gebracht wird.

MB. Mhm. Ich denke, dass die Idee der Reinheit von Landschaft auch sehr problematisch ist und auch --- Diese Landschaft ist ziemlich stark abgebaut worden, also ist sie zumindest überall berührt worden. Aber --- Was bedeutet es, ein Mensch zu sein? Denn als Mensch hat mein Verstand einige --- Mein Gewissen oder mein Verstand hat einige sehr --- Ich mag das Wort rein nicht, aber mein Vertsand hat unreine oder sehr verworrene oder ungeschickte Denkweisen, die für mich und vielleicht auch für andere Menschen ziemlich schädlich sind, ja? --- Und es gibt diese Idee, dass es darunter eine reine --- Es gibt die Idee, dass ich an das herankommen kann, was darunter liegt. Wenn man ein Leben lang praktiziert, kann man dem ein wenig näher kommen. --- Heißt das also, dass mein Geist nicht rein ist, oder heißt das, dass ich ein Mensch bin und mein Geist deshalb rein ist? Es ist einfach ein wenig bedauerlich. (lacht)

JN. Ja. Man könnte die Frage auch anders verstehen.

MB. Ja?

JN. Vom katholischen Standpunkt aus könnte man so etwas wie das Gefühl der Schuld

MB. Ob ich gebeichtet habe?

JN. Ganz genau. Apropos Ostermontag. --- Wir haben das bereits angesprochen: Was ist die soziale Rolle deiner

Kunst, insbesondere in Zeiten des Klimawandels? Aber auch allgemein.

MB. Ich bin mir nicht sicher, wie ich das beantworten soll. Ich denke, sie bietet einen kritischen Blick. Vielleicht nicht ganz offensichtlich, aber einen kritischen Blick auf die Weise, wie wir heute zu leben pflegen. --- In Anbetracht des Klimawandels strebt sie danach, die Denkweise zu verändern --- die Weise, wie wir über die Welt denken, damit wir einen gesellschaftlichen Wandel herbeiführen können --- den größeren Wandel, den wir brauchen, um ein gutes Leben zu haben anstatt eines Massensterbens. --- Möglicherweise geht es auch darum, darüber nachzudenken, was etwa Natur ist, und zu verkomplizieren, wie wir die Welt verstehen. Um uns weg zu bewegen von --- Viele Weiße Männer haben viele Linien gezogen, die unsere Vorstellungskraft oder unsere Sichtweisen irgendwie einschränken. Ich versuche also, von der Unmittelbarkeit oder der Wahrhaftigkeit wegzukommen --- davon wegzukommen, eine einzige schwarze Linie für die Wahrheit zu halten. --- Zu verstehen, dass es mehrere Wahrheiten gibt und auch --- ja, sie ein bisschen auszubreiten.

JN. Ein bisschen sprengen. (lacht)

MB. Viel. (lacht)

JN. Hast du Angst vor dem Klimawandel? Wo siehst du Gefahr?

MB. Ich habe keine „Angst“ vor dem Klimawandel. Ich glaube, eher fürchte ich mich vor ihm. Ich lebe in Kalifornien, und jeden Oktober, oder mittlerweile jedes Jahr von August bis November, ist es so --- Es gibt Wochen, in denen man am Rauch der Waldbrände erstickt. Es ist also in gewisser Weise sehr unmittelbar für mich. In einer Weise, die ich nicht unbedingt erwartet hatte. Ich glaube, jeder denkt: „Oh, das passiert an anderen Orten“. Oder anderen Leuten. Es ist interessant, dass die Leute denken, dass es die Atmosphäre anderer Leute betrifft, dass es sich nicht um unsere handelt. Es passiert in Kalifornien und in Australien und die Leute denken, dass es anders ist als bei ihnen. Es passiert uns allen zur gleichen Zeit. Ich weiß nicht, wo die Gefahr liegt. Ein Teil der Gefahr liegt in den Kohlenstoffpartikeln pro Million in der Luft. Ich habe Angst vor der Politik, die dahintersteckt. Klimaflüchtlinge, weißt du. In den Vereinigten Staaten gibt es bereits die ersten Klimaflüchtlinge, die innerhalb der Vereinigten Staaten umgesiedelt wurden. --- Ich habe Angst davor, wie die Leute --- andere Menschen willkommen heißen werden. Und ich habe Angst vor dem Gedanken, eine eigene Familie zu haben. Es macht mir Angst, dass meine Kinder oder die Kinder meiner Freunde oder --- wenn ich herauszoome, dass einfach alle, alle Kinder --- Ich glaube, die Gefahr liegt in der Größe und Machart der Maschine, dass sie sich immer noch vorwärts bewegt. Und im Gefühl, dass wir nichts dagegen tun können. Und in gewisser Weise ist es eine Tatsache, dass Veränderung auf Regierungs- und Unternehmensebene geschehen muss, und ich habe nicht viel Vertrauen in diese Ebene. Darin sehe ich eigentlich die Gefahr. Und dann die Partikel pro Million.

JN. Wie fühlst du dich im Moment?

MB. Ich fühle mich warm, weil ich eine Wärmflasche habe. Und ich genieße unser Gespräch.

JN. Was hast du geträumt?

MB. Ich wünschte, ich könnte es dir sagen. Ich hatte einige Albträume, aber ich kann mich nicht daran erinnern. Ich habe auf dieser Reise viel geträumt, aber ich kann mich nicht erinnern.

JN. Die letzte Frage des Interviews: Was geschah am Tag deiner Geburt?

MB. Es war eine lange Geburt. (lacht)

JN. Wir haben einen Rekord, bis jetzt. Katy.

MB zu KS. Wie lange dauerte deine Geburt?

KS. 52 Stunden.

MB. 52 Stunden. Wow. Meine dauerte nicht so lange, vielleicht 30. (lacht)

JN. (lacht) Danke Molly!

MB. Ich danke dir.

Es gibt eine phänomenale Paprikasuppe und Wraps und ich gönne mir eine Banane mit Nutella als Nachspeise. Erin zeigt mir, wie man eine Grapefruit seziert.

Am Nachmittag fahren wir weiter in den Kongsfjorden bis zum Kronebreen-Gletscher, die Erhebungen zu beiden Seiten sind relativ nah und hoch. Das Wetter ist immer noch gut und am Schiff ziehen Brocken in unterschiedlichem Gewand an uns vorbei (Sybren treffenderweise: „die Modenschau der Eisberge").

Ich melde mich für das silent Zodiac an. Niemand redet oder drückt auf den Auslöser, nur Josh nimmt Audio auf. Er hängt sein Hydrophon ins Wasser. Sarah fährt uns eine Stunde lang rum, manchmal bockt sie das Schlauchboot auf eine Eisscholle und macht den Motor aus.

Ich habe die Kamera gar nicht mitgenommen und muss die spektakulären Formationen im Gedächtnis behalten. Sie sind nicht nur blau, sondern haben rote, braune und schwarze Erd- und Steineinschlüsse. Wenn sie sich schon mindestens einmal umgedreht haben, weil sich beim Schmelzen der Schwerpunkt verlagert, sind Spitzen, Zacken und Löcher zu sehen. Schnell schieben sich die Platten gegenseitig weiter, treiben davon. Die Landschaft verändert sich bemerkbar, alles ist leise und in Bewegung.

Sarah wird von Marius angefunkt. Dessen Motor hat bald nach Start den Geist aufgegeben. Seine Gruppe im Zodiac (photo and video) hat die vergangene Stunde mehr oder weniger am gleichen Fleck verbracht. Ich bringe einen frechen Spruch, als wir sie erreichen, und dann schleppen wir sie ab.

Ich bekomme meine Tage. Entenbrust und Bratkartoffeln. Wir machen ein Gruppenbild in der Mitternachtssonne. Manche spielen Schach bis in die frühen Morgenstunden.

Ich habe geträumt, dass ich beim Glasermeister Alexander Wallner in Zwiesel war. Meine Eltern kamen auch vorbei und wir aßen Kuchen. Ich habe mit ihm ein neues Projekt besprochen.

Beim heutigen landing scanne ich ein weiteres Eisobjekt. Es befindet sich am Steinstrand und ist nicht wie die letzten gescannten Eisobjekte hellblau, sondern vom Wasser umspült glänzend rein geputzt und transparent. Ich sehe Bläschen, es sieht aus wie Glas. Die Oberfläche besteht aus unzähligen Dellen. Manchmal fühlt sich die Reise an, als ob wir auf einer touristischen Kreuzfahrt wären und zu den schönsten Sehenswürdigkeiten gebracht würden, um sie ehrfürchtig zu bestaunen.

Das ist vielleicht die nördlichste Stelle dieser Reise und meines Lebens. 79°07.23' N – 011°51.5' E. Der Himmel ist bedeckt, zwischendurch sanfter Schneefall. Die letzten Tage waren sehr voll und sehr produktiv. Gestern habe ich zu Frederike gesagt, dass ich glücklich bin.

In der Julibukta hatten wir unser Date und auf dem Schlauchboot zu Abend gegessen. Es gab Burger. Wir schminkten uns und kühlten den Prosecco mit Brocken aus dem Eismeer. Sarah schulterte das Gewehr und navigierte, Nico begleitete uns mit seiner Drohne. Wir hörten eine Italo Disco Playlist auf meinem Handy und drifteten zwischen den Schollen hindurch. Immer wieder flogen Vögel über uns hinweg und natürlich war es hell. Wir zählten alle bisherigen Partner auf und die Werte, die für eine Beziehung wichtig sind. Ehrlichkeit, Abenteuergeist, Humor und Mut.

***

Can't you feel the heat wave, darling? ist ein fast fünf Minuten langes Video, das gemeinsam mit Frederike von Cranach in der Arktis performt und aufgenommen wurde (Kameramann: Nicolás Rupcich, Sounddesign: Josh Evert). Wir hatten ein Rendezvous auf dem Schlauchboot. Die dritte Person an Bord ist Sarah, die Chefin der Expedition und in dem Fall unsere Beschützerin vor Polarbärattacken. Im Bild werden wir von schräg oben umkreist, sodass sich die Landschaft im Hintergrund verändert. Vor allem besteht sie aus dunklem türkisblauen Meerwasser mit kleineren und größeren Eisschollen, die eine grafische Aufteilung der Bildfläche ergeben. Die Bucht ist von einem braunen, teils schneebedeckten Berg begrenzt, der in einen hellblauen Gletscher übergeht. Frederike und ich tragen rote Skianzüge und sitzen an einem mit weißem Tischtuch gedeckten Tisch, auf dem sich typische Dinnerutensilien befinden: eine Schale mit Oliven und eine

Kerze, ein Flaschenkühler aus Edelstahl, Stielgläser, Servietten, Pfeffer, Salz. Wir ziehen die Handschuhe aus, der Himmel ist klar und die Temperatur erträglich. Ungefähr in der Mitte des Videos befindet sich die Kamera direkt über dem Schlauchboot und nimmt eine Draufsicht von neunzig Grad ein. Zoom out. Nach dem Essen rauchen wir.

Der Soundtrack setzt ein mit *Ancora tu* von Lucio Battisti in der Coverversion von Róisín Murphy aus dem Jahr 2014, dem Song, den wir tatsächlich zu Beginn der Aktion abspielten. Unsere Stimmen sind nicht zu vernehmen; man sieht, dass wir uns unterhalten, aber hört nur wenige, nachträglich eingefügte Satzfragmente. Wo siehst du Gefahr? Fühlst du dich einsam? Dabei handelt es sich um Fragen, die tatsächlich bei einem Date gestellt werden könnten, um das Gegenüber in der Tiefe kennen zu lernen. Wie rein ist dein Gewissen? Wovor hast du Angst? Wir stoßen an und Frederike lacht. Ansonsten sind Knacken von Eis, Gegeneinanderreiben von Eisschollen, Wasser plätschern und Motorengeräusch zu hören.

> Der Mensch führt sein Leben und errichtet seine Institutionen auf dem festen Lande. Die Bewegung seines Daseins im Ganzen jedoch sucht er bevorzugt unter der Metaphorik der gewagten Seefahrt zu begreifen. Das Repertoire dieser nautischen Daseinsmetaphorik ist reichhaltig. Es gibt Küsten und Inseln, Hafen und hohes Meer, Riffe und Stürme, Untiefen und Windstillen, Segel und Steuerruder, Steuermänner und Ankergründe, Kompass und astronomische Navigation, Leuchttürme und Lotsen. (HB 9)

So beginnt der Band *Schiffbruch mit Zuschauer. Paradigma einer Daseinsmetapher* von Hans Blumenberg (1979, Suhrkamp), den ich im Folgenden als Linse für meinen Blick auf das Video und für den Blick der Kamera im Video nutze. Offensichtlich enthält es nautische Motive: Wenn von deren Metaphorik im Sinne des Leben als Seefahrt ausgegangen wird, was kommuniziert dann diese spezifische Metapher? Zwei Menschen in einem Boot werden bei der Kontaktaufnahme von oben beobachtet. Von einem Schiffbruch kann nicht gesprochen werden, aber auch nicht von einem sicheren Hafen. Das Boot treibt ziellos im Polarmeer umher und weil das Video im Loop läuft, ist nicht zu erwarten, dass die Herkunft des Bootes offenbart wird oder dass es irgendwann ankommt.

Blumenberg geht von Seefahrt als Grenzverletzung aus: An der Grenze vom festen Land zum Meer ist der Verfehlungsschritt ins Ungemäße und Maßlose zuerst getan worden (vgl. HB 11). Das Meer ist einmal naturgegebene Grenze des Raumes menschlicher Unternehmungen und zum anderen oft dämonisierte „Sphäre der Unberechenbarkeit, Gesetzlosigkeit und Orientierungswidrigkeit. Bis in die christliche Ikonographie hinein ist das Meer Erscheinungsort des Bösen [..., weil] es für die rohe, alles verschlingende und in sich zurückholende Materie steht. Es gehört zu den Verheißungen der Apokalypse des Johannes, daß im messianischen Zustand kein Meer mehr ist" (HB 10).

Heute sind diese Aspekte überholt, denn gerade die Containerschifffahrt ist Ausdruck höchster Effizienz und damit genauester Berechnung. In Bezug auf das Nordpolarmeer wird etwa von chinesischer Seite schon mit eisfreien arktischen Sommern, die laut wissenschaftlichen Modellierungen bereits 2035 Realität sein können, kalkuliert und neue Handelsrouten über den Nordpol sind geplant. Trotz oder vielleicht auch wegen einem berechneten Ozean kann die „Widernatürlichkeit" der Schifffahrt, wie sie Blumenberg nennt, für den „Fehltritt von Kultur" stehen:

> Der metaphorische und der reale Vorgang der Überschreitung der Grenze des festen Landes auf das Meer hinaus überblenden einander, wie das metaphorische und das reale Risiko des Schiffbruchs. Was den Menschen auf die hohe See treibt, ist zugleich die Überschreitung der Grenze seiner natürlichen Bedürfnisse. Und so müht sich das menschliche

> Geschlecht fruchtlos und vergeblich, verzehrt seine Lebenszeit in nichtigen Sorgen, weil es Ziel und Grenze seines Besitzes nicht einhält und schon gar nicht Bescheid weiß, wie weit wirkliches Vergnügen noch gesteigert werden kann. (HB 30, in Bezug auf Lukrez, den Begründer der Schiffbruchmetapher)

Das hedonistische Moment des Candle Light Dinners in der Arktis schlägt zunächst in die Kerbe der Vergnügungsmaximierung und Überschreitung der natürlichen Bedürfnisse und bestärkt den Verdacht, „daß in aller menschlicher Seefahrt ein frivoles, wenn nicht blasphemisches Moment steckt, das verglichen werden kann mit dem Verstoß gegen die Unverletzlichkeit der Erde, das Gesetz der *terra inviolata*" (HB 12). Weil die arktische Eislandschaft geradezu symbolhaft für die heutige Kondition der Klimakrise steht, welche laut Einsichten der Wissenschaft, im dominanten Narrativ und auch meiner Überzeugung nach von Menschenhand verursacht wurde, ist der Verstoß gegen die Unverletzlichkeit der Erde im Video durchaus angelegt.

Das Motiv der Irrfahrt, wonach das Umhertreiben des Bootes im Video aussehen mag, „ist Ausdruck für die Willkür der Gewalten, die Verweigerung der Heimkehr [...], die sinnlose Umtreibung und schließlich den Schiffbruch, in denen die Zuverlässigkeit des Kosmos fraglich [...] wird". (HB 10) Der Kosmos agiert in der Gegenwart nicht nur unzuverlässig, sondern in zunehmendem Maße destruktiv für den Menschen. Isabelle Stengers spricht vom „Eindringen Gaias", das überraschende, den menschlichen Alltag störende Extremereignisse in globalem Maßstab meint (vgl. *In Catastrophic Times: Resisting the Coming Barbarism*, 2015, Open Humanities Press). Die „Natur" habe ihre traditionelle Rolle hinter sich gelassen und die Macht, uns alle in Frage zu stellen. Laut Nietzsche, so Blumenberg, betrifft die Seefahrtsmetapher die ganze Existenz: Man kann gar nicht von vornherein im Hafen bleiben, sondern ist immer schon „eingeschifft", der Natur

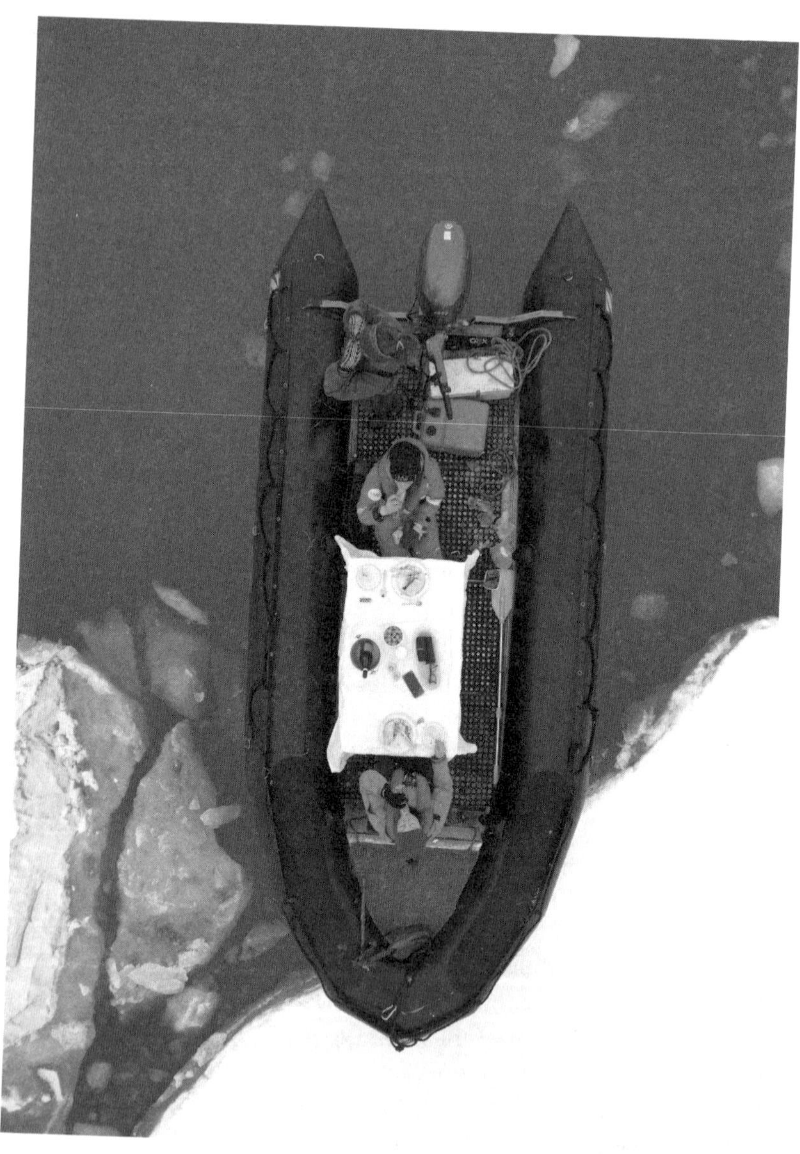

Can't you feel the heatwave, darling? 2022, Video (4K, Farbe, Ton, 4.58 min), in Kollaboration mit Frederike von Cranach, Kamera und Schnitt: Nicolás Rupcich, Vertonung: Josh Evert.

ausgeliefert. So legt es auch die Dramaturgie des Videos nahe. Die Einschiffungsmetaphorik enthält die Suggestion, „Leben bedeute, schon auf dem hohen Meer zu sein, wo es außer Heil oder Untergang keine Lösungen, keine Vorenthaltungen gebe". (Nietzsche, nach HB 21)

> Wir haben das Land verlassen und sind zu Schiff gegangen! Wir haben die Brücke hinter uns – mehr noch, wir haben das Land hinter uns abgebrochen. Nun, Schifflein, sieh dich vor! ...und es gibt kein ‚Land' mehr! (Ebd.)

Die im Video dokumentierte Aktion fand tatsächlich statt, Frederike und ich haben wirklich gegessen (und zwar Hamburger) und waren also nicht in der Als ob-Modalität eines Theaterstücks; zugleich haben wir uns filmen lassen und damit Zuschauer*innen von Anfang an impliziert. Ich lese die nautische Metaphorik von der aktuellen Situation ausgehend, in der ich Zuschauerin der Szene auf dem Schiff in Vogelperspektive bin. Ich scheinbar in einer sicheren Position. Ebenso wenig sind die Protagonist*innen des Videos akut bedroht. Was aber – und das ist mein zentraler Punkt und eine versuchte Aktualisierung der Schifffahrtsmetaphorik – dieses Bild über den Verweis auf die arktische Landschaft enthält, ist die Erwärmung der Erde, das Schmelzen des Eises, den Meeresspiegelanstieg und somit eine sehr präsente und reale Bedrohung nicht nur der Figuren im Video, sondern der Menschheit als Ganzes. Also auch von uns: Wir sind zwar Zuschauer*innen des Videos, im Leben selbst ist uns die Zuschauerposition aber verloren gegangen.

Es ist kein Hafen in Sicht und der Mensch ein Objekt fremder Maßstäbe (vgl. HB 38, in Bezug auf Voltaire). Unter expliziter Bezugnahme auf den Band Blumenbergs bekräftigt Bruno Latour, dass es in der heutigen Epoche unmöglich ist, der allumfassenden Tragödie der Erderwärmung von einem fernen, geschichtslosen Ufer aus zuzusehen: „inzwischen gibt es keine Zuschauer mehr, weil es kein Ufer mehr gibt, das nicht in das Drama der Erdgeschichte einbezogen wäre. […] Es ist zwar ein Schiffbruch, aber einer ohne Zuschauer". (2017, *Kampf um Gaia: Acht Vorträge über das neue Klimaregime*, Suhrkamp, 74f.) Die Zuschauerposition auf Natur *und* Geschichte ist verloren gegangen, im Anthropozän fallen geschichtliche und „natürliche" Katastrophen in eins. Das Verhältnis von Geschichte und Natur hat sich verändert, seitdem die Menschheit ein geologischer Faktor ist und durch ihre Handlungen Erdgeschichte schreibt, seitdem sich die Epoche der Menschen in Ablagerungsschichten manifestiert. Es gilt nicht mehr, dass „[a]lles, was auf dem Meere geschieht, ist, als sei es nicht geschehen" (HB 56), dass Fortschritte wie Untergänge dieselbe unberührte Oberfläche hinterlassen. Es gilt vielmehr, dass sich Fortschritte wie Untergänge gleichermaßen in Bohrkernen ablesen lassen. Die Rede vom „Steuermann" auf dem Planeten Erde, auch eine nautische Metapher, ist überholt. Der Platz des Menschen in der heutigen Kosmologie bzw. in einem angemessenen Weltbild für die Gegenwart ist eingebunden in ein symmetrisches Netzwerk aus belebten und unbelebten Akteuren. Die Kameraperspektive – der Blick von oben, von nirgendwo, God's eye – suggeriert eine unmögliche Position: wir können weder einen Überblick haben noch unbeteiligt bleiben. Alle sind zur Identifikation mit den Personen auf dem Schlauchboot aufgerufen.

Lange war ich eine vehemente Gegnerin der Idee, mich in eine allgemeine Gruppe der „Menschheit" zu integrieren. Essentialistische Annahmen über das Wesen des Menschen und Aussagen wie „Wir haben den Mond erreicht" fand ich unangemessen, weil *ich* niemals einen Fuß auf den Mond gesetzt habe und setzen werde. Und mit dieser Skepsis war ich nicht allein, sondern fand mich etwa bestätigt durch Roland Barthes in seiner Kritik von *The Great Familiy of Man* (vgl. *Mythen des Alltags*, 1957, Suhrkamp). Der universalistische „Mythos" der menschlichen Gemeinschaft dient nach Barthes einem großen Teil des Humanismus als Alibi, überdeckt in seiner Gleichmacherei aber eigentlich soziale

Ungleichheit. Er beruhte darauf, die Natur an den Anfang der Geschichte zu stellen; stattdessen solle der Zugang zu „Natur" umgekehrt selbst historisiert werden. Wie angesprochen, hat sich das Verhältnis von Natur und Geschichte verschoben, indem (Menschen-)Geschichte zum entscheidenden Faktor für den Planeten und alle seine Bewohner*innen wurde. Im Anthropozän müssen wir uns als menschliches Kollektiv bejahen. Das „Wir" unserer Spezies muss also (neu) erzählt werden. Von Latour werden wir „Erdverbundene" genannt: Es gilt zuallererst, wieder festen Boden unter den Füßen zu gewinnen! Dann orientieren wir uns neu (vgl. *Das terrestrische Manifest*, 2018, Suhrkamp). Das Auge Gottes wird durch das Auge Gaias ersetzt: „Von nun an schaut alles uns an, geht alles uns an" (BL 429).

Achille Mbembe plädiert in *The universal right to breathe* dafür, die Verbindung auf alle Lebewesen auszuweiten: „Are we capable of rediscovering that each of us belongs to the same species, that we have an indivisible bond with all life?" (2021, *Critical Inquiry*, Volume 47, Issue S2, University of Chicago Press, 62.) Gleichzeitig ist Vorsicht geboten, um nicht den von Barthes kritisierten Fehler zu wiederholen: Wir dürfen uns nicht an der Oberfläche einer Identität zurückhalten und daran hindern lassen, in einen tieferen Bereich des menschlichen Verhaltens einzudringen, wo der historische Blick Unterschiede einführt, Ungerechtigkeiten und Diskriminierungen aufzeigt. Das heißt, trotz globalem Maßstab der Klimakrise müssen Problemlagen und Maßnahmenkataloge regional angeschaut und entwickelt werden. Während in der Westantarktis Eisberge in der Größe von Bayern abbrechen, gibt es in der Ostantarktis Schneezutrag, und Deutschland hat eine größere Schuld an der Erderwärmung als die Philippinen, während letztere aber eher untergehen.

Jakob Burckhardt treibt nach Blumenberg die Seefahrtsmetapher ins äußerste, indem sie erkenntnistheoretisch gewendet und der Mensch selbst zur Welle (der Geschichte) wird: „Wir möchten gern die

Welle kennen, auf welcher wir im Ozean treiben, allein wir sind diese Welle selbst. […] Die objektive Erkenntnis wird uns nicht leicht gemacht". (Burckhardt, nach HB 66) 1871 schon schreibt er auf ähnliche Weise, in einem eschatologisch gestimmten Abschnitt, explizit in Bezug auf das Verhältnis vom Menschen zur Erde:

> Wie lange unser Planet noch organisches Leben dulden wird und wie bald mit seinem Erstarren, mit Aufbrauch der Kohlensäure und des Wassers auch die tellurische Menschheit verschwindet, mag auf sich beruhen. […] Sobald wir unserer Lage bewußt werden, befinden wir uns auf einem mehr oder weniger gebrechlichen Schiff, welches auf einer von Millionen Wogen dahintreibt. Man könnte aber auch sagen: Diese Woge sind wir ja zum Teil selbst. (Ebd.)

So bleibt uns nur ein Leben *mit* dem Schiffbruch. Die Wissenschaft ist dabei kein Ausweg, aber der beste Weg zum Ziel der Selbsterhaltung, zitiert Blumenberg im letzten Kapitel das naturwissenschaftliche Selbstverständnis Emil Du Bois-Reymonds von 1876:

> Man hat sich auf das Treiben im Meere dauerhaft einzurichten; von Fahrt und Kurs, von Landung und Hafen ist die Rede längst nicht mehr. Der Schiffbruch hat seine Rahmenhandlung verloren. Was gesagt werden soll, ist: Wissenschaft leistet nicht, was Wünsche und Ansprüche in Erwartung an sie umgesetzt hatten; aber was sie leistet, ist nicht wesentlich überbietbar und genügt den Erfordernissen der Erhaltung des Lebens. (HB 70)

Wir sind also dauerhauft eingeschifft, unsere Handlungen die Wogen der Geschichte, die von Natur untrennbar sind. Wie können wir uns „im Meere einrichten", wie werden hinreichend sichere Erkenntnisse produziert, an denen wir uns politisch ausrichten können? Donna Haraway schlägt situiertes Wissen vor, d.h. eine

Wissenschaft, die sich in Abhängigkeiten verwickelt versteht und den jeweiligen Standpunkt, von dem aus sie spricht, explizit macht. Eine partielle Perspektive – nur eine partielle Perspektive – verspricht nach Haraway objektive Sicht: Das kann eine rettende Planke sein. Weil alles, was wir wissen, geschichtliche Ursprünge hat und somit nicht unabhängig von Menschen erzeugt wird, ist jede Wissensform kulturell spezifisch. So fordert Haraway im Aufsatz *Situiertes Wissen. Die Wissenschaftsfrage im Feminismus und das Privileg einer partialen Perspektive* (1995, in *Die Neuerfindung der Natur,* Campus Verlag), dass das Untersuchungsobjekt als Teil des Forschungsprozesses wahrgenommen wird und das untersuchende Subjekt – der Forscher, die Forscherin – seine Perspektive offen legt. Wie wir Wissen produzieren, hat Auswirkungen darauf, wie wir die Welt wahrnehmen und welche Handlungen daraus folgen. Situiertes Wissen bedeutet, dass wir unsere Denkmuster hinterfragen und zur Diskussion stellen, verantwortungsvoll mit der Macht umgehen, die wir durch die Reproduktion von Wissen haben. Wenn also zum Beispiel das Nordpolargebiet und Möglichkeiten seiner Nutzung untersucht werden sollen, muss es auch als Lebensraum indigener Völker gesehen und gefragt werden, welchen Blick diese darauf haben.

Letztlich können wir uns das Treiben im Meer als eine glückliche Situation vorstellen. Die im Titel des Videos angesprochene Hitzewelle bezieht sich auch auf eine Metapher: die der Wärme in zwischenmenschlichen Beziehungen. In der Verbindung zum Gegenüber, bei der Verständigung mit Frederike, wird Nähe aufgebaut. Eine wechselseitige Abhängigkeit, sogenannte Interdependenz, ist in der menschlichen Auflösung am unmittelbarsten wahrnehmbar und akzeptierbar. Wir, Zugehörige zur menschlichen Spezies, Menschen in Netzwerken mit ihren Umgebungen, können Verantwortung gemeinsam tragen. So entsteht Mut zu kreativen Lösungen, Spaß im Ersinnen alternativer Modelle, Freude am Ausprobieren von neuen Tätigkeiten, Neugier auf das Unbekannte.

Für Frederike und mich, so stellten wir abschließend fest, wird es für immer das beste Date unseres Lebens gewesen sein.

Auszug aus *Going under – Unter Wasser, unter die Haut*, Vortrag in der Evangelischen Akademie Tutzing, 20.01.2023

⁂

Frederike und ich haben ausgeschlafen und ich fühle mich fast ganz gesund. Am Dreieckstisch in der Messe neben mir liegt Marius mit der zweiten Tasse Kaffee. Am anderen Tisch sitzen Sarah, Sergei und Tuomas. Sie blättern im Notizbuch, das Strangeley angelegt hat, mit Polaroidfotos und den Kontaktdaten von allen.

Wir haben gerade wieder Netz bekommen. Ich höre *The old man is back again* von Scott Walker. Es kommen ein paar Arbeitsemails und eine Sprachnachricht von Lili. In der Nacht hat das Schiff stark geschwankt, als wir in den Isfjord eingebogen sind. Die Frühstücksutensilien sind wieder in Körben mit hohen Rändern verstaut und es wird wieder Pizza gebacken. Wir steuern schon Longyearbyen an, den Endpunkt der Reise. Die Bewegung nach oben und unten hat sich in meinen Träumen verstärkt und wurde zu Höhenflügen und Fallstürzen. Ich erinnere kein konkretes Traumbild, glaub aber, dass meine Eltern vorkamen und Olivia, die ehemalige Mitbewohnerin in Neuperlach, und Birgit, die Freundin aus der Grundschule.

Schneefall und Nebel, Wind, Temperatur um den Gefrierpunkt herum. Ich habe Kopfschmerzen und nehme eine Tablette. In der Box an Deck sitzen alle mit ihrem Handy wie in einem Internetcafé. Es starten die Rückreiseplanungen und die Rechnung an der Bar wird fällig. Primäremotion: traurig.

Ich halte eine kunsttherapeutische Sitzung und gebe Tuomas ein Blatt Papier und eine Aufgabe. Er soll die Wale malen, die er beim Kayaking gesehen hat. Sandra soll ihre Freundinnen von der letzten Residenz auf Island wie in einer Familienaufstellung positionieren. Ich zeichne ein rotes Zodiac mit gelbem Motor, Kelsey lobt meine Bilder. Nico schreibt auf eine Serviette LOVE & PEACE.

Vormittags stehen wir auf einem Sand- und Kieselstrand, an dem sich die Wellen brechen. Ich suche Steine, die auf Gletschertätigkeit hinweisen. Das sind solche, die offensichtlich aus mehreren Gesteinssorten bestehen, wo die einzelnen Bestandteile zusammengepresst wurden. Svalbard war irgendwann mal am Äquator und hing lange mit Grönland zusammen. Während des Paläoproterozoikums bildete sich das Grundgebirge.

Nachmittags geht das Wasser bis zur Schneekante, die Eisobjekte sind verbunden und die Oberfläche hat schon zu gefrieren begonnen. Ich nehme Sergei vor dem gleichschenkligen Berg auf, wie er ein russisches Abschiedslied singt.

`ZOOM0033.WAV, Mittwoch, 20. April 2022,`
`4:41:58 PM (18.10 min):`

JN. Ich bin hier mit Nastja und wir fangen gleich mit der ersten Frage an: Was ist dein Projekt?

NR. Nun, es ist ein bisschen kompliziert wegen der Verzögerung der Reise. Ich schreibe. Ich schreibe diesen Survival Guide für ein postapokalyptisches Kind, eine Art Leitfaden, wie man verschiedene Arten von Apokalypsen überlebt. Es geht um Gefühle im Zusammenhang mit dem Klimawandel und um praktische Fähigkeiten. Außerdem habe ich viel gefilmt, ich habe Videos vom Eis und den Gletschern gemacht ebenso wie von den Menschen, von der

Gruppe auf dem Schiff, und habe einfach dokumentiert. Aber ich bin mir nicht sicher, wie ich das nutzen soll.

JN. Wer bezahlt deine Reise?

NR. Sie wird vom finnischen Kulturfonds bezahlt. Das ist eine Organisation, die Zuschüsse für Kunstprojekte im Ausland vergibt. Für Finnen, Finninnen oder Leute, die in Finnland leben.

JN. Warum bist du hier?

NR. Ich fühle mich von diesen kargen, epischen Landschaften und abgelegenen Orten angezogen. Und ich wollte schon immer an dieser Reise teilnehmen. Aber dann war ich --- Sie ist sehr teuer, also brauchte ich Zeit, um die Finanzierung zu beantragen. Ich fühle mich wirklich inspiriert. Ich mag das Wort „inspiriert" nicht, aber mich berührt diese Art von Landschaft. Außerdem bin ich besessen von Booten und Segeln. Es ist also perfekt.

JN. Was siehst du hier im Moment?

NR. Ich sehe viele verschlafene Menschen, die versuchen zu zu arbeiten, weil es der vorletzte Tag ist. --- Ich war draußen und es ist super windig. Ich liebe so ein Wetter.

JN. Was weißt du über diesen Ort?

NR. Den Ort draußen?

JN. Das Schiff, den Ort im Moment, Svalbard im Allgemeinen, die Arktis.

NR. Nun, ich komme aus Finnland und bin teilweise in Lappland aufgewachsen. Schnee ist mir also sehr vertraut.Ich war bisher einmal in Svalbard, ich glaube vor fünf Jahren, und habe mich in die Insel verliebt. Es ist einfach super magisch. Jetzt gerade weiß ich nicht genau, wo wir sind. Irgendwo --- Irgendwo in der Nähe von Svalbard.

JN. In diesem Isfjorden, wo die Hauptstadt liegt.

NR. Isfjorden.

JN. Was hast du gemacht, als du zum ersten Mal in Svalbard gewesen bist?

NR. Ich habe an einem Projekt gearbeitet. Ich bin an Orte gereist, die von Menschen zerstört wurden oder gerade zerstört werden. Langsame Prozesse wie das Abschmelzen von Gletschern oder unmittelbare Ereignisse wie der Atomunfall von Tschernobyl. Ich bin vier Jahre lang an verschiedene Orte auf der ganzen Welt gereist und habe eine Art Ein-Personen-Protest gefilmt. Ich schrieb ein Pappschild und stand einfach da mit dem Schild und filmte mich. In Svalbard ging es um schmelzende Gletscher, weil man den Klimawandel wirklich sehen kann am Meereis. Auch in Finnland, aber vor allem hier in der Arktis.

JN. Was stand auf dem Schild?

NR. Es waren verschiedene Texte. Ich erinnere mich nicht mehr genau, was auf dem Schild für Svalbard stand. Ich glaube, es war „Pfoten, die du nicht sehen wirst“, was sich auf Eisbären bezog. Das ist sozusagen das Symbol für das Schmelzen der Arktis, diese mageren, hungernden Eisbären.

JN. Ich habe auch das Gefühl, dass man hier das Schmelzen sieht. Aber dann denke ich wiederum, es ist April, es ist Frühling. Also weiß ich nicht, ob mein Eindruck richtig ist. Man weiß, dass die Arktis schmilzt und hat das immer im Hinterkopf.

NR. Ja.

JN. Vielleicht prägt vor allem diese Voranname meinen Blick. Sieht man, dass die Gletscher schmelzen, nur wenn man im Vergleich weiß, wie groß die Gletscher früher waren, oder sieht man es wirklich?

NR. Ich persönlich war noch nicht so oft hier, dass ich es verfolgen könnte. Aber im finnischen Lappland sehe ich es schon. An der Landschaft und an der Schneemenge. In bestimmten Jahren gibt es gar keinen Schnee. Aber es ist auch das Wissen um --- Bevor ich hierherkam, habe ich mir viele Videos und Quellen angesehen --- Von vor zehn Jahren, vor dreißig Jahren, wo man sehen kann, wie sich die Landschaft zurückgezogen hat. Man kann es also auch wissen --- nicht aus eigener Erfahrung, sondern von der Dokumentation anderer Leute.

JN. Und du hast also das Gefühl, dass du es hier siehst?

NR. An den Orten, an denen wir waren, habe ich nicht das Gefühl, dass ich es gesehen habe, weil ich nicht weiß, wie sie normalerweise sein würden. Es ist etwas in meiner Vorstellung, denke ich.

JN. Wie siehst du dich in dieser Landschaft?

NR. Ich liebe diese Frage. Das ist wirklich schön. Ich fühle mich sehr wohl. Irgendwie habe ich das Gefühl, dass ich nicht hierhergehöre. Aber gleichzeitig habe ich das Gefühl, dass ich auf eine seltsame Art und Weise willkommen bin. Und es ist leicht, sich eins mit der Landschaft zu fühlen. Sich nicht wie ein seltsames, zufälliges Ding zu fühlen. Es ist wie: „Oh, wir sind alle nur ein Teil davon".

JN. Und was ist deine Lieblingslandschaft?

NR. Ich glaube, es ist die von gestern. Ich weiß nicht, warum. Sie fühlte sich freundlich an. Und es gab viele Geräusche von Meereis, das an die Küste stieß. Und dann der epische Gletscher. Es fühlte sich einfach sehr schön an. Ich denke immer mehr darüber nach, wie es sich anfühlt als über das Physische.

JN. Was ist Natur?

NR. Oh. Ich denke, alles. Ich trenne nicht zwischen Menschen und Natur und solchen Dingen, weil ich das Gefühl habe, dass wir alle so sehr ein Teil davon sind.

JN. Mehrere Leute in den Interviews haben das gesagt. Wenn ich dann weiterfrage, entdecke ich manchmal doch eine Grenze, die sie ziehen. Eine Stadt?

NR. Wenn man zum Beispiel an Technologie denkt, kommen die Mineralien von der Erde. Oder wenn man an Ölfarben denkt, kommen auch diese Mineralien von der Erde. Alles ist Teil davon, wir bringen es nur in eine andere Form. So grenzen wir uns ab, als seien wir in gewisser Weise etwas Besseres oder etwas Anderes oder Fortgeschritteneres als die Natur. Aber ich empfinde diese Trennung nicht. Dieser Tisch ist aus Holz, dieses Schiff ist aus Holz. Das Material hier könnte aus einer Mine stammen. Das ist sozusagen der Hintergrund, vor dem ich darüber nachdenke.

JN. Was bedeutet Kälte, was bedeutet Wärme?

NR. Ah, das ist relativ! Hier bin ich der Meinung, wenn die Kälte nicht schmerzhaft ist, dann ist es warm. Wenn man es stundenlang aushalten kann.

JN. Wie lange, wie viele Stunden? (lacht)

NR. Ich weiß nicht, vier Stunden? (lacht) Naja, praktisch ist es warm im Schiff und draußen ist es kalt. Aber hier wollen wir raus in die Kälte, während man normalerweise drinnen bleibt. Trotzdem ist man auch hier besorgt, wenn es nicht kalt ist, weil es bedeutet, dass es zu heiß ist. (lacht)

JN. (lacht) Ja. Lustig, welche Beispiele die Leute geben, nachdem sie gesagt haben, dass es relativ ist. Es ist schön zu hhören, was die spontanen Kategorien sind.

NR. Ich habe zum Beispiel keine neuen Klamotten gekauft, weil --- Ich habe etwas gekauft. Aber hauptsächlich trage ich meine normalen Klamotten aus Finnland.

JN. Übrigens, wie siehst du --- In Lappland werden die Ureinwohner auch als arktisch angesehen.

NR. Ja, die Arktis erstreckt sich über Russland, Finnland, Norwegen und Schweden.

JN. Wie kommt es, dass du dort gelebt hast?
Mit deiner Familie?

NR. Lappland ist voll von Menschen.

JN. Wirklich?

NR. Es kommt darauf an, in welchem Land. Aber zumindest in Skandinavien, dort oben sind Sami und andere Menschen gemischt. Ich meine, die indigene Bevölkerung und andere Menschen leben in denselben Gebieten, nicht wie in den USA, wo es bestimmte Gebiete ausschließlich für die Ureinwohnerschaft gibt.

JN. Wie rein ist dein Gewissen?

NR. Wie meinst du das? (lacht) Ich hoffe --- An manchen Tagen ist es reiner und an manchen Tagen ist es schuldiger. In Bezug auf das Klima oder das Fliegen.

JN. Es spielt eine Rolle, dass ich gerade ein Buch der Ethnografin Mary Douglas lese. Es ist schon älter und heißt „Reinheit und Gefährdung". Sie spricht über Reinheitsrituale in verschiedenen Kulturen. Ich fand es interessant, die Frage nach Reinheit in dieser Landschaft zu stellen, denn oft, vielleicht sogar noch häufiger in der Antarktis, ist dies ein Begriff, der verwendet wird, um sich der Landschaft hier zu nähern.

NR. Ja.

JN. Aber es ist zugleich eine gängige Kategorie für Menschen. Reinheit und Gewissen.

NR. Ich denke daran, wie wir hierhergekommen sind. Denn ich mache mir Sorgen über das Privileg des Fliegens und des vielen Reisens. An manchen Tagen ist es besser. (lacht) Für diese Reise, weil ich so nah wohne, bin ich okay damit. Aber wenn man auf die andere Seite der Welt fährt, dann ist es immer so --- Ich habe das Gefühl, ich brauche einen wirklich guten Grund. Ich muss dort Zeit verbringen müssen.

JN. Ja. Ich kenne dieses Gefühl. Das ist auch der Grund, warum ich versuche, hier viel zu arbeiten. Um nicht eine Touristin zu sein. --- Was ist die soziale Rolle deiner Kunst, auch in Zeiten der Klimaerwärmung?

NR. Vieles von dem, was ich mache, ist partizipatorisch. Ich arbeite gern mit Menschen, entweder so, dass sie ein Teil von meiner Arbeit sind oder in Zusammenarbeit mit ihnen. Ich interessiere mich zum Beispiel für ihre Emotionen im Zusammenhang mit dem Klimawandel. Wie gehen wir damit um oder warum unternehmen wir nicht mehr dagegen, obwohl wir alle Fakten kennen? Und dann versuche ich --- eine Praxis zu denken.

JN. Hast du ein paar Ergebnisse? Was hast du herausgefunden oder was ist das Hauptgefühl, das mit dem Klimawandel einhergeht?

NR. Letzten Sommer haben wir zum Beispiel einen Workshop mit Teenagern durchgeführt, in dem sie über alle möglichen Gefühle gesprochen haben. Ich glaube, die größte Emotion war für sie Angst. Und Wut. Wut, weil: Warum haben die älteren Generationen nichts unternommen? Warum haben wir ihnen die Welt in diesem Zustand überlassen.

JN. Mhm. Glaubst du, dass es eine bessere Strategie ist, diese Wut in Aktionen zu kanalisieren oder loszulassen?

NR. Ich persönlich glaube beides. Beides, weil man die Wut irgendwann loslassen muss. Aber ich glaube auch, dass sie Menschen zum Handeln motiviert, auf jeden Fall.

JN. Hast du Angst vor dem Klimawandel und wo siehst du Gefahr?

NR. Angst. Es macht mich auch wütend. Und ich mache mir Sorgen um bestimmte Spezies, wie den Menschen und andere Spezies, und um die Zukunft. Ich meine, der Planet wird überleben. Es gibt immer Dinge, die ökologische Veränderungen überleben. Aber was die Menschen betrifft, wir sind am Arsch.

JN. Ja.

NR. (lacht) Also ja. Es ist beunruhigend.

JN. Glaubst du, es ändert viel an deinen Gefühlen gegenüber dem Klimawandel, dass du ein Kind hast?

NR. Ich denke schon. Weil man dann darüber nachdenkt --- Warum sollte man in dieser Situation Kinder haben. Warum sollte man sie in diese Welt setzen. Ich war mir dessen immer sehr bewusst.

JN. Wie fühlst du dich?

NR. (lacht) Jetzt irgendwie --- Ich bin traurig, weil es die letzten Tage sind. Aber ich bin auch wirklich glücklich über die Reise. Und die Menschen, die ich getroffen habe.

JN. Und was hast du geträumt?

NR. Ich erinnere mich nicht. Ich habe sehr tief geschlafen. In manchen Nächten.

JN. Was geschah am Tag deiner Geburt?

NR. Was am Tag meiner Geburt geschah? Ich weiß nicht, was passiert ist. Ich weiß, dass Frühling war, also ist wahrscheinlich der Schnee geschmolzen.

JN. Was geschah am Tag der Geburt deiner Tochter?

NR. Nun, für mich hat sich eine Menge geändert. (lacht) Ich bin nicht ausgeflippt, aber weißt du --- Ein neues Leben ist immer etwas Besonderes.

ZOOM0034.WAV, Mittwoch, 20. April 2022,
5:15:06 PM (34.08 min):

JN. Direkt im Anschluss sitzt mir Emma gegenüber, am vorletzten Tag. Was ist dein Projekt, Emma?

ES. Nun, ich hatte bereits zweimal das Glück, hierher zu kommen. Dieses Mal konzentriere ich mich auf die Untersuchung von Meereis und Gletschern. Es ist ein Projekt, dessen Entwicklung viel Zeit in Anspruch nehmen wird, weil ich in zwei Jahren eine Ausstellung habe, in einem großen Raum, einem großen Museum, was sehr aufregend ist. Das Museum befindet sich in einem Küstengebiet der britischen Landschaft, das unter Meereserosion leidet. Ich möchte einen Zusammenhang zwischen dem Rückgang des Meereises, der Eisschmelze und dem Anstieg des Meeresspiegels herstellen und die Auswirkungen auf die lokale Landschaft in diesem speziellen Ort verknüpfen. So hoffe ich, dass die Zuschauer*innen eine Verbindung zwischen etwas scheinbar Entlegenem und etwas Vertrautem herstellen können.

JN. Werden nur Zeichnungen und Gemälde zu sehen sein?

ES. Ja. Ich denke schon, weil es diese wirklich enormen Wände gibt. Ich würde gerne eine immersive, groß angelegte --- Wir haben einige erstaunliche Dinge gesehen, während wir hier waren, zum Beispiel den fernen Gletscher mit diesem fast vergessenen Weiß darüber. So etwas, das vielleicht überwältigend wäre, was das Ausmaß angeht. Mit einigen neuen --- Gott, das wird ein langes Interview, Judith.

JN. (lacht)

ES. Mit einigen neuen Aspekten. Ich möchte eine 3D Abbildung beispielsweise durch skulpturale Elemente haben. Damit etwas Eisiges dabei herauskommt. Das muss noch --- Ich habe einen langen Vorlauf. Ich stehe also noch ganz am Anfang.

JN. Wie werden deine Reise und der Aufenthalt hier bezahlt?

ES. Von mir. Dieses Mal von mir. Als ich mich beworben habe, das ist jetzt schon eine Weile her, wusste ich einfach, dass bei diesem Projekt wirklich gutes Material für die Ausstellung entstehen würde. Ich überlege, ob ich auch in die Antarktis reisen kann. Ich habe eine Finanzierung dafür beantragt. Wenn ich sie nicht bekomme, wird das nicht passieren. Einer der Aspekte von Svalbard hingegen, den ich für wichtig halte, ist der Besuch der Hocharktis. Für meine künstlerische Forschung interessieren mich seine Geopolitik und die Tatsache, dass es dort keine indigene Bevölkerung gibt. Ich denke es ist komplexer, andere Gebiete in der Hocharktis zu besuchen, wo es eine indigene Beölkerung gibt, ohne diese Gemeinschaften einzubeziehen. Ich denke also, Svalbard ist weniger --- Ich möchte nicht sagen, dass es ansonsten schwierig ist, denn es ist nicht schwierig, es ist wirklich interessant. Aber es wäre viel schwieriger zu arbeiten, wenn es eine Gemeinschaft von Inuit gäbe. Man kann nicht einfach von der Landschaft nehmen und sie neu darstellen, ohne diesen kulturellen Aspekt mit einzubeziehen und zu berücksichtigen.

JN. Warum bist du hier?

ES. Tja, da hast du's! Sorry. Frage beantwortet.
Also, Svalbard schien eine wirklich gute Wahl zu sein, weil es ist weniger --- Aber ich denke, Einheimische sollten über ihre Landschaft sprechen. Und für mich als Außenstehende wäre es ziemlich schwierig, das nur zu benutzen. Ich weiß nicht, findest du das auch?

JN. Ja. Das finde ich definitiv auch, und das ist auch der Grund --- Meine erste Herangehensweise bzw. Intuition war es, mich mit den Menschen auf diesem Schiff zu beschäftigen, warum sie hier sind und was ihr Ansatz ist.

ES. Mhm.

JN. Das ist für mich ein Weg, um das andere Problem zu umgehen.

ES. Für dich wäre es sogar schwierig, so wie ich einfach zu kommen und die Projekte der Anderen nicht zu beachten? Das finde ich interessant.

JN. In der Antarktis habe ich mich mit den Menschen vor Ort beschäftigt und damit, wie sie den Ort sehen, und nicht mit meiner Sicht auf den Ort. Mittlerweile sind Jahre vergangen, und ich versuche, ein bisschen introspektiver zu sein und auch herauszufinden, warum ich selbst hier bin.

ES. Ja.

JN. Und das tue ich auch im Gespräch oder vielleicht im Vergleich, indem ich andere Menschen befrage. Trotzdem finde ich den menschlichen Faktor immer --- Das steht im Mittelpunkt meines Interesses.

ES. Verstehe. Die Arbeit mit der Landschaft ist unter diesem Aspekt offensichtlich sehr schwierig, denn sie ist kulturell belastet. Und ich denke, dass ich daher instinktiv immer an der Geologie, der Wissenschaft, der Glaziologie ansetze. Darüber spreche ich natürlich mit Wissenschaftler*innen. Ich bin nicht von Natur aus dazu geneigt, mich mit den sozialen Aspekten auf dem Marineschiff in der Antarktis zu befassen, die bemerkenswert seltsam und interessant waren. Im Gegensatz zu dir wüsste ich nicht, wie ich das in die Arbeit einbringen könnte, abgesehen von einer Kritik. Was nicht sehr dankbar wäre. (lacht)

JN. (lacht) Ich habe auch ein kritisches Anliegen. --- Kritik bedeutet für mich aber nicht nur, dass ich es negativ beurteile. Ich denke, allein durch die Beschreibung einer Situation legt man sie frei, natürlich durch die eigene Linse gesehen. Beurteilen kann es dann die Leserschaft.

ES. Aber echt, man kann es nicht transparent machen. Man kann nichts anderes zeigen als das, was man selbst sieht.

JN. Ja, das stimmt.

ES. Es ist wirklich schwierig. Und wie gesagt, die Antarktis ist beladen mit Politik, mit Geopolitik, aber es gibt keine indigene Gemeinschaft und deswegen nicht dieses kontroverse Problem. --- Es ist kein Problem. Es ist nur ein Problem für mich. Für den Besucher. Für die Außenseiterin.

JN. Wenn wir mit einer einheimischen Bevölkerung in Kontakt gekommen wären, wäre es eine ganz andere

ES. Ja.

JN. Dann hätte ich wahrscheinlich Interviews mit diesen Menschen anstatt mit euch gemacht.

ES. Es ist wohl die romantische Tradition des Erhabenen, dass der oder die Einzelne in die extreme Wildnis geht und sie erlebt. Was natürlich lächerlich ist. Sie ist nicht unbesiedelt. Sie ist stark besucht. Abgesehen davon denke ich, dass das Erhabene im 21. Jahrhundert eine neue Bedeutung hat und dass der Besuch eines Ortes wie diesem angesichts der Klimaerwärmung eine ganz besondere Dringlichkeit hat. Das gibt uns ein neues Gefühl von --- Ja, die Zukunft ist in Frage gestellt.

JN. Was würde diese neue Bedeutung beinhalten?

ES. Traditionellerweise betraf es ein Gefühl der Ehrfurcht und des Staunens, üblicherweise aus einer sicheren Position heraus. Der Betrachter blickt auf die Apokalypse oder was auch immer. Jetzt befinden wir uns im Auge des Sturms, und es ist, als ob wir allem ausgesetzt sind. Offensichtlich sind wir nicht nur für sehr viel von dem, was passiert, verantwortlich, sondern wir sind ihm auch ausgeliefert. Das ist wirklich unglaublich. Ich meine, versteh mich nicht falsch. Es wird nicht das Ende der Welt sein, es ist nur unsere Spezies.

JN. Ja, ja. Es ist interessant, was du sagst, denn mein erster Gedanke wäre gewesen, den Begriff des Erhabenen zu streichen. Aber du hast vorhin gesagt, dass sich seine Bedeutung verschiebt, und ich habe mich gefragt, wohin.

ES. Ja, genau. Das ist natürlich schwer zu rechtfertigen. Es liegt an individuellen Künstler*innen --- Ich denke, der Begriff des Erhabenen hat auch heute noch Sinn. Nicht nur --- ästhetisch, sondern auch in Bezug auf das psychologische und philosophische Verständnis. Wir haben lange darüber gesprochen. --- Kant. (lacht)

JN. (lacht) Und Edmund Burke, habe ich an der Universität gelernt.

ES. Edmund Burke!

JN. Was siehst du gerade?

ES. Oh. Es ist seltsam. Ich hatte ein so starkes Erlebnis. Ich glaube, es war vor zwei Tagen. Als wir in Eidembukta waren? War dort das Whiteout?

JN. In der Hornbækbukta waren wir im Meereis angepflockt.

ES. Ja, wir haben einen Abendspaziergang auf dem Eis gemacht, und das war wie eine religiöse Erfahrung.

JN. Findest du?

ES. Es war sehr schwer, nicht zu --- nicht in eine romantische Lächerlichkeit zu verfallen, aber --- Ich habe mir diesen Gletscher angesehen --- Man geht bis zum äußeren Rand, wo man sich mit den zwei Gewehren auf beiden Seiten bewegen kann, sodass --- Wir konnten also nicht über die Linie hinaus, und ich schaute und schaute auf den Gletscher vor mir, und auf dieses Stück Eis, Meereis, das hinführte. Ich dachte: „Wow, das bin ich und die Elemente“. Und dann schaute ich nach rechts und links und alle anderen waren auch auf den Knien, wie bei einer Art, du weißt schon --- Erscheinung von irgendeinem Gespenst.

JN. In Anbetung.

ES. Ja, das war es. Das war es wirklich. Das ist wirklich hängen geblieben.

JN. Wo würdest du die Religion dort verorten?

ES. Das ist interessant, denn du sprachst in deiner Präsentation von Glauben und von vielleicht falschem Glauben --- oder einer seltsamen Art der Glaubenskonstruktion, die in einer anderen Gesellschaft lächerlich scheinen mag. Aber ich denke --- es ist etwas, das über das Begreifbare hinausgeht, wenn man etwas von dieser Größe sieht. Und das ist der Punkt, an dem die Vorstellungskraft in ein anderes Element überspringt. Vielleicht nennt man das Glauben. Einen Bezugspunkt. Höre ich mich jetzt romantisch an?

JN. (lacht) Ein bisschen.

ES. Wie würdest du Glauben definieren?

JN. Ich denke, Religion mit Glauben zu verbinden, ist eine sehr christliche Sache, denn wie ich in meinem Religionswissenschaftsstudium gelernt habe

ES. Ja!

JN. Ich habe das an der Universität studiert. Viele Religionen oder Kulte basieren auf praktischen Ritualen. Es geht nicht darum, an etwas Abstraktes zu glauben, das man ausschließlich im Kopf hat, sondern darum, dass man etwas machen muss, ich weiß nicht was, einen Regentanz oder so.

ES. Ja, ja.

JN. Religion kann hauptsächlich eine Praxis sein. Und Glaube ist meiner Meinung nach --- Wenn Jesus zu Thomas sagt: „Du musst glauben, ohne zu sehen“. Das ist für mich der Glaube. Oft wird er in Opposition zum Wissen gestellt. Religion ist für mich, ich habe es auch in der Präsentation gesagt, ein System von Symbolen

ES. Ja.

JN. Oder von diesen Praktiken, die ich erwähnt habe. Und unterscheidet sich von Kultur zu Kultur und von Zeit zu Zeit.

ES. Und glaubst du, dass unsere künstlerische Praxis damit zusammenhängt, die rituelle Natur dessen, was wir als Künstler*innen tun? --- Ich denke auf jeden Fall, dass mein Verhalten im Laufe der Jahre immer exzentrischer geworden ist, und es könnte eine seltsame schamanistische Sache sein, die ich verzweifelt zu leugnen versuche.

JN. Das kann es sein. Es hängt sehr von der einzelnen künstlerischen Praxis ab, denn ich kenne viele Künstler*innen, die --- keine Atelierpraxis haben oder die in erster Linie konzeptuell [illegible] Zum Beispiel ist Institutionskritik oder so etwas eine nicht sehr religiöse Kunstpraxis.

ES. Ja. Ich muss irgendwie beides machen, auch unterrichten. Aber wenn ich ehrlich zu mir selbst bin, ist das Eintauchen in meinen Arbeitsmodus, wenn ich tatsächlich zeichne, wie das Eintauchen in eine andere Dimension. Auf jeden Fall. Es ist die einzige Tätigkeit, die einen ganz bestimmten Teil meines Bewusstseins in Anspruch nimmt.

JN. Ich kenne das auch von der Arbeit mit Material. Ich weiß nicht, wie ich es nennen soll. Sich selbst zu vergessen

ES. Ja.

JN. Aber gleichzeitig präsent zu sein.

ES. Ja.

JN. Nicht Immersion wie bei einem Hollywood-Film.

ES. Ja, ja, ja. Es ist die Aktion des Machens, aber auch des Denkens und des Nachdenkens. Und tatsächlich hier in dieser Landschaft zu sein und abzuzeichnen. Es muss von außen ein bisschen exzentrisch aussehen, diese Tätigkeit zu wiederholen. Aber ich kann mich darauf einlassen. Ich habe wirklich schlechte Tage, an denen nichts funktioniert, und dann geht es plötzlich wieder, und ich glaube, das liegt an der Wiederholung von Handlungen.

JN. Wiederholung ist ein sehr wichtiger Aspekt bei Ritualen, vielleicht der Kern.

ES. Und vielleicht ist auch ein bisschen Regentanz dabei.

JN. (lacht) Genau. Was anders als bei religiösen Ritualen ist, dass man keine Angst hat --- Dass es nicht auf eine bestimmte Weise ablaufen muss. Dass sonst nichts Schlimmes passiert --- Oder, du weißt schon, diese Verbindung zum Schicksal.

ES. Oh mein Gott, Judith. Das ist wie eine Therapiesitzung.

JN. (lacht)

ES. (lacht) Ich glaube aber, es ist wahr!
Oder nicht?

JN. Was?

ES. Manchmal, wenn man arbeitet? Ich muss es auf eine bestimmte Weise machen.

JN. (lacht)

ES. Das ist gefährlich. Dessen bin ich mir bewusst. Aber egal. (lacht)

JN. Nächste Frage. Was weißt du über diesen Ort?

ES. Über genau diesen Ort? Nun, wie gesagt, ich war schon in Svalbard, natürlich nicht zwanzig Mal. Ich hatte einen einmonatigen bzw. fünfwöchigen Aufenthalt, und ein paar Jahre davor war ich auch schon einmal am Nordpolarkreis. Aber jedes Mal, wenn ich hier bin, ist es ein völlig neuer Ort. Ich fühle mich fremd. Ich weiß ein wenig über die Geschichte und die Wissenschaft. An der Universität in Longyearbyen habe ich ein paar Kontakte zu Glaziologen, deren Erkenntnisse waren wirklich hilfreich sind. Aber ja, ich fühle mich wie eine außenstehende Betrachterin.

JN. Das führt zu der nächsten Frage: Wie siehst du dich in dieser Landschaft?

ES. Das ist kompliziert. Ich meine, als eine Erfahrung von einem Ort ist es --- Besonders in dieser Zeit des Jahres sehe ich mich sehr verletzlich und unbedeutend. Das Leben ist dem ausgeliefert --- Obwohl wir mit dem Arctic Circle Programm und den Guides offensichtlich viel Unterstützung haben, fühle ich mich immer noch --- Neulich war ich nachts unterwegs und habe vergessen, meine Handschuhe anzuziehen, und ich hatte das Gefühl, dass ich ohne Schutzkleidung wirklich sterben würde. Auf einer unmittelbaren Sinnesebene ist es also eine wirklich sehr elementare Landschaft, in der man sich winzig fühlt. Besonders bei diesem Wetter heute. Was den Zweck angeht, wie ich mich in dieser Landschaft sehe, das ist schwieriger zu definieren. Um hierher zu kommen, habe ich beim Fliegen eine Menge Treibstoff verbraucht. Was ist der Zweck davon? Ich weiß es nicht. Ich muss zur Überzeugung zurückkehren --- Ich muss darüber nachdenken, welchen Wert meine Arbeit am Ende hat. Wird sie mit den Menschen kommunizieren? Ich habe die vage Überzeugung, dass es einen Zweck der Kunst gibt, dass sie die Menschen emotional mit Orten verbindet, die sie in ihrem Leben wahrscheinlich nie zu Gesicht bekommen werden, und dass das ein Auslöser sein könnte, der sie dazu bringt, ein wenig mehr über – sich, mich, uns alle – nachzudenken. Wir alle fangen an, über unser Verhalten und unsere Handlungen nachzudenken. Ich glaube, dass es für Wissenschaftler*innen sehr schwer ist, mehr als nur die Daten zu vermitteln. Ich habe mit vielen Glaziologen gesprochen, die beklagen, dass sie für ihre Daten nur akademische Leserschaft bekommen. Bei einigen Projekten habe ich mit Wissenschaftler*innen zusammengearbeitet – ich würde sie nicht als Kollaboration bezeichnen, aber wir haben unsere Arbeiten gemeinsam gezeigt – und sie waren sehr erfreut über das neue Publikum, das erreicht wurde. Vielleicht hat meine Kunst und die Reise also in diesem Sinne einen Zweck.

JN. Die nächste Frage hast du wieder schon beantwortet.

ES. Wie lautet die Frage?

JN. Frage Nummer elf: Was ist die soziale Rolle deiner Kunst, besonders in Zeiten des Klimawandels?

ES. Ich hoffe --- Hoffentlich hat Kunst einen enormen positiven Einfluss, wenn es darum geht, Menschen emotional zu verbinden. Nicht nur emotional, sondern natürlich auch intellektuell. Aber ich denke es ist diese emotionale Verbindung, die uns dazu bringt, unser Verhalten zu ändern. Das zeigt die Forschung. Wir können etwas intellektuell verstehen, aber wir ändern nicht unbedingt unser Verhalten, solange wir nicht wirklich etwas dabei empfinden.

JN. Ich habe es auch in den Nachrichten erlebt. Es ist ein großer Unterschied, ob man Artikel über den Krieg liest oder ob man die Bilder sieht.

ES. Das stimmt.

JN. Was ist deine Lieblingslandschaft?

ES. (lacht) --- Wow. (lacht) --- Nun, heute --- Ich liebe Gletscher. Sie faszinieren mich einfach. Ihre sachte Bewegung hat etwas an sich. Sie haben etwas, das sowohl in der Vorstellung als auch physisch und visuell wirklich außergewöhnlich ist. Es handelt sich um Tausende von Jahren der Evolution. Und dass man, wenn man in eine Gletscherspalte stürzt, hundert Jahre lang nicht mehr gesehen wird. Ich liebe das. (lacht)

JN. (lacht) Was ist Natur?

ES. Das ist alles, offensichtlich. Nichts hat Vorrang. Wir haben als Spezies vielleicht mehr Einfluss, aber wir unterscheiden uns nicht von anderen Spezies, wenn es darum geht, dass wir dem Kreislauf von Dingen wie Evolution und Tod unterworfen sind. Ja.

JN. Ja. Was bedeutet Kälte? Was bedeutet Wärme?

ES. Kälte. Nun, in dieser Landschaft ist es wirklich offensichtlich. Man weiß definitiv, was Kälte bedeutet, wenn man hinausgeht. Aber auf einer anderen Ebene geht es wohl auch um eine Art Materialität. Wenn du das Wort Kälte sagst, muss ich sofort an die physische Natur denken. Wie das aussieht. Hitze kenne ich nicht. Ich bin eher ein kalter Mensch.

JN. Ja?

ES. Ich fahre nie in den Urlaub. (lacht)

JN. Nein?

ES. Selten. Mein Partner liebt heiße Orte. Es ist eine hoffnungslose Beziehung. (lacht)

JN. Oh nein. (lacht)

ES. Er liebt heiß und ich liebe kalt. Das ist eine Katastrophe.

JN. Wie rein ist dein Gewissen?

ES. Wie rein ist mein Gewissen? Oh mein Gott! Und das fragt jemand, der Religionswissenschaften studiert hat. Wie rein ist mein Gewissen. Sicherlich nicht rein, Gott, ja. Auf keinen Fall, nein. Ich bin tatsächlich auf eine Klosterschule gegangen. Und ich glaube, das war extrem schädlich. Weil man die Schuld an allem mit sich herumträgt. Ich bin nicht einmal katholisch, ich weiß nicht, warum meine Eltern --- Ich bin jetzt selbstverständlich Atheistin, aber ich kann irgendwie immer noch nicht an einer Kirche vorbeigehen, ohne mich zu ducken.

JN. Echt?

ES. Also, ich weiß, was Gewissen ist.

JN. In den anderen Interviews habe ich festgestellt, dass die Leute, bzw. die Leute auf diesem Schiff, die Frage auf ihren ökologischen Fußabdruck beziehen. Den CO2-Fußabdruck.

ES. Absolut. Ich meine, um meine Arbeit wieder zu rechtfertigen. Warum ich so viel reise. Ich versuche mit dem Flugzeug nur noch beruflich zu reisen. Aber sogar das ist höchst fragwürdig. Und ich versuche über die Materialien nachzudenken, mit denen ich arbeite. Wir als Künstler*innen sollten über den Fußabdruck, den wir hinterlassen, gründlich nachdenken. Die Kunstpraxis ist oft maßlos. Und ich versuche immer mehr darüber nachzudenken, warum Kunst machen? Wozu ist das nötig? Um auf die Frage von vorhin zurückzukommen --- Vielleicht brauchen wir eine Art kulturelles Glaubenssystem, um einen Sinn in unserer Umgebung zu finden. In diesem Sinne hat Kunst einen Zweck. Wir sollten auf jeden Fall hinterfragen

JN. Die Art und Weise, wie dieses System produziert wird

ES. Ja, ich mache Zeichnungen auf Papier. Ich habe mich schon immer zu Materialien hingezogen gefühlt, die eine erdverbundene Substanz haben. Papier ist organisch. Ich mag die Tatsache, dass es verletzlich ist und ganz leicht zerstört werden kann. Ich mag diese Art von leichtem Fußabdruck. Und in der Tat verwende ich oft Erde oder Asche aus dem Boden, die ich sammele, um darauf zu verweisen. Ich denke, es gibt auch eine Metapher in der Materialbeschaffenheit einer Arbeit zum Thema, über das sie spricht.

JN. Ich war erst kürzlich auf der Kunstmesse in Mailand und dort gab es einen Stand der Art Climate Coalition.

ES. Ja.

JN. Das ist eine britische Organisation.

ES. Ja, sie sind auf der Höhe der Zeit.

JN. Sie haben Richtlinien entwickelt. Vor allem für den Transport.

ES. Transport, Verpackungsmaterial. Ich verwende jetzt recyceltes Verpackungsmaterial für meine Drucke. Ich verkaufe ziemlich viele Drucke, also achte ich immer darauf, dass alles irgendwie recycelt ist. Und ich kuratiere eine Ausstellung, die eröffnet wird, sobald ich im zurück bin. Wir haben eine ganze Reihe historischer Werke, Leihgaben aus ganz Großbritannien, von verschiedenen Museen, die uns Werke zur Verfügung stellen. Wir können nur auf bestimmten Routen ausleihen. Die Co-Kuratorin sagte also, du hast nur eine Chance. Wenn man etwas aus Schottland will, muss es entweder über die Ost- oder die Westküste gehen. Wir erlauben nicht mehr Fahrten als das. --Aber die Künstler*innen sind die Schlimmsten. Die fliegen los für Privatbesichtigungen oder so.

JN. Es kommt auf den Stand der Karriere an, aber ja.

ES. Die Leute sagen, „oh ja, die Umwelt“. Und dann heißt es: „Ich fliege zur nächsten Kunstmesse“.

JN. Ja.

ES. Aber ich bin nicht unschuldig.

JN. Hast du Angst vor dem Klimawandel? Wo siehst du Gefahr?

ES. Habe ich Angst vor dem Klimawandel und sehe ich die Gefahr?

JN. Wo siehst du Gefahr?

ES. Oh, wo. Ich denke, die Gefahr besteht darin, dass wir uns nicht engagieren. Das Problem für große Teile der Welt – ich sage das Offensichtliche – wird nicht durch deren Verhalten verursacht, sondern durch entwickelte Länder wie uns, und das ist einfach nicht zu rechtfertigen. Wir müssen aufwachen. Unser ganzes System, im Grunde genommen. Wir könnten jetzt einen ganzen Tag lang darüber reden, wie wir unser System dekonstruieren können, aber es ist unrealistisch und naiv zu glauben, dass dieser radikale Wandel eintreten wird. Realistisch betrachtet wird es wahrscheinlich bestenfalls zu einer gewissen Abmilderung der Klimawandelfolgen durch Technologien kommen. Hoffentlich werden Elektroautos nicht funktionieren. Wir müssen massiv mehr investieren, um neue Wege für Verkehrssysteme, Heizung und Isolierung von Häusern zu finden. Die Regierung muss sich radikal ändern. Aber auch auf persönlicher Ebene müssen wir unser Verhalten überdenken.

JN. Ja.

ES. Die Gefahr ist also, dass wir untätig sind. Das Ziel von Künstler*innen kann dabei sein, zu einer überzeugenden Geschichte beizutragen, damit die Leute denken: „Oh ja, das ist eine Mission". Wie meine eigene Arbeit, die zu meiner --- nicht Mission, aber (lacht) --- ich verpflichte mich, sehr genau darüber nachzudenken, was die Botschaft --- Es ist keine Botschaft. Aber es gibt einen Zweck, selbst wenn es nur eine Hommage an etwas ist, das verschwindet. --- Das geschieht zu meinen Lebzeiten und ich erlebe es selbst, wenn ich Orte wieder besuche. In den Alpen konnte ich das Verschwinden sogar in weniger als zehn Jahren sehen. Es ist offensichtlich. Ja, also --- Das wird jetzt wirklich deprimierend.

JN. Wie fühlst du dich? Nächste Frage.

ES. (lacht) Ich bin verwundert, hier zu sein. Es ist fantastisch. Es ist erstaunlich. Es macht mich --- erweckt meinen Sinn für --- Als ob man dich verspotten würde. Ein Gefühl der Winzigkeit im System der Dinge. Und all unser Blut, unser Schweiß, unsere Tränen, das zählt wahrscheinlich nicht sehr viel im Maßstab der Dinge.

JN. Das nimmt eine Menge Druck aus dem täglichen Leben, den man sich selbst auferlegt, oder? Zumindest für mich.

ES. Ja, ja. Und obwohl wir unsere Umwelt kaputt machen, wird es Spezies geben, die sich daran anpassen, wenn wir schon lange weg sind. Es wird weitergehen ohne --- Wer weiß? --- Kosmisch. Wie ich mich fühle? Ja, so fühle ich mich. Mein Gott.

JN. (lacht) Und was hast du geträumt?

ES. Oh, was ich geträumt habe. Das ist sehr interessant. Zumindest für mich. Für die Anderen sind meine Träume möglicherweise wirklich uninteressant. (lacht) Ich hatte einen sehr lebhaften Traum, und ich kann mich nicht erinnern, es war ein reißerischer, ein gewalttätiger Traum. Ich kann mich nicht erinnern, tut mir leid.

JN. Ich habe auch gewalttätige Träume.

ES. Mörderische (lacht)

JN. (lacht) Blutige.

ES. Exorzismen in der Nacht.

JN. Was geschah am Tag deiner Geburt?

ES. Es war ein großer Tag für mich. (lacht) Ich weiß nicht, was am 1. März 1963 passiert ist. Ich wurde in Münster, Deutschland, geboren.

JN. Ach ja?

ES. Ja. Mein Vater war bei der Wehrmacht, also wurde ich im Militärkrankenhaus geboren. Was an diesem Tag geschah? Ich bin sehr dankbar, dass es geschah.

JN. Es ist interessant, wie unterschiedlich die Leute auf diese Frage reagieren. Du sagst, dass es ein besonderer Tag war, und jemand anders hat gesagt: es war wie jeden Tag. (lacht) --- Ich habe meine Augen geöffnet.

ES. (lacht) Das gefällt mir. Ich glaube, ich war ein echtes Problembaby, um ehrlich zu sein. Ich hatte Asthma und lag in einem kleinen Sauerstoffzelt, also war es wahrscheinlich kein guter Tag, aber

JN. Seitdem ist es besser geworden.
ES. (lacht) Seitdem ist es besser geworden.

JN. Danke für dieses Interview, Emma, es war wirklich toll.

ES. Ich danke dir! Danke, dass du zugehört hast.

Bunter Abend. Jette, die Barfrau und mit 19 Jahren die Allerjüngste an Bord, stellt die Frage in die Runde, wie man Kreativität und künstlerische Praxis in den Arbeitsalltag integriert. Daraus ergibt sich ein ausführliches Gespräch und ich lerne viel über die Arbeitsweisen und Kunstbegriffe der Anderen. Nico sagt, es gibt nie einen perfekten Moment zum Kunstmachen. Sarah sagt, es ist okay, mal ein paar Monate lang untätig zu sein. Irgendjemand zwingt sich jeden Tag zu einem Gedicht. Ich sage, dass Künstlerin-Sein ein Lebensstil ist und es ums Spielen geht. Das muss sich nicht Produkten kristallisieren, sondern meint eine Haltung zur Welt und einen Umgang mit den Dingen.

Marius leitet eine Gruppenmeditation an. Wir sollen Geräusche erzeugen und nach Belieben die der Nebenleute aufnehmen und spiegeln. Dann denkt jede*r mit geschlossenen Augen an etwas, das man zurücklässt und nicht mit nach Hause nimmt. Ich denke an die Wut auf Federico. Und dann soll man sich jemanden vorstellen, den man liebt, und fast gebetsartig werden Wünsche an diese Personen imaginiert. May they be happy, may they be successful in life etc. Nachher bespreche ich mit Nico, dass wir gar nicht so einfach jemanden gefunden haben, den wir lieben. Ich habe meinen Bruder genommen und er seine Schwester, aber richtig zufrieden sind wir damit nicht.

Die letzte Nacht auf dem Schiff brachte keinen Traum mit sich. Das Wetter ist gut, sonnig und gar nicht kalt. Das Wasser bei Boremorenene ist sehr flach und wir müssen aufpassen, nicht auf Grund zu laufen. Ich besuche mit Frederike alle drei guides, die mit ihren Gewehren auf den Hügeln stehen und das Spielfeld definieren. Einige liegen im Schnee und kontemplieren. Frederike manifestiert noch einmal, dass der rote Anzug wirklich ein modisches Statement sei und ich Milano in die Arktis bringe. Jetzt sei aber abgedreht und die Lichter der Fashion Show gingen aus.

Kurz bevor uns die Zodiacs zum Mittagessen zurück aufs Schiff bringen (Carbonara II), folge ich Nico, Kelsey und Molly ins Wasser. Ich nehme ein letztes Bad im arktischen Ozean mit circa -2 Grad Celsius Wassertemperatur.

Mein Covidtest ist negativ. Wir machen ein Gruppenfoto und ich packe. Sergei repariert meinen Koffergriff. Im Hafen werden wir von einem Bus abgeholt.

Longyearbyen: ca. 2,100 permanente Einwohner, Barentsburg: 434 permanente Einwohner aus Russland (Stand Juli 2014), Kap Linné – Isfjord Radio und Hotel: 3 Personen, Kap Wijk (Isfjord) – Trapperstation: 1 Person, Svea: vormals 225 Pendler, jetzt aufgelassen, Hornsund – polnische Forschungsstation: 10 Personen, Pyramiden: 10–12 Personen für den Hotelbetrieb, Ny-Ålesund: 25 permanente Bewohner*innen, dazu im Sommer etwa 100 Gastforscher*innen, Akseløya und Kap Schollin (Van Mijenfjord) – Trapperstation: 1 Person, Bäreninsel (Bjørnøya) – norwegische Wetterstation: 9 Personen, Hopen – norwegische Wetterstation: 4 Personen, Einwohner*innen Svalbard gesamt: 2,428 (7. April 2020).

Der erste Eindruck von Longyearbyen ist der einer kleinen Industriestadt, funktional, kalt und ohne Dekor. Unser Programm hat für alle zwei Nächte im Radisson Blu Polar Hotel gebucht, die Zimmerpreise starten dort bei 280 Euro. Das sieht man den anderen Hotelgästen an. Ich dusche heiß und rasiere meine Achseln zum ersten Mal seit mehreren Wochen.

Bei der Good Bye Party sticht Nastja zehn Leuten kleine Tätowierungen. Ich will eine Schneeflocke. Sergei lässt sich auf dem linken Ringfinger das gleiche sechsgliedrige Motiv wie ich stechen. Das freut und irritiert mich gleichermaßen.

Wir sind noch zu dritt auf unserem Hotelzimmer. Frederike, Sergei und ich. Frederike hat ihre „Handtasche“ dabei, einen 5 Liter Rotwein-Kanister. Sie macht ihren Lieblingssong an, „Look at me now“.

Von 8 bis 12 Uhr schlafe ich, dann verabschiede ich Tuomas mit einem Kuss auf die Backe. Er drückt mich fest und ich sage bis bald.

Wir besichtigen eine Gletscherhöhle. Die Batterien meiner Stirnlampe sind leer und ich taste mich mit der Handytaschenlampe hinter Pablo entlang. Es geht über ein enges Loch im Schnee in den Untergrund und unten ist es sehr rutschig und sehr sehr dunkel. Einmal machen wir unsere Lampen aus und die Schwärze ist absolut. Es ist nicht so wie meistens, dass sich die Augen irgendwann gewöhnen und man Schemen erkennt, sondern die Dunkelheit bleibt undurchdringlich. Die Höhle hat einige nahezu unpassierbare Stellen, bei denen wir uns vorbeidrücken und durh die wir kriechen, und sie scheint nicht zu enden. Ich habe Angst (Primäremotion!) und muss mich überwinden, weiterzugehen. So eine Gletscherhöhle ist der Ort meiner Alpträume. Irgendwann treffen wir auf drei Eiskletterinnen und machen kehrt.

Am allerletzten Tag steht der Besuch von Artica und dem Global Seed Vault auf dem Programm. Beide Institutionen sind relativ geschlossene Vereine: für eine residency bei Artica muss man vorgeschlagen werden und kann sich nicht selbst bewerben. Der Global Seed Vault ist bloß von außen zu besichtigen, d.h. man stellt sich vor die Tür, macht ein Bild und spaziert dann rund eine Stunde zurück in die Stadt. Es handelt sich dabei um ein Lager für die Samen aller Nutzpflanzen weltweit. Es enthält auch gentechnisch modifiziertes Saatgut und bildet einen gegenwärtigen Status ab. Kurz nach seiner Eröffnung 2006 begann der Permafrost zu schmelzen, daher hat es eine künstliche Kühlung. Sarah begleitet uns mit dem Gewehr, denn nur im Zentrum Longyearbyens ist freies Umherlaufen ungefährlich. Sie spricht vom transitorischen Charakter der Stadt und von Touristensaisons. Auf Spitzbergen gibt es neben dem Menschen bloß drei Säugetierarten: das kleine Rentier, den Polarfuchs und den Polarbären. Einsamkeit ist auch für die Leute in Svalbard ein Thema.

Ich unterhalte mich mit Nico über das Kunststudium und über den Tod. Ich habe am Neujahrstag den Film *Voyage of Time* von Terrence Malick gesehen, in dem der Gedanke formuliert wird, dass es den Tod im Universum erst seit der Entstehung des Lebens vor drei Milliarden Jahren und nicht von Anfang an gibt. Die Vorstellung einer Welt ohne Tod finde ich mindblowing; Nico und ich einigen uns aber darauf, dass es ihn vielleicht immer noch nicht gibt, wenn man die materielle Seite ernst nimmt: „Ein Körper verschwindet nicht plötzlich nach dem Tod". Ich sortiere Bücher zur Beruhigung, er sortiert Plastiktüten.

Frederike und ich gehen shoppen und kaufen im Geschäft Longyear 78° Klamotten der Marke Amundsen. Die Verkäuferin ist hochschwanger und wir reden kurz über die praktische Abwicklung der Geburt, denn in Svalbard dürfen keine Kinder geboren werden, und niemand darf sterben. Demnach gibt es dort keine wirklich alten oder kranken Menschen und die Verkäuferin wird in wenigen Tagen nach Tromsø ausgeflogen zum Entbinden.

Wir essen im Kiosk MIX zu Abend, dort gibt es die besten Tapas der Stadt. KB ist geschlossen. Wir weihen die Wohnung ein, in die Sergei am gleichen Tag erst eingezogen ist. Frederike und ich haben Geschenke besorgt (Pflanzen, Kerzen), für Nico haben wir einen Eisbärenteller. Eisbären können sich mit Braunbären paaren, dann entsteht ein weißer Bär mit braunen Ringen um die Augen. Nico wird 42 Jahre alt und sein Lieblingstier sind Pandas.

Nach und nach verabschieden sich Leute. Sergei und ich machen ein Fotoshooting mit Erdbeeren. Um 5 Uhr begleitet er mich zum Flughafenshuttle. Wir bedanken uns beieinander.

Ich habe nicht geschlafen und lege mich nach dem Sicherheitscheck auf dem Svalbard Airhaven, der nur aus zwei Sälen besteht, quer über die Sitze. Ich schlafe eine Stunde bis zum Abflug um 8 Uhr, zwei Stunden im Flugzeug nach Oslo und weitere drei Stunden im Flugzeug nach München. Um 18 Uhr komme ich in meinem Atelier an. Es hat rund 10 Grad Celsius und ich koche eine Pasta aus allen Resten, die ich finden kann.

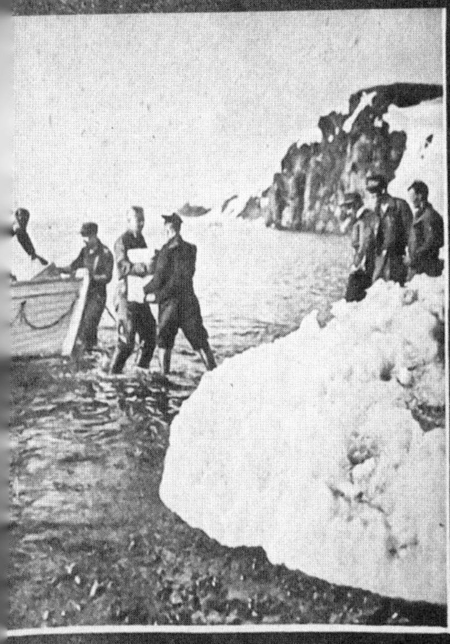

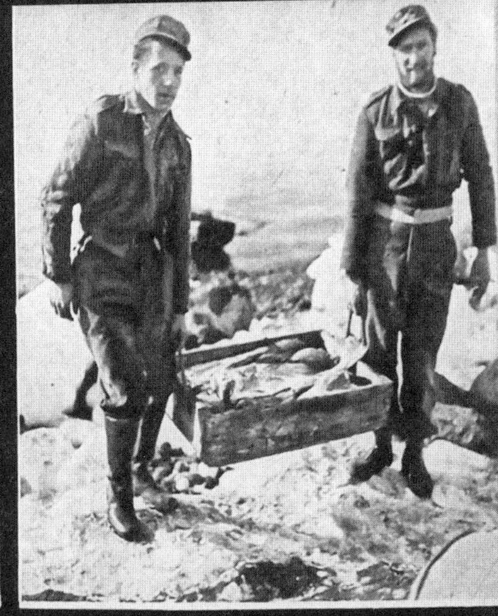

(3) *Above* **No time is lost in getting stores ashore because a break in the weather may hold up unloading for weeks.**

(4) *Above* **Although fish abound in the Arctic they are difficult to catch, so fish from Iceland is included among the summer supplies.**

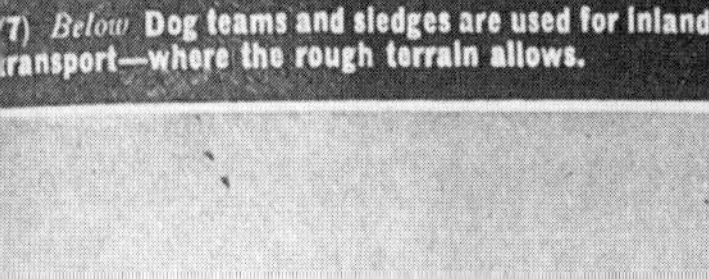

(7) *Below* **Dog teams and sledges are used for inland transport—where the rough terrain allows.**

(8) *Below* **The Greenland dogs, or huskies, are man's best friend in the Arctic.**

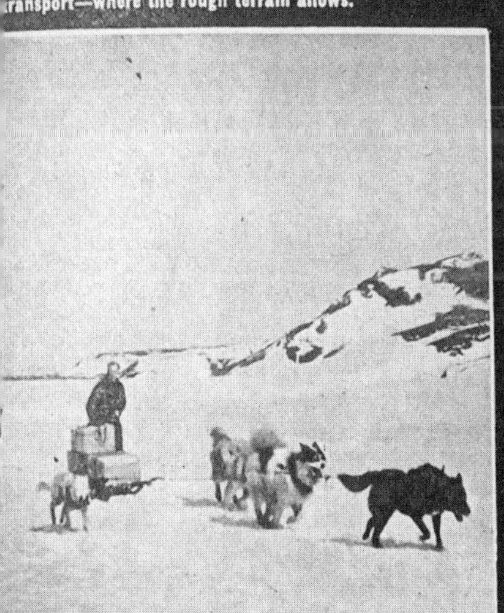

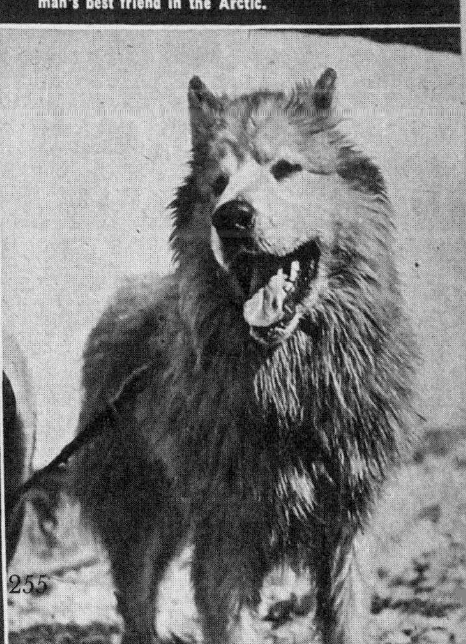

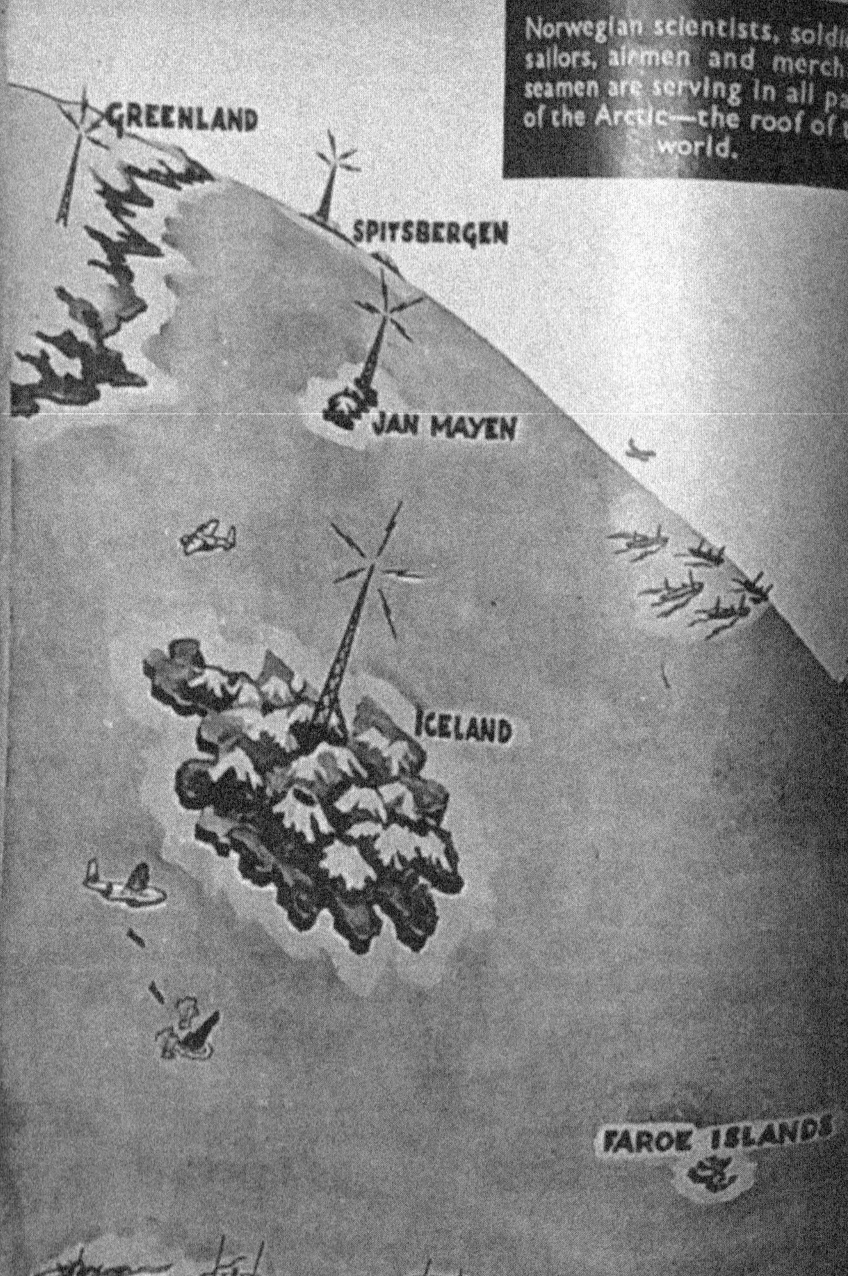
Norwegian scientists, soldiers, sailors, airmen and merchant seamen are serving in all parts of the Arctic—the roof of the world.
GREENLAND
SPITSBERGEN
JAN MAYEN
ICELAND
FAROE ISLANDS

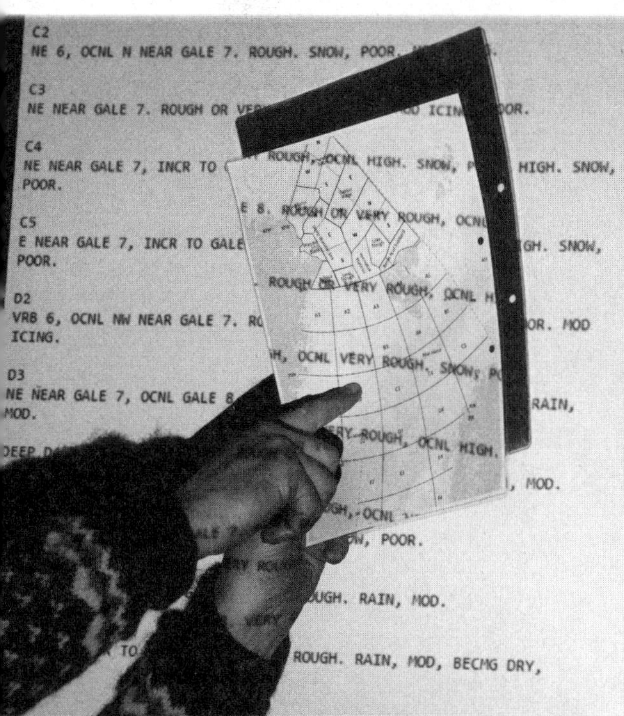

C2
NE 6, OCNL N NEAR GALE 7. ROUGH. SNOW, POOR,
C3
NE NEAR GALE 7. ROUGH OR
C4
NE NEAR GALE 7, INCR TO
ROUGH, OCNL HIGH. SNOW,
HIGH. SNOW,
POOR.
C5
E NEAR GALE 7, INCR TO
ROUGH OR VERY ROUGH,
SNOW,
POOR.
D2
VRB 6, OCNL NW NEAR GALE 7.
ROUGH OR VERY ROUGH,
MOD
ICING.
OCNL VERY ROUGH.
D3
NE NEAR GALE 7, OCNL GALE
RAIN,
MOD.
ROUGH, OCNL HIGH.
MOD.
POOR.
ROUGH. RAIN, MOD.
ROUGH. RAIN, MOD, BECMG DRY,

THE STATE OF THE ICE IN THE ARCTIC SEAS 1909.

PUBLISHED BY THE DANISH METEOROLOGICAL INSTITUTE.

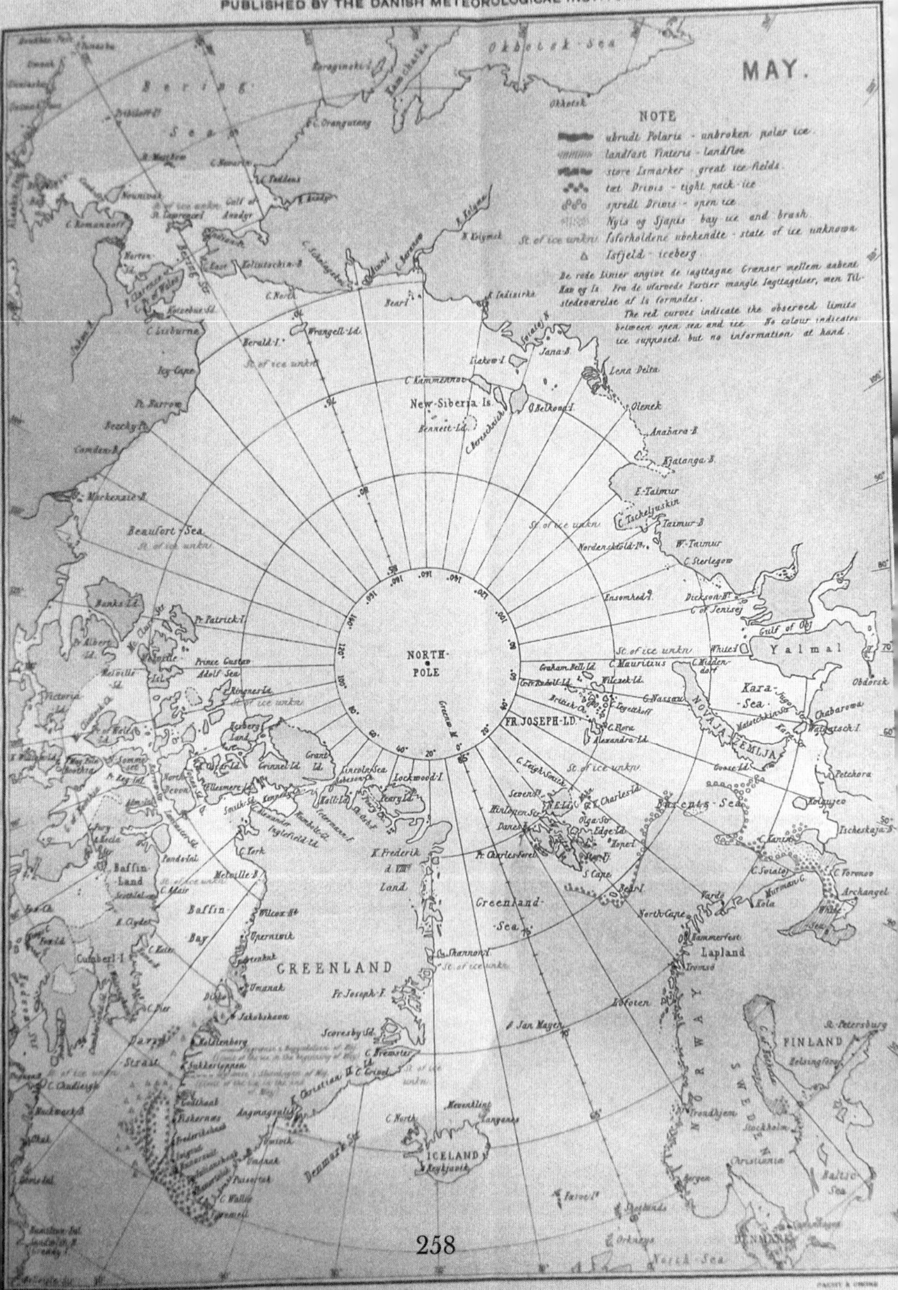

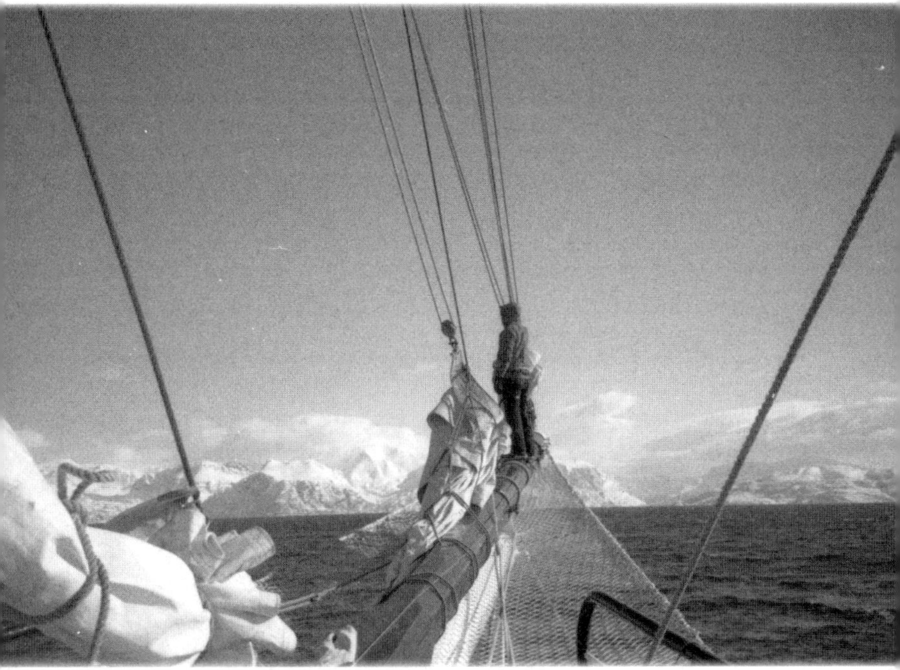

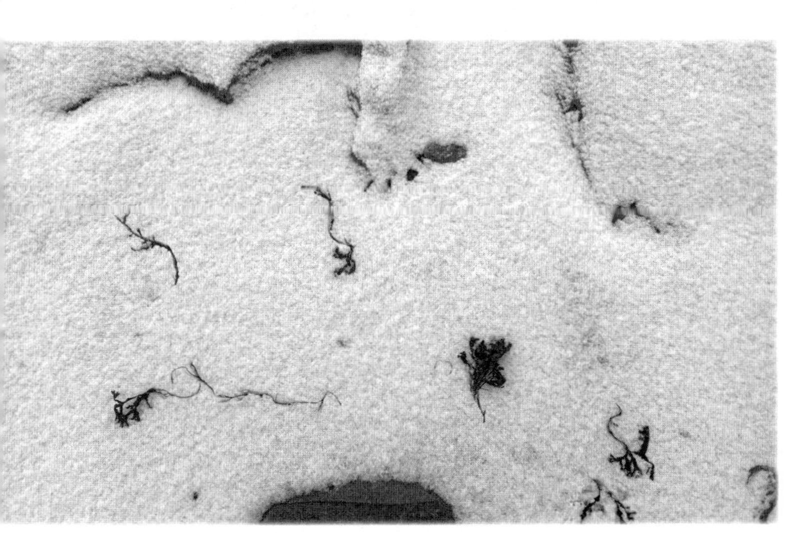

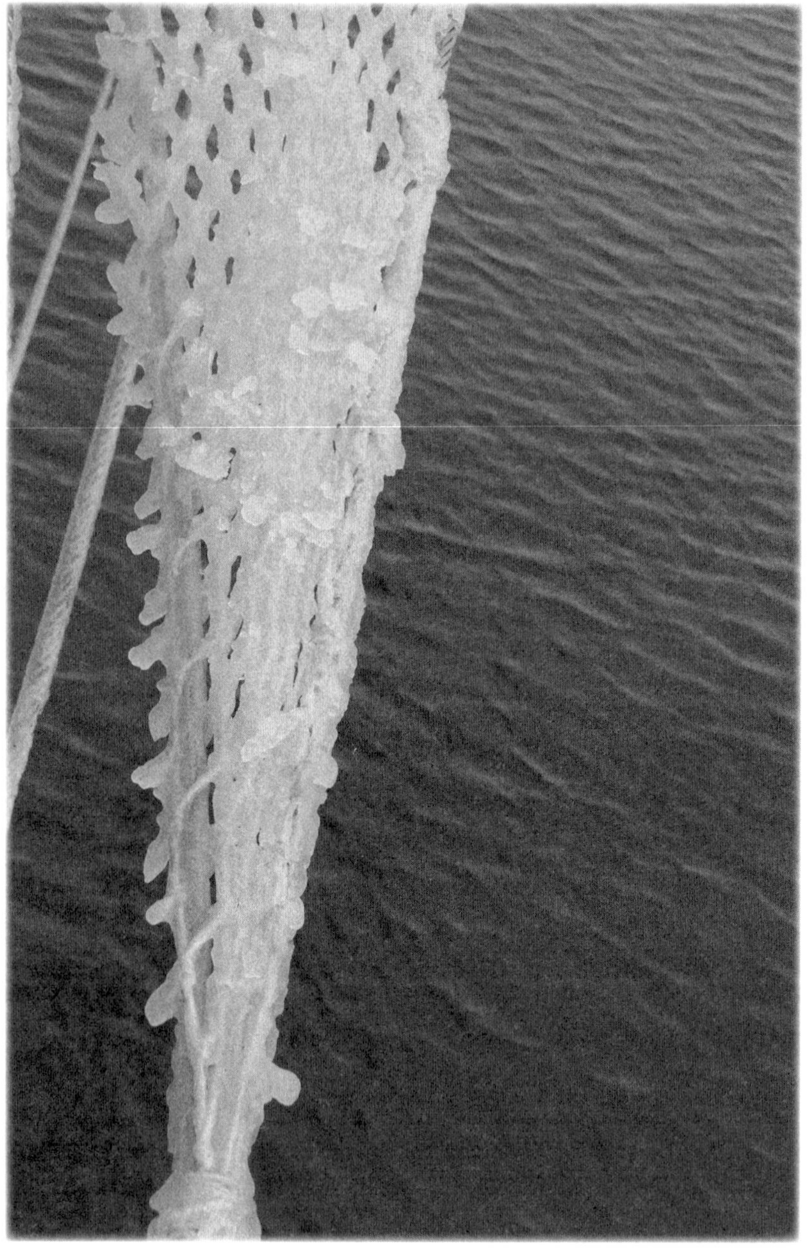

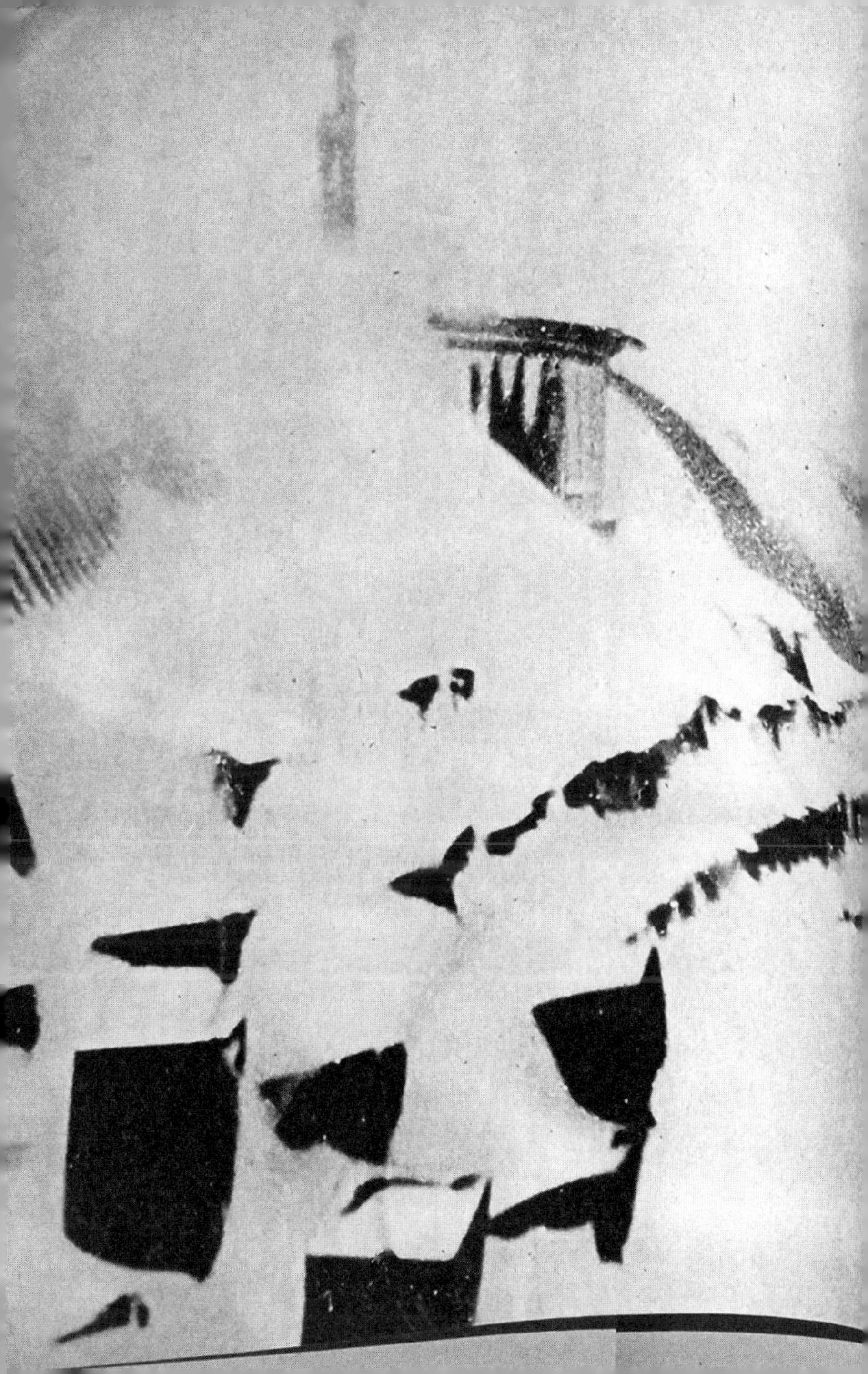

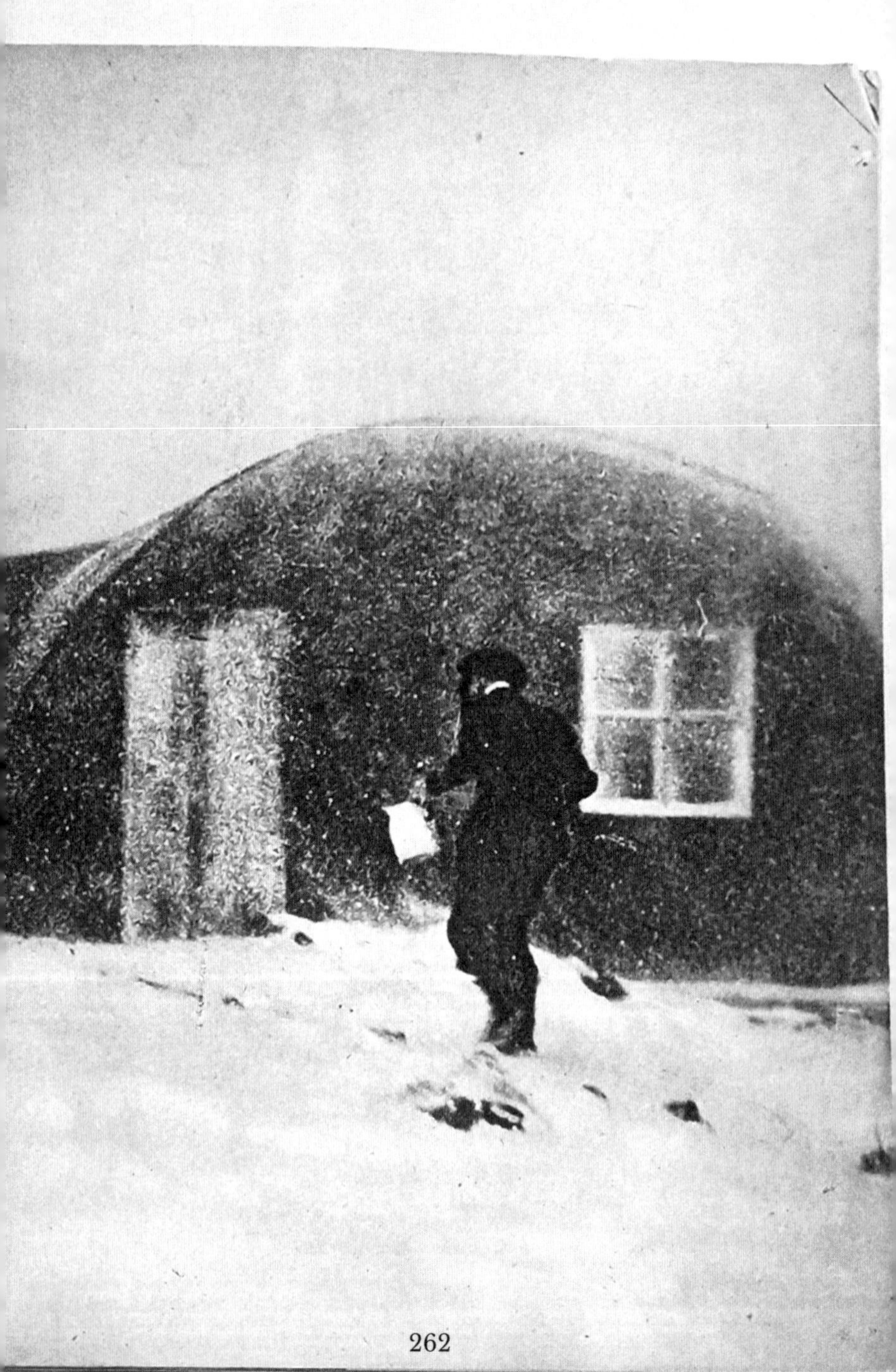

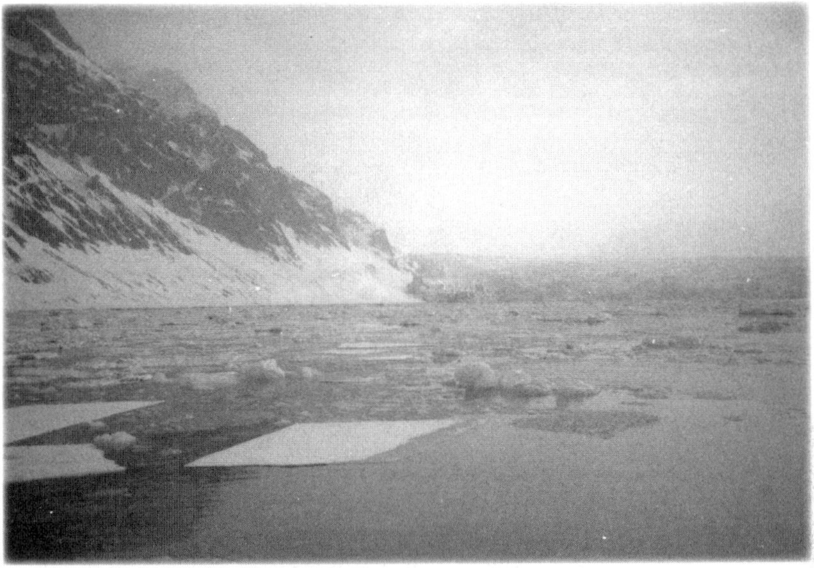

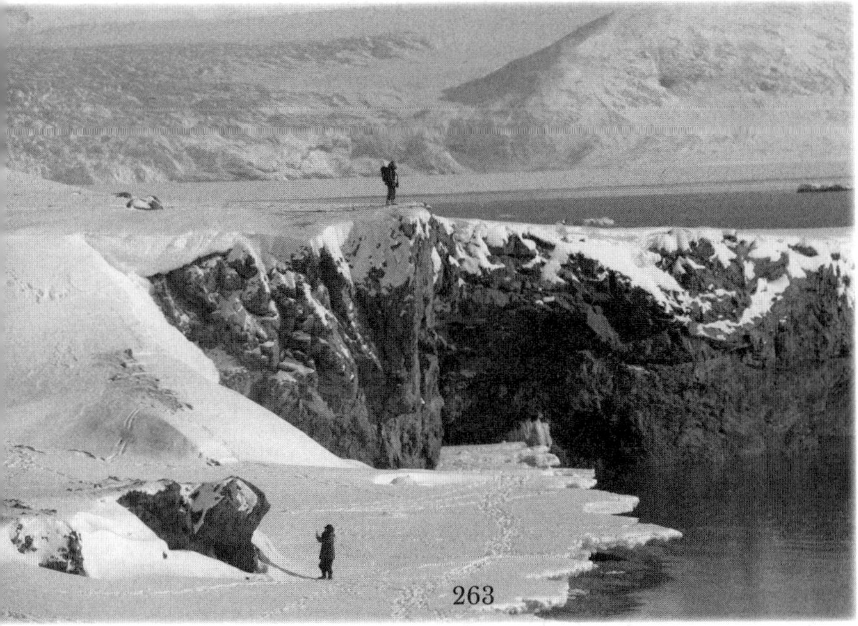

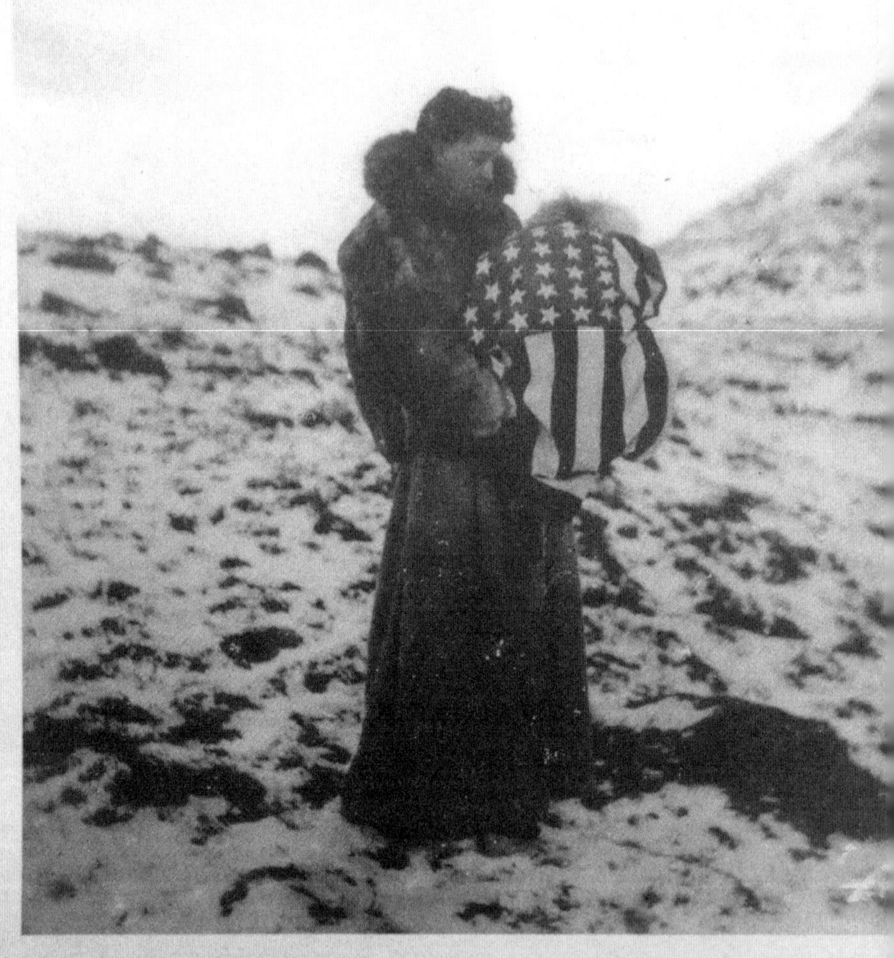

TRIVIA THE SNOW BABY

It sounds like Hans Christian Andersen, but the Dane had already written *The Snow Queen* by the time Josephine Peary, lawful wedded wife of the polar explorer Robert Peary, began her little book, full of photographs, about the arrival in the world of her little daughter Marie in 1893 in North East Greenlan with these words: "Hundreds and hundreds of miles away in the white frozen north, far beyond where the big ships go to hunt huge black whales, there is a wonderful land of snow and ice, mountains, glaciers, and icebergs." AH-NI-GHI- that is 'Snow Baby', is what the local population call the little girl with blue ey

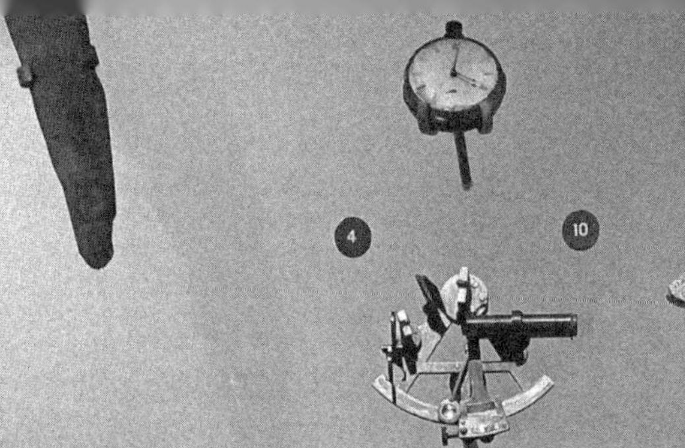

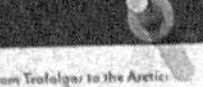
From Trafalgar to the Arctic:
Sir John Franklin (1786–1847)
Franklin had a distinguished naval and diplomatic career. He served at the Battle of Trafalgar (1805) and charted Australia's coast with his uncle, Matthew Flinders. In 1837, he became governor of Tasmania. He left seven years later, due to political and personal disagreements. Franklin hoped to revive his reputation on his 1845 Arctic expedition.
Franklin's badge of the Royal Hanoverian Guelphic Order was collected from the Inuit by John Rae, one of the first searchers for the missing expedition.
Artefacts belonging to Franklin:
1 Australian Aboriginal boomerang
2 Badge
3 Bust of Franklin

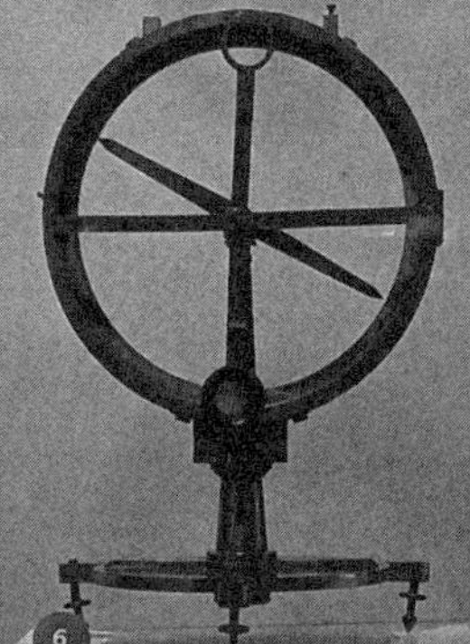

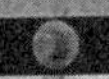
Science and surveying on the search expeditions
The 1845 expedition continued the surveying and scientific work of previous Arctic voyages, while looking for a sea route through the ice to the Pacific. It also supported an international drive to understand the Earth's magnetic field. These telescope parts, pocket chronometer and dip circle were used for these tasks.
The search expeditions did similar scientific work, resulting in significant areas being mapped using instruments like these chronometers and this quintant, and bringing back specimens for analysis.

4 Pocket chronometer
before 1845
5 Quintant
6 Dip circle
7 Chronometer
8 Telescope barrel and lens
before 1845
9 Marine chronometer
10 Geological specimens

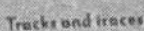

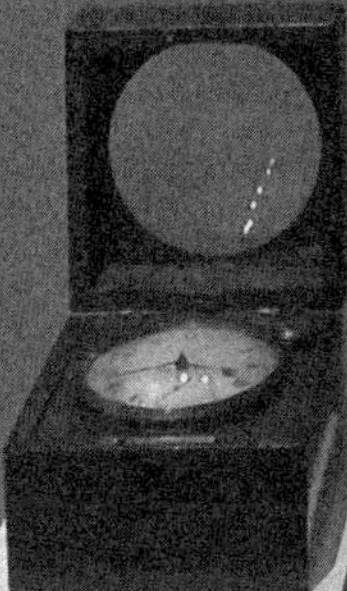

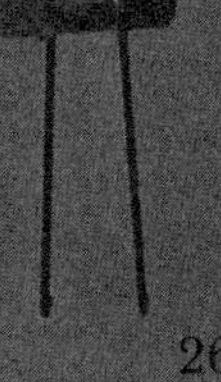
Tracks and traces
The material left behind by the 1845 expedition has been used to try and understand what happened. This pipe was an early find from Beechey Island, where men camped in the winter of 1845–46. The ships became trapped in the ice and were eventually abandoned. The survivors headed south, hauling sledges with them. This boot was found at Starvation Cove on the mainland, where the men were reported to have resorted to cannibalism in their desperation.
11 Clay pipe
about 1845
AAA2028
12 Sea-boot
about 1845
AAA2296
13 Pemmican tin
about 1845
AAA2186

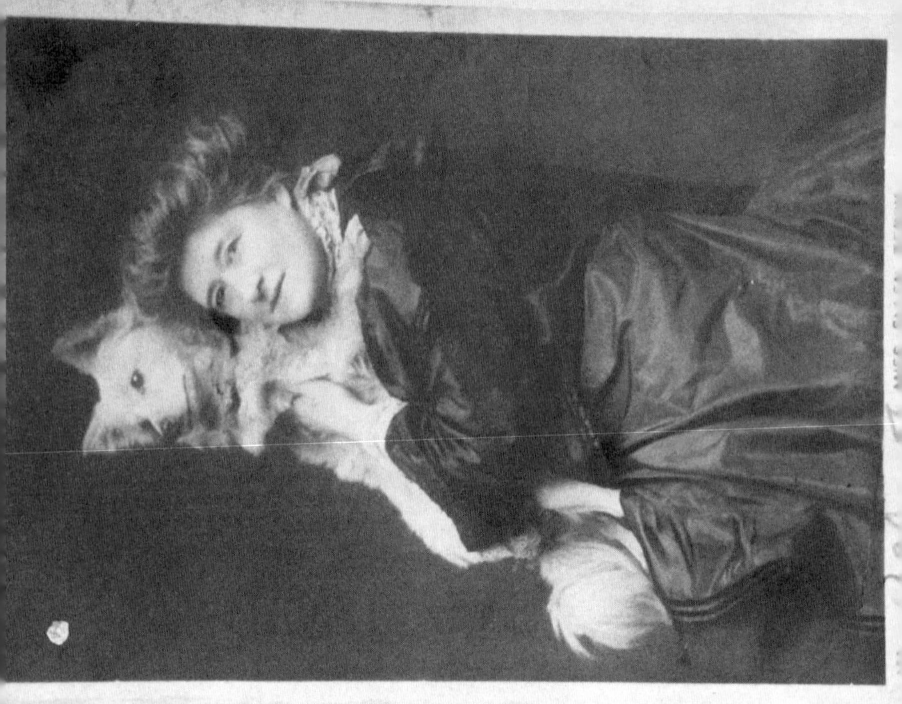

(77)

POST CARD.

ROTARY PHOTOGRAPHIC SERIES.

For Inland Postage Only, this Space as well as the Back may now be used for Communication (Post Office Regulation).

THE ADDRESS ONLY TO BE WRITTEN HERE

INLAND ½d. STAMP FOREIGN 1d.

Bestest — Thanks, for letting me see you all on the Stiks [?] = How I envy you all — E.T. = 13. Sep - 1904

Nachtrag

Ich sitze als einziger Gast mit einem Kännchen grünen Tee in meiner Amundsen-Hose im Café Wetterstein. Auf den Tischen ist noch Osterdekoration. Es ist bewölkt, 12 Grad Celsius. Vor dem Fenster titelt die Bild „Gebühren-Schock! Abzocke bei den Wiesengästen“ und im Radio wird gefragt: „Are we humans or are we dancers?“ Gestern, während der Reise, habe ich den ganzen Tag lang die Kopfhörer aufgehabt und *Cosmic Dancer* von Nick Cave gehört.

Gerade war ich beim Therapeuten und habe ihm als erster Person von der vergangenen Zeit erzählt. Die Erzählung anzufangen war befremdlich. Erstens wegen der deutschen Sprache. Vor allem aber weil die Erfahrung damit abgeschlossen und zu einer Geschichte wird. Ich habe von Frederike, Nico, Sandra, Tuomas, Sarah und Sergei berichtet. Ich habe gesagt es sei sehr lustig gewesen und dass Frederike und ich beim Aufwachen in der Kabine gesungen hätten. Der Therapeut denkt es sei gut, dass ich begehrt wurde. Er hat gesagt, dass ich scheinbar Brüchigkeiten in anderen Leben gesehen habe. Dass Andere noch mehr Halt zu brauchen scheinen als ich, könne mich rückversichern. Er hat außerdem gefragt: Was macht einen tätowierten Mann attraktiv? Ich bin betäubt und lasse das Geschehen an mir vorbeiziehen. Keine Emotion.

In der Whatsapp-Gruppe „Fjord Finder 2022“ werden Fotos der erreichten Zuhause gepostet. Ich bin in der Gruppe auf der Antigua aufgegangen und habe mich als Person gesehen und gewertschätzt gefühlt. Diese Erinnerung trägt mich. Es gibt ein „Wir“, in das ich mich einfügen will.

Das große Wir der Anderen soll auch meines sein. Es spricht von uns Menschen als Spezies, in unauflösbarem planetaren Zusammenhang.

Der Therapeut findet auch es sei gut, dass ich nicht nur Spaß hatte, sondern zum Arbeiten gekommen bin. Ich habe festgestellt, dass ich wieder mehr Vertrauen in die Relevanz von Kunst habe.

Eine Frau betritt die Konditorei: „Grüßgott". „Grüßgott, bitteschön". Ich bin verwirrt. Ich habe einen Beitrag auf Instagram geteilt, der sagt, dass ich Wiedereintrittsprobleme habe. Komisch, wieder am Handy zu hängen. Komischer, wieder an der Uhr zu hängen. Die Bäume haben viele grüne Blätter, die Vögel singen und die Blumen duften. Ich habe drei vollfotografierte Filme zum Entwickeln zu dm gebracht und die Wäsche gewaschen. Jetzt kommt die Sonne raus und es geht ein Anruf ein, den ich nicht annehme.

Ich habe eine vaginale Pilzinfektion. Der Therapeut hat Covid. Hoffentlich nicht von mir, ich werde nie wissen ob ich auf der Antigua mit Corona infiziert war. Ich treffe ihn daher nur virtuell. Er sagt er ist froh, dass sein Geschmackssinn noch da ist und dass dessen Verschwinden das Schlimmste wäre. Er hatte heute Rindercarpaccio. Ansonsten sprechen wir über viele unterschiedliche Dinge, über die Interviews, die ich zu transkribieren begonnen habe. Das ist eine schöne Tätigkeit, ich höre die Stimmen der anderen und freue mich. Der Therapeut beschließt die Sitzung mit der Diagnose, dass ich ja eigentlich sehr genau artikulieren kann, was ich will. Er sagt, Stabilität muss nicht langweilen.

Meine Freunde kommen zum Billboard am Lenbachplatz: Sophie, Lili, Nikolai, Paul, Charlotte, Elfi, Martin, Jonah und Michi. Michi hat den Förderpreis Bildende Kunst der Stadt

München gewonnen, wie in einer offiziellen Email mitgeteilt wurde. Ich gehe also leer aus, aber es macht mir nichts aus. Wir trinken Campari Spritz im Künstlerhaus.

Ich bekomme eine SMS von Lisa. Lisa geht nach Paris, unsere gemeinsame Zeit in Mailand ist vorbei. Eine neue Zeit bricht an.

Für-Judith_Sarah.m4a, Freitag, 29. April 2022, 9:36:58 AM (22.03 min):

Hallo, guten Morgen. Ich bin zu Hause, sitze hier. Ich werde sehen, was ich auf deine Fragen antworten kann. Ich versuche, mich kurz zu fassen, es könnte lang werden.

Mein Projekt war es, alle eure Projekte zu verwirklichen. Sie zu verstehen, sie zu kombinieren, die richtigen Orte zu finden --- die richtigen Orte, die richtigen Möglichkeiten zu finden und dafür zu sorgen, dass ihr in der Lage seid, an euren Projekten zu arbeiten --- das Beste aus der Situation und den Situationen zu machen, die wir hatten.

Meine Reise wurde bezahlt. Ich arbeite nun schon seit zehn Jahren bei The Arctic Circle. Jeden Juni und jeden Oktober seit 2012, und es ist der längste und stabilste Job, den ich je hatte, und er bezahlt einen Teil meiner Rechnungen.

Ich bin hier, weil --- ich es liebe. Es ist mein Zuhause. Sowohl die Inseln als auch das Schiff. Und ich mache das immer wieder, obwohl ich mir nach jeder Reise wie jetzt nicht vorstellen kann, dass eine neue Gruppe von Künstler*innen kommen wird --- Auch wenn es immer so ist, dass ich dann das Gefühl habe, dass mir etwas fehlt – in diesem Fall 29 Liebhaber*innen – und dass ich in 29 Teile zerbrochen bin, mache ich es gerne, weil es so besonders ist --- euch an diesen Ort zu bringen und zu sehen, wie ihr die

Insel und die Natur seht. Aber auch, weil es so besonders ist, alle in diesem sehr frühen Stadium der Arbeit zu sehen, denn das Endprodukt ist in den meisten Fällen --- Es ist noch nicht wichtig. Es ist der Anfang des Schaffens, der Anfang des Gestaltens. Was normalerweise alleine passiert, vielleicht mit ein paar Leuten --- Normalerweise im Studio. Ich glaube, das ist eine ganz spezifische Position, die man in vielen anderen Situationen nicht findet und die ich liebe. Ich liebe die Arbeit und ich liebe den Ort.

Was ich im Moment sehe, sind meine schmutzigen Fenster. Es hat viel Wind von Osten gegeben und der Sand aus dem Tal weht direkt auf meine Fenster. Aber durch diese schmutzigen Fenster sehe ich die Berge, die andere Seite des Fjordes. Es gibt immer noch Weiß, ein bisschen Gestein ist zu sehen, weil es windet Schatten von den Wolken. Und ich sehe das Meer, ich sehe die Wellen. Der Wind kommt jetzt mehr aus dem Nordwesten, also kommen die Wellen hierher. Ich kann sie hören, wenn ich ein Fenster öffne. Und ich sehe mein Zuhause. Ich bin zurück. Ich bin hier.

Was ich über diesen Ort weiß? Eine Menge. Und vielleicht ist es das, was mich von anderen unterscheidet, dass ich die Veränderungen kenne. Ich bin nun eine Zeit lang hier und habe viele Orte zu verschiedenen Jahreszeiten und Tageszeiten gesehen, sodass ich weiß, wie sich dieser Ort verändert.

Ich sehe mich als Teil der Landschaft. Ich erinnere mich noch sehr, sehr genau an das erste Mal, als ich alleine unterwegs war. Es war auch gleich ein sehr langer Spaziergang zu einer Hütte. Und ich weiß noch, wie völlig überwältigt ich war und wie extrem still es war. Und wie ich fast gerannt bin. Ich lief zu schnell, mir wurde zu warm, ich lief zu weit, weil es so überwältigend war. Das hat sich geändert, seit ich hier bin. --- Die Umgebung entspricht meinem Tempo. In der Natur hier sehe ich mich als Teil der Natur. Aber immer nur an der Oberfläche. Es ist --- Man ist hier nicht in der Natur. Man ist fast in ihr, aber bleibt immer an der Oberfläche. Und das ist es, was ich oft fühle, wenn ich an einem Ort bin --- Ich fühle --- Es fällt mir einfach auf, dass dieser Ort uns überhaupt nicht braucht. Er wäre genau derselbe, wenn wir nicht da wären. Wir sind also da und was mich überwältigt, ist, dass es genauso aussieht, wenn niemand hinsieht. Also ja, als Teil der Landschaft, aber nie in ihr. Immer an der Oberfläche.

Meine Lieblingslandschaft. Oh --- Wir haben ein kleines Stück davon gesehen. Wir haben einen Teil davon bei der allerletzten Landung gesehen. Es ist die Moränenlandschaft. Mehr als das Eis, mehr als die Gletscher und der Schnee ist es die Moränenlandschaft, woraus man die Geschichte liest, die Landschaft, die wie Hügel mit kleinen Seen zwischen den Hügeln aussieht. Sie wird oft als eine mondähnliche Landschaft beschrieben. Sie sieht so solide aus, und sie sieht in gewisser Weise so perfekt aus. Aber sie verändert sich. Unter diesen Hügeln befindet sich immer noch eine Menge Eis, das weiter schmilzt. Und es verändert sich weiter. Und in einem sehr langsamen Prozess wird es zu dieser zufälligen und ausgewogenen Landschaft, die den Gletscher beschreibt und zeigt, was gewesen ist. Auch wenn Landschaft so aussieht, als würde sie sich nie verändern. Sie sieht so fest aus, aber sie verändert sich ständig, und an der Moränenlandschaft kann man das ablesen.

Ich glaube, Natur ist hier genau das, was ich beschrieben habe. Sie weiß, dass sie uns nicht braucht. Und ich glaube es ist anders, wenn man hier ist. Denn wir verlieren die Verbindung zur Natur, wenn wir an einem Ort sind, der --- Zum Beispiel essen wir nicht vom Land, ein paar Pilze im

August und vielleicht ein Rentier und ein bisschen Seetang. Aber das Land ernährt uns nicht. Das Land braucht uns nicht. Wir sind nur obendrauf.

Ich liebe Kälte. Sie weckt mich auf. Bevor ich Kälte kannte, schwebte ich immer. Ich war überhaupt nicht auf der Erde. Ich war in meinem Kopf und habe meinen Körper völlig übergangen, und ich wusste nicht, wie ich auf der Erde sein sollte. Und dann kam ich zum ersten Mal nach Island und habe gelernt, geerdet zu sein, sozusagen auf meinen Füßen zu stehen. Das ist es, was Kälte für mich bedeutet. Sie macht mich --- Ich bin kein sehr praktischer Mensch. Ich bin --- Ich gehe schnell in die Wolken hinauf. Aber hier tue ich das nicht. Die Kälte erdet mich. Und Wärme --- Wärme bedeutet, Zeit zu haben. Wärme ist nicht bei der Arbeit, sie ist zu Hause. Es ist der Blick auf die Berge, so wie jetzt von meinem Zuhause aus, wo ich mich einfach ausruhe. Und Sicherheit. Definitiv auch Sicherheit.

Mein Gewissen ist nicht sehr rein. Ich denke darüber nach, was es bedeutet, auf Svalbard zu leben. Dann denke ich darüber nach, was wir hier tun. Hier im hohen Norden, wo jeder herkommen will, um zu sehen, wie sich die Dinge verändern. Wir leben hier, und alles, was ich esse und alles, was ich kaufe, ist mit dem Flugzeug hierher geflogen oder mit dem Schiff hierher gebracht worden. Aber nichts kommt von hier. Das ist ein enormer Druck auf die Natur. Es werden viel mehr Ressourcen verbraucht als sein sollte. Und es wird so weitergehen. Die Nahrung wird nie vom Land kommen, sie wird immer herbeigeschafft werden. Und jedes Mal, wenn wir irgendwohin fahren – abgesehen von den Malen, bei denen wir segeln, aber das ist sehr selten – fliegen wir. Wir fliegen, und das, was wir essen, wurde hochgeflogen. Es sind eine Menge Ressourcen nötig, um diesen Ort am Laufen zu halten. Wir sollten überhaupt nicht hier sein. Keiner sollte das.

Aber wir sind hier. --- Und die ganzen Schiffe kommen. All die Menschen kommen, und alle sind damit konfrontiert, und es muss billiger sein, und es muss zugänglich sein, und es sollte für jeden möglich sein. So ist es jetzt, und sie müssen alle mit ihren Scootern in die Natur fahren, und die Arktis wird konsumiert. Und mein Gewissen ist --- Ich treffe mein Gewissen jedes Mal, wenn ich wieder an Bord gehe und da ist meine Gruppe von Touristen und das einzige, was ich tun kann, oder was ich versuche, ist, zu informieren. Jetzt gerade, in unserer Gruppe, waren alle gut informiert. Jeder wusste Bescheid. Aber ich treffe immer noch Leute, die nicht an den Klimawandel glauben. Die nicht glauben, dass er real ist, die sagen: „Ja, nun, wir kommen gerade von dem kleinen --- dem kleinen Eis --- von der kleinen Eiszeit. Wir kommen gerade aus der kleinen Eiszeit. Natürlich wird es jetzt wärmer“. --- Ich denke also, es gibt noch eine Menge, was ich tun kann, ich gebe die Informationen weiter. Ich erzähle. Ich zeige es in der Landschaft, ich erkläre, wo die Gletscher waren, wie sie sich jetzt verändern, und so versuche ich, das auszugleichen. Aber mein Gewissen, hier zu sein, nein, das ist nicht rein. Ich weiß zwar, dass ich viel weniger konsumiere als der Durchschnitt, weil Konsum nicht mehr Teil meiner Welt ist, aber trotzdem sind da all die Lebensmittel, die ganze Infrastruktur, alles. Das verbraucht eine Menge.

Die Rolle meiner Arbeit ist, wie ich bereits sagte, auf dem Schiff zu sein und diejenige zu sein, die Informationen liefert, Informationen weitergibt, die aber auch entscheidet, was gezeigt wird und wo der Schwerpunkt einer Reise liegt. Ob es nur ums Konsumieren geht oder ob es Platz gibt für --- Es gibt immer Platz, um die Veränderungen wirklich spürbar zu machen. Im letzten August haben wir das sehr deutlich gespürt. Wenn man sich die Karte von Svalbard ansieht, gibt es in Hornsund einen Gletscher, der sich vom Ende von Hornsund bis zur anderen Seite der Insel erstreckt. Und dieser Gletscher hat sich zurückgezogen und zurückgezogen und zurückgezogen, und es wird angenommen, dass dieser Gletscher in 35 Jahren nicht mehr da sein wird und dass er eine Insel sein wird, sodass die Hauptinsel Spitzbergen in zwei Teile zerfällt. Es gibt dort einen Durchgang. Als wir im letzten August in den Hornsund, den südlichsten Fjord der Insel, einfuhren, segelten wir so nah wie möglich an den Gletscher heran. Und von dort aus fuhren wir am nächsten Tag ganz um das Südkap herum. Das war eine schöne Sache. Es war gutes Wetter. Wir konnten den ganzen Weg hochsegeln und auf die andere Seite des Gletschers fahren. Und dann haben wir unsere Spuren gemessen. Wir haben den Abstand zwischen unseren Spuren auf der einen Seite des Gletschers und auf der anderen Seite gemessen. Und es waren nur noch etwa 4,5 Kilometer zwischen unseren Spuren. Und das zu tun, es wirklich sichtbar und greifbar zu machen und den Fokus darauf zu legen, während man gleichzeitig diese schönen Gletscher und das schöne Segeln in einer perfekten Mitternachtssonne genießt, ich denke, da haben wir wirklich --- Ich habe eine Rolle, die ich nutzen kann, um Informationen zu geben und die Veränderungen spürbar zu machen. Das ist es, was ich versuche.

Ich habe Angst vor dem Klimawandel. Und Gefahr sehe ich überall. Oft zeigen die Bilder, die weitergegeben werden, den einsamen Eisbären auf einem Stück Eis mit dem Hinweis, wie schwer die Zeiten für den Eisbären sind, weil es kein Eis und keine Nahrung gibt. Und es ist schwierig. Eisbären werden es schon schaffen, sie haben bereits begonnen, neue Methoden der Nahrungssuche zu entwickeln. Sie fressen jetzt mehr Eier und haben auch angefangen, Rentiere zu essen. Sie werden ihren Weg finden. Wenn wir endlich aufhören, sie zu jagen, dann haben sie den Spielraum, den sie brauchen, um sich anzupassen. Aber man sieht es viel mehr in der

Landschaft. Und es ist diese stabile Landschaft aus Felsen und Eis, diese Landschaft, die so fest aussieht, als wäre sie immer da und würde sich nicht verändern, die sich verändert. Sie schmilzt. Sie ist nicht im Gleichgewicht. Alles verschiebt sich. Und das sehen wir in der Stadt sehr deutlich. Der Permafrost taut, und alle Häuser sind im Permafrost verankert, sie verschieben sich und bekommen Risse. Erst gestern wurde ein Haus geschlossen, weil die Fundamente nicht mehr gut genug waren. Und wir sehen, wie die Berghänge instabil werden, es gibt Schlammlawinen, weil der Permafrost schmilzt. Sie sind nicht mehr fest, lose Felsen und dann das Wasser und der Sand, der einfach herunterkommt, und die Lawinen. Die Lawinen, die in den letzten Jahren viel stärker waren, und das verrückte Wetter, die warmen Wochen im Winter, die den Schnee und die Tundra schmelzen lassen. Und dann gefriert das Wasser und sperrt die gesamte Nahrung für die Rentiere ein in Eis. Und diese heißen Wochen im Sommer. Es ist einfach nicht mehr fest. Alles verschiebt sich. Die feste Landschaft bricht auseinander. Und selbstverständlich ist es auch für die Eisbären so. Ich wollte nur sagen, dass dieses Bild --- Ja, es ist wahr. Aber was wir wirklich um uns herum spüren, ist, dass die Landschaft nicht mehr fest ist.

Ich fühle mich erschöpft und zufrieden. Und ich vermisse euch alle. Schrecklich. Es ist etwas ganz Besonderes, auf so einer Reise zu sein, denn wann erlebt man das schon mal --- so wie damals in der Schule, als wir in der Grundschule waren, dass man mit Menschen zusammen ist und sie als eine Art bedingungslose Präsenz da sind. Man muss niemanden fragen, um einen Kaffee zu trinken. Man muss nicht erst sehen, ob jemand Zeit hat, und --- Gespräche können einfach passieren und vorübergehen. Man muss nicht fragen, man braucht keine Bestätigung. Alle sind einfach da. Ich habe es geliebt.

Gestern hatte ich einen komischen Traum, als ich am späten Vormittag am Ende meines Schlafes war. Ich gehe zurzeit sehr spät ins Bett, aber ich schlafe auch bis spät in den Morgen hinein. Einfach weil ich es kann. Am späten Vormittag hatte ich diesen Traum, dass ich packe. Diesen Traum habe ich sehr oft. Ich packte und war in Holland und versuchte zu entscheiden, ob ich nach Belgien fahren sollte oder nicht, oder ob ich bleiben sollte, ob ich den Zug nehmen sollte, und ich schwankte hin und her zwischen den Entscheidungen. Dieser Traum ist nie zu Ende. Das Packen hört nie auf, das Entscheiden hört nie auf. Und dann wachte ich auf und war so erleichtert, dass ich nichts entscheiden musste. So erleichtert, dass ich keine Entscheidungen treffen musste, die 36 andere Personen betreffen. Ich wachte also glücklich und allein auf und wusste, dass das Einzige, was ich jetzt tun würde, war, Kaffee zu kochen und den Tag zu beginnen.

Was an dem Tag geschah, an dem ich geboren wurde: Vorgestern hätte ich nicht gewusst, was ich darauf antworten sollte. Aber gestern Abend habe ich eine Serie gesehen. Eine norwegische Serie, sie heißt Luckyland. Oder Happyland, vielleicht lässt es sich so übersetzen. Sie handelt von den Abenteuern mit dem Öl. Sie beginnt, als das erste Öl gefunden wurde, und zeigt dann, wie das das ganze Land Norwegen verändert hat. Das ist faszinierend. Ich habe die erste Staffel vorgestern Abend geschaut. Ich habe gestern Abend die ganze zweite Staffel geschaut, und als ich um acht Uhr morgens fertig war, musste ich noch ein bisschen darüber lesen und überprüfen, ob die Serie auf Fakten oder Fiktion beruht und was die Fakten sind. Und das meiste davon basiert auf Fakten. Also habe ich angefangen, über den Unfall nachzulesen, der sich ereignet hatte, und über die Plattform, die gesunken war, und auch über die Tauchunfälle. Und dann las ich, dass am 16. März 1983 ein neunundzwanzigjähriger

Taucher bei einem Tauchunfall sein Leben verlor, als er für diese Ölplattformen, für die Ölindustrie arbeitete. Das ist der Tag, an dem ich geboren wurde. Der 16. März 1983.

Nun, ich habe schon eine Weile geredet --- Und aus dem Fenster gestarrt. Ich hoffe, es hilft, oder es gibt Teile, die etwas hinzufügen können. Und vor allem hoffe ich wirklich, dass wir uns wiedersehen. Irgendwann. Bis dann.

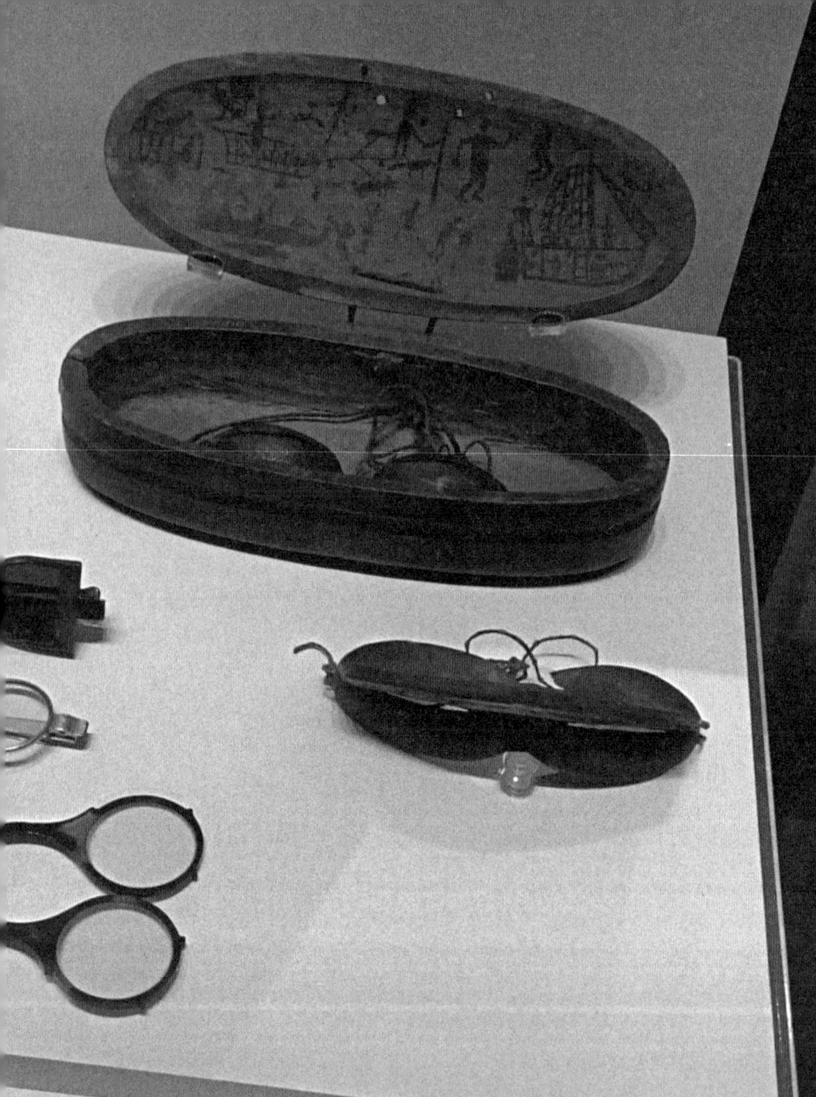
Snow goggles
Goggles such as these were worn by Inuit people to shield their eyes from the glare of the Arctic sun. They protected the wearer against snow blindness. The wooden case for the goggles is decorated with hunting scenes.
Inuit people, Arctic, 19th century
A645437, Wellcome Collection / Science Museum Group

COMMANDOS IN SPITSBERGEN

For more than a year after the German occupation of Norway there was very little news about the Arctic archipelago of Spitsbergen. These Arctic isles covering thousands of square miles, with mines producing a combined Norwegian and Russian output of coal amounting to about three quarters of a million metric tons a year, seemed to be forgotten.

Not even the Germans had bothered to occupy them—but they took good care that they got the Norwegian-produced coal, which was sent to Norway by steamship.

When Norway was invaded there were about 1,000 Norwegian men, women and children living at Spitsbergen. They were mostly engaged in the mining industry centred round Ice Fjord and resided in Longyear City, but a number of trappers and hunters lived in the interior.

Spitsbergen is sealed off by ice during the winter, and the coal export season, which begins in the spring, was just about to start when the Germans attacked Norway. During the critical two months which followed the people on Spitsbergen waited anxiously. The governor called up all men who had had military training and they were armed with all available weapons, mainly rifles normally used for polar bear and seal hunting, and a number of shot guns.

But no attack was made on Spitsbergen, and there was nothing the population could do to help the mother country where most of their families were. Norway fell on June 9th, 1940. Work in the mines at Spitsbergen was resumed. There was not much else that could be done.

The Norwegian output of coal dropped considerably of course. Nothing like the usual 300,000 metric tons were produced, for it would all have gone to the Germans. On the whole, however, the Norwegians had to carry on as usual. Weather reports from the station which had been established there in 1911 continued to be beamed to Norway and what coal was produced was shipped there also.

The winter came with its polar darkness and the severing of communications, except for radio, with the rest of the world. Then came the summer of 1941. In June Russia was attacked and as there was a considerable Russian mining community at Spitsbergen, mainly centred at Barentsburg which is also situated in Ice Fjord, German military operations were expected.

Nothing happened however—until the beginning of August. Then, warships steamed up Ice Fjord. But they were British warships and they were commanded by Admiral Vian. The Norwegians hoped at first that the British had come to occupy the islands, but that was not the case. They had just come to have a look round. Three coaling ships which were loaded and ready to sail for Norway were seized and diverted to Britain.

The Norwegians wondered what they could tell the owners back in occupied Norway, and pressed the British Admiral to send a force to occupy the islands. He promised to do what he could and the ships then sailed away, leaving behind a token force of one Norwegian officer and one rating.

Signals were sent off to the coal-owners in Norway saying that the three ships were delayed. During the next fortnight more excuses were made for their non-departure. The Norwegian administration knew that there would be serious trouble for them if the Germans came to Spitsbergen. One day a German reconnaissance plane was seen, obviously looking for the three ships. So a signal was at once sent to Norway: "Ships sailed today."

Anxious days followed but the tension was broken at last on August 25th by the arrival of a British, Canadian and Norwegian force. This force had not come however,

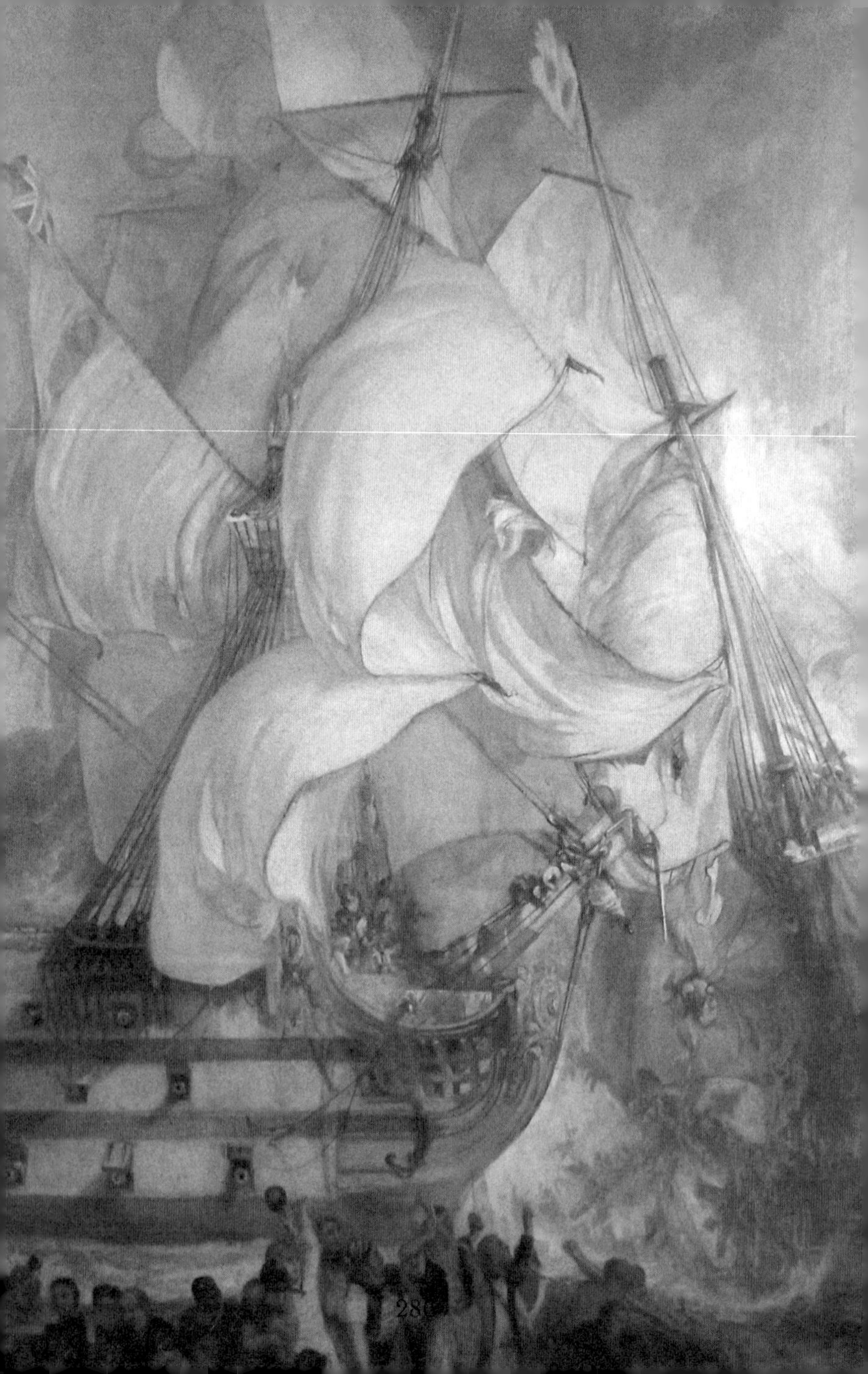

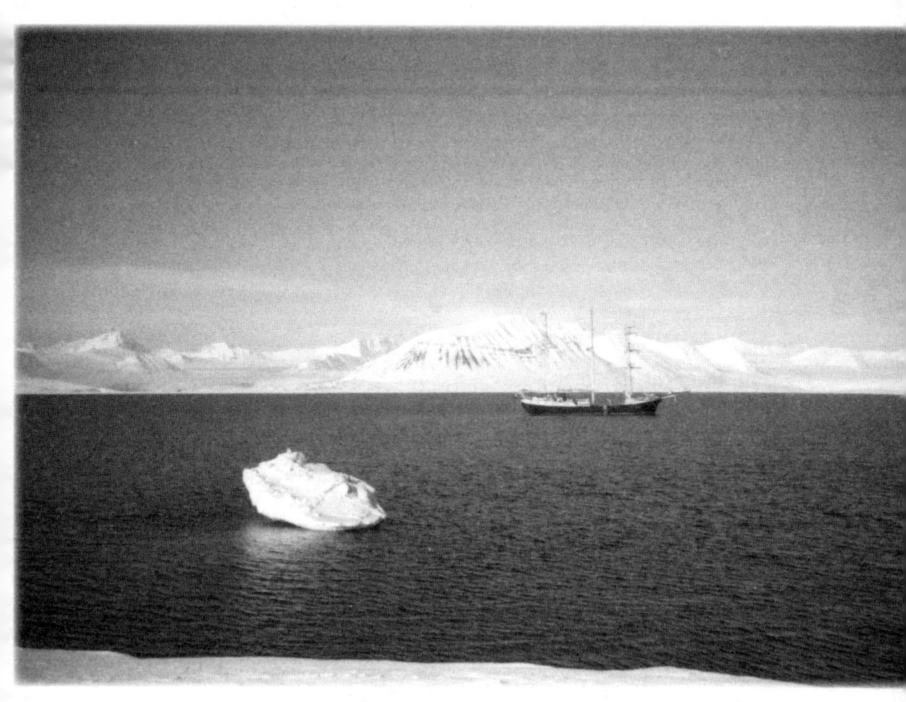

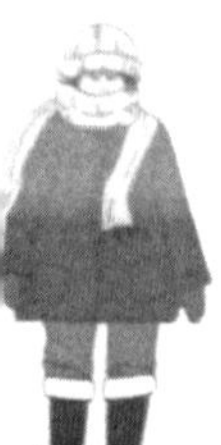

Keeping warm

Like human beings, artiodactyls need insulation from the cold to maintain their body temperature.

Caribou, Dall's sheep and musk-oxen have insulating fur coats. If you look closely at their fur, you can see that it is in two layers . . .

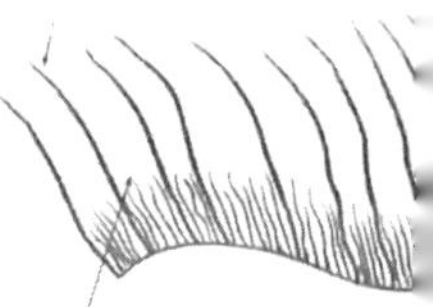

How effective is their insulation?

You can get an idea of how effective their insulation is by comparing it with something familiar, such as clothing . . .

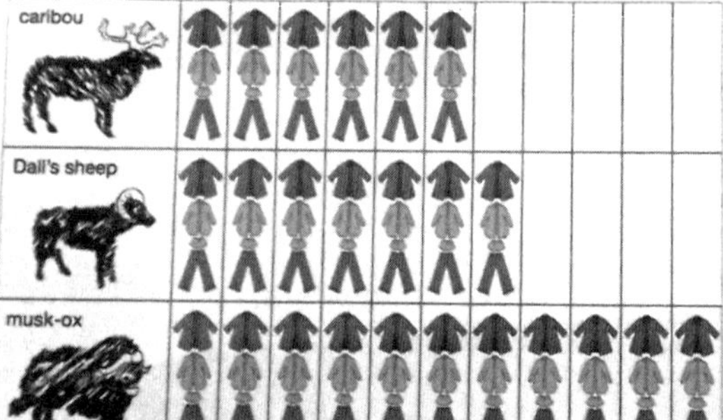

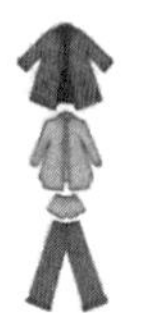

This represents the insul provided by a lightweight of clothes.

The musk-ox has better i than the others. It is the that can withstand the w

Imagine if you stood in the freezing cold with your legs bare . . .

You'd soon feel cold all over because heat would escape through your legs.

Warm blood enters your legs, so if they are not covered, heat escapes.

A caribou has very little fur on its legs but no heat escapes through them. *Why?*

Only **cold blood** enters a caribou's legs. The legs so no heat escapes.

warm blood cold blood

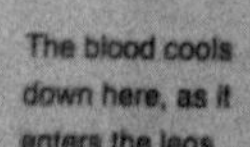

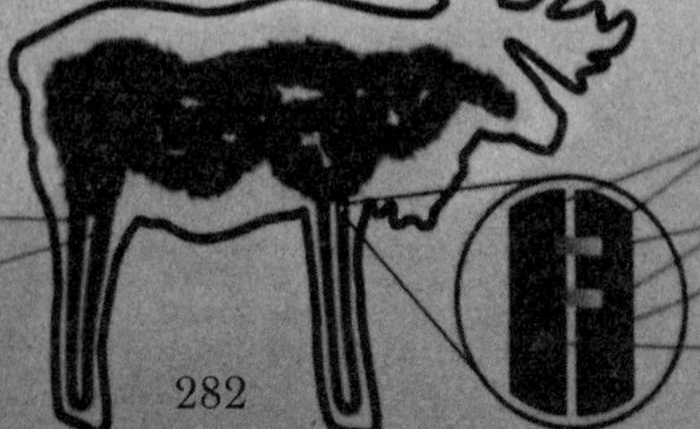

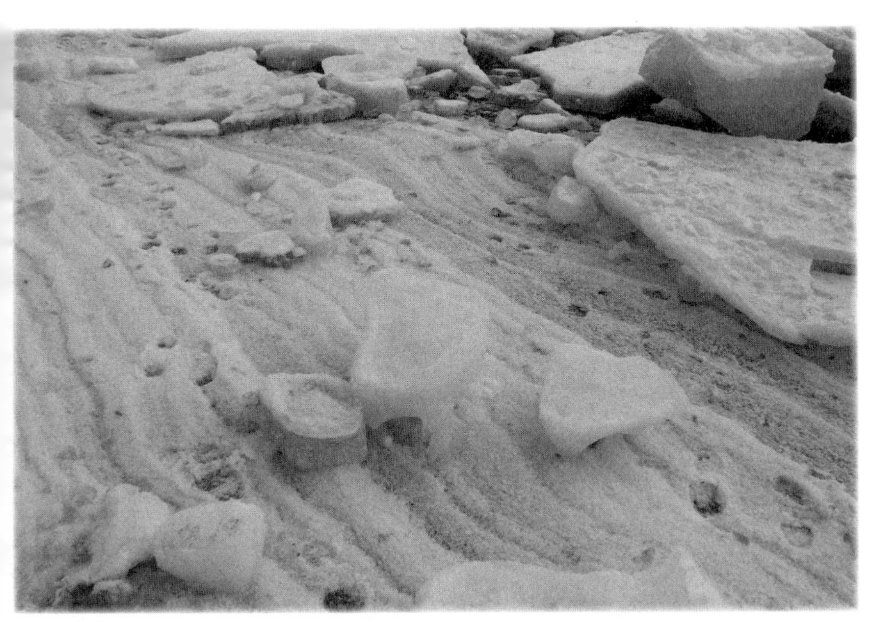

first appeared in The New Yorker 1 Feb 1982
Reprinted here in The Compass Rose, Gollancz, London 1983

Sur

Ursula K. Le Guin

A Summary Report of the *Yelcho* Expedition to the Antarctic, 1909–1910

ALTHOUGH I HAVE no intention of publishing this report, I think it would be nice if a grandchild of mine, or somebody's grandchild, happened to find it some day; so I shall keep it in the leather trunk in the attic, along with Rosita's christening dress and Juanito's silver rattle and my wedding shoes and finneskos.

The first requisite for mounting an expedition — money — is normally the hardest to come by. I grieve that even in a report destined for a trunk in the attic of a house in a very quiet suburb of Lima I dare not write the name of the generous benefactor, the great soul without whose unstinting liberality the *Yelcho* Expedition would never have been more than the idlest excursion into daydream. That our equipment was the best and most modern — that our provisions were plentiful and fine — that a ship of the Chilean Government, with her brave officers and gallant crew, was twice sent halfway round the world for

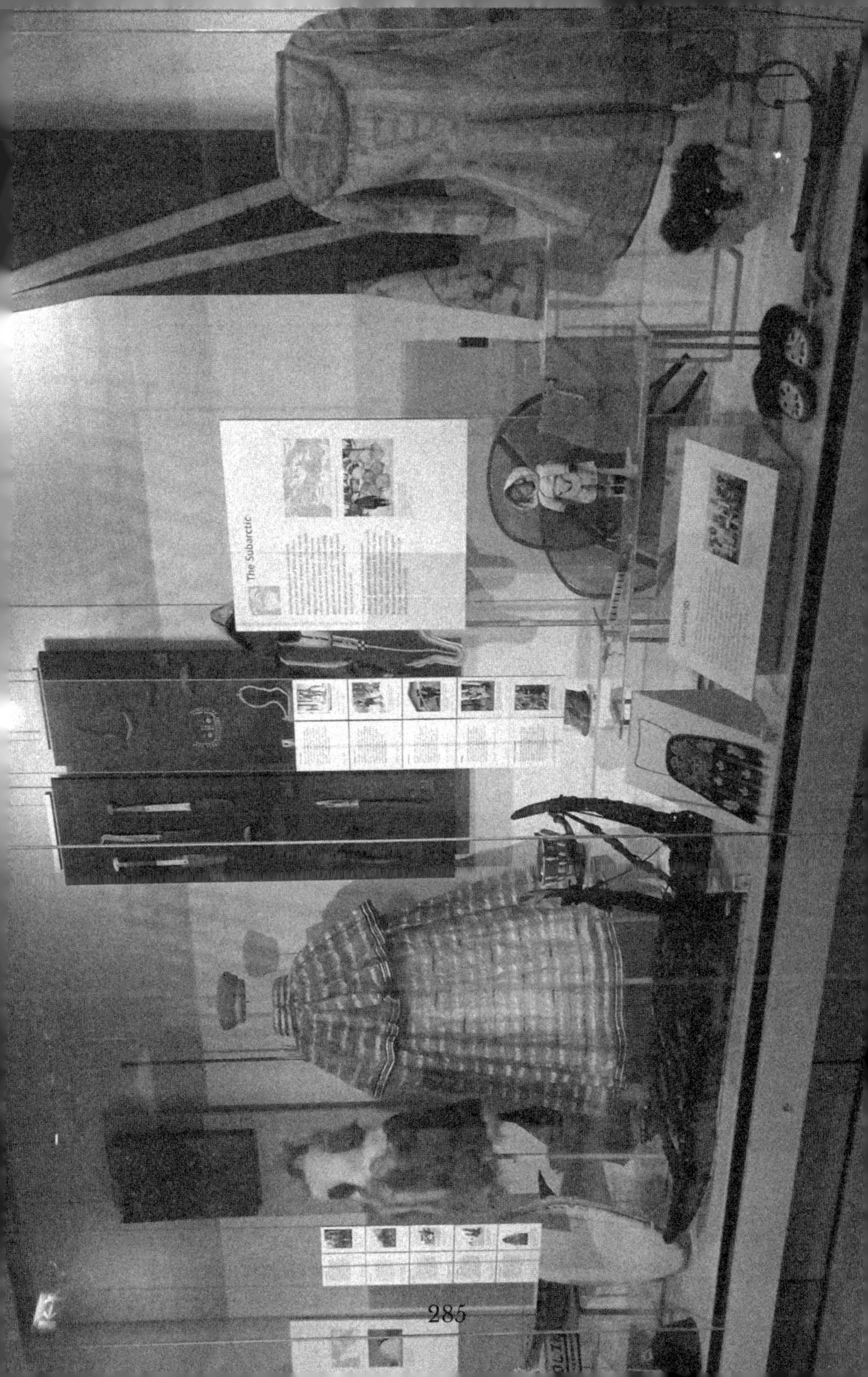
The Subarctic

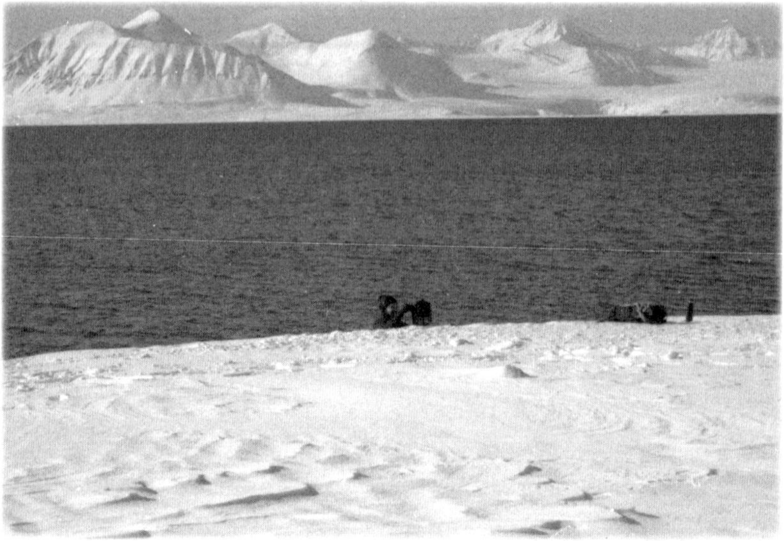

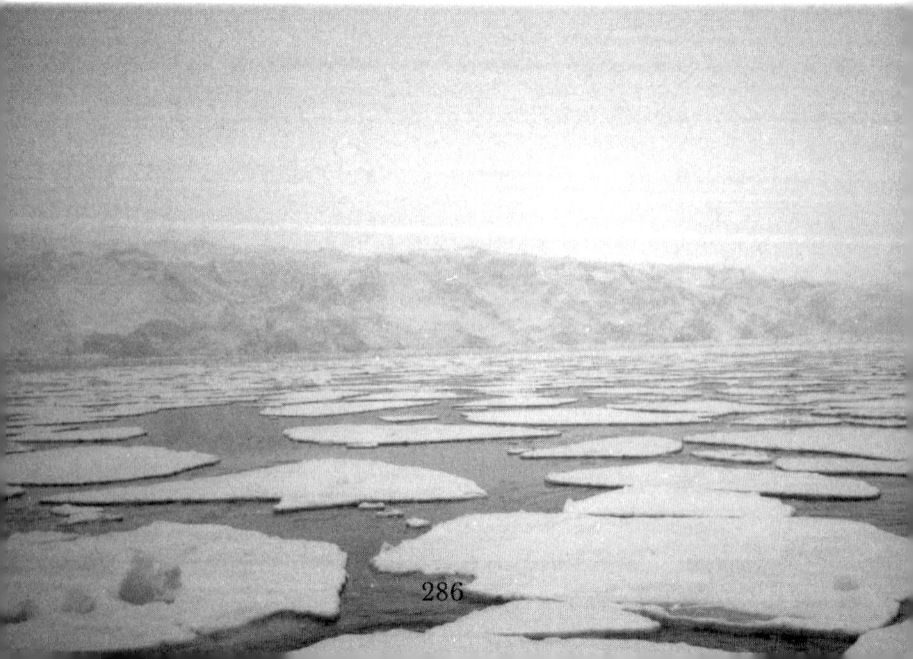

ARCTIC WAR

Norway's role on the Northern Front

Published by His Majesty's Stationery Office on behalf of the Royal Norwegian Government Information Office London

1940, 18 Norwegians whom fate
together in a Salvation Army hostel
decided to form their own private "Army"
continue the fight against Nazism. They
mselves "Norwegian Company, Iceland," and
collecting equipment suitable for ski-troops.
weeks later, still unrecognized officially by either
British or Norwegian authorities, the force, which
had by now increased to 18, hoisted the Norwegian flag
in Iceland for the first time in the name of the Norwegian
Army.

So began the first phase of the free Norwegians'
participation in the war in the Arctic. It has taken
them all over the Northern Hemisphere—Iceland, Greenland, Spitsbergen, Jan Mayen and back to Arctic Norway

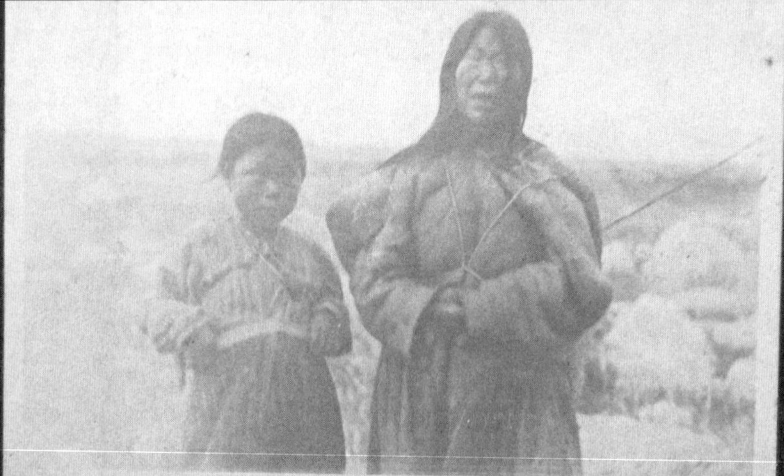

This Old Lady warded off the Camera's Evil Spell at about ten words per second.

Eskimo Babies ride warmly in the Hood of Mother's Parka.

Old Ice and Us

EN

Part I
February

The sun shines into my room in Via Massimo Gorki 2. Knowing that the upcoming expedition will be beginning here doesn't feel right. A Milano it's less about adventure in the wilderness and more about urban survival. "Si mangia bene, dai." I moved here from Munich a month ago.

It's midday and I'm sitting in my bathrobe in bed. I have rusks with jam for breakfast. Yesterday I went to see Federica Zianni at Manuel Zoia. The artist was there and explained the thoughts behind her objects to me. The theme "Paradoxa" refers to the supposed paradox of humans as a cultural animal.

Speaking of which, I've just sent out invitations to my exhibition at the Stadtgalerie Brixen, that opens in a week. The title is *Kulturschichten* or "cultural layers." Here, too, an attempt is being made to resolve the contrast between nature and culture.
I think: we humans are deposited as a geological layer of earth.

Then I meet Lisa at Fanta. Fanta started out as an off-space and is a hip gallery now. Stefano, based in Italy and Germany, glues "casing waste" from pill packaging onto unprimed canvases.
I have a headache.

I read the short self-introductions of the other expedition participants in the forum of The Arctic Circle – Artist & Scientist Residency Program and then introduce myself there too. First impression: Interesting people and projects!

Expectations exceeded.

So far, the emails have mainly been about paying for the trip, which costs 6,600 US dollars per person. Now, it's finally getting more substantial. In two months' time, we will all be on the sailing ship. We are 19 women and 7 men and a crew of 11 (of whom I don't yet know the genders). There will be no cell phone network or internet for two and a half weeks.

Hello,

I'm Lourdes from Spain. I'm a painter and I teach at the university. I am currently living and working in Madrid.

Through painting I study the behavior of nature in a territory that expresses itself with only what is most essential: barren and raw, untouched, unadorned, and apparently empty.

My projects have two working phases:

1. The trail: I start my projects outdoors. My last residency I spent travelling for 4 months in Xinjiang (China), Mongolia and Buryatia (Russia). On the terrain, I take notes (I call them RECORDS) which are expressed in drawings, photos, and words. I do not intervene in the territory, but the nature of the territory and its atmospheric elements do interfere with my work and myself.
2. The studio: I work with large format paintings using my notes and drawings as references. I paint slowly, acknowledging the evolution as a consequence and continuation of the previous phase.

For this residency I am looking forward to paint and draw outdoors. I want to make RECORDS of the essential features of the polar desert to continue my study of desert regions.

I am very grateful for this opportunity.

Last night I had pasta with Federico at Brutto Anatroccolo and earlier I zoomed with my therapist. Although we've been meeting regularly for four months now – the break-up and the start of therapy almost coincided – I still get anxious before each session.

On Monday I'm supposed to give a lecture, also via Zoom, for Prof. Dierk Schmidt's class at the Kunsthochschule Kassel. The class will be traveling to the Arctic in April, just like me. Besides myself, Lutz Fritsch will also be presenting his work. I spoke to Lutz from Cologne on the phone once in 2017. He had sailed on the German icebreaker Polarstern in the 1990s and had been at Neumayer Station in Antarctica long before me. He had set up the *Library in the Ice* nearby. This container full of books is the only cultural space within a range of hundreds of kilometers in the narrower sense (in the broader sense, of course, scientific work can also be described as a cultural activity) and it stands out due to its green color. I would like to begin my presentation with a photo that I took of the research station from the window of this library to illustrate my perspective: As an artist and cultural studies scholar, I have an anthropological view on scientific processes, with a focus on their aesthetic dimension. "When presenting your work, it would be particularly interesting for the students if you could talk about the methodology as well as the actual work. The event will run from 2–5 pm. We have budgeted for a €250 speaking fee."

I go to an opening with Lisa (Jon Rafman at Ordet) and find my favorite gallery in Milan so far (ZERO...).

I drink Negroni from a giant glass at Bar Basso.

```
Hi friends!
I'm Katy Schutte, a theatre-maker and improviser based in
    London. On this adventure, I'm interested in the underly-
    ing correlation between climate change and mental health
    in everyday human lives. I'm looking at animism, solastal-
    gia and exploring pyschogeography and how all of the above
```

can be brought to a live and virtual theatre audience.

I'm also keen to try my hand at field recording some of the sounds of The Arctic Circle. If you are a sound recordist or filmmaker, I'd appreciate your thoughts and expertise on this. I have some kit, but I'm not sure how it will handle the extreme cold!

At the end of today's news, the latest report from the Intergovernmental Panel on Climate Change IPCC is presented: Half of humanity, around 3,5 billion people, are acutely threatened by global warming. Germany is running out of water. In the Global South, it will no longer be possible to grow basic crops if the temperature rises by 2 degrees. Dinner: boiled potatoes.

On Youtube, I find the documentary by Hessischer Rundfunk from November 3, 1983 about the French social philosopher Pierre Bourdieu. "Bourdieu's analysis of cultural consumption and the artistic tastes of the upper, middle and popular classes is of interest to anyone who wants to examine their own cultural preferences and practices, which are usually taken for granted." Patterns that shape perception, motivate action and create meaning are called habitus.

During the workshop with the art students from Kassel, there is a power outage. Lutz Fritsch is speaking before me and again I think his interventions in the landscape are great, he is convincing, and the work is important. I, on the other hand, am not looking at nature, but at people looking at nature.

I am interested in Bourdieu because he studied and described his own milieu, academics and the intellectuals at the university. In contrast to my experience on the Antarctic expedition, where I lived as an outsider in a research station, on the Arctic expedition I will be part of an artist residency and thus in a social environment that is familiar and "my own."

It's finally getting real! It's fun to read the project plans and I'm looking forward to meeting you all.

I am Judith and I come from South Tyrol in Italy. I studied sculpture as well as cultural studies in Munich. Recently I started living in Milan.

I work in a multimedial and conceptual way. I mainly deal with science and religion as social fields that generate world models, looking for commonalities and differences. Particularly relevant is the question of the place of the human in the respective cosmologies.

In 2017, I spent three weeks as a "participant observer" at the German research station Neumayer III in Antarctica and published an expedition report about my experiences with "polar research rituals."

In preparation for our trip, I have begun researching stories of North Polar voyages, visiting museums and archives in London and Cambridge. I will write a diary about our everyday life on board and record it with sketches and photos (I own a Canon EOS 60D SLR camera).

One point we could discuss is the role of artists and cultural workers in the polar regions and on such residences as ours. In my opinion, we are very privileged to be able to make this journey.

I would also like to interview you individually.

I'm on the Trenitalia regional train and about to arrive in Brixen. The group exhibition opens at 6 pm, showing my *Homage to Tethys*: two dolomite stone slabs with CNC-milled reptiloid tracks, together with two large-format blue photo prints of the ocean surface, taken during the 2018 Atlantic crossing.

Last weekend, Lisa was visited by Adrian and I by Felix. On Friday, we got drunk in my kitchen with my flatmates Francesco and Giammarco. On Saturday, the queue outside the nightclub Plastic was too long for us. On Sunday, we ate gnocchi with sage butter.

Felix had brought the book *The End of Love* by Eva Illouz with him and we read the introduction together. The sociological perspective on break-ups and "negative relations," as the subtitle puts it, is reassuring: If capitalism and new technologies that impose on us the compulsion of choice in sexual as well as emotional freedom are partly to blame for the failure of partnerships, I am neither solely alone with the problem nor solely responsible.

The therapist, on the other hand, encourages me to practice leading relationship with him! I feel challenged.

I think of Laura Leppert, who asked me if I didn't mind exposing myself the way I do when publishing a diary? Talking about personal experiences and feelings removes taboos from topics and creates a community of people who have lived similar things. Being able to show weakness is a strength.

Last night I dreamt of cake and that Markus Lanz came to Olang to interview me about my emotional state. The therapist says I need more attention than I'm currently getting, which is probably true. Extremely bad contact with Federico, also bad dreams.

My professional life plods along. I receive two more requests for exhibitions and talk on the phone to Eva Gratl from the Dolomiten newspaper. I design the catalog for the anniversary of the Munich reading series for young poetry, update my website and every day I draw diagrams of occult chemistry with a specific technique. Annie Besant and Charles Leadbeater belonged to the Theosophical Society and in 1908 published *Occult chemistry, a series of clairvoyant observation on the chemical elements.* They had seen and recorded molecular structures "by clairvoyant means," beyond orthodox chemistry but on 7 levels of matter, i.e. from the gross matter to the "primordial atom." I paint a sheet of paper very colorfully with oil crayons, then I cover it with black ink. As soon as the layer is dry, I scratch out the motifs. The lines are multicolored.

Of course, occult chemistry is pure pseudoscience and not serious research; however, I find it understandable that the esoteric tradition is not satisfied with the "emptiness" of the natural sciences, which only focus on the material side of the world and ignore desire, philosophical reasons and moral guidelines.

Artemis Evlogimenou

Hello! I'm really excited to read about everyone's projects. I'm a filmmaker and photographer and I will be working on my ongoing project ξόρκια (incantations) for the trip where I research the similarities between occultism and scientific advancements. My purpose with this project is to re-examine old habits and traditions and to create a bridge between these two worlds; to prove that they are just two different languages, from different eras, trying to decipher the way our body and the world around us functions. Our interaction and relationship with nature is a core theme in my work, so a lot of my focus is dedicated to the environmental facts of each region I study. My research is quite broad and I delve into lots of subjects such as neuroscience, anthropology, cultural geography, philosophy, environmental sciences, and various religious practices.

I will be using analogue and digital camera equipment as well as sound recording equipment, so feel free to ask any questions even though my knowledge for such cold conditions is purely theoretical. I'll be testing out my equipment in the snow soon, but temperatures will only reach a minimum of -3°C.

I've been doing yoga with Adrienne every morning for the last two weeks. Lisa and I are on Day 15 of the 30 Days Challenge "Revolution." My favorite music at the moment is the band CCCP – Fedeli alla Linea.

Almost every day, Lisa and I visit galleries. We attend the opening of Annicka Yi's exhibition at the Pirelli Hangar Bicocca. The artist also deals with the natural sciences. She presents decorative photos of molds in light boxes. For me, a pure depiction of scientific aesthetics, without either an inherent function of the works (e.g. Thomas Feuerstein's marble Prometheus statue in the Eres Foundation, which was dismantled live by bacteria) or an interpretation of scientific image production and imagery, such as Alexander Kluge does in his videos through montage, intertitles and off-screen commentary, is not enough.

Hello everyone! My name is Erin Bentley and I am currently a PhD student in Ecology at the University of Wyoming in the USA. As a component of my research, I run a science/art education project, the Microbestiary. Our goal is to engage the public with the microbial world through art and transdisciplinary education.

On this expedition, I aim to use handheld DNA sequencing methods to discover what microbes exist in soil, snow, and water samples along our route. This data will be used to teach microbial ecology methods through a short course I am developing. The course will cover changes in the Arctic and how microbes both affect and are affected by those changes. Data will also be made available for artistic use, as one of the main goals of the Microbestiary is to collaborate with artists to make microbes even more charismatic than they already are!

If you're interested in doing some kind of collaboration, please reach out!

I visit the ADI Design Museum with Lisa, where Francesco is setting up the exhibition display for Fashion Week. Lisa is a master tailor and wants to work for Prada. We drink free champagne and then the three of us go to Ex Combattenti e Reduci next door. It's fun and cold. I accompany Lisa to the bus station in Lampugnano. While she's on the Flixbus, I'm sitting in our kitchen with Giammarco, Carmine and Limoncello.

But what actually happened – Putin started a war. Russia attacked Ukraine three days ago and is bombing Kyiv. There are rumblings of a Third World War. People are demonstrating. The anti-war rally starts at 3 pm. in Piazza Cairoli in front of the city palace. The Ukrainian people are sitting in cellars and subway stations.

A strange, related phenomenon is that many Instagram users share their participation in the demonstrations in stories. As with past political issues, e.g. the Black Lives Matter movement or the Covid pandemic, it often seems to be about profiling the self by posting the "righteous" opinion. I am mostly following people from the art world and I don't like this display of moral "superiority."

On my own, I go to two exhibition openings. The first is at Care of, a non-profit organization for contemporary art in Milan, and completely empty. The artist gives me a guided tour. The second opening is at Condominio, a space that deals with "contemporary imagery and questions of representation." It's hip and full of people.

After an exchange of text messages with Federico, I almost crash my bike. I block him on all channels. Then I go swimming in the Piscina Solari and eat a piadina with cured ham on the way back.

It's quite remarkable how often you can talk about the same thought and relationship structures; the therapist yawns sometimes.

The preparations for my Arctic trip are developing in that I am booking flights to and from Longyearbyen, the capital of Svalbard, via Oslo from and to Munich. The cost of the Arctic Circle – Artist & Scientist Residency Program is 5.735,69 euros, and 939,23 euros for the journey there and back.

Last November, I was in London as part of the residency 11:11. My research focus was on female figures and marginalized people in the history of the North Polar voyages. I discovered that the Scott Polar Research Institute (SPRI) in Cambridge has no such material in its archives. In an Oxfam bookshop in Central London I bought *The Arctic Grail – The Quest for the Northwest Passage and the North Pole, 1818–1909* (2000) by Pierre Berton. The North Pole was supposedly first reached in 1909 by the US-American Robert Edwin Peary. In *Gender on Ice* (1993), Lisa Bloom describes how journeys to the polar regions were driven by and linked to nationalist as well as imperialist interests from the very beginning. The ventures operated in the mindset of their time, so it is not surprising that for a long time only White people led the voyages of discovery and those from other ethnic backgrounds were not given much thought, but were at most allowed to assist, such as Peary's companion, who was Black and also the first man at the North Pole. His name is Matthew Alexander Henson.

Similarly, the indigenous population of the Arctic Circle was viewed more as a kind of "natural factor" of the local landscape and dealt with accordingly, i.e. either utilized as a resource or removed as an obstacle, and the goals that had been set were pursued further. From the outset, it was probably understood that their way of life was perfectly adapted to the extreme environmental conditions and enabled them to survive. Four Inuit also went with Peary and Henson: Iggiánguaĸ, Sigdluk, Ôdâĸ and Uvkujâĸ.

Peary's wife Josephine accompanied him to the Arctic and took care of the hut's housekeeping. She had a baby in Greenland in 1893. She published her experiences as *My Arctic Journal – A Year Among Ice-Fields and Eskimos* and later the children's books *The Snow Baby* and *Children of the Arctic*. She is considered the first White woman to spend the winter in the Arctic; a movie about her was released in 2014.

Her husband had apparently gotten involved with a woman from the indigenous population on another trip north alone. The German Wikipedia page describes it as follows: In 1900, Josephine could no longer bear the situation and set off on her own to Greenland in search of Robert E. Peary. The journey turned into a disaster for her, as Peary had in the meantime started a second family with Aleqasina, an Inuit woman whom he shared with her husband Piuaiittuq Ulloriaq. Josephine was furious. She wrote him a 26-page letter: "To think she has been in your arms, has received your caresses, has heard your love cries, I could die at the thought... you gave me three years of the most exquisite pleasure that can be had... after that the pleasure was pretty evenly divided with the pain, until now it is all pain, except the memory of what has been." She wanted to leave the letter on Greenland and return home

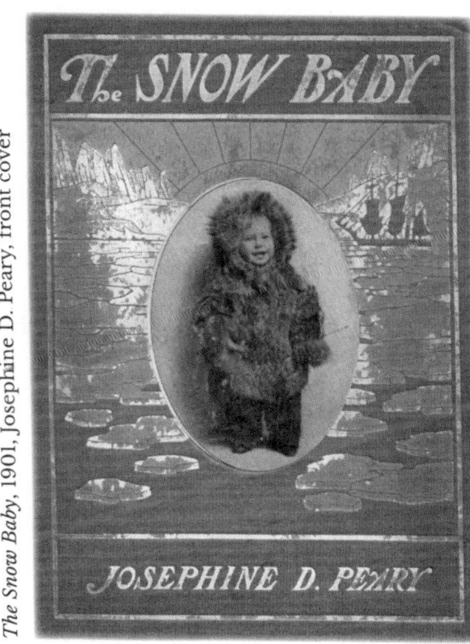

The Snow Baby, 1901, Josephine D. Peary, front cover

without waiting for Peary. But the Arctic winter thwarted her plans. The ship she was traveling on was stuck in the ice. When Peary arrived in the area the following spring, the Inuit told him that "Mitty Peary" was on board and gave him the letter. He read it and scheduled his visit on board for his own birthday to take the wind out of her sails a little, which he succeeded in doing.

The main issue that arises with the therapist today is that I tend to have the feeling that my presence doesn't matter or that I'm a disturbance.

From a Western perspective, the main role women played in the history of North Pole voyages until well into the 20th century was that of the supportive and bereaved wives. Jane Franklin was central to this: her obsession with Arctic expeditions went far beyond the disappearance of her husband until her own death, although she ultimately never visited the Arctic herself.

Jane Griffin, her original name, came from a wealthy family and initially traveled the world herself. She crossed Australia and founded a political movement that campaigned for better conditions in Tasmanian women's prisons. John Franklin had been married to her best friend, the author Eleanor Anne Porden, who died just two years after the wedding. Another two years later, in 1828, Jane and John became engaged. Berton describes John Franklin as neither philosophically and literarily inclined nor particularly emotionally intelligent. I think he fascinated the friends with his adventurous spirit.

In 1845, John set off to find the Northwest Passage, which was seemingly a popular undertaking at the time, especially for the British. He never returned. Jane subsequently organized five expeditions to investigate his fate. Even when it was evident that he and his men were dead, she continued to look for financial backers, captains and crews. She wrote so many letters to the royal family, scientists, entrepreneurs, sailors and influential people in London society that her house was called "The Battery." In retrospect, the search expeditions made an enormous contribution to the exploration of the Arctic.

Because the therapist asks, I tell him about my research, up to Shackleton and Scott until the session is over. I sort of bombard him with it. I can't tell whether his interest is genuine or professional.

At the opening in the galleria ZERO... I meet Silvia Hell, an artist who also comes from South Tyrol and has lived in Milan for over 10 years. Unfortunately, at some point my head is too tired to converse in Italian, but until then things are going well and I meet some new people. I might be able to take over Silvia's studio in Bovisa from now on; she has just moved out. It's cheap (200 euros) and condiviso. Two of her colleagues happen to be there at the opening, I swap contact details with Andreas and on Wednesday I take a look at the space.

After the second to last episode of the 30 Days Yoga Challenge with Adrienne I finish my new video *Sore Spots of Planet I* for the scholarship award exhibition. It combines moving images from the polar regions with excerpts from my video diary, which I recorded when I was a teenager. It's performing a kind of anti-self-heroization, in contrast to the heroization of "explorers" in the stories of historical polar voyages. The scientific research processes filmed in the Antarctic become metaphors for the exploration of the body, psyche and one's own past, measuring activities become autobiographical investigations. Cracks in the ice and abrasions on the skin show human and planetary vulnerability on the same scale. The fifteen-minute video ends with a quote from the Bible: "For none of us lives for ourselves alone, and none of us dies for ourselves alone." (Romans 14:7)

The therapist, looking back on the previous session, in which I had expressed my fascination with stories of polar expeditions, said that it was entirely reasonable for psychoanalysis to also discuss "safe" and not just "sore spots." After all, this is how you recognize situations that are not a problem and that could be used as models. He then tells me topically that the Endurance, Sir Ernest Shackleton's ship that sank in 1915, was found yesterday.

Impressive underwater images of the Endurance can be found online, as well as a video of the diving robot inspecting the wreck at a depth of 3,000 meters in the Weddell Sea. It is in "brilliant" condition and is not going to be recovered; it is listed as a "historic site" and will remain in its current location. Another safe spot: My favorite food is Schlutzkrapfen, a from the Pustertal valley.

After John Franklin had not been heard from for two years, the British began their efforts to find him in 1848, in part thanks to Jane Griffin's urging. At that time, not everyone realized that sea routes could sometimes be frozen and sometimes open; therefore, the route of Franklin's ships was not correctly calculated and they looked in the wrong places.

John Rae seemed qualified for the mission because, a colleague had lost around 20 kilos on a previous Arctic expedition, he had gained two kilos. He undertook several expeditions between 1848 and 1854. Unlike many of his contemporaries, Rae did not shy away from adopting the way of life and survival strategies of the indigenous population and learning from them. He preferred small crews and canoes and was able to hunt fresh meat for direct consumption. This supplied his people with the proper nutrients and they did not suffer from the main problem of polar voyages at the time, scurvy. Franklin's two ships, on the other hand, had set sail with what I imagine was the style of an aristocratic apartment: they carried a library with over 3,000 books.

Ships played a central role for the United Kingdom, for expeditions and endeavors of "discovery" from the island and accordingly also for Arctic voyages. At the National Maritime Museum in Greenwich, London, there are whole rooms dedicated to individual ships.

When I think of sea travel, I think of my Atlantic crossing with Mathias. We boarded the vessel CMA CGM Puget in Genoa on November 12 and arrived in New York on November 27. The waves were really high. I felt sick.

I find a scientific graph in which emotions are located in the body. The 6 primary emotions are joy, sadness, anger, fear. Surprise. Disgust. In addition to feelings, emotions include a range of physical reactions, such as nausea. On the Arctic trip, I will map my primary emotions.

I tell the therapist that I don't find introspection that easy. I don't know many words for feelings, but I do know, for example, a cavity at the level of the sternum that sucks everything inwards so that the shoulders hunch forward. The last time this happened was on the subway when I saw a screen showing footage from Mariupol. The matching emotion is perhaps "watching war" or "existential dread accompanied by paralysis due to real-time information. And you can't do anything." The therapist asks if it wouldn't be a shame if a nuclear bomb wiped out the world, and I say no.

Since Mathias left me, I've also experienced this forehead sensation. It's a kind of imaginary layer of fat between my skull above my eyes and the outside world. In her Fellow Lecture at the Hanse-Wissenschaftskolleg Delmenhorst, Prof. Darleen Ketten from Harvard University talked about a layer of fat on the forehead of whales, which they use to perceive echo vibrations. It helps them to hear, i.e. to communicate. Mine, on the contrary, unfortunately has an isolating effect.

In 1850, rescue expeditions with a total of 14 ships searched for John Franklin. Of these, 10 ships came from the United Kingdom. Jane had collected the money for one expedition. She wrote a letter to US President Taylor, which won him and the public over. So, the United States joined the search mission. The media reported. The British public was equally passionate about finding John, so the Navy was under pressure. The number of search missions and the number of people involved was now out of all proportion to Franklin's two ships and 129 men. Lady Franklin invested her entire private fortune.

I travel to Munich to set up my work for a group exhibition at the Galerie der Künstler:innen. I'll be meeting my friends and the therapist twice in his office . I haven't been to Munich since before Christmas. I'll be staying in my studio and I'm really looking forward to it. I eat couscous salad in the train compartment.

Yesterday I had a Tinder chat with Davide. Davide, who shows himself eating a sandwich in the app, wants to send dirty pics until I get back, but I told him to send me voice messages.

The duffel bag from the Alfred Wegener Institute's clothing warehouse arrived from Bremerhaven and I try on the polar clothing. Parka with fur, winter pants. Work gloves, thermal gloves 2x, woolly hat, boot socks 2x, insulated boots, glacier goggles, sun cream, lip balm, overall. I still have thermal underwear from last time. With the lemon-yellow moon boots, I have the same costume as I did on the Antarctic journey. I have to get a large suitcase and buy more SD cards for my camera. Also films for my analog camera, batteries for the audio recorder and a hard disk for back-up. I recently renewed my passport.

Purity and Danger by Mary Douglas has also arrived. Lisa and I want to read it together. The book was published in 1966. In it, British anthropologist Douglas describes the idea of purity as a positive principle of order, in contrast to her predecessors, who saw it as a fear of impurity.

Ultimately, to tidy up means to put things in order and order is based on certain principles that are believed to be correct. Tidying up is not a negative activity of removing dirt, but a positive activity of organizing the world, a creative moment. In this context, the classification of dirt and rules for its elimination become a political problem. "Dirt is essentially disorder. There is no such thing as absolute dirt: it exists in the eye of the beholder," writes Douglas in the introduction. The concept of hygiene can therefore be used to trace the structure of a society. On the one hand, hygiene regulations attempt to standardize behaviour (of others). On the other hand, adhering to and professing them expresses a sense of belonging. "Uncleanness" is a kind of danger. "Reflection on dirt involves reflection on the relation of order to disorder, being to non-being, form to formlessness, life to death."

In thermodynamics, the state of disorder is called entropy and can be defined by all possible microscopic configurations of a system. Entropy can only increase in a closed system such as the universe. More entropy means that it gets warmer because the particles of the system are not lying on the shelf but bouncing around. An associated death scenario of our cosmos is the heat death of the universe.

Our planet is already getting hotter. Arctic sea ice is melting earlier in the year and forming later. The dark sea surface absorbs more heat than a white snow surface and intensifies the effect of global warming.

Polar regions are often read as pure and at the same time are particularly endangered. Not only seen through the lens of Mary Douglas, the climate crisis is an expression of contamination. The processes observed in the Arctic landscape can be understood as an increase in entropy. Its purity is at risk, and with it our entire cosmology, a planet with a human species oriented towards permanent growth.

Hello everybody, I am Sandra from Berlin (Germany), multi-disciplinary artist, focus on music, photography, video, coming from painting, studied in London.

My work is based on the subject of identity, gender, body, expanding it to space, landscape, and surroundings. I link landscape experiences to emotional phenomena. Both in my music and in my art, one's own experience on the inside is linked to the environment on the outside.

Regarding the residency in the Arctic, I am interested in the human in relation to a world that is rather hostile to him. I am interested in humankind as a living being with its abilities and limitations in the extreme conditions of the Arctic. The visual beauty of the landscape contrasts with human's rather unfavorable habitat.

My strengths lie in improvisation and the short-term adaptation of the real circumstances in order to develop a fictional world that opens up a new plot.

Will work with photo camera!

Jane wrote letters to her husband, which she gave to the respective expeditions, but they were always returned. She wrote letters to him when he was long dead. She consulted all the Arctic experts of her time, including many whalers. Despite being an armchair scholar, she acquired one of the most extensive bodies of knowledge about the Arctic region. She also consulted alternative media and fortune-tellers. Eventually, she managed to get her own crew and two small ships together. The expedition leader was an old acquaintance from Tasmania who had never been to the Arctic before. However, he had dreamt of the exact place where Jane's heart could be found. In the end, she was right to believe in the original plan, according to which her husband had wanted to complete the Northwest Passage through the Great Fish River. Contrary to the official models of the ice and the ocean currents, he had made his way south; his partner knew him and she had triumphed over the calculations of the others. The therapist says I could also include a section for dreams in my diary.

On International Women's Day, I refer to the *Girls on Ice* initiative in my Instagram stories. It takes teenage girls on excursions to glaciers. The main focus is on girls from non-academic families with the aim of introducing them to the world of ice, the careers of glaciologists, meteorologists and geophysicists as well as natural sciences in general. I also mention Esther Horvath, the Alfred Wegener Institute's award-winning documentary photographer. She was on the Endurance22 expedition in the Southern Ocean that found Ernest Shackleton's ship. I love the picture of her with the two polar bears at measuring instruments from the MOSAiC expedition. It won the World Press Photo Award 2020. Horvath is currently working on a series of portraits of female polar explorers, #womenofarcticscience #womenofantarcticscience

The day before yesterday I visited Armenia Studio. The name is a reference to the Milan film studios Armenia Film, which were located in Bovisa until the Fascists moved the main site of Italian film production, Cinecittá, to Rome. In my future studio, the film reels were developed. The place is cool, a hardware store next door, a 5-minute walk to Federico's apartment. Pietro found the space during the Covid pandemic and lives with Margaux and three cats in the room next door. I organize a table and a chair and move in.

In April, the average temperature in the Arctic Ocean is minus 10° Celsius. I've started a cardio workout that I want to do every day. It only takes 10 minutes.

If I don't go to the dancehall party at Leoncavallo with Lisa later, I'll see Davide, who has turned out to be a law student. There are now two more dating app Davides. One is a psychologist (Okcupid), the other is a glaciologist (Tinder). Davide, the glaciologist, has just moved to Munich and works for the Academy of Sciences, next to the Residenz at the Hofgarten. He knows Olaf Eisen, Georg Kaser, Lindsey Nicholson and has been to the annual summer school in Karthaus in the Schnalstal Valley. He was neither impressed that I had guessed what his field was, nor that I know all these glaciological luminaries, nor that I myself had already been to Antarctica and am about to travel to the Arctic, nor that I am making art about his object of study. When I invited him to Lothringer 13, where I am showing videos related to polar research at the scholarship award exhibition, he replied: Strano ma interessante haha. Lisa and I think he has disqualified himself.

Lisa's poem

Lampugnano
Mound of Muscle
Hundred eyes
Red plastic
All that frenzy makes toward me far to
Close Bistro Metro San Siro
Waiting always sounds the same
The opposite of video game
Lampugn annum clever girl
Your ideal under tough heels
Finely vanished
You beauty
You lungs

I watch a documentary about the lost expedition of John Franklin from 2016, the year his last ship was found.

H. M. Ships Erebus and Terror
Wintered in the Ice in

28 of May 1847 Lat. 70°5' N Long. 98°23' W

Having wintered in 1846–7 at Beechey Island in Lat 74°43'28" N. Long 91°39'15" W After having ascended Wellington Channel to Lat 77° and returned by the West side of Cornwallis Island.

Commander.

Sir John Franklin commanding the Expedition.
All well

WHOEVER finds this paper is requested to forward it to the Secretary of the Admiralty, London, *with a note of the time and place at which it was found:* or, if more convenient, to deliver it for that purpose to the British Consul at the nearest Port.

QUINCONQUE trouvera ce papier est prié d'y marquer le tems et lieu ou il l'aura trouvé, et de le faire parvenir au plutot au Secretaire de l'Amirauté Britannique à Londres.

CUALQUIERA que hallare este Papel, se le suplica de enviarlo al Secretario del Almirantazgo, en Londrés, con una nota del tiempo y del lugar en donde se halló.

EEN ieder die dit Papier mogt vinden, wordt hiermede verzogt, om het zelve, ten spoedigste, te willen zenden aan den Heer Minister van der Marine der Nederlanden in 's Gravenhage, of wel aan den Secretaris der Britsche Admiraliteit, te London, en daar by te voegen eene Nota, inhoudende de tyd en de plaats alwaar dit Papier is gevonden geworden.

FINDEREN af dette Papiir ombedes, naar Leilighed gives, at sende samme til Admiralitets Secretairen i London, eller nærmeste Embedsmand i Danmark, Norge, eller Sverrig. Tiden og Stædit hvor dette er fundet önskes venskabeligt paategnet.

WER diesen Zettel findet, wird hier-durch ersucht denselben an den Secretair des Admiralitets in London einzusenden, mit gefälliger angabe an welchen ort und zu welcher zeit er gefundet worden ist.

Party consisting of 2 Officers and 6 Men left the Ships on Monday 24th May 1847

Gm. Gore Lieut.
Chas F. Des Voeux mate

Last record of Sir John Franklin's expedition in search of the North-West Passage in HM Ships Erebus and Terror, deposited by Lt. G.M. Gore, on King William Island, 28 May 1847.

Franklin was quite old when he set off on the journey; he seemed a suitable guide as he was both experienced and resilient. On a previous expedition, he had eaten his leather boots to stave off starvation. Although his crew had provisions for three years, i.e. 62 tons of flour, 3 tons of tobacco, 4 tons of chocolate and 4000 liters of lemon juice, none of them returned alive. In 1850, scraps of clothing, the remains of a camp and graves were found on Beechey Island. In 1859, a note was found, a piece of paper encased in a stone monument, that contained information about the course of history and is now kept in the National Maritime Museum in Greenwich. It states that Franklin died on June 11, 1847 and that 15 sailors and 9 officers had already died. During the third winter in the ice, the remaining crew left the ship and took the land route. Oral history records that a few Inuit met White men, including one who greeted them with the Inuktitut word for "friend." The Inuit gave them some meat, but could not care for 40 starving people. John Rae reported in *The Times* in 1854 that the 30 human skeletons found indicated cannibalism. Victorian society was shocked, because heroic sailors do not eat each other. Charles Dickens suggested that the Inuit had killed the last survivors of the expedition.

In the 1980s, corpses from the Franklin expedition emerged from the permafrost with levels of lead in their hair. The cause of death is now thought to be a combination of scurvy and lead poisoning, in addition to cold, hunger and tuberculosis. The metal cans had been sealed with lead-containing tin and the vitamin supplier lemon juice did not have a long enough shelf life. In 2015, forensic reports confirmed the suspicion of cannibalism based on cuts in the bones.

In 2014, a Canadian team found the 33-meter-long Erebus, the main ship of the Franklin expedition, with remote-controlled sonar searches. Such achievements, are used by nations to assert their claim to polar regions containing mineral resources that have so far been unowned. The wreck is only 11 meters deep; the exact location remains secret to protect it from trophy hunters. It is called a dream for underwater archaeologists, a treasure full of information, a window into history, a find of the century that offers new food for the myth. A 3D model of the ship and a copy of the bell were created. It is now known that the second ship of the same expedition, Terror, actually reached the final stretch and completed the Northwest Passage. Officially, it was Amundsen 60 years later (who is also considered to be the first man at the South Pole). "Lady Franklin" only appears once in the documentary.

The two slices of bread with guacamole that I eat on the steps outside in the afternoon sun make me really happy. The podcast *1.5 Grad* by Luisa Neubauer, the German face of Fridays for Future, about the war in Ukraine dampens my mood again. She sees it as a war over fossil fuels. Importing liquefied natural gas, which was presented as no solution to the dependence on Russian coal and natural gas, has become a reality. The German foreign minister finalized a deal to this effect. According to the satire magazine Postillion: "Hello Mr. Not-Putin, I heard you sell gas' and 9 other sentences with which Habeck impressed the Sheikh of Qatar."

Questions that my German friends ask me about Italy that I cannot answer: Does Italy also supply weapons to Ukraine? Where does Italy get its energy from? How long does parental leave last in Italy after the birth of a child?

I'm added to the Armenia Studio Whatsapp group. Mirko designs a flyer for the Open Studios and my name is on it. As always, it's the longest.

I'm on the Flixbus, on my way to Munich again. I'm working on the text to accompany my presentation at Lenbachplatz in April. I was selected to have two motifs installed on the 5x5 meter billboard, the so-called art island. I chose two threshold moments that I photographed in the vicinity of the Neumayer Station in Antarctica. A ladder, a ramp. It's about the liminal phase of humanity in the current stage of our planet's climatic development. The Intergovernmental Panel on Climate Change speaks of a short and rapidly closing "window" to secure a future worth living. Victor Turner, an ethnologist of religion, called liminality the threshold state of a ritual community between two social orders. Humanity must pass through to a climate-friendly world order.

It has not rained once in Milan since I have lived there. The air quality is one of the worst in Europe. In Bavaria today, the sky is a grayish yellow from the Sahara sand.

I'm at the therapist's at nine and have a dream to share; he was in it and he was naked. On a sunny winter's afternoon, I went for a walk with Sophie through Pustertal Valley. We were relaxed and having a good chat. Suddenly I remembered that I had arranged a psychoanalytic session, but I couldn't remember where the practice was. It ended up being near Toblach. I rushed there in a panic and only arrived shortly before the appointment was due to end. On the way, I argued with my mother, who wanted to stop me from going because it was all about me. The therapist had just come out of the shower and was doing a few boxing moves. I said I used to box too. He said it was very revealing that I had a problem with time. Then he ran out of time and I had to leave the room; before that, a workman appeared and installed a listening device in the room.

The opening of the scholarship award exhibition is unspectacular. There are a lot of people. I don't think many of the visitors watch my video all the way through. We won't find out who receives the prizes until after the jury meeting in a few weeks, i.e. after my trip.

Hi all,
My name is Josh and I'm from Milwaukee, Wisconsin, USA. I'm an audio recordist/composer/producer and I love finding

residencies with rich soundscapes in which I can make works out of field recordings.

My goal for this residency is to build upon work I've previously done in the arctic. A piece I released a few years ago from Denali National Park uses only the samples of dead tree branches being plucked. The theme revolves around thawing permafrost and the danger that the greenhouse gasses from "awakened" organisms pose.

I'm not sure what will make the most captivating audio samples on this trip, but I plan on lots of experimentation. I'll be bringing my Zoom H6, a decent shotgun mic, and some contact mics. I'm especially interested in trying to get samples of ice (moving, floating, cracking?). I'd like to experiment building some contact mics that can be "driven" into the ice (if this is allowed, of course). Depending on finances, I'd also love to try a hydrophone.

I saw that others also plan on doing field recordings, and I'd love to chat strategy about that! I'm happy to share the audio I capture, and I really appreciate the knowledge about temperature changes/condensation, etc.

Looking forward to connecting with you all in the real world!

Lisa and I spent the whole weekend together. I cancelled my date with Davide for Friday evening and met Lisa instead, and Saturday night Marco canceled their date and Lisa met me. We went for a Spritz and a pizza at Il postino in Lambrate.

There is radio silence with Davide II. Davide III tells me about his training to become a psychoanalyst, he's in his fourth year and will soon be finishing his own therapy. He actually looks too boring for me. I liked him because he wrote in his bio that one can travel deep inside yourself instead of to other countries. I'm generally in a pretty good mood these days. That's why Federico's emails catch me off guard. I was going to pop in to see him spontaneously, but then I didn't. Lisa cooks a radicchio risotto.

I call my dad on Father's Day. He informs me that a one-day art exhibition is being held in the old forge opposite my parents' house. He has been diagnosed with stenosis, which is a narrowing of the spinal canal due to enlarged vertebrae and causes him pain when walking.

I buy metal profiles at the hardware store to present my drawings on. There is a heated exchange of messages in the Armenia Studio Whatsapp group because a young curator described the joint studio as a merger to compensate for weak individual positions. I learn the word "zoccola."

A cigarette break. Deutschlandfunk radio reports that compulsory vaccination cannot be introduced due to the massive paper shortage.

Just in time for the start of spring, the sun has become stronger and has already warmed the air a little. It always amazes me that seasons simply mean more or less distance from the sun. Maybe I'll start using an SPF cream soon, I don't want any more wrinkles. In polar regions it's important to put sunscreen on the underside of your nose too!

In Lady Franklin Bay, about 1,100 miles (1,800 km) above the Arctic Circle, sunlight is limited to perhaps three months a year and snowfall is low. The water in the bay is iced over from year to year, with purely random openings that make navigation difficult. Lady Franklin Bay is an Arctic waterway in the Qikiqtaaluk region of Nunavut, Canada. Many Arctic geographical units have British names. The landscape around the bay is generally barren rock with some very shallow glacial layers held in place by frost and permafrost. The natural food supply in this bay in summer is limited to various mammals in the seawater, the occasional musk ox and a few seabirds that can be seen over the water. The flora is limited to short-lived mosses and lichens.

I book an Airbnb near Oslo Airport with a pick-up service for the night between Munich–Oslo and Oslo–Longyearbyen. Carmine and I do some spring cleaning in the shared flat.

My general condition: eat little, exercise regularly, drink a lot. Magnesium before bed.

Lisa and I have visitors and go out for dinner at Boccondivino. It's a spectacle, four hours of one course after another, each with a matching wine. Among other things, we talk about the concept of feminist foreign policy, which relies on radical diplomacy in international relations as opposed to a peace-stabilizing armament on all sides – a regime of fear. Before that, we go for a walk at the Cimitero Monumentale, where 19th century tomb sculptures convey the drama of death as loss. The Milanese bourgeoisie, such as the Campari family, demonstrate their status.

I'm not in a great mood. I have PMS. I'm sitting in my studio listening to *Vortex* by Nick Cave. At least I've worked through a few items on my to-do list and completed my daily 10-minute cardio program. Muesli for lunch.

In the forum, I see that I'm in a two-person cabin with Frederike from Berlin. Aaron O'Connor, the program leader, mitigates concerns about seasickness. Because we'll be sailing mainly along the coast and going ashore every day, there are no high waves to be expected. The expedition leader is Sarah Gerats. She writes that April is part of the Arctic's "fifth season," i.e. winter with cold temperatures, but still almost 24 hours of daylight. The Arctic and Antarctic are currently reaching record temperatures, up to 32 degrees Celsius warmer than normal. On June 20, 2020, a new Arctic record of 38°C was measured in the Russian town of Verkhoyansk.

Hello, my name is Frederike Cranach. I have just moved to Berlin after living abroad for the last 16 years.

I create sculptures, drawings, prints and mixed media work. My main focus is on Egagropili – fibrous seagrass pellets found by the Mediterranean Sea.

The impact and relationship between humans and their environment/nature is something I'm especially interested in, so I'm hoping to be able to dive deeper into this topic and exchange opinions and experiences made on this journey and beyond.

If anybody is interested in sharing work materials for prints etc. please let me know, might simplify the amount of schlepping stuff around.

I have heard from former participants that it's very helpful to have a gimbal and some binoculars.

See you soon.

Last night I stopped by the opening of Doris Ghetta and neighboring galleries. It was a 45-minute bike ride back. I listened to the podcast by Jan Böhmermann and Olli Schulz and cooked myself a pasta aglio olio afterwards. I didn't get in touch with Davide I, although he lives near the gallery; then I matched with another Davide. Number four stands out with his elaborate text. By the way, there's another David (without an E), a young fashion designer who approached Lisa and me at a traffic light. He asks in an Instagram DM how my life in Milan is developing and whether I can lend him a globe. (No.)

To some extent, the incomplete picture we have of Lady Franklin is shaped by her own doing. She was notorious for editing lines in her writings, tearing out pages and burning her diaries and letters, and she went on record as saying that she never wanted to be "just one of those writers." "The control of her public persona was very important to her," writes Erika Behrisch Elce, "but that left great gaps in her own biography.

And just as Sir John Franklin was missing, so is a picture of their relationship." Her novel *Lady Franklin of Russell Square* (2018) imagines an exchange of letters between Jane and John in order to tell the biography. I find this literary strategy interesting.

Material at the Scott Polar Research Institute
Subject: Women. Personal Name: Franklin Jane, 1792–1875,
Traveler and Social Reformer.

Conclusion of the biography summarized there: "In 1860, Lady Franklin became the first woman to receive the founder's medal of the Royal Geographical Society for her efforts in organizing the search expeditions. She continued to travel extensively, accompanied by her niece by marriage, Sophia Cracroft, visiting Alaska, the United States, Hawaii, Canada, South America, China, Japan, India and Europe. She died on July 18, 1875 in London."

I download the following book from the website of the Bayerische Staatsbibliothek: *The Life, Diaries and Correspondence of Jane Lady Franklin 1792–1875*, edited by W. F. Rawnsley, published by Cambridge University Press in 2014. Series: Cambridge Library Collection – Polar Exploration. Subjects: British History after 1450, Historical Geography, History.

I call Benita from the DG Kunstraum in Munich and tell her that Federico and I are no longer a couple. We were both invited to go to the Documenta in Kassel and they almost booked a double room for us. Contact with Fede is difficult. I eat Caprese.

The therapist and I talk about the fact that I have learned to express affection through support and perceive men as beings in need of help. Conversely, I perceive receiving help as a proof of love and therefore as a form of security. I mention Elfi and her husband's wedding preparation course, in which they heard of the five "love languages" (help, time, sex, gifts, compliments).

According to the therapist, it's normal to seek compensatory justice in relationships between two people.

Went to Frizzi & Lazzi with Lisa, ate popcorn.

Hello fellow shipmates! I'm excited to be travelling with you to Svalbard, and it's great to hear about your projects. I'm Emma Stibbon, a UK artist working in drawing and print. My work focuses on environments that signal a rapidly changing climate. I'm looking forward to encountering sea ice and glaciers on our voyage as my project is looking at the impact melting ice sheets and glaciers are having on sea level rise. I plan to record this through the camera (and hopefully drone) and through drawing from observation. I'm looking forward to meeting everyone – not least Sarah and the expedition team!

⤳ Hello Emma, I am happy to read that you are participating in this residency. I know your drawings because they were shown alongside some works of my own in the group exhibition *Eiskalt* at the Eres-Stiftung Munich in 2018. I am very much looking forward to meeting you in person!

The theme song from the first *Frozen* movie plays from the Luna Park outside: Princess Elsa sings "Let it go" as she turns her back on the world and builds the crystal palace. Margaux whistles.

I hang my drawings in the corner of the studio. It looks nice. Andreas thinks they're beautiful too. He doesn't understand why we never got beyond the atom. Molecules – molecole. Chimica occulta. Subtle – impercettibile? Yes, that's exactly the question.

My brother Simon is here. We are attending Nina's performance in Turin. Nina is a choreographer and friend of mine. We like it very much. Her most recent work is called *Faintings* and features a weeping willow. Almost the entire dance piece consists of the three dancers in unison. The color motif is green and Nina shows a very precise observation of natural phenomena, including animals. Like some films (*The Lion King*, for example), she plays with the romantic longing to be absorbed in the circle of life. We sleep in a simple hotel next to the train station and drive to Brescia after breakfast, where we meet our parents for lunch. They have come from Bolzano on a day trip organized by the Volkshochschule and skip their afternoon program to hang out with us. It's fun and easy, which is good for everyone. We eat ice cream.

Over ramen after googling "radical art," Simon and I develop a performance. He wants me to be waterboarded in Arctic waters.

Hi everyone! So nice to hear about your work and practices... I'm Kelsey Miller, a multi-disciplinary artist born and raised in Antigua (!!), West Indies, and now living in Rhode Island. My background is in printmaking and builds on its inherent qualities of repetition, accumulation, and layering.The content of my work is guided by everyday cycles – the rapid pace of news and weather, the slow build of archives and observations – toward an iterative practice of recording, altering, accumulating, and distributing that manifests in prints and large-scale installations.

Rubbings have recently become a big part of my practice as a way to record time and place and I think I will be making a lot of those on our trip. I'm also interested in making cyanotypes on site if I can find some environmentally sound ways of doing that.

On a completely different note, I have an almost daily practice of winter plunging/swimming here in Rhodes Island (water is close to freezing) and I am hoping I will have the chance to plunge into the arctic waters at least once!

Horvath's illustrated book *Expedition Arktis (english "Into the Arctic Ice")* gives rise to inspiring moments. I take a sheet and sketch and new questions immediately come up. I discuss the idea with Barbara Asnaghi from Fonderia Battaglia, as it involves an installation with bronze objects. Barbara is my age and very friendly. A one-month residency in the ore casting workshop seems to be possible, but I don't know the price yet. The director is also there and is impressed by my polar expeditions: not all artists have stories that need to be told. I complete the whole appointment in Italian and am proud.

The foundry immediately gave me the feeling that I wanted to stay there. The smell of warm wax and the workstations outside in front of the building, where a craftsman used a high-pressure hose to clean the coarsest fireclay residue from the bronze that had been knocked out of the mold, made me happy. I have very fond memories of my time as Bruno's assistant in the ore casting workshop at the Munich Academy of Fine Arts.

Before I go to sleep, I watch Youtube videos about Arte Povera. I like stone and metal. I think my urge to work with durable materials is also a way of dealing with transience. I like to imagine how, after my death, the materials I have transformed will continue to exist in the world, but in the form I have given them. By the way, there are creatures that do not die naturally: paramecia. The paramecium was the "Protozoa of the Year" in 2017.

Hung out with Lisa outside Lambrate station again last night. She's applying for a job as a prototipista in Paris . There has been no response to all the applications within Milan. It's an understatement to say that I'd hate to see Lisa leave the city. She's my best friend here and I've never met a friend as often, i.e. every day. The conversations with Lisa reflect the new me because we are constantly analyzing situations in terms of their social dynamics. We also talk about politics, family, Federico and Adrian, about our party histories on the countryside and professional futures in the city.

Stressful atmosphere in the studio. Pietro berates Matteo V. Margaux has been to the hairdresser, I've been out for pizza. Federico visits Armenia Studio. I have indigestion. We have nothing to say to each other. I explain my work to a young collector and am told to send him a portfolio with the prices of all available works.

I eat Asparagi Bismarck in the restaurant and then Sophia arrives.

I'm Nico, a Chilean artist based in Leipzig, Germany, for ten years now. I work with video and photography. I mainly do video installations. I'm pretty involved with digital image post-production. I do also some 3D animations and drawings from time to time. I'll be bringing – as probably many of you – different types of analogue and digital cameras, drones, a 360 camera and so on. I'm trying to reduce the tech and leave enough space for some clothes.

I grew up in the south of Chile and ever since, one of the focuses of my work has been the relation of landscape and culture. The last residency I did (last year) was in Tierra del Fuego, Patagonia, and I did there what I've done in many other locations and probably will be a similar process in Svalbard. I'll be filming and taking pictures focused in different light situations and after the trip, I'll mess around with the material with different software hoping for "happy accidents" or discoveries.

I'm pretty excited about what we're going to see and hope the tech can keep up for more than a few minutes due to the cold. See you soon.

An intense few days of Milano Art Week are behind me.

Sophia and I went with Adrian and Lisa to exhibitions at the Fondazione Prada, the ICA and Hangar Bicocca, to the miart fair, to performances at the Triennale and to Marsell. We also managed to track down the places where the art world meets in the evenings. On the day of the preview, it was the Bar Basso and the Caffé degli Artisti opposite, and the following day a "secret party" at Paradise, where the brother of Felix Gaudlitz from Vienna was DJing. The gallery owner is a childhood friend of Sophia's, but unfortunately rather arrogant. I bumped into Simona Andrioletti and felt like I was in the right place.

Sophia was impressed by the architectural design of the Prada complex. We photographed ourselves in the elevator attached to the tower, half glass, half marble, with pink lights and a sound installation. Elmgreen and Dragset exhibit fragile masculinity as classical sculptures, demonstrating how glossy and perfectly polished bronze can be. Miriam Cahn is "the best living painter" (Adrian) and brings existential situations to the canvas with the most reduced means. Steve McQueen also manages to create an atmosphere of intimacy and pain with his cinematically simple 16mm projections.

Sperling and Nir Altman from Munich were represented in the "upcoming" section of the fair. We met Giammarco at the Chert Lüdde stand, and Margaux, who is exhibiting a work at Michel Rein. We extracted the 2022 trends: sand paintings, welding figurations, rubber boots, fairy tale images, reliefs and Picasso.

We were too impatient and missed Michele Rizzo's work *Higher. XTN*, which was shown a few weeks ago at Haus der Kunst in Munich. We only saw his slow piece *Rest*. Riccardo Benassi's text-based videos are fun; I know the artist from the techno exhibition at Museion in Bolzano. I like the line that it is no longer a paradox for our generation to dance while reading or to read while dancing.

The therapist and I talk about ways to escape from a repressive environment. Remembering that I was the reading queen of the village library for years almost makes me cry. I'm still not rested from the last few days and on top of that, we've had too much alcohol. I haven't exercised for three days.

Sleeping in feels really good. The smell of something roasting is wafting into my room right now. It's rained a few drops and the city has immediately become greener.

Food, a shower and then the opening of an exhibition at Casa Testori, where Margaux shows mythological figures made of wax, behooved legs without torsos that can stand by means of their tails. In one of the three Signore, the tail penetrates the ass on the way up from the floor.

In the news: The IPCC will issue a paper today based on the first and second parts of the Sixth Assessment Report on what policy measures would need to be taken to prevent "harm to life and limb." The earth will have warmed by 1,5 degrees in twenty years at the latest, if not sooner. Amplifying processes have been set in motion and can no longer be stopped. The common phrase "eternal ice" is absurd in relation to the Arctic, as the ice there is anything but eternal. There will be ice-free summers in the Arctic from 2035 on.

I tell the therapist that if I find plastic in the Arctic, I'll be depressed. In the evening, my search engine Ecosia (already 989 trees planted) suggests an article that scientists from the Alfred Wegener Institute have found the same amount of microplastics in the Arctic as in other regions of the planet.

I go to the Piscina Solari for a swim and then to the current exhibition at Doris Ghetta's gallery and the opening of Matteo P's exhibition near the cathedral. Both are in a kitchen studio. Adrian and Lisa invite me to a farewell dinner. My journey starts tomorrow. We have linguine with beetroot pesto. I think I've packed everything. The passport is particularly important.

An email from Aaron. The ship is delayed due to the weather and can't reach the planned starting point in Longyearbyen on time. It will leave from Tromsø in Norway the day after tomorrow and we will only arrive in Svalbard after a three-day journey across the open sea. So I book a new flight from Oslo to Tromsø at short notice.

I find a good place on the train to Munich: a four-seater, empty, in a quiet carriage. I sleep until Verona, then have a brioche for breakfast. I work on the application for the Steiner Foundation; I still have to organize the financing for this trip. I think I have had another dream about the therapist.

I discuss my expectations and feelings about the trip with him. I express as a "practical concern" the fear of seasickness that I know from the Atlantic crossing, now that the itinerary has changed. The therapist gets nervous because it's raining and he hasn't taken his bike saddle to safety, whereupon he runs out to cover it: "I'm attached to this saddle." We talk about a kind of religious experience of nature or the comforting potential of the ice landscape. I assert that the absence of civilization triggers an insane calm in me, and describe how you feel like you're absorbed in something bigger, but without any form of reciprocation. It doesn't even require an action, pure existence is enough. That relieves.

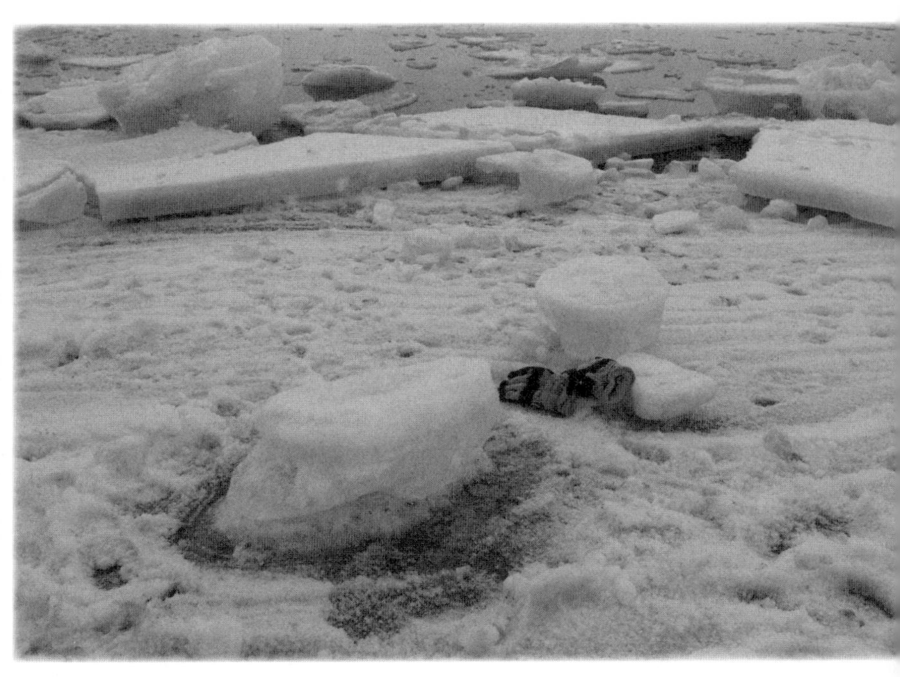

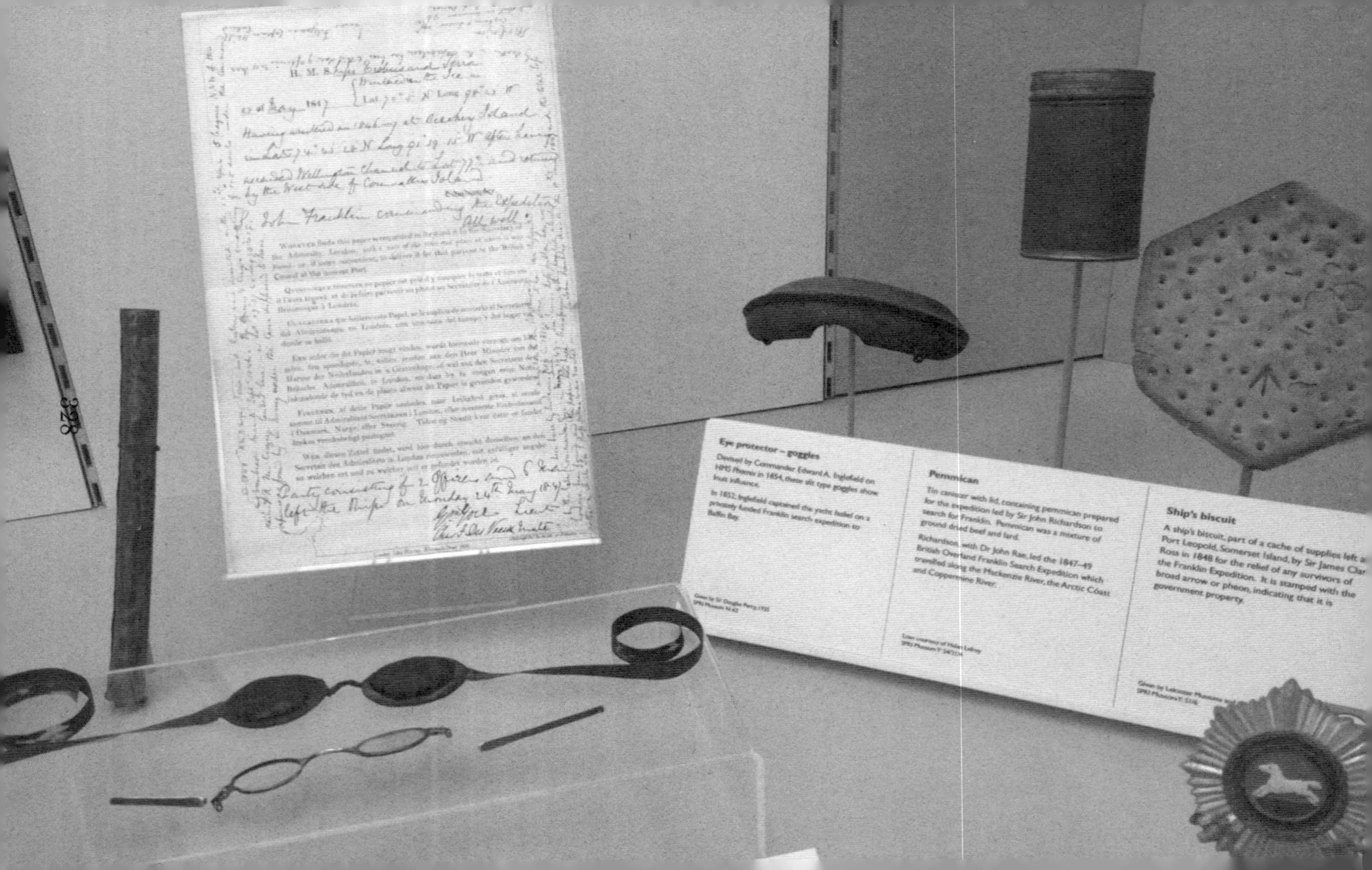
Eye protector – goggles
Devised by Commander Edward A. Inglefield on HMS Phoenix in 1854, these slit type goggles show Inuit influence.
In 1852, Inglefield captained the yacht Isabel on a privately funded Franklin search expedition to Baffin Bay.
Pemmican
Tin canister with lid, containing pemmican prepared for the expedition led by Sir John Richardson to search for Franklin. Pemmican was a mixture of ground dried beef and lard.
Richardson, with Dr John Rae, led the 1847–49 British Overland Franklin Search Expedition which travelled along the Mackenzie River, the Arctic Coast and Coppermine River.
Ship's biscuit
A ship's biscuit, part of a cache of supplies left a Port Leopold, Somerset Island, by Sir James Clar Ross in 1848 for the relief of any survivors of the Franklin Expedition. It is stamped with the broad arrow or pheon, indicating that it is government property.

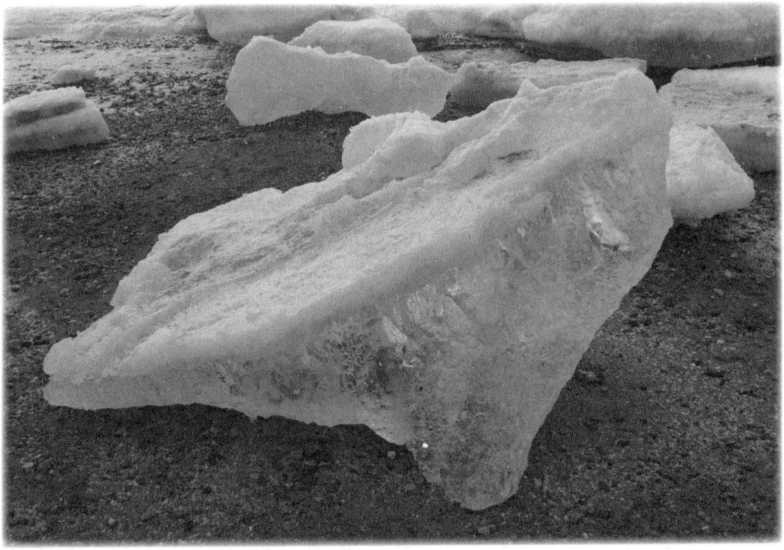

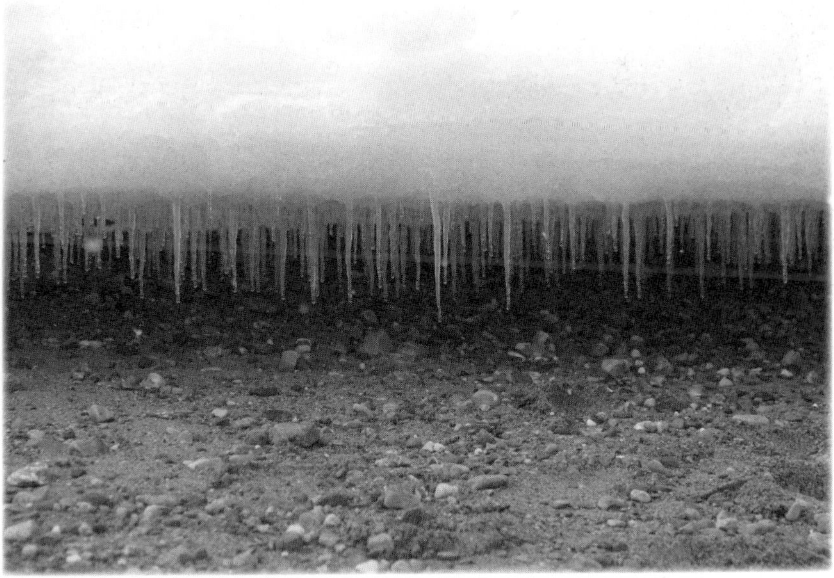

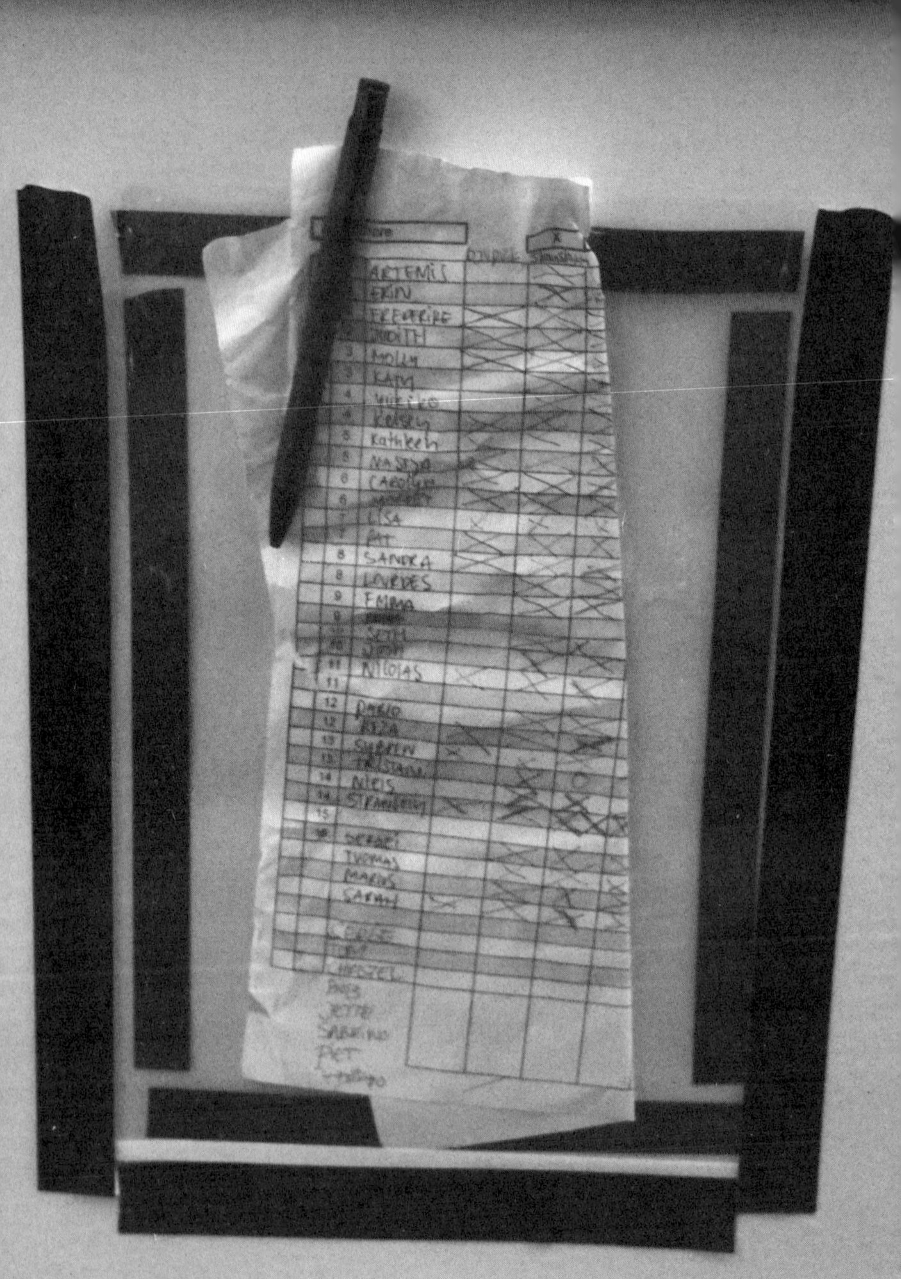
ARTEMIS
ERIN
JUDITH
Kathleen
LISA
PAT
SANDRA
LOURDES
NICOLAS
THOMAS
SARAH
PIET

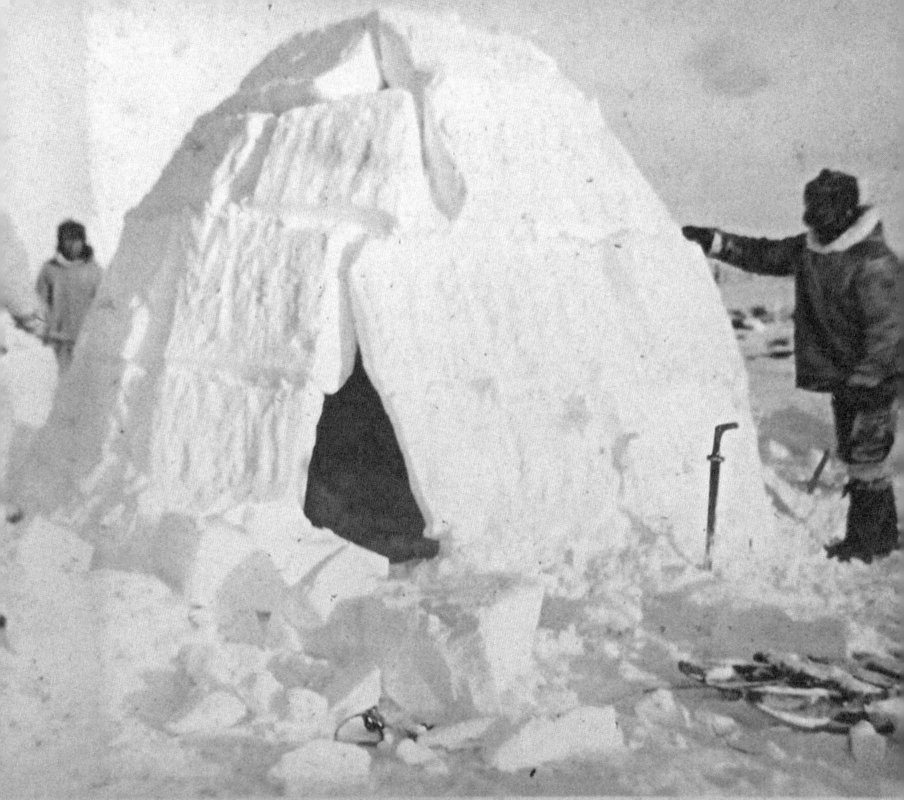

Our Igloo was built for an Observatory for Recording Tide and Compass Variations.

AILY CHRONICLE, TUESDAY,

EXPEDITION TO YENESEI.

three Arctic vessels which mbarton, have been build- overnment, start on their ant voyage to the Yenesei. ey are named respectively explorers of former days) n, the *Lieutenant Outsin*, oratov. Two of the vessels ian Canal, the other goes land. All call at Bergen. ether to Vardö, on the way, where they will be , which will accompany vessels built by Messrs. understood, intended on the Yenesei River. eive cargoes brought to ei by European vessels, o the town of Yenessisk, 1,500 miles up the river. onveys a cargo of Eng- onstruction of the Great eing that the conditions gation of the Kara Sea understood, it is likely ommencement of what o be a large and increas- untry and Siberia. The mmand of Lieutenant s officers and crews ar-

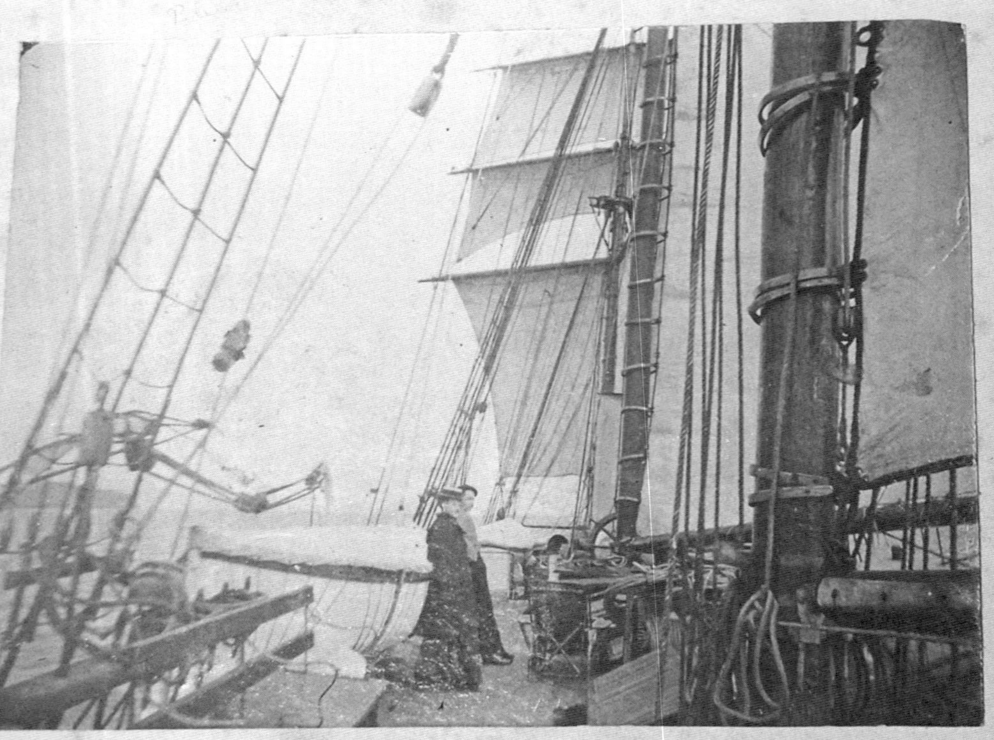

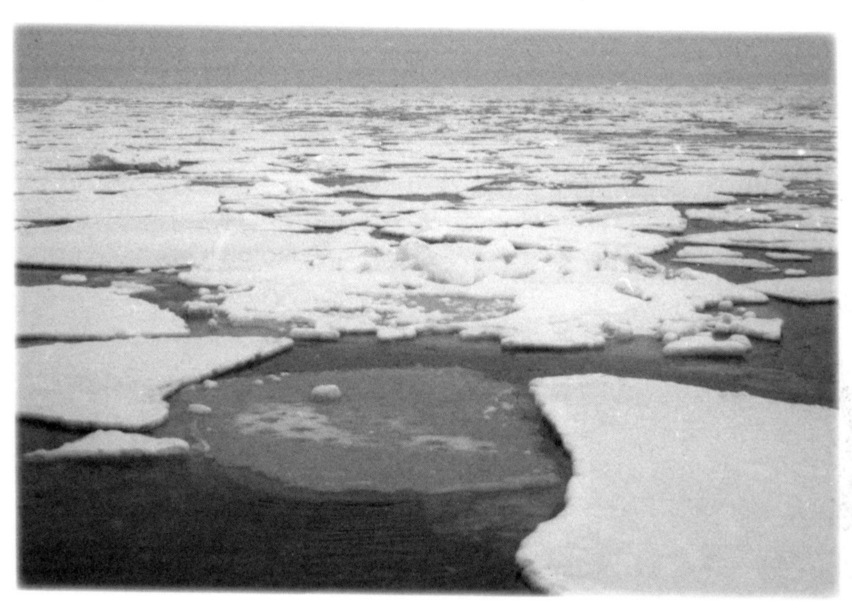

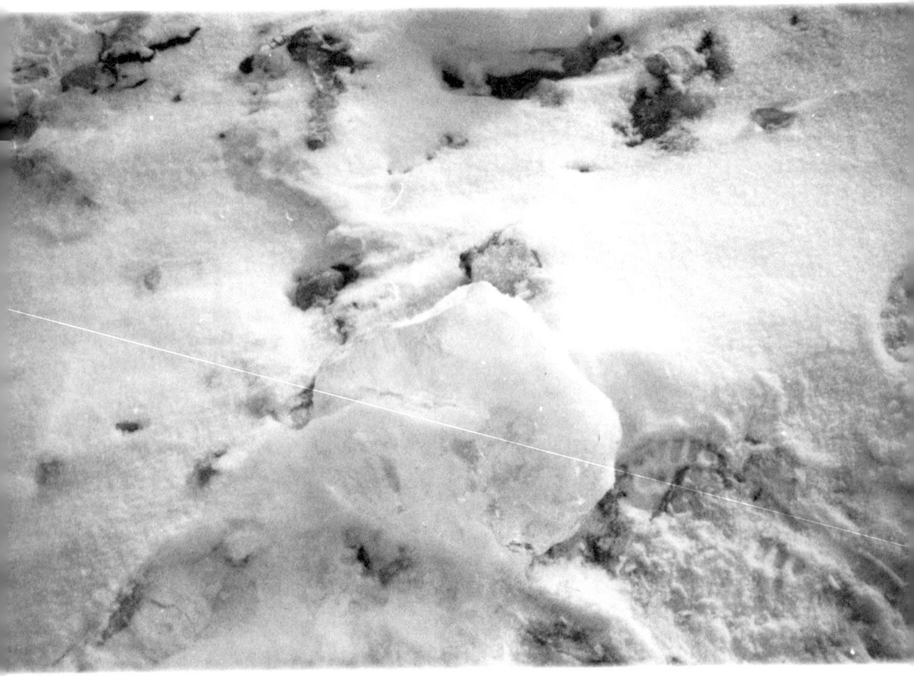

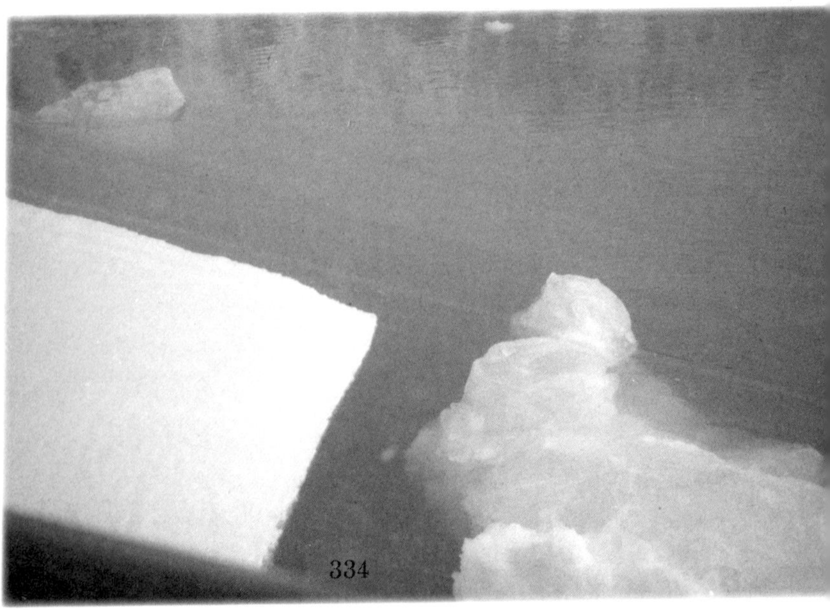

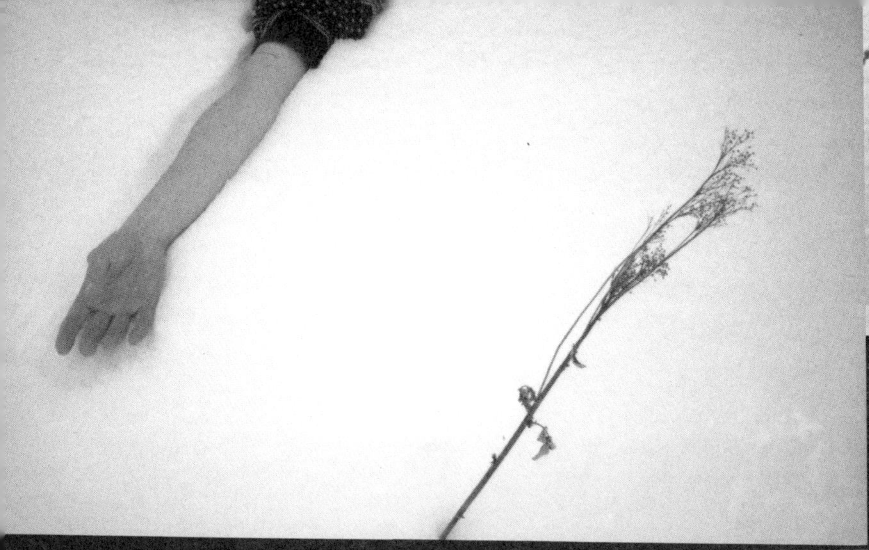

Ladies visit the Quarterdec *wish us "Bon Voyage."*

Lysaker Apr. 18th, 09

F.N.

Dear Mrs. Shackleton,

Many thanks for your very nice letter, and for the papers which I just recieved and look much forward to read. You may easily imagine what a treat it is to me to read about their important discovering and wonderful achievements in, as it were, a new world. I just returned from several days absence, and have heaps of work lying before me, so I cannot write more, although there was so much I should like to say. As to regard certain slander you mention in the papers some time ago, I will only say never mind such things, never show it the honour of allowing it to disturb one single moment of our short existence. If you have done a thing you are satisfied with and which you consider worthy of the time spent on it, then you have indeed every reason to be happy. If there are some people which are not satisfied (and such people there will always be found) it is their fault and their misery, poor creatures; but we others cannot be unhappy for their sake, that is too much.

Kingsthorpe
Dirleton Rd.
North Berwick

Mrs. Shackleton

~~c/o R. Geographical Society~~

~~14 South Learmonth Gardens~~ ~~London~~

~~Edinburgh~~

EDINBURGH 1 30 PM AP 14 09

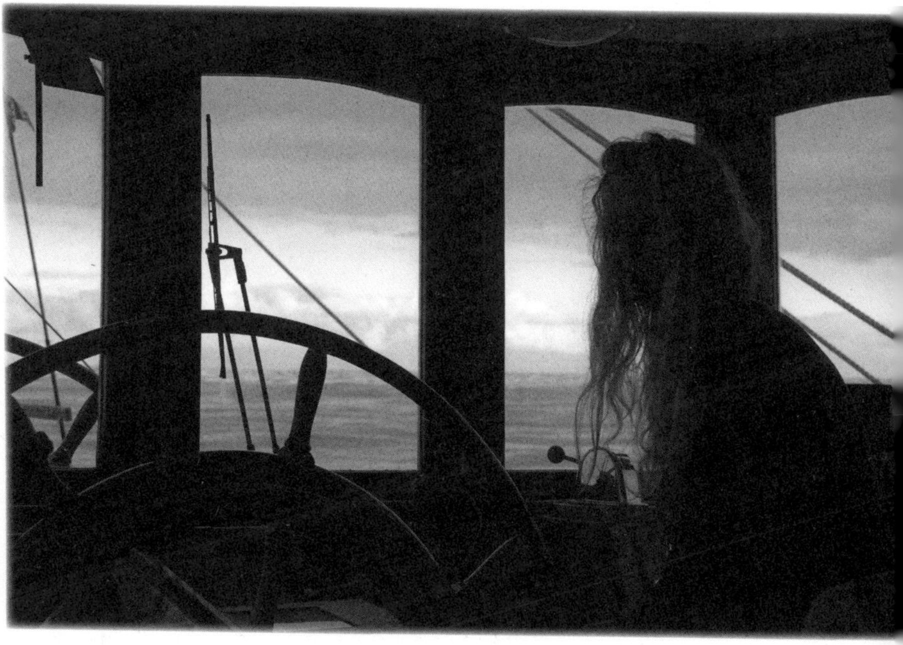

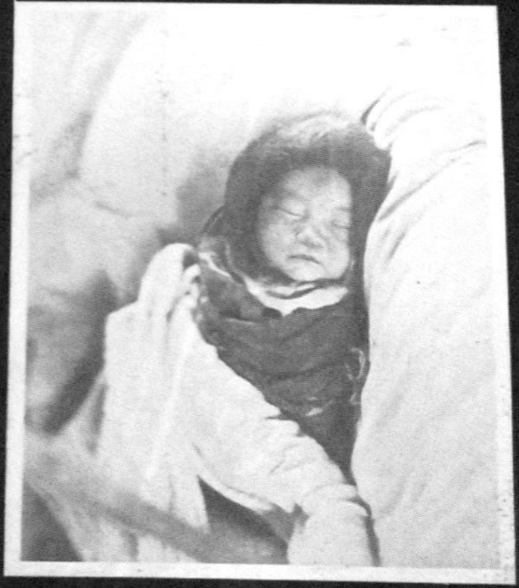

Mary's Baby was the First Born at Tavanne and when only Five Days Old this Picture was taken.

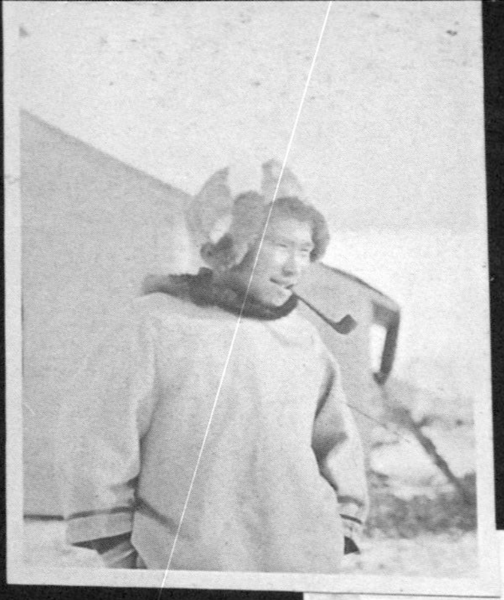

"Muck"

"Mary"

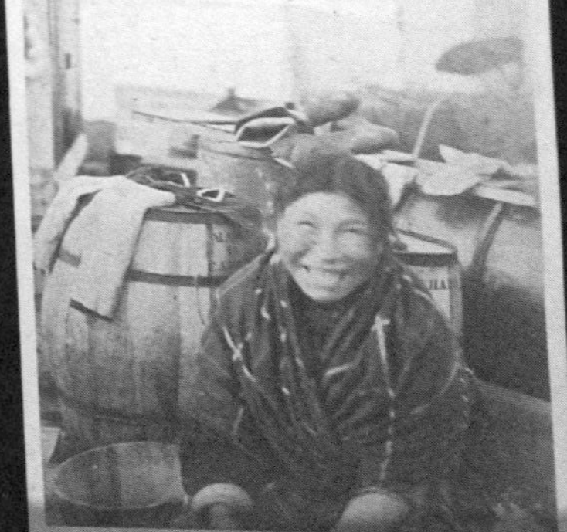

Part II
April

I'm sitting at the triangular table at the end of the common room, where we also eat. The table points to the back of the ship and we've been on our way for an hour. There is less emphasis on terminology here than on the container ship and the Neumayer Station. Maybe this room is also called "the mess." The space is cozy, furnished with dark wood and brass handrails. The walls are painted a dark green color and have round portholes and the benches are cushioned. There is a bar and a serving hatch to the kitchen but sadly, unlike at Neumayer III, you have to pay for your own drinks and snacks.

The Antigua, a three-masted sailing ship, was built in 1957 in Thorne (United Kingdom) and sailed as a fishing vessel in its early years until it was bought by tall ships in the early 1990s and converted into a barquentine for passenger transportation. Ever since, the Antigua has been outfitted with 16 double cabins for passengers, each with its own toilet and shower and a small porthole. Length: 49,50 m, width: 0,13 m, depth: 3,10 m, maximum sail area: 750 m^2, main engine from Cummins with 400 hp, speed: 5–7 knots, depending on current and weather.

Yesterday our party of five arrived at the harbor by express bus from Tromsø Airport. We were served a kind of Moroccan taboulé. It tasted good, the coffee for breakfast was also good and I slept well on the first night aboard the Antigua.

The captain welcomed us and introduced the crew. They are a mix of men and women, 11 people. There is a navigation team and an expedition team that helps us with our projects. Its leader Sarah has been doing this for 10 years. Then there is the kitchen team, consisting of the cook Piet and the service staff Sabrina and Jette. We were told that at the sound of the general alarm we should all meet on deck. Mealtimes are: breakfast at 8 am, lunch at 1 pm and dinner at 7 pm.

We left the ship again and went for cocktails in Tromsø's tiki bar. It was strange, a Caribbean vibe in the Arctic capital. The cups were shaped like those figures on Easter Island.

We were vaguely advised that we might not reach Svalbard. The storm is still lingering in the Barents Sea and until a window of at least three days of good weather opens up, we won't even set off on the crossing. Where we are now, the weather is fine. The sun is shining and there are these long, light clouds (cirrus?). A map of northern Norway is being hung over the one of Svalbard.

Recently, my mom noticed that the distances at the top and bottom of the map are all wrong – for example, the distance from Svalbard to Greenland seems to be half of an Atlantic Ocean.

The ship feels very small, almost claustrophobic. Compared to my container ship travel: The CMA CGM Puget was 200 meters long, the Antigua is 50 meters long. The water's surface is much closer here, just about two meters below us. There's a much lower bridge, much less hierarchy, and many more women in leadership positions.

Our tour group is very White. By that I mean the color of the skin and that all participants come from western, rich industrial nations. My list of interview questions includes the issue of how the journey will be financed. We talk about demanding a refund if we don't reach Svalbard. Aaron suggests: "Embrace the adventure!"

Naturally, conversations within new groups mostly begin with a question of heritage, which is annoying. Molly sits down next to me and sketches with a pencil on a sheet of paper, about A5 in size. Nastja is opposite me, looking through portfolios on her Macbook and selecting people for an artist residency in Finland. She is wearing beautiful gold earrings and a pretty woolly hat and I feel a little under dressed; at least I have already received many compliments for my polar jacket, which suits me really well. The portholes project round images of the passing sea onto the ceiling.

I miss Milan. That never happened to me with Munich. Lisa sends me a sweet text (we still have signal) saying that it sounds like I'm with her while she's biking, and she thinks that's nice. I assume the reason for this is my junky Milan bike, where the kickstand rattles the spokes with each turn of the pedals. Adrian has borrowed it.

I get to know Emma. She is friendly and praises my work. When Carolyn sees the logo on my clothes, she tells me that Alfred Wegener was the only scientist in the early 20th century to photograph and describe mirages. Icy fata morganas, reflected icebergs, are the subject of her artistic research. I am familiar with these kinds of optical effects from the Antarctic.

At my request, they explain that the wind force can be estimated based on the swell and resistance on the rigging. Due to the cold, the air molecules are denser and thus winds are much stronger in the polar regions. A cubic meter of air has more mass than in warmer climates. The captain says that on the scale from 1 to 12 we are at a moderate 4. Apart from that, the weather is read from weather apps and I download the "Weather" app. It says 2 Beaufort wind, 11 kilometers per hour and 996 mbar air pressure. The temperature shown in the app corresponds to that of the thermometer on the outside rear wall of the bridge.

On the bridge there is an Iridium satellite telephone and satellite internet and a radar unit whose counterpart rotates on the main sail. The depth gauge reads approximately -170 meters. There is a logbook lying around. The coordinates are noted down, especially for a longer route such as the planned crossing to Svalbard, because if the power fails, you will still know your location and can continue to navigate using the paper map. A compass with two GPS points is used. The closer to the pole, the more useless a normal compass is, because the field lines at the North Pole enter the globe vertically and the magnetic iron needle compass spins in circles. The ship runs on diesel fuel and can carry 24 tons, which is enough for three times the distance between Tromsø–Longyearbyen.

I don't feel any of the six primary emotions joy, sadness, anger, fear. Surprise. Disgust. I'm relatively calm and present, looking around.

My cabin-mate Frederike is nice and I feel a connection to Emma, and also to Nico. I have the impression that if you get into group situations like this more often, like artist residencies, personality types and relationship patterns recur. I notice a hint of arrogance when I see the watercolorists. Everyone drinks tea or coffee all the time, it's free.

Sarah takes photos of us. She announces that we would stop later at an "alpine-like fjord, if the Alps are a reference for you." I am happy because I expect home, and I laugh out loud. A lot of people here are not from Europe and the Alps are really no reference point for them.

I take a short nap in the cabin. We have freshly baked muffins with cherries and cream.

During the safety briefing, the captain explains what to do if a person goes overboard, and the first thing to do is to shout, "person overboard." Until someone hears it, you may have to shout it several or even many times. At the same time, you should point in their direction with an outstretched arm and index finger, follow the person in the sea and never take your eyes off them. Those nearby should do the same and the ship will turn. A lifebuoy is thrown to the person overboard. You have to hurry, because hypothermia sets in after a few minutes; When the person is pulled out of the water, they should be in a horizontal position so that all the blood doesn't just rush from their head to their feet. The captain says it has only happened once in his career that a passenger has gone overboard; the subsequent 4 minutes and 20 seconds until she was back on dry ground were the longest of his life.

One safety precaution in everyday life on board is to close the doors properly. Otherwise, they can slam shut in heavy swell, and if someone has their finger in the door frame, it can be taken clean off. I experience the instruction without much emotion, I'm not afraid.

I am complimented for my clothes again. I wear the gray ski pants and the dark blue oversize jacket with red lining and white fur in the hood, the black leather boots with steel toe caps and fur lining, the black cap with the large turquoise AWI lettering on the forehead and the thick yellow-brown gloves.

On the first day, we have burritos for lunch and salmon for dinner (stuffed zucchinis for me because I hate fish), plus a white chocolate mousse.

Lisa texts that she is going to do some trial work at Lutz Hülle in Paris. I have a feeling that she will be leaving Milan at the end of April, that our days are numbered. *Le nostre ore contate* by Massimo Volume is a great song. I haven't listened to any music on the boat yet.

I start working. The photogrammetry test with a pile of snow on deck was successful. The technique involves circling an object you want to reproduce and taking photos at the same distance from it, at all heights with the same camera settings. The software then renders the images into a digital 3D model. I use myself as a scale by taking a photo of my arm next to the object. I don't just want to measure it, I want to measure it with my body. I am the ruler.

After docking in a hamlet in northern Norway, I set off for a walk with the other German, Sandra. She lives in Berlin, like Frederike. We speak about our ex-boyfriends. I confess that quite possibly the hottest guy I have ever seen is on the boat with us. I also might feel this way due to where I am in my cycle right now.

Erin from Wyoming talks about her trip to southern Germany, where she visited Munich and the Ettal Monastery, and says Bavaria is the greatest place she's ever been. I am very pleased to hear that because Munich often gets a bad rap, especially when compared within Germany.

The wake-up call for the Northern Lights was a false alarm, only Reza's Iphone 13 saw and displayed them.

I slept well and forgot my dreams upon waking. Seth in a bright orange jacket is taking photos with a telephoto lens through the window. Pablo to my left is painting the interior, Niels opposite me is trying out his new oil crayons and filling A4 formats with impasto strokes. At the next table is Sandra, who has also unpacked her palette. Nico is reading *The left hand of darkness* by Ursula K. Le Guin.

I feel fine, but strangely enough, I don't feel anything unusual. Once again, none of the six primary emotions. The atmosphere in the room is friendly, focused. The swell is also calm. I stand at the bow, allowing the wind to have its effect. You can see blue ice between two peaks. Tuomas, a guide, approaches me. He asks if I've written much so far and says he'd like to read it one day. I say he can read it one day and ask if he likes reading. He says yes, more recently, and I ask why more recently. And he says because he has recognized a value in living not only his own experiences, but also those of others.

ZOOM0001.WAV, Friday, April 8, 2022,
11:56:04 AM (7.55 min):

JN. Okay. German, right?

FC. Yeah, we can do German.

JN. Whatever you want.

FC. Genglish.

JN. Genglish, right. And these are my questions for you. The first question is: What is your project?

FC. I'm not really sure myself yet. I applied in 2020 and that was two years ago now. Corona has caused things to shift again and again. I have lots of different levels that I work on, from drawings to working with words, just lots of different things. And I'll see what happens when I get back.

JN. That makes sense.

FC. Yes, absolutely. (laughs)

JN. How is your trip being paid for?

FC. I'm paying for it myself. My brother was kind enough to support me. And since we've paid it off over the years, it didn't hurt quite as much.

JN. Why are you here?

FC. Because I'd like to --- Well, what does that mean, like to --- I think it's necessary to leave your comfort zone from time to time. And I have a huge amount of respect for the sea and for sailing. I think something like that can really move a person. I want to push my limits a bit and see what happens to me and, above all, to my work.

JN. What do you see at the moment?

FC. I'm looking at a beautiful white landscape with large mountains jutting out of the ocean and a rough sea with whitecaps. And it's almost --- Yes, it has a cinematic, unreal quality to it.

JN. What do you know about this place?

FC. Oh God, Norway. Yeah, I've never been to Scandinavia before. This is a hardcore introduction. We're sailing through this place right now. We're supposed to be somewhere else, so I don't know that much about this place in particular. But we are learning a lot from our crew and the many other people on this boat and I hope to soon know more about this place.

JN. How do you see yourself in this landscape?

FC. As a disruption?

JN. What is your favorite landscape?

FC. Hard to say. I don't think I have a favorite landscape in that sense. I've never experienced an icy landscape like this. Maybe it will become my new favorite landscape. But I'm open, and I think the beauty lies in the diversity.

JN. What is nature?

FC. Nature is life, nature is evolution. Nature is beautiful. Nature is exciting, powerful, and mighty.

JN. Okay, question number nine: What does cold mean? What does warmth mean?

FC. I think that's always relative. As the Dutch say, there is no such thing as bad weather, there is only bad clothing. --- I think that we as humans are able to manage in both. Only to a certain extent, of course. I've rarely experienced cold in such an extreme way. --- But we also do this so that we can see things that we might not normally see or feel or sense.

JN. How pure is your conscience?

FC. Phew, difficult question. Probably --- Well, not quite so pure. I don't think any of us have a pure conscience, which doesn't make it any better. Because being here --- We got here somehow. And then to argue that it's "for art" is difficult sometimes. I think everyone has to try for themselves, yes, to do a little less of the things that aren't good for the environment. But, yes, --- still in such a way that you can somehow experience the world around you.

JN. That ties in perfectly: What is the social role of your art, particularly in times of global warming?

FC. Yes, I have --- My main materials are seaweed balls that come from the Mediterranean. And their origin lies in giant seagrass carpets in the Mediterranean. And these seagrass carpets are under threat, which is a disaster for the Mediterranean because it is one of the biggest suppliers of oxygen. Fish spawn in it and so on. The environment wasn't really the main focus before or when I started. But of course it's becoming more and more of a focus. And --- Now I've forgotten the beginning of the question.

JN. What is the social role of your art?

FC. Right. I don't want to make finger-pointing art or lecture people. I think it's more that through beauty, because my art is very aesthetic, I want to make people think about nature. And what nature means to us. And how important it is for us.

JN. Yes. I'm a bit worried right now because the battery is already flashing.

FC. Oops.

JN. Are you afraid of climate change? Where do you see danger?

FC. Yes. I am afraid of climate change. But I also think it's somewhat difficult to grasp. I think these masses of water that we will encounter in the next few years are definitely dangerous and threatening to our living environment. And I think it's something that should be taken seriously, regardless of whether, as some people claim, it has nothing to do with climate change, but with normal changes occurring on our planet. But I still think it's a threat to humanity.

JN. How do you feel?

FC. Good! I'm really excited. I'm overwhelmed by all the things that are coming at me. Yes, I'm really excited.

JN. What did you dream of?

FC. I didn't dream at all.
I slept so deeply that I was like in this comatose sleep, which was great.

JN. What happened the day you were born?

FC. God, the day I was born. I don't even know. I was born. I really don't know. My life began.

I conducted the first interview with my cabin mate Frederike before lunch. The questions worked, she thought so too. We have chicken curry with rice.

In the afternoon, we drop anchor in a bay. They take us ashore in Zodiacs. As soon as you get into one of these inflatable boats, you have to sit on the rubber edge and scoot along. We put on our life vest. This is a kind of harness that you hang around your neck and fasten and that gives you buoyancy when you're in the water.

Everyone unpacks their equipment and starts recording. It's remarkable how similar these situations of artists "jamming" with their cameras are. Despite having an awareness for visuality, many of them are not free of visual habits, and reproduce them intuitively.

"Dirt is matter out of place": sand on the beach is not dirt, but sand in the home is, as Mary Douglas says. With my hands,

I search for plastic and fortunately don't find much, but I do find two small pieces.

Sandra, Frederike and I do ten minutes of strength training on deck. The sun is setting, turning the sky red. The edges of the clouds are pink. Emma is watercoloring at the front. I'm so tired that I can't manage a meaningful sentence in English. Our cabin is next to the guides', and I learn in the hallway outside that Tuomas' favorite food is hamburgers. Mine is pizza. I don't mention the Schlutzkrapfen because I assume that, as a Finn, he doesn't know what they are.

Piet serves a stunning mustard soup and pork fillet with mashed potatoes for dinner. I eat two crème brulées.

Pablo compliments my Norwegian pullover.

Today I have a vague memory of what I dreamt. Riccardo invited Federico to travel to China with him and told me that Mathias would also be there. I felt excluded. I remember feeling this way for the first time in kindergarten, when the leader decided that only the older children in the group would have access to secret knowledge. Then I dreamt that I was somewhere with Florian – either in China again, or we were looking for a Chinese restaurant – and we wanted to eat something. When I found a restaurant, I realized that he was no longer there. He had gone back to the hotel room with his new boyfriend.

I take a dip in the Arctic Ocean. Where the ship is moored, there is a wooden staircase into the water. It is proven that ice bathing helps with high levels of stress. It forces the body to release so many stress hormones in such a short span of time that you inevitably relax afterwards. The heart palpitations are exhausting, I have a primary emotion. Excitement, joy. Kelsey has the appropriate neoprene gloves and neoprene shoes and stays in the water the longest. The cold eventually leaves me breathless. You can clearly see my abs in the photos Frederike took of me. "Your six-pack is offensive." I feel good because I've overcome myself. I like my self-image as a brave person. For lunch, we have a hearty carbonara.

ZOOM0004.WAV, Saturday, April 9, 2022,
10:01:54 AM, (12.26 min):

JN. So, it is the ninth and I'm sitting here in Skorpa with Erin, not named after Erin Brockovich.

EB. No. (laughs)

JN. (laughs) And the first question is: What's your project?

EB. My project is the microbestiary, so it's an art science outreach project that uses art to teach microbiology and otherwise engage the public in microbiology. We do a ton with K-12 schools and that kind of education in the United States. So, you know, kids younger than eighteen. We have a couple of gallery spaces and that kind of thing.

JN. Cool. How is your trip being paid for?

EB. It's paid actually through a national grant that they have in the United States. It's called an EPSCoR grant which is the established program for research. But --- The microbestiary is funded as an education outreach diversity project. And then because I lead that program, we managed to write a grant and a little sub grant and get the money to come.

JN. Yeah, that's cool. So you're not paying privately.

EB. No, no. Thankfully.

JN. Why are you here?

EB. I'm here because I think A) that the Arctic has some really interesting microbial outreach that could have some important impacts, especially in the years to come and B) to kind of meet and collaborate with artists that I otherwise wouldn't get the chance to interact with.

JN. What do you see at the moment?

EB. What do I see at the moment? Mostly the pier. --- Yeah, with all the barnacles and the seaweed kind of drifting back and forth in the water. The kind of, like, the sea foam green of the wood on the pier at the top is interesting and makes me wonder if that's the color that it was painted or if it's some kind of residue that the sea leaves.

JN. What do you know about this place?

EB. I know what Sarah told us. So, I know that apparently it is abandoned, except for some homes which are still owned and visited in the summer. You can find reindeer schools here, which is interesting. I know that there's a lake in the middle of the island and that on the other side, if you walk pretty much directly – I'm going to say "in that direction," which is not helpful for an audio medium, but that's ok – you'll get to a big yellow house on the shore. Also, it was a place where they had prisoners of war during World War Two, German prisoners of war. And that some of them stayed afterwards and made lives here. And you can find their names on headstones and some of the small cemeteries throughout the island.

JN. Good memory! How do you see yourself in in this landscape?

EB. Hm. I suppose kind of like --- I don't know the right word. I would say as an outsider, but I think that that has like a negative connotation to it, that I don't necessarily --- A visitor, I guess would maybe be what it is. Yeah, because it's not --- It doesn't feel necessarily foreign to me, especially with this --- This weather is very familiar and this kind of vibe I guess is very familiar to some of the places back home. So, I guess maybe a visitor would be the word I was looking for.

JN. And what's your favorite landscape?

EB. Probably the prairie. When you have the mountains in the distance but, like, between you and there is kind of flat, maybe some like rolling hills, some red dirt.

JN. I think that's very American. Or like, I never have been in such a place. (laughs)

EB. (laughs)

JN. What is nature?

EB. I suppose a definition of it could be the natural world. So, nature is everything that is kind of encompassing the not-man-made. Things that you know, humans have not constructed. Everything beyond that I think I would consider nature.

JN. What does cold mean? What does warmth mean?

EB. There's a number of definitions. So, I suppose now cold is, at least currently, the physical, I guess, sensation of being cold. But there's also a cold as a, like, emotionally cold or distant. --- Warmth to me, is kind of, again, the physical feeling of being in a place where, especially if you're coming out of the cold. To come out of the cold and into the ship's cabin where you have that feeling of warmth, both in that it is warm in temperature and warm in that it is inviting.

JN. How pure is your conscience?

EB. Hm. (laughs) How pure is my conscience. (laughs) I think my conscience is probably pretty pure. I don't know that my thoughts are. But I think my conscience is. (laughs)

JN. (laughs) Ok. So now, this next question is directed to artists, but it also works for scientists. What's the social role of your work? And also, what's the social role of your work in times of climate warming?

EB. I suppose the social role of my work might be education. Like it's --- With what I am planning on doing, it will be like a direct line of education to the public. So, I don't know if that's quite fitting with the definition of social.

JN. Yeah, in a way: What function in society does your work have?

EB. The goal of it is to educate. The role that it should have, is to educate and perhaps inspire. An increase in knowledge or action.

JN. And does it in a broader sense have something to do with the climate change?

EB. Yeah, some of it does. We don't know a ton just yet about how microbes play a role in climate change, but we know that they do.

JN. So now we are at question twelve.

EB. Rad.

JN. Are you afraid of climate change? Where do you see danger?

EB. Yes, I am. Danger. I guess I'm afraid in kind of an existential way. You know what I mean? It's not the same thing as, like, being afraid of the dark. It's more like something you remember every now and then and feel sort of hopeless about which I guess is its own type of being afraid. --- I see danger in a lot of the major climate shifts where we now have, you know, longer wildfire season that starts earlier and ends later. We now have more severe tropical storms. And while those are very centered on the United States, I know that they're everywhere and that those kinds of really negative climate effects are afflicting people everywhere.

JN. Hm. Yeah. In Germany it is flooding.

EB. And tsunamis.

JN. How do you feel?

EB. Right now? Content, I think. It has more, probably the most, to do with the place that we are in. This is a place where I guess I feel almost weirdly at home, considering that it is not anything like my home. (laughs)

JN. (laughs) Not so inhabitable.

EB. No. I mean, depending on who you ask, I guess Wyoming isn't so habitable as well (laughs) --- No, there's just --- It's got a specific peace to it.

JN. Yeah, I agree. Also, you maybe feel content because you just climbed the mast.

EB. Yeah! I just climbed the rigging. I did the thing that I said that I was going to do so. You know, I'm pleased with myself. (laughs)

JN. Alright! What did you dream?

EB. What did I dream?

JN. Last night.

EB. Last night. Oh. I dreamed about rugby, actually. Yeah. I know that it was bizarre, and I know that, you know, there was some sort of a weird other thing that was happening. But I do remember that at one point whatever was happening like paused and we played rugby. (laughs)

JN. (laughs) Ok. And the last question is what happened the day you were born?

EB. I actually share a birthday with Elton John, so that's cool. But that was obviously --- Well, obviously we were not born on the same day. On the day that I was born though, Elton John probably celebrated his birthday. (laughs) Also my uncle celebrated his birthday because we're born on the same day, many years apart. But --- I don't know. I don't know of any major events that happened on my birthday. My mom drove to Rock Springs to the hospital. (laughs) I suppose that happened on that day.

JN. That was the interview!

EB. Excellent.

I had Sergei, one of the guides, explain his tattoos to me in detail. He has two Inuit myths from Greenland on his right arm. Sedna was promised to a man who turned out to be a raven, whereupon she no longer wanted to be with him. Even though he was the king of the ravens. Somewhere between the raven kingdom and the place of origin, in her father's canoe she was prevented from continuing her journey by her ex-husband in raven form. The king of ravens had called all his ravens with him and they started attacking the canoe. Her father threw her overboard. He chopped off the first links of all her fingers and the large sea mammals grew from them. She continued to hold on to the canoe and the second links of all her fingers were cut off. From them grew the small sea mammals. Sedna is the goddess of the sea. Above it are a brother and sister. The brother raped the sister, and she ran away from him with such speed that she ascended into the sky. She is the sun, he is the moon, and only during solar eclipses does he manage to catch up with her.

Are canoes and kayaks the same thing?

On his left arm, Sergei has illustrations of Chukchi motifs from the indigenous people of northern Russia, such as polar bears and igloos. He lives on Svalbard and had sometimes arranged tours in the polar museum there. He loves Inuit culture and all the indigenous cultures from the north and says that he has had as many conversations with museum visitors about his tattoos as about the objects in the display cases. He says that Inuit women, unlike the men, have fully tattooed faces because in combat, due to the thick clothing, only faces were visible. And the enemies are supposed to be able to identify who they can combat and who they should spare. Also, Inuit women have a specific pattern tattooed on the inside of their thighs, with the tattooist passing on her knowledge during the tattooing ritual. According to Sergei, the reason for the specific pattern is that the very first thing babies see of the world at birth is something beautiful.

For dinner, we have fried chicken drumsticks with rice and broccoli and mushroom soup.

Later, the captain talks about the weather, i.e. how he obtains information about it, the parameters he uses to assess it and the navigational decisions he makes. He uses the Windy website, which is based on the European weather model. I am familiar with it from the meteorologist and aviation weather consultant at Neumayer Station. Windy predicts a suitable window for Tuesday midday to Friday evening. Unfortunately, the American model contradicts this and shows unfavorable wind strengths and directions with high swell for the same period. There is also a website for ice forecasts around Svalbard, with maps that differentiate between fast ice, drift ice, etc. We hold out hope for the European model and wait a little longer.

During the presentation Marius sits next to me. He is the third guide in Sarah's expedition team. He has a port-wine stain on the bridge of his nose and works as a life coach. Our arms touch and he says he feels like he has known me for years. I reply that I feel like I've known him since Wednesday. I then tell him that during my preparations for the container ship journey I read that activating the pleasure center helps to combat seasickness.

I read a conversation with Alexander Kluge over breakfast coffee: The emergence of the sense of beauty from the ice. The thesis behind the title refers to the great ice age 600 million years ago, when all the continents were covered in ice at the equator. This planet earth is called snowball earth. Snowball Earth is a geoscientific theory about several global glaciations in the late Precambrian, when glaciers had advanced from the poles to near the equator, the sea was largely frozen over and almost the entire surface of the earth was covered in ice. The human sense of beauty was a evolutionarily acquired system back then and consisted of the memory of warmth: imagination burned into the memory, an ability to discern that is trained by the cold. Kluge speaks of the fact that the decisive factor is not the difference between truth – or reality – and fiction, but that in poetic work it is necessary to examine in which narratives and images experience crystallizes: Which stories "stick"?

Like an earth core, the libido inside the human being leads to external causal chains that we call history. Studying these interrelationships between inside and outside is "the echolocation or bat work of poetry." The libido can manifest itself in the profession one pursues, in one's activities and in the course of one's life, and thus in what we die of. The libido underlies our feelings, it is made up of splinters of emotion and can penetrate the outside world in fragments of speech. An analyst sees tendencies, sees the libido indirectly. According to Kluge, Freud "linguistically magnetized" the connection between libido and the emotional complex. Feelings are not linguistically founded, but they can be attracted by a nearby expression, which then does not verbalize this feeling, but comes close to it. The feeling bound in this way is in its "natural aggregate state": half social, half individual, half enveloped by libido and half by language.

I dreamt about Federico and felt angry (primary emotion). I don't see any progress in myself and decided in the dream not to see him again.

At the river outlet of the third landing, there is a small hut run by the village Akkarvik, similar to the winter room at the

Lanzwiesenalm at home. Marius makes coffee in it over an open fire. He compliments me on my outfit and explains that this is him beginning to flirt.

I chat with Emma. She likes to sketch the landscape en plein air, outdoors, because then the moment is etched onto her mind. We agree on the fact that the experience of the polar regions relativizes the assessment of the human position in the cosmos. We feel good about that. Carolyn joins us, she is a professor of literature and knows Lisa Bloom, who published *Gender on Ice*.

Just yesterday I read the book's conclusion, in which Bloom compares the narrative of Scott and Peary and notes that in the second case – supported by National Geographic magazine – heroism is constructed through Peary's mastery of technology and physical strength. Heroism becomes both the ideal of masculinity and the national ideal, making the figure of the hero a figure of identification for national identity. Scott, on the other hand, who failed in the true sense of the word anyway because Amundsen reached the South Pole first in 1912, is portrayed in history as mentally strong. He died during the race to the south pole. His published diary was edited and polished in such a way that no statements about physical ailments are mentioned, but strength of will and moral superiority come to the fore. In his diary, he himself draws a line from Antarctica to England and has thus painted a certain picture of his homeland.

For Carolyn, the phenomenon of mirages, which she investigated together with Marget, is particularly revealing in terms of its function for nationalist interests, as apparently sighted areas of land were immediately integrated into the corresponding nation, the United States. After the new countries proved to be optical illusions, they had to be erased from the map.

ZOOM0005.WAV, Sunday, April 10, 2022,
11:30:30 AM, (22.28 min):

SS. I just have to get my body back in good condition.

JN. Yeah. I think it's just as well if you don't always go through with what you had in mind beforehand, because then maybe you really wouldn't have had to come at all.

SS. Yes, taking the chance and doing things as they come. As ideas.

JN. Well, I also had a specific idea with this ship's newspaper. I'm not doing that at the moment. It's just too much.

SS. Yes, yes, it's too much.

JN. Yes. Sandra, let's get started, shall we? It actually connects: What's your project, is the first question.

SS. (laughs) My project. On the boat?

JN. Yes. Or the question is: What is your project? You could also say finding inner peace. Or something like that.

SS. Oh, okay. I have several projects. Give me a moment to think. I think in general --- Actually, I would say that my project is connected to intuitively doing things that advance my work, that is, my artistic work or my expression, my artistic expression. Advance is also such a rather optimizing word --- Connecting with the landscape, connecting with people, connecting with energies and expressing things visually. Conceptually, the idea behind this is that the landscape we're in here – or rather we're still on our way to the Arctic –, is very hostile to us. We couldn't survive without tools, without the ship, without warmth or other people. And at the same time, the landscape is overwhelmingly beautiful. And I would like to express that in images. But it also has something to do with finding a connection back to nature and not seeing people as superior, but as something that belongs to nature. Having this humility towards nature and feeling part of it and not exploiting resources, but somehow finding a way: How can I feel part of nature? Without --- Yes, without this "I'm destroying so much and exploiting nature." So maybe there's another way to make that clear.

JN. How is your trip being paid for?

SS. Oh, I did it myself --- No, in part --- My mom supports me. I worked for it, I saved up for half of the trip. And my mother – she's a great supporter, I'm very grateful to her – actually paid for the second half. And then I sold a polar goodie bag in advance.

JN. That sounds cute. What was in this goodie bag?

SS. It's photographs. You could buy photo editions in different sizes beforehand to support me. And when I come back from the trip, I'll produce certain formats and images. The people didn't necessarily know what they would be getting. But they know that they will get a print in a certain size in a certain material.

JN. Smart, actually. Why are you here?

SS. (laughs) I think it's totally fascinating. I like boats and ships. It was a big dream of mine, even when I was 19, to be on a ship --- I actually wanted to be a deckhand for a while, but then I started studying. And during Covid, I completely lost my mind and thought I'm all alone now anyway. I wanted to get away from my apartment, where I spent most of my time. I wanted to see things and not just my walls. That was a really big need. And then I discovered this Arctic Circle program and thought: "Wow, that's it." So, it was more of a gut decision: "That's where I want to go." It's just so stupid to want to go out into the cold and go to the Arctic, but I thought, that's kind of --- I don't know, that's what I want to do. It felt right.

JN. I totally get that, especially when it comes to Covid. What are you seeing right now?

SS. (laughs) You. With your big furry hat, and behind that, a snow-covered mountain with trees that are bare, an overcast white sky and in front of that, unfortunately, a kind of sheet steel hut that isn't particularly beautiful and doesn't fit into the landscape. And parts of the boat, one of the masts and the ropes and fenders and the lifeboats.

JN. You also have a sailing license.

SS. Yes.

JN. We already know each other a bit. Because I was just thinking about the word fender --- So, for example, I'm not familiar with that. What do you know about this place?

SS. About this place, not much. I think we docked in Reinfjorden last night. And I spent most of yesterday in my room because I kind of felt like I was getting a cold or a cough. So, I didn't do much research at all. And, I mean, we don't have any internet. So I couldn't even do any research. There are a few houses here, so you can assume that people live here. But there's actually not much --- It's in Norway, in the Tromsø area. And it's very small. (laughs)

JN. Eight families or so. How do you see yourself in this landscape?

SS. How do I see myself in this landscape? Well, not at all at the moment, because I feel really sick. If I saw myself in the landscape --- With great admiration and great distance and at the same time somehow very connected and very --- Well, it's actually incredible to see that. --- And as being very small within this landscape. Above all, it's now somehow the third or fourth or fifth place we've seen. And that's what I was thinking yesterday: there are these stark, high, white, tree-covered mountains everywhere. And we are sort of really tiny compared to them, when you look at how huge and wide these fjords are.

JN. What is your favorite landscape?

SS. Oh. Difficult to say. I really liked Almería. It's a little bit like here, only in beige. (laughs) There's not much going on either. But there's this vastness and yes, this drought. A bit of a desert landscape too. And I really loved Iceland. Driving along the coastline in northern Iceland and then looking into this expanse and seeing these volcanoes or these snow-covered mountains. And the frozen lakes. Yes, I could drive around that island for a whole year.

JN. What is nature?

SS. What is nature? That's a good question. Everything that

is natural. I think it's all nature. So even if you --- In other words, everything that surrounds us. You could even say that human culture, with its technical achievements and everything that is actually artificial for us, i.e. everything that we separate from nature, everything that humans create and the way they destroy nature, is also part of nature. Because that is human nature, the culture that is part of human nature, which of course is not particularly conducive to other types of nature. But I think it's actually all nature.

JN. I have a similar opinion, but the other way around. I would have said that everything is culture, because as a human being you don't have a natural view of nature, but rather it is mediated or molded. But in the end, it's the same thing.

SS. That's right.

JN. What does cold mean and what does warmth mean?

SS. That's relative, too. So, I would say in the Arctic with almost --- Well, how cold can it get there, it's probably not going to be minus 40 degrees right now. That's cold for us, but not for some microbes. For me, depending on how long you're exposed to it, cold is of course something fatal. Whereas heat --- Actually, it's the same. It always depends on the scale of things. That warmth between 36 and 40 degrees is good and bearable for us. --- And the contradiction --- So that we essentially need both. You ask interesting questions. It's exciting when you think about the fact that --- You always think about things in terms of yourself. Basically, it's always relative, in relation to yourself. Of course, you can also relate it to other things. To global warming. Then heat immediately takes on a different meaning. Or cold. In relation to myself, I know that I can only tolerate or withstand a certain range of temperatures before my body can no longer cope with them. That's how I define cold and warmth for myself, because it's the most obvious way to ensure my own survival.

JN. That also fits in with your artistic approach of using your own body as a testing ground.

SS. Yes, exactly. Starting from what I can actually experience myself. I can only grasp everything else theoretically.

JN. How pure is your conscience?

SS. (laughs) In relation to what? I immediately thought of my car, which I drove a lot and used a lot of gas. Sometimes I feel really guilty about the fact that I do use a lot of oil and at the same time I love my car so much and love the freedom of driving around in it. My conscience isn't so clear, because I'm sure I could do the same by bike. Well, I wouldn't be able to take as many things with me. Other than that, my conscience is --- Yes, my conscience is actually okay most of the time. (laughs)

JN. What is the social role of your art? And what is the social role of your art in times of global warming?

SS. Mh. --- Well, my art makes a lot of sense to me. I can't say whether my art fulfills a social role, because in principle that's for others to decide. So whether my --- The social role of my art for me – maybe the way I imagine it or the way I think it makes sense – is to reveal something. To show a narrative of things, of stories that come into my head when I visit certain places. And perhaps also to raise awareness for certain issues. For example, in terms of nature and culture, I find the polarization or the polarity between male and female very exciting, that nature is actually always --- There is a connotation of nature as the feminine, for the animalistic, for the unpredictable, for the evil perhaps, and culture and technology as the masculine principle. Which raises the question of whether this is right. I want to present this idea in images. And that this principle of the animal, the wild, is also partly suppressed by culture. I think this is a topic that interests me, which also illustrates the social role of my art. I don't know whether art has a social role in itself, so to speak.

JN. Yes. Are you afraid of climate change?
Where do you see danger?

SS. Fear. I find it very threatening. Yes, it's perhaps more of a --- I would say that it's not a fear, but rather something kind of subliminal that you sort of encounter again and again when you think about it and you don't really feel like you can do anything about it. And then at the same time, you just mentioned the guilty conscience --- At the same time, we also do things that are not conducive to this. So --- What was the second part of the question?

JN. Where do you see danger?

SS. Where do you see danger. Well, the fact that --- That we just carry on and don't do anything. --- I think we already crossed the line in the 1980s, that we should have just left certain things alone, that politics should have stopped certain things, because people won't do it on their own. And the danger or the fear concerns this point that has already been reached and we are digging our own grave. The flights we take are also part of this. The biggest part is made up by our general consumption and international export-import behavior, and the not very conscious handling of resources and the interests of states and the personal interests of some rich people. I find it very confusing, and I know I can't do much about it because I'm in the wrong position. That's the fear: that you can only make a difference in your own small area.

JN. Now what do you mean by that? I think that's interesting. But --- So the fear then relates to what is out of your control, because you can only do things for yourself anyway and the whole outside world is confusing and therefore scary.

SS. Exactly. --- Yes, yes, exactly. The lack of control, the fact that you know you could change things, but only on a small scale. And that you don't know what is going to happen. So of course, climate change is happening, but nobody can say how far it will progress or what the future will look like. And the question is also: if we switch to hybrid and electric cars now, will that ultimately be so great? Because the production of electric cars, for example, also requires a lot of electricity. So it has --- A friend of my brother is a graduate, don't ask me, engineer, technician, he did some kind of projection and said it was total nonsense, because if we were to produce as many electric cars as there are petrol cars now --- So it's not even possible because it would require so much electricity that we would have to build new nuclear power plants. So somehow the calculation doesn't add up for a lot of things. And I just have the feeling that it is all about economic interests here too. You always have the sense that “yes, now they’re doing it differently” and “great, something’s happening.” And then there are people who do the math and come up with different numbers. And then you think to yourself “Okay, who can we actually trust,” and your own options for action are not particularly great. Eat less meat, less --- Drive less, actually. And I’m doing everything wrong. (laughs) --- Fly less. --- More cycling.

JN. Yes! How do you feel?

SS. I feel a bit weak and I have a cold. --- I wish I had more energy. So as not to mess up the idea of what it would be like and what I can somehow work out, something I was really looking forward to before, by getting really sick now. --- A bit low on energy right now. Slight headache.

JN. We’re about to go in for lunch. The second to last question is: What did you dream of last night?

SS. Oh! (laughs)

JN. Aha, there’s something!

SS. Yes, I have very intense dreams every night. I don’t know if I can say. Yes, it was very --- I was at a friend’s party with my mother. Well, I --- I had to move my car so I wouldn’t get a ticket. And my mother wanted me to come home with her because it was so late. I told her, “no, you can take the car, I still want to stay.” She was very worried about me staying at this party. (laughs) But then I stayed and the dream shifted again. Yeah. (laughs)

JN. You have to imagine the rest. (laughs)

SS. (laughs) Yes.

JN. What happened the day you were born?

SS. I actually have a newspaper from that day, but I don't know it by heart. So I still have this newspaper from the year --- I actually can't remember. Well, I read it, but I've forgotten. I think there was snow, I know that. I think there was snow like here.

JN. You're also a Sagittarius.

SS. The one after that. Capricorn. You're a Sagittarius. Mine is directly after that. Until the 21st of December, then Capricorn starts. My Venus is a Sagittarius. (laughs)

JN. Yeah, well, that's it.

SS. That's 15 questions already?

JN. That was 15 questions. Thank you, Sandra!

SS. My pleasure.

Potato soup and hot dogs for lunch. Then we go hiking. We put on our snowshoes. Before long, it starts to close in and we can no longer see the ship in the bay. The snowfall is hard, icy and stings the skin on my face. I think of tours with my father and of Reinhold Messner.

It becomes clear to me why most of the participants are here. The awareness of climate change, global warming, ecological connections and the fragility of natural processes is palpable for everyone. This generally goes hand in hand with the opinion that it is not planet Earth itself that is vulnerable, but the planet as a habitat for the human species. When we arrived at our destination while hiking in the whiteout situation, I enjoyed the idea of being part of the last group of humans, which can thereby somehow also become the group of the first humans again. Like in *I am Legend* or in Noah's Ark. Tuomas asked how big I imagine this group to be, I already belong to the 7 billion large group of the last humans.

On the way to the anchorage for the night, the boat rocks significantly, but the waves are apparently less than a meter high and we are expecting four meters in the Barents Sea. Two people vomit. Things fall off the shelves, a glass breaks in our sink. We stand on deck and take aim at the horizon. Sarah and the captain prepare us for seasickness: "Don't give up and don't lose hope."

After dinner (pasta), we go for a walk on shore. Over a cigarette, I talk to Sergei about nationality. I sympathize with his unresolved question of belonging. He thinks we should all act more locally and form communities of values, that is, we should construct collectivity on the basis of shared convictions: valueability instead of nationality. Then Sergei teaches Frederike and me Durak, a typical Russian card game.

Tonight, I dreamt that I was entering a new relationship. My partner was homeless, and an alcoholic and it was quite stressful looking after him and organizing everything. But I didn't mind.

Now it's eleven. It's snowing. My mood has stabilized. I take a few photos and a coffee break. The captain says one shouldn't set sail on an empty stomach. Coffee, cigarettes and alcohol or a hangover aren't good either. He gives specific tips on what position to adopt in bed when the waves are strong. We should throw up in the toilet, but we can also do it over the railing. Suddenly the swell is higher, one can clearly feel the swaying again. Frederike has lent me pressure bands for my pulse, they help.

ZOOM0007.WAV, Monday, April 11, 2022,
15:20:40 PM (12.17 min):

JN. Now, Artemis, what is your project?

AE. Ok. I am studying the similarities between magic and science and I'm looking at them as two different languages that are trying to understand our body and the environment around us. I do this by studying specific indigenous cultures and then looking at their language, or magical rituals, or traditions. And then I look at the things that they believe in, studying if there is a truth in them, if they worked. And then I find references in science, so for example, it could have something to do with herbs. It can have something to do with neuroscience or telepathy or shamanism. And at the end of researching each culture, I create an incantation, which is a ritual that is based on something from their culture and a scientific fact. And it's meant to --- The incantation is meant to take you through, like, a physical or and mental healing process.

JN. I gathered that from your presentation yesterday, but now it is even clearer.

AE. Because I am talking to one person and not many.

JN. I was also kind of excited when I was doing mine, I must say.

AE. Yeah, I was --- I would say something and forget it because I was nervous. It was really weird. “What did I say before? Ok, just continue.”

JN. Second question is: Who is paying for your residency?

AE. I am and I am in debt. (laughs)

JN. (laughs)

AE. Continue.

JN. Why are you here?

AE. I found out about the residency randomly and --- I don’t know if it was before or after that I began wanting to come to the Arctic Circle. I don’t know, I had this thing and the project came after. I always wanted to come to the Arctic Circle and then I figured this project would match. So, I applied.

JN. What do you see at the moment?

AE. In what sense, what do I see? --- It’s interesting. Because I was dealing with rejection and disappointment before I came and now it feels like it’s continuing. --- And because of the place we are in and the circumstances, I’m dealing with a different me and it’s very interesting to just --- Ok, I was overcoming it at home, in Cyprus. But now it’s even more important to do that and to figure out how to deal with the present, which is what I’m looking into anyway. Because all the cultures that I am looking into, they are very --- They have a symbiotic relationship with nature. And when you have a symbiotic relationship with nature, nothing is determined, nothing is --- It's very organic and this is unfortunately very organic. --- But I am really enjoying it.

JN. Also I meant, what do you see at the moment, like here?

AE. Ah! I see people that I will have contact with for a long time. It's really cool. Like, I feel like the group that we're in is perfect for everyone.

JN. Good vibes, no one is excluded, right.

AE. Everyone is --- Yes. Yes, I agree.

JN. What do you know about this place?

AE. I know about the Arctic landscape, some of the geology, environmental factors that are affecting it. And I can't imagine it because I've never experienced anything that extreme. So, everything is quite theoretical.

JN. How do you see yourself in this landscape?

AE. Can you explain?

JN. Yes. How you think you will relate to this specific landscape? I mean, sometimes I was outside with the interview partners, and then they could directly describe what they see around them and how they see themselves within. For example, "I am disturbing something" or "I integrate into this planetary cycle" or whatever. Or "it feels like home."

AE. I feel like I'm gonna find a different home. In a way. It's very different to where I grew up or where I have been, but I feel quite intimate.

JN. And what is your favorite landscape?

AE. Oh. I just choose one?

JN. You can also say you will choose more and then choose more.

AE. I love deserts, sand dunes and the sea.

JN. Now we are at question eight. What is nature?

AE. That's a good question. --- I guess if I have to summarize it: Nature is the present. Nature is us.

JN. What does cold mean? What does warmth mean?

AE. Ok. --- Before I bought the clothes, cold was really uncomfortable. But now that I have proper clothes, it's so different. (laughs) It's like --- Before, for me, cold was uncomfortable and hot was comfortable. But now they have a completely different meaning. What was the question again?

JN. What does cold mean? What does warmth mean?

AE. I think it's different stages of being. I can't think of anything else right now.

JN. How pure is your conscience?

AE. Ha! It's not! I don't know how to explain it. It's not that you have guilt. --- I don't know what you mean by conscience. If you have --- If you feel like you have a pure conscience, you are more at peace. And I can say that I am more at peace now than I ever was in my life and it gets better as you grow older. But it's definitely not pure.

JN. I am also asking about purity because the ice landscape often is described or could be interpreted as something very pure. --- What's the social role of art? What's the social role of art in times of climate warming?

AE. So, I guess the reason why I started this project is because --- yes --- I'm interested in both, magic and science. I love those fields, and the thing that links them is nature. That's what I feel is closest to me. And when you were --- What was the question again?

JN. What's the social role of your art?

AE. By doing what I'm doing I am hoping to bring people closer to nature to understand that we are not above it or below it but part of it.

JN. Are you afraid of climate change?
Where do you see danger?

AE. I am not afraid of it, not because it's not happening, because it's happening. So, we have to face it. What was the second part of the question?

JN. Where do you see danger?

AE. Where do I see danger? People not taking it seriously.

JN. How do you feel?

AE. Now? Not seasick. Because I vomited before.

JN. Did you?

AE. Hotdogs and --- Not good. (laughs)

JN. What did you dream of?

AE. What did I dream of last night? I'm having --- I usually remember my dreams. But since I've been on the boat, there has been this really weird transition where the dreams are a continuation of reality. So, I don't know what's happening there. But it has changed recently.

JN. Last question. What happened the day you were born?

AE. I don't really know. What happened on the day of my birth? I don't know. I have no idea how to answer that question. (laughs)

Piet serves fresh waffles. There's a smell coming from the kitchen. Fleischpflanzerl, I guess. I put on some music, the "Vento Forte" playlist that Federico sent me on my last birthday.

We have a spicy pepperoni soup, baguette with homemade spreads and salad with egg. But no Fleischpflanzerl.

It stays light longer and longer. I have sexual desires.

ZOOM0008.WAV, Monday, April 11, 2022,
17:45:44 PM (16.38 min):

JN. Are you ready?

NR. Yeah. Can you hear me?

JN. I hear you. This is Nico and Judith. What is your project?

NR. My project is to get different video shots, I want to do a video installation starting from the footage that I get here. It is a complete work in progress. I have no clear idea of what I'm going to do. It depends on the type of images that I get.

JN. How is your trip being paid for?

NR. I got funding from Chile and Germany from different funding institutions, the Ministry of Culture and from --- Also I sold a piece of work and yeah, also from my savings.

JN. Why are you here?

NR. Because I'm interested in places that are far away, that people know more through images. And for me it's a big question how we relate to reality through images. So, I want to get images from the places myself and see what I can do with these images. Images from this location that have been manipulated can activate another view of the same place.

JN. Sounds reasonable for you to come here.

NR. (laughs)

JN. Really.

NR. (laughs) Thank you.

JN. What do you see at the moment?

NR. I see the cakes over there and you're laughing and the photo of the crew there that is super cool and the people around doing I don't know what. Yeah and this --- how you call it, shared space, where we have spent a lot of hours. It is a really great space but I'm a bit afraid of spending so much time just in this space. (laughs)

JN. The next three days you mean?

NR. Yeah, I mean, we've been here most of the time during the whole trip. The time we go to the landings we make, it's not that long and then we come back here and we see the presentations, we eat, we do everything here. So, maybe this space is more relevant than everything else. (laughs)

JN. (laughs) So: What do you know about this place?

NR. This place itself I don't know much about and --- I was talking yesterday with Katy and Molly and we were asking ourselves what kind of stories there are here. --- What --- I don't know --- What happened here during the years, because this ship I understand is from the sixties – like, around the end of the fifties, beginning of the sixties. So, in all these years travelling through these waters, for sure there are interesting stories that we don't know of. And I think it would be great to somehow get to know those stories.

JN. You think they are written? They must be invented by us!

NR. (laughs) We can invent some stories. We can do some shots of this space and, yes, invent some stories of what happened and then we can use our song.

JN. La notte vola.

NR. La notte vola, yeah.

JN. That's a good song for this topic.

NR. Yeah.

JN. How do you see yourself in this landscape?

NR. How do I see myself in this --- Tiny. (lauhgs)

JN. What is your favorite landscape?

NR. My favorite landscape I would say is the south of Chile.

JN. Where you grew up.

NR. Yes.

JN. What is nature?

NR. What is nature? Everything that hasn't been manipulated or produced by men. In my understanding.

JN. What does cold mean, what does warmth mean?

NR. It depends on the amount. Too much warmth is disgusting to me, I can't handle it. I hate it. Cold, yeah, is fine for me. But also when it's too extreme it's too much. But I prefer cold weather. And what it means: It reminds me of my childhood.

JN. The cold?

NR. Yes.

JN. How is the climate, is it a bit like here?

NR. Yeah, where I grew up in the south of Chile in winter it's usually around three degrees. Something like that. If you go further south, it's even less. And there it's exactly like here – probably. But yeah, where I grew up there is a lot of rain. The whole time it's raining. That's my natural habitat: rain. (laughs)

JN. How pure is your conscience?

NR. I will say --- Pretty pure. (laughs) Yes.

JN. (laughs) What is the social role of your art, especially in times of climate warming?

NR. That's a complicated question. The role of my art

JN. The social role. Like the function for society, you would wish for or that you see happening.

NR. I think my works have a reduced publicity. I am not trying to do art for the masses. I think that that's not good. In any case. I tried to do things that don't work like a fast joke or that you get it in one first glance. But things that stay in your mind, digging a bit longer, and that you don't understand the first time. Because I think in that way, you interpolate the person that is watching the piece, and you start a dialogue with the person. So, in that sense I will say that what I do has the social role in making people aware of the way they see images. How they relate to images.

JN. Prototypical artist!

NR. I am a prototype?? (laughs)

JN. In a good way!

NR. That never sounds good. (laughs) I am a prototype, nice.

JN. (laughs) No because, you know the word "Sehgewohnheiten"?

NR. Yeah.

JN. Yeah. And sometimes you hear talking about breaking "Sehgewohnheiten." And I think when your art can do so, it is a very strong thing.

NR. Nice. A prototype.

JN. Are you afraid of climate change? Where do you see danger?

NR. (laughs)

JN. Why are you laughing now?

NR. Because the questions are funny. I mean, they are not funny but the way you are saying it is funny. What was it again?

JN. If you are afraid.

NR. Afraid right now? No, I'm not afraid.

JN. No?

NR. No. And where I see the change?

JN. The danger.

NR. The danger. I mean, yeah --- If I say it like that it

sounds stupid. But I think it's part of --- It's a complex subject because --- Of course man has done a lot of stuff that has led us to this situation right now. But it's always the question if all the things that happen are part of evolution or not. So, in the sense that maybe all the bad things are also just a way that things evolve. And maybe everything has to disappear in a moment and life will start to grow again. So, if we disappear off the planet, maybe it's just part of evolution. And in that way of thinking, then I'm not afraid.

JN. Sure, you could say you don't want to disappear. As a human.

NR. The problem is for sure the amount of suffering that this climate change can bring for many people. I think that's awful from a moral point of view. But if you see the subject from this evolution idea, maybe that's just the way things work.

JN. How do you feel?

NR. How do I feel about what?

JN. Now.

NR. Now? A bit disappointed we are not in Svalbard. But also, not too down. I think it's also interesting what we are doing and the people that are on this boat. It is an interesting experience. I am kind of feeling neutral right now.

JN. Are you happy and relieved that you just had your presentation?

NR. Yes. (laughs)

JN. I can imagine.

NR. Yeah, you know, I have troubles with language. German, English, even Spanish. So, if something like this presentation is over for me, it's a relief. Of course. But for me it's not a big problem to share what I do with people, I've done it in many other situations. I know people can understand what I do, even if I cannot explain it. It's fine. I think.

JN. What did you dream?

NR. When? Yesterday? Last night? I don't remember.

JN. One night during this journey.

NR. What was my last dream, you mean?

JN. Possibly on the ship.

NR. Actually, I haven't had an image of a dream for long, long time.

JN. Yeah?

NR. Yeah. Maybe an image of someone that is in the boat or something like that. But I haven't properly dreamed. I can tell you tomorrow if I remember something.

JN. Ok.

NR. I pay more attention in the morning.

JN. So, people, hold on!

NR. Yeah. (laughs) Wait for my dream. You know, the thing is that you wake up and then if you don't pay attention to saving the data of your dreams, you're gonna forget it.

JN. Yes.

NR. I probably dream of things. But then I wake up and this --- all this process and this --- this pressure how things work here, so maybe I just forget. Because I am a person that takes a lot of time to do everything. And I am pretty slow to do things because I take time. I like to listen to music, and I think ok, yeah, right now, now I'm gonna start, and I work a lot at night. And then here, I wake up in the morning and walk up the stairs and immediately meet a lot of people. This is a lot of pressure, you know. (laughs)

JN. You are doing a good job!

NR. Thank you.

JN. Jetzt die letzte Frage, Nummer fünfzehn. What happened the day of your birth?

NR. What happened? Historically?

JN. Also.

NR. It's my birthday. (laughs) I don't know. But my birthday is super soon. 24th of April.

JN. Ah! We will be on our way back. I will be on my way back. You too?

NR. No, I'll be in Svalbard.

JN. I will leave at 7.30 on your birthday.

NR. Yeah. Nice.

JN. Ok, that was it.

NR. Thank you very much.

JN. Thank you very much!

I didn't wake up well and cried. Primary emotion: sadness. It feels good to have withdrawn from the others. My noise cancelling headphones are isolating.

It's snowing. I listen to the album *Apollo: Atmospheres and Soundtracks* by Brian Eno. Sybren is next to me drawing with colored pencils and Frederike is also doing something. It's the morning before the crossing, some people have gone ashore again. The ship is currently moored in Torsvåg harbor. It is made wave-proof by the crew, nets are stretched up the sides so that no objects or people go overboard as it rolls and sways.

The engine is off, and we are sailing with two sails on the large mast. You can see the rise and fall through the portholes in the mess room. It's starting. Primary emotion: excitement.

4 pm, now the real rocking starts, and we put anti-slip mats under the tableware. Strangeley with his accordion sings on deck. I request *Umbrella* by Rihanna to add some variety to the sea shanties.

With what's left of the internet, I send my mother the name of the ship so she can track it on marinetraffic.com. The thought of actually dying on this trip crossed my mind several times. Then I go down to my cabin and sleep until dinner. We have pizza, because with pizza there are no spills. Lunch was Indonesian, by the way, nasi goreng, fried rice, saté and all that. At first, I think I won't be able to get anything down. Then I manage a piece. When I feel sick to my stomach, I want to imagine myself somewhere else, and I can't think of any place.

It's definitely amusing to see how people move, fumbling, falling, supporting themselves. The head is also very muddy when you're seasick. The captain says it's not as bad as expected. I'm not doing an interview today.

There's a streak of sunset and a spell of colds on board. Maybe it's Covid.

I have a Nutella sandwich and a cheese sandwich and am in good spirits.

I dreamed that I had won the scholarship award of the City of Munich. Before the official announcement, I had seen a cross next to my name on the chart, shining through the sheet of paper from behind. An early childhood memory is of my parents and I being at an open house day at the Obojes garden center, and I was the lucky fairy drawing the winners of flower bouquets, bouquets and vouchers. I was about four and couldn't read yet. But I recognized my mom's handwriting on a card among all the cards in the big pot. The man from the Obojes garden center then shuffled the cards, but I had seen the direction in which our card had slipped, so I reached there with my eyes closed and actually pulled it out. I can't remember what we won.

ZOOM0009.WAV, Wednesday, April 13, 2022,
9:56:30 AM (16.19 min):

JN. I'm here with Kelsey. And the first question is: How did you sleep?

KM. I slept really well actually. I went to bed really early like nine. I think I slept all the way until seven. (laughs) I woke up a few times moving around. I had my water bottle in my bed which was good to keep my mouth from drying out. But I slept pretty well.

JN. Any dreams?

KM. Nope. Last night no.

JN. What do you see at the moment?

KM. Besides you? (laughs) I see the ocean on either side. It's been interesting watching through the window and watching the horizon line move up and down against the window.

JN. How do you see yourself in this landscape?

KM. Well, the ocean is a really familiar landscape for me, so I feel pretty neutral. I feel at home.

JN. Do you have a --- What is your favorite landscape?

KM. The Ocean. Definitely. (laughs)

JN. And can you tell a bit more --- Why? --- Please remind me also of your familiarity with the name "Antigua."

KM. Yeah. (laughs) I think the ocean has been a constant in my life for as long as I can remember because I was born on the island of Antigua in the Caribbean. So, the water was always part of my life, and even when I moved to new places, the ocean is a familiar thing that I find. Like the constant. So, it's like anywhere you go --- Pretty much anywhere I go I find the ocean. If it's not ocean, I even feel connected with water. So, it's like the constant thing among changing environment, changing locations.

JN. I will also do the interview with Lourdes.

KM. Yes.

JN. And as far as I know it from the presentations, both of your practices have a formal approach to landscape and to the sea. She is dealing with color. You are not, but you are also painting the ocean. How would you describe your --- You are drawing more, no?

KM. Yeah.

JN. So what is it like to draw the ocean or why did you decide to use a graphical element to approach it? How do you decide on a certain format or type of pencil?

KM. When I'm drawing in my sketchbook, it's just like a way of recording and not necessarily thinking of what the final image is. I think my work is less methodical than Lourdes' and her way of drawing the landscape wherever we are in and then translating it into paintings. For me, the final outcome, I don't know what the final outcome will be like. She considers herself a painter and I'm --- I'm not. I don't feel as defined by a medium. So, I think the decision of being more graphic in my sketchbook is just about the recording of information.

JN. But you also could do this with the photo camera.

KM. I think the slowness of drawing makes you more --- I feel more present. Or, like, looking more closely, especially when you're drawing something like the ocean that's always moving. I can't draw that scene, because in one second, it's already different. So, I usually just pick one shape to look at and build on it from there. So, it's a much slower process than taking a photo. For me. --- It's a different way of absorbing, I guess.

JN. So in one ocean image or drawing in reality there are a lot of --- There is one waveform from one point of time.

KM. Exactly.

JN. And another one from another point of time.

KM. But it still looks like one. Did you see the one I just showed that I did yesterday? --- (grabs a drawing) --- It doesn't necessarily look

JN. Ah, this one!

KM. Yeah. It doesn't look like --- It looks like it's one moment that could be a photograph. But I would be looking at this individual shape (points at it). I look out until I find a shape and draw it and build it up. And obviously the scale is changing --- (grabs another drawing) --- I drew this one on the first day when we left Tromsø and that was the cliffs, so the actual landscape, not the ocean. We were moving, so --- I wasn't drawing one image. I was overlapping the parts, so each shape is a thing.I like finding the abstract shapes in the environment too.

JN. Yes, there is a simultaneity.

KM. Because my final work --- Most of it is a lot more abstract. It's not an ocean, a seascape or something.

JN. Mhm.

KM. It's pulled from really specific sources.

JN. Yeah. I don't remember if you have shown in your presentation also some --- I remember in this museum

KM. The drawing where I had to react to another artwork.

JN. Yes. You were also showing exhibition views. Again, in comparison to Lourdes, she is making these big tableaux and you're also putting several images and stuff together.

KM. I use the idea of bringing a lot of elements together to create a larger, immersive feeling and experience. Because when I'm in the ocean, or even any extreme landscape or in a landscape where you don't see human structures --- So when you are in the middle of the ocean and you see nothing, you feel this vastness. I am trying to translate that by bringing a lot of pieces together to create something larger that people can feel surrounded by.

JN. So one of my questions in the set which maybe relates to that: What is the social role of your art, especially in times of climate warming?

KM. Yeah. It's definitely something, something I think about a lot. The challenge when you are trying to make any kind of, like, activist art or address an issue is helping people find a solution. Like it's one thing to stir an interest. And then it's another thing to figure out what action they can take it to be different or more environmentally responsible in this example. And I haven't really figured that out yet. But I do think that if I can get people to have some sort of respect for the environment and through experiencing my work then maybe, they become more self-aware of their actions.

JN. You are using the term environment. Do you think --- Or: What is nature? Is nature the same, or what is nature?

KM. Good question. --- Nature is wilderness, I would say. Nature is the wild. But when I talk about environment or landscape, I think of surroundings, so our environment could be the ship right now. Our environment doesn't necessarily mean out there, but the way I approach it in my own work is, like, whatever my immediate surroundings are or what's at the forefront of my daily experience. So even some of my work I did was based on newspapers because I felt the news was just --- That was my environment in that moment. So, when I'm making work it's like processing the information of my surroundings, whatever that means. The surroundings could be the ocean, or it can be a house, or news, or anything. But I do think for me that I would define nature as the natural world.

JN. What is cold, what is warmth?

KM. What is cold and what is warmth. It's interesting because I used to associate warmth with comfort and now, I have learned to find comfort in the cold as well in the wintertime, or swimming in the water year-round. I love the idea of the weather not impacting what I do in my daily activities. It doesn't stop me from doing anything; the weather just dictates how I prepare for, what I'm wearing or something like that.

JN. So you try to maintain a certain autonomy regarding the environment.

KM. I guess so. I mean, I try to not let it stop me from getting outside and doing things.

JN. How is your trip being paid for?

KM. It's paid for with a grant that I got. --- I applied for the grant before I knew I was coming on the residency and when we applied for the residency, we had to say how we would fund it, so I kind of did them both at the same time. And luckily it worked.

JN. The last question: What is your project?

KM. Figuring that out still. But --- My intention in coming here was to gather as much visual information as I could. That I will bring back to my studio and probably turn into larger scale work because I generally work on a large scale. Whether it's like installation or just bigger formats of images. For this trip I was thinking of what I could do that would be portable. --- So, I brought a few different ways of making images like the cyanotypes, sketchbooks. I brought carbon paper for drawing, I brought graphite powder for making rubbings. And it's new for me to work process-based because usually I am more conceptually driven, and I am sort of like trying to find out what the conceptual part of it is. I'm sure it's going be environmental or climate related. But I'm also trying to find a different angle because I don't want it to be just like "I went to the Arctic and the ice is melting."

JN. Yes!

KM. So I am trying to find a different message. The only thing that I have been --- that I've noticed, or that has started to cross into my thoughts lately is the idea of scale. Because we are in such a vast landscape but working small. So, for example, the other day I did this tracing of a stone that had all these fracture lines in it. I put a transparent paper on top of that, and all I did was draw the lines. So that's like a scale of something that you can hold in your hand. But then when I held it away from the rock, it looks like a mountain landscape. So, the scale completely --- The perception of the scale completely shifts. So, I'm thinking about that with the imagery too. How can small parts of information be perceived as something on a really big scale?

JN. Is this information you try to gather, and you are talking about, only factual and visual or do you also consider emotional and intuitive and affective information? And if so, what did you find?

KM. I don't think I've gotten there yet. I think that through collecting factual information, it's a way for me to tune in to the emotional side of things. I wouldn't say I have found anything that I could define yet in that regard. But I gather factual visual information, and then --- Like, I was just showing you with these shapes, I like the abstract form of it. Like, that drawing of the mountains while we're moving, that wouldn't be necessarily a factual representation of them because of how they are overlapped. But I still draw from the reality, I guess. But ultimately, I would love to turn it into --- Yeah, having an emotive response. I think that's the process of making work: turning the visual information into something that's emotional --- that resonates emotionally with the viewer or with myself as I am making it.

JN. And how do you feel at the moment?

KM. Pretty --- Just calm, I guess. Yeah, nothing too strong.

JN. Ok, that was it. Thank you.

KM. Thank you.

ZOOM0011.WAV, Wednesday, April 13, 2022,
10:47:00 AM (29.13 min):

JN. Now I'm here with Lourdes. What is your project on this trip?

LCC. Voy a pintar y dibujar; también voy a hacer fotografías y a escribir breves textos. Con todo ello voy a intentar reconstruir la atmósfera de todos los lugares por los que vamos pasando. Cuando digo atmósfera no me refiero solo al medio natural (a la atmósfera física) sino a la suma de cosas que contribuyen a crear el ambiente que estamos viviendo; es decir, tanto en el entorno natural como en la convivencia a nivel humano. Y siempre poniendo el acento en las anotaciones hechas con pintura o dibujadas.

JN. I understood a lot. What's dibujo?

LCC. Draw.

JN. Ah, yeah.

LCC. Draw and paint.

JN. I was just talking to Kelsey. She has a very graphical or printmaking approach, to draw the waves with a pencil. In your presentation I saw you have a focus on color. Where does that come from? What is color for you? How do you use color?

LCC. De momento, en el trayecto que llevamos a mí me interesa tanto a la línea como el color. The color and the line.

JN. Also the line.

LCC. Yes. Por ejemplo, en el mar que es lo único que estamos viendo en las últimas 24 horas para mí es importante el plano de color que nos ofrece el mar y/o el cielo, pero también el movimiento del mar (las olas) que podría transcribirlas o interpretarlas con líneas, solamente con línea y prescindiendo de los planos de color. Es decir, en mi trabajo hay un compendio de ambas cosas: color y línea. De momento, no puedo prescindir de ninguna de las dos cosas.

JN. Before it was only about color, no?

LCC. Not only color. I think the line too. The line. Here I want to study the different kinds of color, for example this morning we spoke about how we see this one sea color here and another color in the sea there. Here it was grey, there it was very dark. This collection of colors is very interesting to me. But the line of the movement in the sea is interesting too. Two things: color and line.

JN. You think this is objective information or subjective ?

LCC. In my work, I usually make a lot of interpretation. --- En mi trabajo hay una importante interpretación, sin duda. Y lo complemento con fotografía y con palabra – con textos – en los que quizás sí hay más objetividad. --- En mi trabajo suelo hacer mucha interpretación, a partir de la realidad. Mucho viene de mi mundo interior (que a su vez se nutre de la realidad), pero sin duda no hago un trabajo objetivo. Tomo notas en las que soy más analítica y luego eso lo voy interpretando.

JN. You think there is more objectivity in text than in color?

LCC. Because if I say, for example, the sea is dark, it's true. And maybe in my watercolor or oil color it's not exactly that. --- In my painting I try to work about my feeling. For example, one example: Now the color is one color. But in this moment there is not only the color. It's the temperature, it's my feeling, it's the movement. A lot of elements are in my painting, not only the color. But in the picture it's only the color. In the text it's altogether, color and my feeling. Because I write words, speaking about all elements, but these words are objective. For example, I say: "The sea is dark, slow movement. The ship dances a little." I write all these things and I think it's objective.

JN. Yes.

LCC. I describe this.

JN. Describe.

LCC. But my paint is more interpretative.

JN. You're saying you can show feelings better in the paint.

LCC. Yes, I think. I think my paintings are not --- like a picture, for example. I can make a difference. The picture is more objective, but my pictures are not good. I am not a photographer and they're only to remember one moment. But my painting is more subjective.

JN. And do you think --- What is the aim? What is the social aim of your art? Is it a way of communicating specific ideas about --- Why do you want to communicate your feelings about the ocean?

LCC. I am going to explain first in Spanish and then short in English. --- Mi pintura no es reivindicativa, no nace con la covación de dirigir hacia un pensamiento o reflexión. Me interesa hablar sobre la dimensión estética del entorno natural. Puesto que me acerco a lugares que me atraen por su belleza, eso es lo que quiero mostrar (de lo que quiero hablar). Y luego, el espectador, a raíz de lo ve en mi trabajo, puede hacerse preguntas que le lleven a reflexionar sobre el medio natural, su conservación, el cambio climático, etc. Pero a priori yo no dirijo el pensamiento del espectador; me centro en hablar en la dimensión más profunda del territorio y de la creación. Y ojalá mi pintura suscite preguntas y remueva al espectador, que le lleve a plantearse cosas y adquirir compromisos. --- Now short in English. I am not a radical or activist painter.

JN. Yes.

LCC. I try to speak about the beautiful landscape. I hope --- I would like my paintings to pose questions to the viewer. When the people see my work, they may question themselves. But me, no --- No dirigir el pensamiento.

JN. Yes.

LCC. My work is open.

JN. Yes. And what is the social role of art in general?

PC. She just said that she doesn't have a --- She is looking for beauty and then she tries to represent beauty in her way, so the other people can think about this beauty and the problems that could happen, if we destroy this beauty somehow. But she is not looking for a social point.

JN. Not specifically, but you also can say, "Ok, then the function of art is to show beauty or to raise awareness."

LCC. For me, art creates questions. Many questions about the natural place, about the human problems. This is the big mission of the art for me.

JN. And what is nature?

LCC. Qué es la naturaleza. Ok. --- All things not made for human people. Natural is the landscape, natural are persons, animals, all the world not made for us.

JN. What do you see at the moment?

LCC. See objectively?

JN. Yes, with the eyes. See now.

LCC. The sea. And my friends on the ship. This is objective but I see more than this --- More than I see, I feel in this moment. I feel thank you – gratitude. You understand?

JN. Gratitude.

LCC. Gratitude. I feel privilegiada. Because this is a wonderful experience in a wonderful place. Not everyone can be here. Aprovechar la oportunidad que se me está dando.

PC. She also feels obliged to make the most of the opportunity.

JN. How do you see yourself then in this landscape? You answered a bit already.

LCC. I see myself very well. I feel near to this kind of landscape. I like this kind of place very much. Sometimes I feel better here than in the city. With the people, with you and other friends I feel very well because I think we all feel the same, more or less. We have similar inquietudes. Interests. In things. Or feelings.

PC. Mindset.

LCC. Compartimos un sentimiento común.

JN. What is your favorite landscape?

LCC. The extreme. My favorites are places where the natural is essential. Not with adornos, not with flowers, birds, beautiful trees. I like it of course. But I prefer the essential, the structure of the world.

PC. The vastness.

LCC. Where the persons encuentra

PC. Find

LCC. Find themselves. Because you haven't got any place where you can take refuge.

JN. You flee, or you take refuge.

LCC. Lugares muy esenciales, sin adornos de ningún tipo. Sin nada que los haga más amables. Donde la persona se encuentra con los rasgos esenciales de la creación y donde se produce un encuentro profundo y cara a cara con la naturaleza. --- Face to face with nature. The person and the natural place speak without noise, no other distraction. You have to talk. There is no other talk here. You have to be silent and hear what the sea has to say or the mountains.

JN. It makes sense when I think of your paintings. There are also no birds and no flowers.

LCC. (laughs) Yes. (laughs) It's true. I try to let my paintings recreate the atmosphere. And as I said in the beginning, the atmosphere is many things, not only the water. The atmosphere in some places, is this kind of thing you hear, being quiet and waiting, wait and hear. This ambience is what I try to put in my painting. This atmosphere is what I want to translate in my painting.

JN. What is cold and what is warmth?

LCC. I can't speak about it objectively. Because objectively, cold is cold and warmth is warmth. But for me, cold is when the people break the natural harmony. For me, this is cold. Warm is always when the natural harmony se mantiene.

PC. Is maintained.

JN. Yes.

LCC. Cuando rompemos el orden de la naturaleza y entre nosotros mismos, para mi eso es el frío. Es llegar a un extremo que no podemos mantener y de hecho lo vemos. La historia nos lo demuestra. Pero lo cálido es lo que mantiene el orden natural, tanto respecto a la naturaleza como entre las personas, y entre las personas y la naturaleza. Ese orden natural para mi es lo cálido.

JN. But for example, we on the ship are also in a way --- Are we maintaining or destroying the harmony of the Barents Sea, at the moment?

LCC. I think we don't break it. For example, when I applied for this program, I was thinking the ship is the best transport. It's slow, it's proportional with the natural rhythm. In this case the airplane is no --- Ok, we need airplanes, of course. We can't travel only by horse. But the ship, and especially this ship --- Because we have many kinds of ships, sometimes the ship is like a building on the sea, very big and this is crazy, and I think that's not good for the ambience. And this ship is --- I think it's ok, yes. And for me, especially, it's nice to arrive to Svalbard slow, slow, waiting, waiting. It's natural. I was in Svalbard one week ago. I arrived there by airplane, very nice, very comfortable, no dancing. And the view from the sky was beautiful but it's not natural. I departed from Madrid and in some hours, I am in Svalbard. --- This way is better of course for the natural --- our mind, our health, our body too. You understand?

JN. I understand, yes. I was just wondering --- Humans are also part of nature. And we developed all of this. And it's not good for the planet and the environment. But at the same time, it's also natural in a way because it's part of what humans do.

LCC. Yes, yes.

JN. So I don't know if it's more natural --- Or I'm asking myself: Why is it more natural to travel slowly? We're also doing it fast. Nowadays.

LCC. Of course, we need cars, airplanes.

JN. I am not in favor of it, but it became natural in a way.

LCC. Yes. Ok, I don't know. I don't know where the line is. I think we have to continue. In some situations, we have to continue to make machines. But maybe we have to stop sometimes and think: what are we doing? --- This question, it's only my small opinion. I don't know anything about biology or geology. I am a painter, only. But when I was in Svalbard, I saw a lot of tourism. In my opinion, a little desproporcionado.

PC. Disproportional.

LCC. In this moment, this place, Svalbard, is in fashion. Esta de moda. It's fashionable and every day a lot of people go there to ski, to --- I don't know to what. But it's a little

PC. Touristic?

LCC. Yes, es un poco desproporcionado.Creo que hay cosas que se ponen de moda y se satura. Esto pasa en Svalbard y en el resto del mundo. Perdemos el norte y, entonces, sobrepasamos esa línea. No hay que seguir viajando en burro, pero sí hay que actuar dentro de un orden. Como sociedad desdibujamos el sentido de las cosas, la moda nos empuja, actuamos de forma gregaria: uno hace algo y el resto le siguen sin pensar en las consecuencias a largo plazo.

JN. But you think it's justified that we as artists go there? Because we are also tourists.

LCC. We are not tourists!

JN. What are we?

LCC. Lo que voy a decir no quiero que parezca una escusa para justificar mi presencia aquí.

PC. She's saying that she doesn't want what she's going to say now to sound like an excuse.

LCC. I think we try to work about this landscape with honesty. We are not here only for enjoyment. Of course, we're going to enjoy ourselves because we like this area and this opportunity. I think this is the difference when you go only because "oh, I enjoy!" For example, one example, "I was drinking a cup of wine in the last restaurant on the North Pole." If this is the most important thing in your life.

JN. (laughs)

LCC. Some people think like this. Hay personas cuyo mensaje es: "He bebido una copa de vino en el restaurante que hay más al norte del mundo." And if this is your objective in your life and you go there for this reason, I think this is not interesting.

JN. Yes.

LCC. This is stupid. I'm sorry. Some people have this thinking. Of course, these people like what they see and enjoy. But it's a little --- Una actitud un poco frívola.

PC. Frivolous.

JN. Yeah. And we're not frivolous because we want to communicate?

LCC. Yes. I think we're not frívolo. In Spanish, frívolo. You can check in the dictionary. (laughs) Materialistic. People who like only material things. Not more.

PC. Without depth. Superficial.

LCC. I think all of us are more spiritual people.

JN. What do you mean with spiritual?

LCC. When you are in dialogo, in dialogue with --- No te interesa solo lo superficial. Te interesan mas cosas además de eso. Creo que nuestra inquietud, la de todos los que estamos aquí, es más profunda. No solo lo anecdótico.

PC. If you are not only interested in the anecdotal things. We enjoy the anecdotal of course. But more than it.

JN. Getting back to something very materialistic: How is your trip being paid for?

LCC. (laughs) Half by myself and half I take help from some companies of Fine Arts materials and from my university.

JN. Mix.

LCC. Mix, yes. Half and half.

JN. Gracias, Lourdes! --- And gracias Pablo for helping!

Until you experience it, you can't imagine what swell feels like. The swaying goes in all possible directions and is arrhythmic. It is surprising, jerky, threatening, agitating. A sail is raised to stabilize the ship a little.

Marius and I talk for a while at the bow. He is 35 and from Romania and has already been through a divorce. When he was at his worst, he moved to Svalbard in the dark; now he is ready to step out of it again and this trip is an initiation into the new phase. He says it is good not only to give, but also to learn to accept. The therapist would probably agree with that. Between my trip to the South Pole and my trip to the North Pole lies the low point and a time that was marked by mood swings and psychological ups and downs. I don't really miss the therapist here.

I draw the Antigua, plunging downwards from the crest of a wave, in pink.

Tomato soup for lunch, baguette with homemade spreads and cucumber salad (salmon for others).

ZOOM0010.WAV, Wednesday, April 13, 2022,
15:56:37 PM (21.23 min):

JN. Marius. What is your project?

MA. My project is to protect you. I am your guardian angel on this trip. I'm here to take care of you and not let you be eaten by a polar bear.

JN. How much do you get paid for this?

MA. For the whole trip around 2,600 euros.

JN. And why are you here?

MA. Well, at the surface level, I would say that someone needed another person to take care as a guide. That's kind of the surface level. And they found me. Sarah found me. But at another level I am part of this moment as much as everyone else is part of his moment. I dreamed of it, I imagined it, I felt it eight months ago and I wanted to be on this ship, and they wanted to have this trip on this boat. So somehow this dream became reality.

JN. And how do you see yourself in this landscape?

MA. And how do I see myself in this landscape.

JN. Why was it your dream to be on this boat?

MA. I have a tendency to explore new spaces because that's the way I explore my own space, my own mind, my unconsciousness. I am learning while exploring these new places and new ways, with new methods, with new tools. I also find new things about myself and about reality.

JN. Any --- how to say --- Any results so far?

MA. Yeah, many results so far.

JN. For instance?

MA. The more --- The farther I go into the unknown, in that whichever --- in those places where I've never been, the less of the old me is present. So, this comes somehow with every place I get into, I can feel like I am dropping layers of the past. And I feel much more comfortable to just be as I am right now in this moment.

JN. And there are new layers added.

MA. Yes, of course. And that layer is one which is more connected. But at the same time connected with the environment around me, wherever I am in that moment.

JN. Do you have a favorite landscape, what is it?

MA. Definitely the forest. Forest with lake, that's my favorite.

JN. So that's very different from where we are.

MA. Yes. (laughs) --- Yes it is.

JN. What do you see at the moment?

MA. I see eyes looking at me. I see you, matching perfectly to the environment around us, this room. (laughs) I am a very human connected person. I like people and that's why I look at the person in front of me first. And then of course I see the sea. Just a little part of this boat that we are in.

JN. You also match the environment, actually.

MA. Yeah.

JN. With your eyes.

MA. Yes, exactly. This moment was meant to be. (laughs)

JN. How pure is your conscience?

MA. How pure is my conscience? Well, it depends because --- If I stay at the level of I – I without any kind of memory involved but in the moment, totally immersed in the moment – then I would say that it is as pure as my environment and I cannot be more pure in that. And somehow the environment around me dictates how pure my conscience is.

JN. And again, you say "environment": is that nature? What is nature?

MA. Well. It depends on how many layers you look at, I would say. I can look at nature as the space in between me and you. For me, this is nature as well. This space is also nature. And then in this space we have the material side of things which is this table. It is also nature, but it is humanly made nature. I would say it's the human side of nature; it is just an extension of me because I needed a table to drink coffee from. And then when I look outside, I see --- I see the nature which was formed by itself in a way. So, this is the planet, this is the trees, this is everything else as material as it comes. And why is it or what is it? I don't know if I'd know. But I would say it's a form of materials in different forms.

JN. Are you describing a materialistic or a spiritual world view?

MA. Well, I don't think it can exist one without the other. I think it's a synergy, it's just a whole. It cannot be one without the other one. There is no difference between the two. It's just --- There is no difference.

JN. Where do you see danger?

MA. Danger? (laughs) Right now in other humans, in a way. Like at a level of personality. That's where I still see danger. That's where I am insecure. So that's where my fear is mostly. And sometimes --- Sometimes, I see danger in nature but only when I put myself in the situation of being in those places where I know that there are forces bigger than myself, which might harm me physically.

JN. What do you think about art, in general in society?

MA. Yeah. I guess art is a tool that we humans use to bring a new layer to the reality. It is one --- One time it is a form of observation and detail recording. And on the other side it's finding a way of expressing that detail in a way that another person can see reality in a different way than the old models of reality they had until that moment. So, for me, art is a tool to expand consciousness and to expand consciousness in a way that more people gather together in a space which is a bit different than maybe some models of reality which many people are using. So, it takes you out a little bit from your bubble and shows you a different side of the world.

JN. What is cold?

MA. What is cold.

JN. What is warmth? Who is the hottest person on the boat? (laughs)

MA. It's definitely you, Judith. (laughs)

JN. Thanks. (laughs) --- I am blushing.

MA. Well, that's why. (laughs)

JN. What is cold and what is warmth?

MA. Cold and warmth are just a perception of my senses. That's what it is. And it's an expression of space. Of the space around us. --- We can perceive it only through the senses or through the sense of temperature. And we have that in ourselves. We have the sensors embodied, it is in us, and we also created other forms of measuring temperature but when it comes to describing it at the quantum level or other layers, an invisible level or whatever, I have no idea what it is.

JN. But on a metaphorical level?

MA. Metaphorical level? I have the tendency to describe cold and warmth --- If I would take cold to the extreme it's the place where you freeze matter. And the matter is less vibrant. Or it vibrates higher but with a denser capacity somehow. And warmth is a place where that is released. It there has the capacity to even evaporate if it's water for example, or to expand matter in a way. Somehow it releases and it opens up. Yeah.

JN. A statement about climate change?

MA. A statement about climate change --- This planet is cyclical, and it has its own rhythm. And this planet, as it has trees, it has people. So as a tree has apples --- I like this quote from the philosopher Alan Watts. He says this: "if this tree apples, this planet peoples." As a verb. (laughs) --- And, well, when the planet peoples, and it peopled 8 billion people so far, these people need resources to live. And these resources are coming from the environment, as a byproduct of the fact that we are consuming these resources. We are producing gasses, all kinds of byproducts because we are consuming. And while we're consuming, we have these processes where we also eliminate what we are consuming in another form. And it seems like this has an impact on the planet. I wish --- I don't know if I wish, but I would like to see a world where we humans care a little bit more about what is the byproduct of our actions. Because we do have an influence over the environment. At the same time, I know that this planet survives and it's going to be well. But humans are going to suffer in the way the planet adjusts itself to all these changes. We are going to suffer because of it because it's difficult not to when your house is being blown away by wind, when it's being flooded or when it's being burned.

JN. Are you afraid of that?

MA. No.

JN. How do you feel at the moment?

MA. At the moment I feel peaceful. I feel very warm and calm.

JN. Any dreams?

MA. Yeah, I had some dreams. --- Dreams in terms of sleeping or dreams in terms of dreaming for the future?

JN. No, sleeping.

MA. Yes, I had some dreams.

JN. Which ones?

MA. Well, the last one was quite interesting. I don't remember the one from last night but the one the night before I was --- I felt pulled into a room with a very wise person, a woman, and this woman was telling me some wise things. I don't remember the wise things. But she mentioned --- I remember that she mentioned that even if when you return to your body, you'll have it within yourself, within your consciousness. Anyway. And when I was preparing, when I was departing, she told me, "remember to come into your body, remember to come into your body." And somehow, I woke up just at the point where my senses weren't on. So, I couldn't hear. --- I was in between. It was just before the body will awaken, so I was awake, consciously, but my body wasn't yet. And I was saying to myself, "oh, I have to remember to come into my body." And I said that three times and then my senses --- I kind of connected with my senses and I could hear, I could move, I could just wake up and I'd wake up with a sense of very, very wellbeing. A lot like, you know, a light sense of happiness.

JN. Were you not afraid? I know this because other people had described similar things to me, it's sleep paralysis or something similar.

MA. No.

JN. Were you never afraid not to be able to connect?

MA. No. No, because the space I would be in if I'm not in the body, it's a good space and it's fine.

JN. Were you raised religiously?

MA. I was in a religious country. Luckily, my family didn't oblige me to go to church or something, more like my grandmother. I would see them going to the church. Like every Sunday and so on. I would go to the church as a kid. But around the end of 12 years old, I had a discussion with God, and I decided to not use the church anymore. It felt like it wasn't the right place for me to continue my spiritual side of life.

JN. And what is nature for God?

MA. And what is nature for God? Let me ask him. (laughs)

JN. Is it a man?!

MA. Her, her. It. I don't know. Actually, lately in the last year, especially, I've seen God more like a combination. It is not like one, but it is a combination or something. The way I see it is like the space as being the mother, you know, the space around us, which can become everything. Yeah, so the space here in front of me now, it's empty --- (puts his hands together in front of his face) --- Now it's my hands, now it's empty, now it's my hands. (lowers his hands) --- The space in front of me was empty. And now it has a human being in front of me interviewing me. And this is kind of --- the map --- the world --- The space happens as this empty space in front of you can become everything. And this is kind of the mother side of the world I would say, the her, the she of the world. And heat is the energy that moves this matter and it gets the shape that it gets in front of us. So, it's kind of a combination in the way I see God now.

JN. A very specific idea.

MA. Yeah, probably.

JN. Last question. Do you see your inner state resonating with the environment? Or the other way around maybe: Do you see, read, things you see in nature and the environment according to your feelings, like in the romantic tradition? When you see something and then you say, “oh, this reminds me of this feeling”?

MA. In the beginning, sometimes yes. When I have the first contact with something, I have this memory, some memories that I have within myself, that are kind of bursting up. But what is after that --- If I allow that to dissipate, then what happens is: I find this center, or I let the environment show me who the environment is in a way. And let the environment --- I trained myself to become one with the environment around me and that's why you will see me sometimes just sitting in one place and kind of immersing myself in the environment because that's the only way I can actually, I don't know, be the environment at the same time. Without memory, leaving the memory behind and just being present as it is, at this moment. Somehow --- I let the environment pass through me. I don't try to memorize it or anything or analyze it. Sometimes, after a while it comes to me, an idea about it or a kind of an analysis of it. But in that moment being it, I don't need the mind, I don't need the conceptual --- I don't need concepts, I don't need thoughts, I don't need emotions. It is a very physical sensorial perception of the environment but not one that comes from the memory but one that happens in that moment. It is like life reading. Living in that moment.

JN. Mhm.

MA. Yeah.

JN. I will finish this now.

MA. Yeah, sure.

Erin and Frederike are having a conversation at the other table and I have my headphones on to concentrate. There are some people who withdraw and are on deck alone more often. Then there are those who work a lot. Then there are those who chat. And then there are the sick people. Yesterday evening we were tested after all and it turned out that it's not just colds and seasickness, but that we have Covid on board. The first masks are showing up.

I spend the watch from noon to 4 pm in the wheelhouse. During the crossing, there are two navigators, a guide and a maximum of two artists in residence on the bridge 24/7 to monitor the situation. That's when you get the internal gossip: the navigation team has instructions from the captain not to get involved with anyone on the boat. Sarah told her team that it was okay for the last night.

She also said that around 300 applications are received for each expedition of The Arctic Circle program. I was surprised because I thought that almost everyone who was prepared to pay the high price would be accepted. But it seems that only 10% are selected and that diversity in terms of media and art forms is taken into account. The age groups are also mixed.

Kelsey and I compare our food diary entries. For dinner we have eggplant schnitzel with remoulade sauce (fish sticks for the others).

The sun sets later than yesterday. I feel awake.

I slept well, although the swaying in our cabin at the front of the ship was very strong from time to time. I dreamt that Yuliyan, my former flatmate in Giesing, was in my childhood room in Olang. My aunt and my cousin were watching us, judging, making comments and spreading rumors. My neighbor then reproached me and I retaliated by describing various sexual practices in detail. I felt a sense of satisfaction because I had reacted to the village surveillance machine.

I want to climb up the mast and Nico and Tuomas will film. For lunch we have beetroot soup and quesadillas with guacamole.

ZOOM0013.WAV, Thursday, April 14, 2022,
16:21:25 PM (35.52 min):

JN. It starts with: What is your project?

TK. Is it on already?

JN. Yes, it's on.

TK. You don't give any more specifics?

JN. No.

TK. My --- my project is to --- find --- find meaning in life.

JN. (laughs)

TK. That's what most of the things I do are about.

JN. Also on this trip?

TK. Yeah, yeah. This is part of --- of my Svalbard project, how to say --- finding new challenges in life. That's what Svalbard was about for me. So, this is part of it, getting more experiences and meeting, seeing new places.

JN. Any results yet?

TK. Well, so far it hasn't materialized, because we haven't arrived in Svalbard yet. But I've still been happy with the time here. It doesn't mean for me that --- even though it hasn't been what I signed up for.

JN. Yeah. How much do you get paid?

TK. About 2,600 I think. I am not hundred percent sure. We didn't talk about all the (laughs)

JN. Marius said the same, so

TK. Yeah.

JN. How much would you pay, to go on this trip?

TK. Ah, well --- It's really hard to say, since I have the option of working. --- I don't know, I wouldn't pay much, but it's like, for me, like going on a holiday. I sometimes say, if I'd go to the Canary Islands, for example, I will need to be paid to do it. (laughs) And like --- I find it interesting to work on this kind of trip. But I think it would be much easier to come up with some price or how much I'd pay if I had never been there, never worked there.

JN. Yeah.

TK. So, sorry. (laughs) Hard to answer.

JN. What do you see at the moment?

TK. That's a very hard question. What do I see at the moment?

JN. Also, it's very easy, no?

TK. Yeah. I see --- I see sad people hoping that they will get their project done.

JN. You mean me?

TK. (laughs) Well, maybe, but I never saw that you wouldn't get it done.

JN. (laughs) Yeah.

TK. And I see --- I see myself getting better after having been quite --- like --- not able to really function as a thinking human being. Luckily, I see a much calmer sea than yesterday.

JN. Yeah!

TK. That's very important for me.

JN. How do you see yourself in this landscape?

TK. You mean like this and not what we have in Svalbard?

JN. Yeah, I mean, both is interesting. Now we are here on the Barents Sea, but I am also interested in the ice landscape. How do you see yourself in the ice landscape?

TK. Here, I see myself a bit like a fish on dry land. Like we say in Finnish.

JN. How do you say?

TK. We say that it's like a fish

JN. Yeah, but what is it in Finnish?

TK. Kuin kala kuivalla maalla. That's how I see myself here. Yeah. Kind of a in a place where I have to --- I don't feel the sea is such a welcoming environment.

JN. Yeah.

TK. For me.

JN. And on Svalbard?

TK. There I feel --- I feel more welcome. And somehow --- There, often I feel a kind of peace of mind. Even though --- It comes from, I guess, many things. When there are, for example, the bears, then you have something that you kind of have to keep an eye on. When you look around and see nothing then you know you're safe.

JN. Mhm.

TK. And it --- It somehow, I think, makes life simpler and clearer when there is something that you --- That you have kind of safe, not safe, safe, not safe. --- Then --- you don't maybe think so much about abstract --- things that might worry you in normal life that don't have a shape. --- Maybe also in Svalbard, sometimes when you see the --- Like last summer, I saw whales from a very short distance, Beluga whales swimming under my kayak. Just like a few meters, two meters from my kayak. And walrus and everything. It feels like --- like you are in some kind of a --- still a bit like in a prehistoric place. And it --- I don't know how to describe the feeling. Kind of a --- Like you're somewhere way back. It feels good.

JN. Very existential maybe?

TK. Yeah. Yeah, yeah.

JN. What is your favorite landscape?

TK. My favorite landscape is: There is a river, a forest and then some mountains, not too high, not too steep.

JN. With trees until the top?

TK. No! So that they have a bit less trees on the top. And then some nice sandbanks.

JN. Also?

TK. Yeah. That's my favorite landscape.

JN. Is this an imaginary landscape or do you have a real place in mind?

TK. It's a landscape that I have seen in Finland and Alaska and Canada, so it's something I experienced.

JN. What is nature?

TK. What is nature? --- For me, nature is --- Maybe you should stop the recording device for a bit.

JN. What?

TK. It's a hard question. For me nature is what is outside of where people live. That's nature for me. Yeah.

JN. But there is also human nature.

TK. Yeah, you can use the word in that sense also.

JN. Or is it when you go to a place where no people live, is it not nature anymore because you are there?

TK. It's still nature, but people didn't do any permanent changes to the landscape. Or I mean, it can still be nature even if people did something that effected the landscape and flora and animals. I don't know if it's nature in the Himalayas where nothing, absolutely nothing lives. I don't know if I would call it nature or not.

JN. Yeah. I personally just don't know because there's plastic everywhere.

TK. Yeah, it's true. Yeah, I don't know what it is.

JN. What does cold mean and what does warmth mean?

TK. (laughs) --- Cold --- Cold means

JN. (laughs)

TK. Fuck, I don't want to just answer cold means that you have to put on clothes which is also true.

JN. And warmth, that you have to take off clothes? Or what?

TK. (laughs) Yeah, well. Cold means that --- What they mean I think it depends on the season or time of the year. Cold can --- Nowadays I think cold means usually good things because we hear so much about the --- the warming. So, I often I get --- It feels good when it's cold, especially when it's colder than it's supposed to be. Because then I, for a moment I maybe forget about the warming. I think ok, maybe there is still hope, if it's so cold today. (laughs) I know it's childish but that's how I think often when it's cold. And warm for me, it means --- It depends again on the time on time of the year. Like this winter often it was way too warm, and I didn't like it because the things you want to do in winter you can't do. And then also I think about the global warming more. And then --- Warmth it means, it feels like you're – when it's really warm – surrounded by something good. It feels like --- You're more relaxed.

JN. Than in the cold?

TK. It feels a bit like you have to protect yourself from something.

JN. So warmth is danger?

TK. No, warm feels like --- On my body it feels like relaxing and like somebody is hugging me. That's how my body feels in the warmth. Even though my mind might not like it because it is connected to the global warming. And in the cold, it feels a bit like I have to protect myself from elements.

JN. The next question is related to climate change. Are you afraid of climate change? Where do you see the danger?

TK. I guess I'm a bit afraid, but more sad. And the dangers I see in it, that make me sad, are obviously all the animal and plant species that will disappear. And then also the hundreds of millions of people who cannot produce food for themselves and who live in poor areas and cannot buy the food which is produced in the wealthier areas. So, they will probably die out of hunger and thirst. So ---

within that really big picture I am --- It makes me maybe more sad that the plants and animals species will disappear forever. Or for millions of years at least before something comes up. And of course, I work in Svalbard. There you see the changes quicker.

JN. Yeah?

TK. So it's more relevant when you see the glaciers getting smaller and the polar bears, their behavior and what they hunt. --- Some eat reindeer which they didn't really do before that much. But now since hunting the seal is harder because there is not so much ice they need to find other sources of food. Yeah, you see it more clearly.

JN. How pure is your conscience?

TK. I'd say I don't know because I really tried to be conscious about --- Sorry, I actually thought about different meanings for the word conscience. Do you mean like if I'd ask you "are you conscious about"

JN. No, like the moral thing.

TK. Oh, yeah. Like how good you feel.

JN. Yeah, but also if you feel guilt.

TK. Yeah, yeah exactly, ok. Now I see. My consciousness is --- It reminds me, well maybe not every day but most of the days, that the choices I make are not so good for the planet. And then I have different ways to make my conscience shut up. (laughs) Basically usually it is that I donate money, like every month to offset the carbon footprint that I'm making. So, like 25 euros a month.

JN. To which organization?

TK. A Finnish organization. It's called "The Compensate Foundation." But they use some of the bigger like more known organizations that do the actual projects from like planting trees to whatever. So that's one of the things. But the bad thing with it is that it's monthly, it goes out automatically from my bank account. So, I didn't do anything. So, I forget the planet. So, then another thing I do, every time I heat my sauna, I donate one euro to protect the rainforests.

JN. (laughs)

TK. And so my conscience is quite good. But it's bad enough that I try to do some good deeds and like of course, re-cycle and stuff like that.

JN. Ok.

TK. Yeah. (laughs)

JN. What do you think is the social role of art, like the function of art in society? You can also say it has no impact.

TK. The role of art in a society. Well, I think for one part of the population it's a way to be part of the society. But I think most of society's not touched by it so much. --- You mean the purpose of art or ---

JN. Yes, in a way, or if it has some impact. For example, I don't know. When artists now come here, is it meaningful? Do you think they can even make something with a good outcome or effect?

TK. I think art doesn't have much impact on society. Unfortunately, I think --- When I think about things like global warming more or these kind of big questions some of the artists also have as theme for their projects. I think unfortunately money is such a big deciding factor on these things that --- Sure, art has some impact for a smaller part of the society. But I think for most of the people the impact is not much there.

JN. And your art, which function does it have?

TK. Ah my "art." The function is --- It has many functions.

JN. Ah, yours has many functions! Just art in general has no function.

TK. To make me rich. (laughs)

JN. (laughs)

TK. No, but some of the work that I posted, the kind of disturbed videos with the clown for example, the purpose was to --- Actually the purpose was for me to expand a little bit the role that I can be in. Through posting stuff on Instagram for example you give a picture to people of who you are. And I --- Since I was following what happens in my bubble, I wanted to expand what I can be. And also, the purpose was to break some barriers in myself because I find it a little bit scary too. Yeah, to break the pattern of what you are thought to be. So, the function was self-development. (laughs) --- But most of the time, the function is to have fun.

JN. Yeah.

TK. Yeah.

JN. How do you feel?

TK. Right now I feel a bit tired. Tired but happy, happy to soon be in Svalbard and a little bit stressed about everything that awaits after Svalbard.

JN. What's that?

TK. Work and a lot of things to find out with the tax. Apparently, I have to report my taxes to Finland and Norway. The deadline is approaching and then I have to get my car through the

JN. Ah, TÜV!

TK. Yeah, and it's only one week time when I come. And maybe they need to replace something that costs 2,000 euros. And then --- So many things, people coming to my home and not getting private moments.

JN. Ok, wow you are getting stressed.

TK. But then at the same time I remember, "ok, everything always goes well."

JN. What did you dream?

TK. What did I dream?

JN. Last night? Or just now, as you have been sleeping.

TK. I don't remember my last dream unfortunately.

JN. The last you remember?

TK. I don't remember what my last dream was. Unfortunately. Even if I try to go back.

JN. What happened the day of your birth?

TK. What happened? The day of my birth? For me, what happened --- I cried a lot.

JN. (laughs)

TK. (laughs) Well, the same as every day. Yeah. I don't know.

JN. The same as every day is a good answer. (laughs) --- The last question is: If you would be a fluid, which fluid would you be? (laughs)

TK. (laughs) I think I might be a pineapple. Maybe.

JN. Ah, a fruit! I said a fluid.

TK. A fluid

JN. Okay, why a pineapple and which fluid?

TK. I like pineapples and like --- I used to be more like a pineapple that has a --- The surface is kind of like a hand grenade. (laughs) A hard surface. Yeah, maybe I used to be more like this. Kind of having a hard time being open.

JN. And then yellow and sweet in the inside, yeah? (laughs)

TK. Yeah, yeah, exactly. (laughs) But which fluid? I don't

know. I wish I was olive oil, but I am something more like water or something more liquid.

JN. Which connotations do you have with olive oil? Or --- Why?

TK. If I was oil like --- Olive oil it's a bit more calm in its movements. Not so --- Maybe not so reactive to --- to everything. So, then --- I wouldn't have to --- kind of try to be calmer, but it'll be like the basic setting to be a bit more slow.

JN. Yeah.

TK. Yeah --- Yeah.

JN. Good.

I climb up the mast. It's snowing and the higher I go, the more everything shakes. There is no net, behind me open ocean. My knees are shaking. Primary emotion: fear. The first iceberg appears in my field of vision. I point at it with an outstretched arm.

More and more illuminated glaciers come into view, the southern tip and western side of Svalbard, and we are heading towards them quickly.

The filming was a success. The shots are better than the action actually was. Tuomas not only took videos, but also photos, and I look cute in them.

The red suits me well, and the yellow shoes are a hit. "You can be a polar model," states Marius. Sybren compliments me on my professional attire, saying it radiates competence.

The dessert cream has the best consistency of all the dessert creams, mousses, sorbets etc. so far.. We are out of Norway and the goulash is served with cheaper beer on tap (4 euros instead of 6). Sarah mentions that the Barents Sea is also known as "the devil's dancefloor."

It doesn't get dark at night, my polar day begins. Joy.

Svalbard is far north of the polar circle. The polar night lasts from the end of October to mid-February. From mid-November to the end of January, the sun remains more than six degrees below the horizon, so there is not even a twilight. In the summer, the sun does not set from the end of April to the end of August. The cause of this phenomenon lies in the tilted position of the Earth's axis; the Earth's axis of rotation is inclined by around 23 degrees to its orbit around the sun. In the movie *Yesterday Girl*, the main character Anita is convicted of stealing a sweater. The judge asks her why, to which she replies: "I'm cold in summer too." At the geographic North Pole and South Pole, polar days last half a year, the sun remains at almost the same height above the horizon. At both polar circles there is exactly one day when the sun does not set.

I didn't sleep so well, partly because I didn't sleep much and partly because I had nightmares. I dreamt that my brother had crashed to the bottom of a sea which was inside of a warehouse. When I took a deep breath and let myself down on a hook, I couldn't take him up with me because he had shattered, mannequin-like, into many bloody pieces lying around. He was alive. I woke up with a kind of panic, the skin on my arms was throbbing and burning.

At the breakfast briefing, we are introduced to the regulations regarding polar bear safety. The four guides, Sarah, Sergei,

Tuomas and Marius, define a field within which the group is allowed to move. They have loaded but secured rifles in their hands. If a bear appears, the objective is to get back to the ship in the Zodiac as quickly as possible. From there you are allowed to photograph it.

We sailed a whole day with two and even three sails hoisted and reached speeds of up to 9,5 knots. This meant that we crossed the Barents Sea surprisingly quickly and arrived 24 hours earlier than expected. The calculated average speed was 5 knots. We can see seals outside. Dolphins swim in front of the bow.

I'm lying in bed in the cabin, I'm cold and I have a sore throat and a dry cough. I haven't had a Covid infection yet. It would be ironic to get it now in the Arctic Ocean. I've been vaccinated three times.

I just dreamt that Frederike only posts memes and articles from Spiegel Online on her Instagram profile.

Nico is filming the sea in slow motion, Nastja is drawing, so is Sybren. Erin has started sequencing her microbes. Pablo paints and reads. Lourdes takes photos and paints watercolors. Kelsey and Katy are knitting. I return to the cabin.

ZOOM0017.WAV, Friday, April 15, 2022,
11:32:42 PM (16.52 min):

JN. I am here with Katy. And it starts with the facts: What is your project?

KS. Here I am hoping to research for a play and a digital piece, like a virtual reality experience also.

JN. And content wise or regarding the topic?

KS. I had a few things I wanted to look at. One is mental health and the environment and how there's not such a big difference. It's just like "personal versus global" and maybe they affect one another. Something called psychogeography which is about how we relate to our environment in terms of, you know --- If we looked at this boat as like a museum piece, we would approach it differently. --- Also something around --- There's a word called solastalgia.

JN. I know it, yeah.

KS. Cool. So that feeling of nostalgia or greed for a deep feeling for a place that maybe you haven't even been to before. I'm interested in that. Yeah --- and since I've got here, I am getting more specific about the story and the genre and stuff. So they are coming as I experience the journey.

JN. Mhm. And how does your research lead into a project? Do you write? Or do you observe, and then you write, and then you --- Or do you have images which come up? How is your working process?

KS. They're all a little bit different, so sometimes I might see a particular actor or group and want to write for them to see how they would play differently or something. But here I have my --- I wrote loads of tick boxes for every single day and then within a day they were not relevant. But I am journaling every day to capture the experiences and the emotions and yeah, just to remember everything, boring stuff as well as interesting stuff, because I think that's important. I have a disposable camera and I just take one photograph every day. So, I have to choose the moment and that's already interesting because it's like one day I might forget until the last minute and then I have a very small option. And another day there will be something great later on and it's too late to take the picture. That's cool and makes me look as well and look for it. And I also have been doing a three second video every day, so that I have a tiny film of the experience. So there's little practices, I suppose, and habits I am working with. And then when I go home, I am constantly thinking about my work and I'm writing plot ideas and character ideas as I go, just a lot of visual ideas as well for the staging. Yeah, and then hopefully, I will write a first draft and I might get some actors in a room and then work on it.

JN. How is your trip being paid for?

KS. It is mostly crowdfunded. So I tried two Arts Council applications in the UK and neither were successful.

JN. Oh no!

KS. But that's ok. I knew it was possible. And then I just didn't have time to try again before the residency got brought back for me to April rather than October. So, I would rather go because I don't have faith in anything continuing after the pandemic. I was like I have to go the first opportunity. And I've done crowdfunding before and there are people that were ready to support me. So that's that and maybe I --- I mostly bought the kit and stuff for myself.

JN. Ok.

KS. But apart from that, most was paid for by sponsors.

JN. Nice. And you can also resell the kit if you want.

KS. Exactly.

JN. Why are you here?

KS. I like exploring. I like being in different places and having different --- Different experiences make me more creative. I feel like if I just lived in my every day, normal life, even though it's pretty interesting, there would be nothing to write about. I think if art just talks about itself the whole time, then it's not particular interesting. Or it can be but it's not what I want to write about. I fucking love nature. I get really excited when there's dolphins and seals and shit --- reindeers. It makes me really happy, so just any --- The views behind us right now, even though it's mostly white, it's kind of magical. It fills my soul up a little bit. And it informs my work. And also, it's really cool, just meeting other people from slightly different artistic backgrounds. I've loved watching the presentations and stuff, and I'm like: "Oh yeah, you could do this, and you could do that." It broadens my horizons and is little bit scary. So that's good. Just being on a boat with loads of people you don't know, going somewhere you have never been. It's good, it's good and scary.

JN. It relates already to two more questions. What do you see at the moment?

KS. What do I see like right now with my eyes?

JN. Yes.

KS. I can see a very flat ocean, sea. I should know what it is. Fjord water! --- Actually, did we stop moving?!

JN. Yes, yes. Just now!

KS. I think we are going to end up over there. So, there's the edge of ice, very a thin ice and then mountains. But they sort of disappear into the sky because they just become more and more white. And you can't really see the tops of all of them. So, it's pretty --- It's very white and there's a big grey blue sea and bits of a mountain that we can see.

JN. What is nature?

KS. Mh! Good question. There's an active nature and a passive nature. There is nature that exists, like birds, trees, sea, mountains. Like, nature is stuff, living stuff. But then also there is the nature of things, how it behaves and what it does and how it influences other things. I think nature is life as we know it. And even us in our high rises and stuff, we're still nature. We're just building our little weird ant colonies and being very destructive with our brains. (laughs) The more natural nature I guess is --- I believe in animism that everything has a --- not a brain in the same way but some sort of life in it. So, I am hippie enough to be like: "That tree has got something going on." (laughs)

JN. Also with anorganic stuff like stones?

KS. Yeah, I reckon there's something going on with them. Yes. Because sometimes you are like: "That's a nice stone!" So, what's that? (laughs) "Oh, that's really pleasing, I feel really good about that." And then there will be another stone that makes you feel like shit. (laughs)

JN. (laughs)

KS. Fuck that stone.

JN. Don't you think that's only the humanistic --- projection of ourselves onto the object?

KS. I think it's almost the other way around. I think is very vain of us to imagine that we're the only thing that is projecting stuff onto other things. I think everything exists and has a kind of life and it might not be like ours and it might not be thinking. But it's all one thing, isn't it? We have got bacteria and fauna all over our bodies and it's all just pieces. I think we're very vain. (laughs) And we center everything about us.

JN. Maybe the others do that as well.

KS. I hope so. I hope there's loads of trees that are assholes. (laughs)

JN. How do you relate to this landscape?

KS. I don't know yet.

JN. Actually the question is: How do you see yourself in this landscape?

KS. Since we arrived, I feel very open, so I am like waiting to see how I feel about this landscape. I am in awe of it and I don't feel scared of it yet. But maybe that will happen. It feels very --- yeah, just open because there is so much space and not many people. Mainly us. And then just a few animals dotted around and that's extraordinary. It feels quite free, freeing. It's nice. I like it so far.

JN. And what is your favorite landscape?

KS. Oh, that's a good question! I haven't assessed this one yet. So, I can't say it's this one. Scotland or New Zealand. When it's just away from something civilized, it's nice. I don't know if I would want it the whole time, but my answer is immediately New Zealand or Scotland where it's epic.

JN. (laughs)

KS. And beautiful and changes a lot.

JN. What does cold mean? What does warmth mean?

KS. They're both emotional states as well, aren't they. So cold can be very much freezing people out. Or being cool is apparently an actual thing. I was reading a book about introversion, and she was talking about cool people that are seen as like cool actually have less blood at the surface of their skin, so they are actually.

JN. Ah, yeah?!

KS. More chilled out. It is actually weirdly true. And if you're hot headed or hot blooded than you are a bit more like quick to anger or something. So, there's something true about hot and cold. But for me I --- If I had to choose, I would choose the cold because I think you can be cozy in the cold and you can wrap up warm and have fire and really enjoy food. And that's very delightful. While I don't really like hot holidays or something because there's nothing I can do at a certain point. It's just too fucking hot and then I'm tired and I don't want to do anything, and I am cross. --- It's so personal, isn't it? I mean, that's my experience, but the dark is hotter. Light on the contrary is crisp and cold but sunny, or something. (laughs)

JN. Yeah, I know what you mean. How pure is your conscience?

KS. My consciousness or my conscience?

JN. Like the moral, the interior, how do you say --- conscience?

KS. Yeah, like whether it's good or bad kind of thing.

JN. Do you feel guilt?

KS. Oh, I always feel guilt, all the time. But I think that's partly because I'm socialized female and we're slightly made --- Or, the world is created in a way that makes us feel guilty about, I don't know, doing projects, living, wanting things.

JN. (laughs)

KS. (laughs) So for me, yeah, there is a lot of guilt. It's not attached to a religion or something. I know that's a thing for some people. I think I worry about taking up people's time or being needy or getting too much attention or something. --- That's interesting. Maybe I will turn it to a therapy session.

JN. (laughs)

KS. I feel guilt and I am working on not feeling so much guilt. I don't think I need all the guilt I have. I also don't think I am a dick, so --- I don't think I'm mean to people or like I don't have a lot of actions I feel bad about. I am confident enough to talk to the person if I have done something bad or wrong or which needs reparation. So yes, I feel guilt. But I am trying not to feel as much.

JN. What is the social role of your art, especially in times of climate warming?

KS. Yeah, nice. Theater is really social, I think. Like a live medium is a way of people --- coming together first of all, with their friends or family, sitting and watching something. Experiencing something live together feels a little bit different than a film or --- you know, anything else. A bit like a music gig maybe. It creates a shared topic of conversation, so that people go away and have their impressions of it. Hopefully they are entertained, which is another good social thing. To make people either happy or sad or intellectualizing something. And then, yeah, in terms of climate change it would just be like the topic of the work that starts that conversation and hopefully makes people engage with it. Yeah. Ideally, it would make people open to thinking in a new way or seeing something from a different perspective. I've seen things that have changed my perspective. And that's something good.

JN. Wow, a lot of wind! I'll come a bit closer.

KS. Sure.

JN. Are you afraid of climate change? Where do you see the danger?

KS. I am afraid of it. It's horrifying. I think, the danger is in the governments of the world not changing stuff that they could change now. Maybe it wouldn't be that hard for them to make a huge difference. And yet there's a lot of people protecting their power and money and that kind of stuff. I don't have children and I don't know how much of that is to do with me seeing the future as being pretty bleak but maybe that plays a part? I don't know. But that's something in my head right now. What was the other part of that question?

JN. You already answered. If you are afraid of climate change and where the danger lies.

KS. Yeah, I think that's it. And another very practical thing like we were told about the temperatures here and ice is already a lot less than a couple of years ago and that's already frightening and weird.

JN. Yeah, we were supposed to meet ice. And there is none.

KS. I think it's the same experience for every one of a certain age, but I grew up and it would be a foot of snow every winter and now it's snowing almost never or there is just an occasional day of light snow in where I live, in London. So, I can see the difference and that is troubling.

JN. How do you feel?

KS. How do I feel? I was actually just at the end of that thought thinking quite positively about the next generation. That seems to be quite an activist generation of people. That is going to impact more than me or maybe you. Who I think are going to sort it out. The people that are like fourteen, fifteen right now I feel like they have more in this race and will be more active. And the older people who maybe have the more selfish views will disappear from the elections. And hopefully things will change. I just hope it's quick enough.

JN. Yes, exactly.

KS. So, I feel hopeful. There is a possibility of change.

JN. What did you dream?

KS. Actually, I dreamt. There's someone in a company I work with at the moment and it's a really difficult relationship. And I dreamt of having a nice meal with them and getting on with them for the first time in a long time. So that was nice. --- This dream I remember.

JN. And the last question is: What happened the day of your birth?

KS. My mum was in labor for 52 hours.

JN. Oh!

KS. I know, right?! --- I am the third child. And I was born at lunchtime. --- I think that's all I know about --- Oh, and I came out backwards. I was feet first.

JN. Oh!

KS. So, I was a breech birth.

JN. Dramatic.

KS. That's all I know.

JN. Thank you for answering my questions.

KS. It was a pleasure.

After lunch, we set foot on Svalbard, for the first time. We are told to register on a paper list whether we are on land or on board. There was an entering and exiting system like this at Neumayer Station too, to keep track of everyone and ensure their survival.

I have my costume on. Sarah stays at Gjertsenodden where the Zodiacs are moored, while the three other guides mark the corners of the field. I walk across the snow with Frederike. Sergei chews nicotine gum.

The effect is similar to my experience in Antarctica: everything is very isolated, like in a white cube. Even the people. The scene, seen from the hill, looks extremely static. The colder a material is, the more solid and less dynamic are its atoms. I can hardly register any motion. The people scattered across the landscape seem to be standing still, and against the light of the stage, all the figures appear black despite their colorful jackets. At lower temperatures, the particles of a system have fewer possible arrangements.

Finally, I feel what I set out on this journey for. I have an experience of resonance.

I do not find the artists' actions I observe "ridiculous," as I had feared. Against the epic backdrop, they seem no more nonsensical than those of the scientists in Antarctica. We become human in this environment, reduced to our form of existence and equal in it, we are small. There are two hills framing a bay and large mountains in the background. I realize that irony is impossible. That is a relief to me, too. Because there is no meta-level. Here you can't stand above it when you're in it.

There is broken sea ice at the junction between land and water. The floes have not yet drifted away and are very close together, the gap between them is narrow. Sarah says we can walk on them. I stand on two plates and tread as if on a stepper. Frederike is filming with her cell phone. You can see my head bobbing up and down in the frame, my shoulders to and fro. Ice rubs off the edge.

The weather changes quickly. The wind picks up and it suddenly gets very cold. My fingers become stiff in the gloves. But the Moonboots keep me warm. Frederike has electric insoles with her, which can theoretically be controlled via Bluetooth. However, they don't work in practice. On the way back with the Zodiac, it splashes. Sybren and I sit right at the front and are soaked when we arrive at the boat. I make the mistake of trying to thaw my hands with hot water.

I am dealt tarot cards for the not too distant past, present and future. I have the worst card behind me. The Tower. This is no surprise: sudden change, abrupt, irrevocable, fundamental break, chaos, collapse of previous life structures. The present (the Hermit) consists of introspection, solitude, soul-searching, self-reflection on the path of life, wisdom, maturity. The High Priestess brings sacred knowledge and intuition, the subconscious, unification of opposites and the divine feminine.

The program for the day is to drive around the ice formations in inflatable boats. The atmosphere is magical. It snows a little, so that the floes and the larger ice objects are covered in snow. When the engine is switched off and no one presses the shutter button, you can hear the snow trickling, the water sloshing against the boat and the ice and the patches of ice bumping against each other. Molly asks for three minutes of silence. The ground (water with ice floes) and the sky (clouds) move against each other. The light is constantly shifting. We see a seal and a walrus in the distance. Erin and Reza take samples from the Arctic Ocean.

The melting is noticeable. The shapes are soft, it's dripping. It's spring in the Arctic. My pocket camera provides me with several minutes of super quality footage. I packed my Canon SLR camera with the fixed focal length in the plastic bag. The nail polish shade "go overboard" matches the colour of today's sea pretty well.

On my initiative, we paint Easter eggs with the markers. It's Holy Saturday. Sabrina and Piet have boiled 40 eggs. The sails are hauled in with combined effort.

Cabin changes take place due to Covid.

I'm happy and jump around on deck. Nico films and says he wants to make a documentary about me.

ZOOM0023.WAV, Saturday, April 16, 2022,
16:05:49 AM (25.08 min):

JN. Ready?

JE. I am ready.

JN. Cool. I am here with Josh and we'll start right with the first question: What is your project?

JE. My project proposal was to sample sounds in the Arctic. I wanted to emphasize ice. So as the years went by, because this was 2019, I started emphasizing ice more and more. A lot of the work that I do, in general but especially for residencies, tends to be about global warming in some way. So, the ice ended up being not only an interesting thing to sample, but also, you know, talking about sea ice disappearing.

JN. Mhm. --- How was this day for you, did you find anything interesting?

JE. Today was great. We were at --- Dahlbreen?

JN. I don't know the name either.

JE. We were at a glacier and I found a bunch of giant boulders, I would call them, like made of ice. And I kind of stuck the contact mic on them and then had the Zoom under it. And then I was hitting it with a rubber mallet. So, the ice was reverberating and I was getting some interesting tones that way.

JN. Are you sponsored by Abledon?

JE. Not yet. But if you have any connections

JN. I just thought because of your presentation

JE. I know. I just love the software that much. I think they should give me a job or something.

JN. I think so too. --- Coming to question two: How is your trip being paid for? The residency. Who pays for the residency?

JE. Oh. Good question. I did a crowd funder. I basically put everything on credit for the past --- however long we've been paying. And then in the past month I did a crowd funder and raised 9,000 dollars.

JN. So, it's completely paid. You have a fan base? It seems so.

JE. I was --- By going back some years you can --- You can export all your contacts from Gmail. So, I exported 2,000 email addresses and then went through and sorted them. And I emailed personally, not just like a group CC email. I personally emailed like over two hundred people.

JN. Ok. Wow.

JE. And then I made an Instagram profile. I had never had Instagram before and really pushed the campaign on there. So, I wouldn't say I have a following. I would say I called in every favor I possibly could. I've done a lot of free work over the years. You know, musicians are generally broke, and I work with a lot of musicians. So, I've done a lot of free work, and it was kind of my time to be like: "Hey, can you buy some shit from me because I really need to do this thing."

JN. Do you feel under pressure now because so many people supported you?

JE. Yeah, I do. And it made it super stressful, even trying to get here. Because I have anxiety about travel and feel like I am going to miss my flight, because I missed so many flights because I kind of fuck things up sometimes. I'm drinking in the airport bar and they're calling my name on the intercom.

JN. Really? It happened?

JE. Yeah, it has happened. It was very dumb. (laughs)

JN. (laughs)

JE. So, I have travel anxiety and knowing that I have to deliver products to like 90 people added a lot of stress, yeah.

JN. Why are you here?

JE. I'm pretty into the idea of residences in general. I would do any residency anywhere. Probably. I might not do residencies where I have to pay anymore in the future. I'm looking to get paid. But I would do any --- I would go anywhere, really. I'm interested in almost everything, you know. I would go anywhere in the world if they offered me a place to create some art. A friend sent me the link to this program, probably like four or five years ago. I applied twice and got it the second time. So, I'm here just because it sounded really cool and I was kind of just throwing a Hail Mary. I didn't really expect to be accepted. And when I was accepted, I reached out to an artist from Chicago named Anders and he has kind of been my mentor with this, so he was just --- I sort of started freaking out about money as soon as I was accepted --- he was like: "Just do it and figure out the money later." And then he helped me with some crowdfunding ideas.

JN. Cool. Next question. It would be better on the outside but today it's quite stormy. What do you see at the moment?

JE. Well, just a bit ago we were kind of going through some hazy --- We had ice mountains on both sides of us and they were really hazy. And then the sun is, like, ridiculously bright and it's kind of this surreal, Arctic, sunny, mountainous, choppy landscape.

JN. How do you see yourself in this landscape?

JE. Me as an individual, I see myself surviving, I guess. You know, I think a lot about humans and human migration and also, I think a lot about indigenous people. So, when I come here, I am like "humans should not be here." This is not a place for us, you know.

JN. Yeah.

JE. But then you have indigenous peoples that have lived here for thousands of years, tens of thousands of years. And so, it's --- That to me says, "no, humans could totally be here. Like, why? Why could they not?" My view on indigenous people is that they really --- All the cultures that I have studied, they've really found a way to be harmonious with the earth and live as one. That's a generalization, but at least it in North America and what I've read about indigenous peoples in the northern polar region and all sorts of different indigenous peoples, it seems they really figured out, like, the harmony between people and Earth, which we obviously either don't care about or outright --- refuse to do that to make money. --- But as an individual I feel I'm adapting. 'Cause this is a very, very different life for me, in a lot of ways.

JN. Yeah. For all of us. What's your favorite landscape?

JE. My favorite landscape. I've got to say I'm kind of a beach bum at heart. I really love warm weather. I really love the sun. I love swimming. I really like --- If money was not a thing, I would probably be in Barcelona or something.

JN. What is nature?

JE. What is nature? Nature is --- That's a good question. Because I feel like humans --- We've gone beyond the point of a "natural" world, because we have affected everything. So, I guess we are included now. But we always have been included. We are animals, right. I would consider nature to be everything. Because we are part of it, and we have changed it to the point where we are having to backtrack now because we've changed it too much. So, it's everything, it's us and it's the environment and it's every living thing.

JN. What does cold mean and what does warmth mean?

JE. Cold for me can sometimes mean panic. And I grew up in a pretty cold place six months out of the year and so I am kind of used to it. But I still get that panicked feeling when I get cold. It's not a great feeling. And warmth I guess would be more comfort for me. I love the summer. I really do feel like --- If I had to choose between too hot or too cold, I would always go with too hot. I just love everything that comes with nice weather and swimming, even swimming here.

JN. You were doing it here.

JE. Yeah. I guess that will be how I would sum it up.

JN. How pure is your conscience?

JE. Wow. I think it depends. I really think --- I go back and forth a lot. That's something that I have really had to do some introspection on. I've worked with my therapist and unraveled that. I tend to be --- I tend to have a lower self-esteem, so I work with my therapist a lot on like trying to raise that and be comfortable with who I am and be confident with the decisions I make. It's really tough in the modern world because there are so many decisions we can make that negatively affect other people, especially exploited people around the world, that negatively affect the environment which affects every living thing. So, it's hard to say: "oh, I have a totally clean conscience." You know, that's not the case. But it is clean enough to still follow my dreams and to come on something like this. We had to buy air fare to get here and that's not great. You know, people should be flying less to cut down on greenhouse gasses. So, I would say, like, I'm comfortable enough, still taking trips, still living my life whilst still in the back of my mind is always a bit of guilt. Even with the choices I make in daily life, eating meat, driving a car around. But you also have to live with yourself, and you have to be really honest and say, you know, there are certain things that all humans are selfish about. You just have to find that balance.

JN. What is the social role of your art, especially in times of global warming?

JE. My --- The direction I have been going is the awareness route. Which is crazy because at least in the U.S. we've been talking about global warming since the seventies. It's obviously been buried by corporations, oil companies who just want to take whatever they can before everything is completely fucked. But yeah, my role is still, I think, awareness. So, I did a project in Denali National Park that was about permafrost thawing. Some of these concepts are counted difficult because it almost seems like something out of science fiction when you're talking about microbes that are gonna be living, that were frozen maybe for hundreds of thousands of years or whatever.

--- I really do believe in the power of art. And so, I always try and lift artists. And I run a studio in Milwaukee and I --- I always try and work within people's budgets and just try to uplift artists so that, you know, there can be more voices saying the things that need to be said. Hopefully a lot of this is about positive change.

JN. Short side question because you mentioned the plurality of voices and you seem to be very aware of power hierarchies and so on.

JE. Yeah.

JN. Isn't it a very homogeneous group in a sense, on this ship? Or like European and U.S. American, in a way?

JE. Yeah, and I think that that's because

JN. It costs.

JE. It's a shit ton of money. And so --- I don't know if you've noticed but I would say almost everyone here is from --- No, that's not true, but a lot of people here are from rich countries.

JN. Exactly, that's what I mean.

JE. You can tell even in the skin tone that, you know, this is a very Eurocentric North American centric group and --- a lot of these people are from countries that have a lot of money.

JN. I mean, it's not surprising either. It would be interesting to have a more --- also artistically, not just because of justice, but also, as you were saying, I think it's interesting to have more voices.

JE. Yeah. Yeah. I'm glad you brought that up. I've been thinking about it a lot. And I would encourage this program to either find some donors or figure out some ways to make it a little bit easier for people

JN. Maybe we should formulate an email or talk to Sarah. Probably they are aware themselves.

JE. I don't know how you couldn't be. But some people are just oblivious to certain things, you know. Or they chose not to see them.

JN. Are you afraid of climate change and where do you see the danger?

JE. Yeah, I am afraid all the time. I mean the danger is --- The danger is everywhere. I would say the most immediate things are gonna be revolving around water, so sea levels rising, people getting displaced. And then, you know, in the U.S. in the West we're seeing a lot of a draughts. And in the South we are seeing a lot of droughts and insane weather patterns that we would never think could have happened before. Including like, what do they call it --- A polar vortex that came through the South, just a little over a year ago, that wiped out the power grid in Texas, Texas being a --- I don't know how to put it --- Let's just say, Texas having the reputation for being a little pompous. Texas is on its own power grid, and it refuses to give or take electricity from the surrounding power grids. So, Texas was completely powerless for weeks and they were hitting negative temperatures Fahrenheit. In Texas.

JN. Oh.

JE. Yeah, that like doesn't happen. That's not supposed to happen. So, we are seeing these insane weather patterns. For me personally, I now own a building in Milwaukee, which is on Lake Michigan, which is the biggest fresh water source in North America. So, for me, I worry about human displacement and, you know, the largest migration of people that we've ever seen in human history, possibly. People coming from smaller countries, islands that are either going to be below water or they're going to be flooded to the point of losing crops, losing transportation. All that type of things. So, for me personally, being on Lake Michigan, being in the Midwest and the U.S., I believe that, and a lot of climate scientists are saying that, the Midwest is going to have this, like renaissance period. --- My city has always been kind of a little sister to Chicago. But there's reason to believe that it's just going to explode with people because of the freshwater sources and because it will be a relatively comfortable climate. I'm --- So I --- I personally worry that people are going to show up with guns and be like: "We're taking the water." --- Yeah. That's where I am at, in my thinking. So, is my place a good place to be in the upcoming decades? Maybe. But it could also be the site of some serious conflicts.

JN. Are you making your entrance door stronger? (laughs)

JE. Exactly.

JN. With the rest of the crowdfunding money.

JE. Buying some weapons.

JN. How do you feel?

JE. Right now, I feel good. I was a little seasick this afternoon, I was hanging out in my room with no visibility to the outside basically. So that was a little rough. But now I'm feeling better health wise. I am feeling okay.

JN. What is your room at the moment? Still with Seth?

JE. No, I moved out into Nico's room because Nico was positive, and I was negative.

JN. Nico? Or, Seth?

JE. Both, Nico and Seth. They are roommates now in a Covid swamp. (laughs)

JN. So you are on your own.

JE. I am living the luxurious life by myself. It's crazy.

JN. Let's see for how long.

JE. Yeah, right. (laughs) If I test positive tonight, then --- Then all three of us will be together. (laughs)

JN. (laughs) Any dreams? What did you dream?

JE. I haven't recalled many dreams on this trip. I fell asleep for a few minutes last night and I think I had some dreams. But maybe I've just been exhausted every time I lie down. I just kind of time travel into the morning. I haven't really remembered any of my dreams.

JN. And the last question: What happened the day of your birth?

JE. The day of my birth, February 26th 1988. I have no idea. I've never looked into it. Sorry not be more helpful on that one.

JN. Thank you for the interview.

JE. For sure!

Dinner is bratwurst with mashed potatoes and chocolate mousse. During the sunset we play soccer on deck with a chunk of ice.

At the bar evening, we discuss our respective ages and relationship statuses. About a third to half of the people are single and I'm the second youngest of the residents at 31. Quite a few are 34 years old. I come up with the idea of a candlelight dinner on the Zodiac, "Arctic dating." There's a tattoo presentation where the individual designs are shown and explained in the light of the bar. Almost everyone is tattoed, Nastja is a tattooist. In addition to the Inuit motifs, Sergei has a ship, a three-headed dog and an Asian dragon on his chest, Tuomas a croissant. Sarah keeps hers hidden. Josh is labelled "Ok." Niels has a hammer, like me, but bigger.

I dreamed that Nico moved into an apartment with 100 plants, and we talked about where to put them all.

At breakfast we have the colored Easter eggs and chocolate eggs from Lindt that Emma brought with her.

Sarah and Sergei give a lecture on the history of Svalbard. These are my notes:

~ In 1596, Willem Barents sails north and meets a bear: Bjørnøya, "Bear Island," is the only island in the Barents Sea. Barents is the first to draw the island on a map. He sights Spitsbergen.

~ Depending on who is writing the history, the Vikings are considered the first settlers on Spitsbergen.
~ After Barent's mapping, in 1611 whaling begins on the part of the English and the Dutch. But only in summer.
~ As the whales start leaving the areas around the land, a new technique is developed to cut them up directly in the sea and extract their oil. As a result, there are no more landings on Spitsbergen.
~ There are whaler graves on Spitsbergen with men who died of scurvy. As a counterpart, there is the "salad mountain," where a herb containing vitamin C used to grow.
~ Seals are also hunted.
~ From 1850: Further motives for North polar voyages are science and tourism. Minerals and raw material deposits are discovered, e.g. marble, iron, copper. Only coal pays off.
~ Wood is foreign on Spitsbergen, as it did not originally exist there. It comes as driftwood from Siberia.
~ Mining starts.
~ 1906: The American Mr. Longyear founds the settlement that is now the capital Longyearbyen.
~ 1920: In the Spitsbergen Treaty the name of the archipelago becomes Svalbard. Norway assumes administrative sovereignty. The main island remains "Spitsbergen," which means "pointed mountain." Svalbard means "cold coast," the name comes from a Viking tale from 1194.
~ Svalbard is officially international territory. Immigration is possible without papers or a visa.
~ The legal system is Norwegian. Taxes remain on the island. They are low, but there is no welfare system, no old people's homes, no public transport.
~ Sysselmester is the name of the office of the governor of Svalbard. It is a representative of the Norwegian government and at the same time chief of police, judge and holder of other official functions. At the end of the 20th century, self-government by the population was reinforced. In October 2007, elections for a local parliament were held for the first time.

Five parties took part. 1,563 people were eligible to vote and the voter turnout was 40,27%.

~ Circa 2,500 inhabitants live in Longyearbyen and Ny Ålesund. No more people should move there. Employees in the infrastructure of the school, hospital and mine are given an apartment, only about 20 procent of the housing is private. If you don't work for a company that provides housing, it's really difficult to find a place to live. There are enough jobs.

~ A 20 Gbit/s undersea cable has been laid from the Norwegian mainland for the extensive research projects on Svalbard and there is the satellite station SvalSat, so fast internet connections are available in all larger settlements.

~ Svalbard has its own country-specific top-level domain .sj. It is not currently in use but is reserved for potential future use.

~ Svalbardposten is the name of the Norwegian-language newspaper, once a month on paper and daily in the internet.

~ Longyearbyen was home to the archipelago's only bank, the northernmost bank in the world. On December 21, 2018, the first bank robbery in the Arctic was carried out by an unemployed Russian citizen. He stole 9,000 euros but was unable to leave the island unseen. He was then transferred to a Norwegian court in Tromsø. The bank closed in 2020, on Svalbard there is no more cash.

~ Many Ukrainian miners were sent from the Soviet Union, so the Russian-speaking people on Svalbard were mainly Ukrainians. Since the war started it's mainly Russians.

~ There is a prison room, mainly used for overly intoxicated individuals.

~ There is a bar, KB.

The second landing in the high Arctic takes place in gray conditions. I remain in a plank position, while Frederike approaches me with the camera in a spiral. As soon as she arrives in front of my head, I lower myself down and stamp my face onto the white surface.

Countless armchair-sized shapes of blue ice protrude from the ground. I measure a field of 2 x 4 units of my body length. I wipe and brush the snow off the five artefacts and then take hundreds of photos. I want to document the ice objects and their position in relation to each other, the entire defined space, and bring it home with me as a 3D model. I don't take a break, I'm sweating. It's minus eight degrees.

At dinner (Thai curry and a slimy soup), I'm in an extremely good mood. I shout "my life got back on track" and even though the others don't know what I mean, they are happy. I drink half a beer and lots of tea and still feel a bit sick. In Hornbækbukta, flowery snowflakes are falling like something out of a picture book. I've never seen anything like it in my life. Amazement and admiration. Then the sky clears and we can see the glacier.

ZOOM0027.WAV, Sunday, April 17, 2022,
8:06:41 PM (17.55 min):

JN. (laughs) Sergei, what is your project?

SC. (laughs) Well. My project is being a guide on the ship. It's actually not a project but my job. I'm here to help artists and scientists work on their projects.

JN. Who pays for your travel? How much do you get for your travel?

SC. Nobody pays for my travel. 'Cause I work on the ship. That's my work.

JN. Very diplomatic answer. Why are you here?

SC. Well, the answer is: I am here because I'm working on the ship to help artists and scientists do their projects. (laughs)

JN. (laughs) What do you see at the moment?

SC. What do I see?

JN. Yes.

SC. At the moment?

JN. Mhm.

SC. At the moment I see the cabin where we usually have breakfasts, lunches, and dinners. I see Judith, the interviewer, and some other artists, the map of Svalbard. Some whales on the wall.

JN. What do you know about this place?

SC. About which place?

JN. Where you are at the moment. You can interpret yourself, is it Svalbard, Ny Ålesund, the dining room, the ship?

SC. Ok.

JN. Or the situation of being in an interview.

SC. I know a bit about everything. Judith kindly told me a bit about the interview project. Not that much about the ship. I know some information about Kongsfjord where we are now, where the settlement of Ny Ålesund is located. That's the former mining settlement, which was then turned into a scientific settlement with different countries, which represent the headquarters of scientific exploration of the northern part of Svalbard. And Svalbard itself of course. I have lived here for some years already. So --- I also have been doing guided tours in different settlements of Svalbard, in the Museum of Svalbard. So, I know quite a bit of history of the place.

JN. Do you remember some --- Are there some fun facts about Svalbard?

SC. Fun facts. Confusing question, Judith, the interviewer. Fun facts.

JN. For example is there an election for Miss Svalbard?

SC. I have one fun fact. So, the main Island Spitsbergen was discovered from the northern part of the archipelago, not from the southern one. And the historical joke is that if it was discovered from the southern one, then it would have a different name, not Spitsbergen. Because Spitsbergen is like peaky, sharp mountains, which are mostly concentrated on the north, while south is mostly flat. So that's the joke.

JN. But what would it be called?

SC. Like flat mountains. I don't know what that is in Dutch but not Spitsbergen.

JN. Flatbergen.

SC. Flatbergen. (laughs)

JN. How do you see yourself in this landscape?

SC. Fantastically. Fantastically. I think I was fourteen or maybe fifteen when I realized that I don't like the hot climates, warm temperatures. I feel more comfortable with cold temperatures, mountains. I mean, it's not just temperatures, it's also the whole picture of the place. Surroundings, natural environments, people also. So, I just feel way more comfortable in the North. So, I feel fantastic, really. It's not a joke. I feel at home in a way. Somewhere --- somewhere where I belong.

JN. So you are staying?

SC. Yeah, definitely. Definitely.

JN. What is your favorite landscape?

SC. I'd say it's a mixture. I like when you have at the same time mountains and the sea, the ocean. If choosing one, I'd go for the ocean.

JN. What is nature?

SC. I think everything is nature. What you see in nature itself, in the surroundings and also in the people. Especially if they're not kind of in a rush, in a big city, always trying to be on time with different things, at work and then somewhere else, then again at work, somewhere else. Kindergartens, schools, universities. So, when you are closer to nature then you are more natural yourself.

JN. You think so?

SC. Definitely.

JN. So people in a city are not nature?

SC. They are still nature, of course, but they --- They have way more layers. Unnatural layers.

JN. So not everything is nature. If there are unnatural layers.

SC. Natural unnatural. I mean, let's say --- Let's say most of nature is there where you don't have that much of environment --- The industry

JN. The industry is the opposite?

SC. Yeah. Technologies. When it goes simple it's nature. When it goes complicated --- I mean, industrial things are very beautiful, but they're not very natural. That's a bit different.

JN. But also a web of a spider is very not simple.

SC. A spider web.

JN. Yes, it's complicated, no?

SC. I would not say so.

JN. It's interesting, no?

SC. I heard a question yesterday about a microwave. It was told as a kind of one of the unsolved mysteries of the whole universe.

JN. What is the question?

SC. It was Judith, the interviewer, who asked. So, I think it's better to ask her.

JN. It's a quote from Homer Simpson I know through my friend Paul: "Could Jesus microwave a burrito so hot he himself couldn't eat it?" (laughs) What does cold mean? What does warmth mean?

SC. Cold and warmth?

JN. Yeah, and who is the hottest person on board? (laughs)

SC. Me. Right?

JN. (laughs) So what does cold mean and what does warmth mean?

SC. It's not about persons, I think. It depends a lot on people 'cause we are all very different and some of us are more --- Let's say physical, some are more emotional. So, I just say what it means for me. For me, cold is like being outside for quite a long time. Like riding a snow scooter for example for eight, nine hours on the glacier, with hard winds and really low temperatures and then coming home and seeing that there is no one who waited for you.

JN. Oh.

SC. This is cold. It was not about cold and warm. It was about, I think, loneliness. I thought about it some time ago and I think being lonely is when you are afraid of flying on a plane, for example. And then you land and there is no one you could tell that you've landed.

JN. This is lonely.

SC. This is loneliness.

JN. Yeah. I know.

SC. So cold is nearly the same. It's like you've been --- It's not like about being a hero or something, it's just about a very hard and tough day in the fields, being completely red in the face, 'cause of the wind and ice blowing in and then coming home. And that's it. And making tea for yourself by yourself. And warm is the opposite. When you know that there is someone who is waiting for you. Not --- not --- I am not talking about the office checking the tracker like waiting. I am of course talking about personal.

JN. I could text my mother that I come back but it's not the same. But it's something.

SC. Even though --- No. That doesn't work for me. Also warm was actually getting to Svalbard from Northern Norway by sea. When we first saw the land that was --- That was nice. So, when I saw the fjord where I live, that was warm. That was like being back home. Not just by plane, one hour and half from Tromsø and you are there. By sea takes time, you think of being home. You imagine how it is there, how is the weather. 'Cause you rely on the weather a lot on Svalbard and that's what you are constantly thinking about. So, you think, imagine and then you see and --- That's warm.

JN. How pure is your conscience?

SC. I feel it's quite pure, actually. I won't say like one hundred percent or ninety percent. But quite pure and --- Huge thanks for that to Svalbard, to the natural environment, and meditations.

JN. What is the social role of art, especially in times of climate change?

SC. I think the social role of art is uniting people. That's fantastic, how sometimes art --- You don't need to know the language. You don't need to be, I don't know, educated. I mean, you need to, of course, but sometimes art works on the very basic level. It's very simple. When it's --- Once again. It's like nearly the same as nature when it's simple and you just get it, it works. And the role is to make it work, to make people think on the core level, not needing to kind of have higher education, or degrees or languages or something special to get it.

JN. Where would you locate this core level in the body?
In the belly or in the heart?

SC. Somewhere near the heart, I'd say, yes. It's different. Once again, we are mostly either emotional or physical. Those who are emotional, I'd say it's near the heart, physical near the head, somewhere in the head.

JN. Are you afraid of climate change?
Where do you see danger?

SC. I see danger everywhere as a guide on the ship. Things change a lot. And the whole planet changes. It's not just about climate. It's about our way of life, about societies, about politics, about quite a lot of things. So, I don't know. I'm just very thrilled with what are we going to have in the end. This twentieth century was quite a jump and now it's even bigger in the scale.

JN. And are you afraid?

SC. No.

JN. Why not?

SC. Why yes.

JN. (laughs) How do you feel?

SC. Good.

JN. (laughs)

SC. Tired. --- Tired. I feel like I was standing in the sun, taking care of people around me. Making sure that there are no polar bears in the area. And it's quite funny that most people think that it's sun that gives you life and energy. But actually it sucks it from you. It just drains it literally from you and you are --- Being in the sun for a long time, you feel very kind of drained. You need to have rest. In that way, moon and night and evenings are way easier for the body and psychology.

JN. Ah?

SC. Physiology. But psychology as well, psychology as well.

JN. What did you dream?

SC. When?

JN. Last night or on the boat in general.

SC. I actually had quite a lot of dreams on the boat. I think I have them every day. But the most bright dream was that --- It was one of the guests, Kelsey, coming and saying:

"Sergei, I need some more tape." It is what happened on the second day of the trip. She needed some tape to put the ropes in the room, to hang some pictures up to dry. So in the dream she asked for more tape and I was scared, 'cause I remembered that I gave tape to someone and I couldn't remembered who. (laughs) So I could not help and that was bad.

JN. Do you also have outside of your job this helping.

SC. Yes.

JN. You know, there are people who need to get --- Is it the thing in the world which makes you feel the best, being needed?

SC. Mhm.

JN. Yeah.

SC. It's very right what you said, not just help but being needed. That's my core. I lack when I am not needed. A lot. And I think that's why I like taking this role. Because I feel needed. And that's quite a lot of sense for me.

JN. What happened the day of your birth?

SC. There was a snowstorm. It was the evening of the snow-storm and that's why I chose a name for myself that's from indigenous Northern Cultures of Russia, Nenets culture, and that's Hadko. The one who was born during the snowstorm.

JN. Nice! Best story so far for this question.

SC. Thank you, thank you.

JN. Thanks for the interview, thanks.

It's Easter Monday and I didn't have any dreams.

I have another idea, and Nico is filming again. My face is buried under a pile of snow and the close-up shows how it is melted by the warmth of my skin. Water collects in my eye cavities and because I'm so glad it's not tears, I almost cry. These 15 minutes have a very healing effect.

The weather is a key issue of the expedition leadership. The climate around Svalbard is arctic. It is cool all year round with regular but low precipitation. The coastal regions are only free of snow for about six weeks in the summer, and the fjords temporarily freeze over in winter. The winters are relatively mild despite the northern latitude, as the West Svalbard Current, an offshoot of the Gulf Stream, transports warm water along the west coast into the Arctic Ocean. This is the main reason why the archipelago is inhabitable at all. The average annual temperature is -6,7 degrees Celsius. Global warming has led to noticeable climatic changes on Svalbard. Between 1970 and 2020, the average temperature on Svalbard rose by 4 degrees Celsius, and by 7 degrees in the winter months. On July 25, 2020, a new record temperature of 21,7 degrees Celsius was measured for the Svalbard archipelago, which is also the highest temperature ever measured in the European part of the Arctic; temperatures above 20 degrees were also measured for four days in a row in July 2020. As is the case in large parts of the Arctic, the dreaded ice-albedo feedback can be observed on Svalbard: As the ice melts, areas of ice turn into open water, whose dark surface absorbs more solar energy instead of reflecting it back as a previously bright surface; as a result, these bodies of water warm up and ice in the area melts faster and faster, creating more open water and so on. By the end of the century, temperatures on Svalbard are expected to rise by between 7 and 10 degrees.

Meanwhile, Nastja is positive. My nose stopped running today. Frederike has a cough, but we agree not to get tested.

Sandra and Tuomas are standing on a hill of Blomstrand-halvøya from which you can see the settlement of Ny Ålesund. There are a few containers and houses, one of which must be the German research station of the Alfred Wegener Institute. As we have Covid, we are not allowed into the village.

ZOOM0028.WAV, Monday, April 18, 2022,
11:21:33 AM (28.50 min):

JN. I am here with Molly and her hot water bottle, and it starts with question one as always: What is your project?

MB. Oh! My project is I guess to just observe and figure out ideas for what my project could be. It's like an extension of research I've done for a few years on Arctic sea ice and the idea of frontiers and how we think of the Arctic as empty and companies and governments use that as a justification for extracting and destroying it. But when in fact it is quite complex and, like Arctic sea ice, there's many different ways of knowing it and many layered kind of histories and layered ways of seeing it. So, that was the original research. Now I'm just looking at it. (laughs) Standing on it a little bit.

JN. What were the three categories from your presentation?

MB. Oh yeah. So, in my thesis I looked at matter. Ice as ice, as matter. Second, technology, so how we conceive of technology in relationship to ice. And then infrastructure. --- Oh wait, no, not technology, infrastructure is kind of what I mean by technology. So how we think of building infrastructure or how we patent things like oil rigs or icebreakers, in opposition to ice. The third thing was territory. You'll have to excuse me, I swam today. (laughs) --- So territory as thinking about the territorial scales of ice, how the Arctic is drawn at a territorial scale. We were just talking about how the sea ice doesn't melt completely every year, thankfully, yet. But you see that drawn as just a blank white open space. So, I was trying to think about that and draw the territory in a more complex and layered way that takes into account the different histories or different ways of knowing it. In a critical way. Because I feel like it's quite problematic the way --- the way we think about it.

JN. Because the place is not seen as a sort of end in itself?

MB. I think because we other it. We see it as other and so use that as a justification. Or don't think so much about it when entering it. And we also see it as empty. There is a long history of imagining the Arctic as a desert but also just deserts as empty and barren, when in fact they're not that. Like kind of a wasteland or something. Did that answer your question?

JN. Maybe I ask the last side question and then we go on and might come back later to this point. You mean the dominant image of the Arctic is a problem because of the indigenous population or because of the climate?

MB. For all of those reasons, but I think for me and maybe for indigenous populations, it's incredibly problematic to imagine it as empty and not --- empty and like, yeah, colonizable or a territory to extract. There are so many histories of that, and people have written histories of that. For my project I went into that a little bit but was more focused on it in relation to climate change. I think one of the main things that or --- The main paper that drew me into this is a Chinese whitepaper from 2018 where they lay out the thing I find the most problematic really, really blankly or starkly, which is that they talk about how, on the one hand, climate change is going to occur in the Arctic and across the world and that's going to be a problem. But on the other hand, we need to look towards commercial and capitalistic opportunities afforded by climate change. And so, then they drew a line directly across the top of the world, through like what is remaining of the Arctic ice sheet. Projecting out that future. And so, I think --- I think imagining the Arctic as empty or as yet another territory to colonize and extract, it's really counterproductive for climate change. I'm looking at it as climate change policy, just the tendency of humans to imagine places as frontiers and then go into them to explore and how we do that over and over and over. You can even see that with the Moon and Mars. We just re-imagine it and re-imagine it and re-imagine it and that just excuses waves and waves and waves of devastation or over-fishing. I guess my contribution is more --- a critical eye to it and thinking about how we might draw places differently. It's not how we can stop climate change. But I think in drawing and imagining landscapes and the world differently, there's an opportunity to get to think about it differently, and then hopefully we can act differently.

JN. Otherwise the systemic change would not come, right?

MB. Exactly.

JN. How is your residency, your travel being paid for?

MB. I paid for it. I have a day job that pays really well that I use to fund my art. And then I also crowd raised from friends and family for --- They basically paid for my kit or my outfits and also some upgrades to my paint collections. So, I would say maybe I fundraised 2,200 dollar and then I paid the residency fee out of my own.

JN. Cool.

MB. Yeah.

JN. Next question would be, we already talked a bit about it: Why are you here?

MB. Ah! --- Specifically related to my research, I wanted an opportunity to ground truth it. I mean, there's something problematic about my research in general, which is that it's written without knowing the place, right. I'm just reimagining it from a distance and so part of me wanted --- I wanted an opportunity to ground truth it and think, are my thoughts relevant? Are my drawings relevant in light of actually seeing the landscape?

JN. Your thesis seems to be very theoretical or like based on cultural studies. But you were saying matter studies. Or how do you call it?

MB. Material studies.

JN. Material studies with a special focus on the landscape.

MB. Exactly, it's a landscape architecture thesis but

brought together by many different disciplines. A little bit of art as well. Like ways of looking.

JN. What do you see at the moment?

MB. This is the interview question?

JN. This is an interview question, yes. Normally I tried to go outside and sit on different spots. But now it got sort of too cold.

MB. Yeah.

JN. So you also can talk about what we just saw.

MB. Yeah. On the boat just recently, I saw a lot of --- We saw a lot of glacier ice as well as sea ice. The things that are the most exciting to me right now are moments when I can understand more about sea ice. So, the one glacier that was the most interesting --- Well, there were many that were interesting, but one iceberg, it was clear that the iceberg had tipped over after the ice had melted because you could see where the sea ice had adhered to it. And so, it had tipped over and had this kind of plain sticking out about a foot, wrapping around it. Like the ring of Saturn, a little bit. So, what I'm learning to see is how the ice forms and moves. Yeah, I think also it's worth making an effort to see these scale shifts. Looking really closely at the ice itself but then still remembering to look up at the mountains and the glaciers or these big expanses. Because we're in such a vast landscape and I find myself glued to the surface of the water. (laughs) The sea ice.

JN. Yeah.

MB. Yeah. In terms of seeing the sea --- a lot, of blues, grays and whites, so numerous of each which has been very special. I feel. Not monochrome, but almost. Such a limited palette within a landscape.

JN. Just before there was a little brown in the one glacier.

MB. Yeah. Brown.

JN. What do you know about this place?

MB. Well. I don't know that much about Svalbard. Last night they sat us down and gave us a history lesson, that's kind of what I know about Svalbard itself. But I think being here and observing it, I know that the water is constantly changing. You look away for one minute and the character and the color and the texture of the water has changed. And that it is light all day, that I need to close my porthole to sleep. But still within that, there are many different like qualities of light. It feels like it's almost an exercise. Being here is almost an exercise in how many ways you can do one thing. You know, how many ways can the sky be all white? How many ways can --- So I am starting to learn that. Maybe also, to quote Sarah: "the weather, the weather, the weather." (laughs) She said: "We hope it's getting better." That it changes, can change rapidly. And I also know that it's important to go outside a lot because it's changing.

JN. How do you see yourself in this landscape?

MB. Mh. That's a good question. On the one hand, I've been surprised by how there is still the same kind of mundane thoughts about self and life. It's still my brain. It's still operating the way my brain does. But I think there are, partly because of the sublime and because of how big the landscape is, also these moments of getting out of it and almost like a non-awareness of self, or something. I haven't really felt like, "oh, I am so small." You know what everyone talks about, I don't feel that way. But maybe at times I feel irrelevant? In a nice way! (laughs)

JN. Yeah, I know the feeling! Maybe people mean that with "I am so small."

MB. (laughs) Good point.

JN. What is your favorite landscape?

MB. In life?

JN. Yeah.

MB. I don't think I can pick. I love high mountain lakes a lot. I am from the San Francisco Bay area and something about that I feel deeply --- It feels like home. But I can't pick. There are so many great ones.

JN. What made you study landscape architecture?

MB. I had been a sculptor and moved to New York and didn't have the space. Or whatever, that's just an excuse. But I started working smaller and smaller and flatter and flatter. And then I was, you know, just working two-dimensionally and writing a lot for money. And I just missed thinking spatially and wanted kind of --- wanted a career. A more typical career than I had initially thought I wanted. Landscape is really nice because it unfolds over time. And because it's not so specific. You know, you design a building and it's like 1.64 whatever, of an inch. And landscape is sort of, “oh, it’s a foot off, it’s okay.” I appreciate the messiness of it.

JN. Cool.

MB. And also my interest in frontiers is like long-standing. So, landscape architecture fits both in a practical sense, but also a kind of intellectual investigation sense as well.

JN. I just had to talk to you. Very interesting, to talk to a landscape architect: What is nature?

MB. Oh my god. Well. (laughs) I mean, maybe first, we are also. We are part of it, it’s not separate. In imagining nature as separate, I think that’s similar to imagining places as frontiers, although maybe even a level back. But, you know, that idea of separateness is a problem. What is nature. It’s kind of everything that we’re around. It is an outdated concept, maybe? Or a concept that needs to be enlarged very greatly and very quickly. (laughs) Is like a laptop nature? I don’t know. We make it. So, it is something that we make. Maybe it is, yeah.

JN. What does cold mean? What does warmth mean?

MB. For me, warmth is like --- Maybe I’ll give you a literal answer. Warmth is a hotter temperature, cold is a lower temperature. --- Today, after the ice bath I almost lost my thumbs. I got too cold. So cold is more dangerous than I have given it credit for.

JN. Okay. How pure is your conscience?

MB. (laughs)

JN. Also because purity is a concept which is often related to this landscape.

MB. Mhm. I think that the idea of purity and the landscape is also very problematic and also --- This landscape has been mined quite a lot, so at a minimum it has been touched everywhere. But --- What does it mean to be human? Because as a human, my mind has some --- My conscience or my mind has some very --- I don't like the word pure, but impure or very muddling and non-skillful ways of thinking that are quite harmful to me and maybe by extension to other people, yeah? --- And there's this idea that underneath that there's a pure --- There's an idea that I can get to what's underneath that. For a lifetime practice, you can get a little closer --- So, does that mean my mind's not pure or does that mean I am human and that's why my mind is pure? It's just a little unfortunate. (laughs)

JN. Yeah. You also could understand the question differently.

MB. Yeah?

JN. From a Catholic point of view you could sort of --- the feeling of guilt

MB. If I've confessed?

JN. Exactly. Speaking of Easter Monday. --- We touched on this already: What is the social role of your art, especially in times of climate change? But also in general.

MB. I am not sure how to answer that. I think it casts a critical eye. Not overtly, but a critical eye on the way we choose to live now. --- In light of climate change it aspires to shift the way we think of --- the way we think about the world, so that we can have a more societal or larger scale shift. The larger scale shift that we need to have a good life instead of mass extinction. But also thinking about what nature is seeks to complicate the way that we understand the world. To move us away from --- A lot of White men have drawn a lot of lines that have kind of held our imagination or way of seeing the world. So I am trying to move away from the immediacy or the veracity --- to move away from holding the single black line as truth. Yeah? --- Understanding that there are multiple truths and also --- Yeah, kind of exploding a little bit.

JN. Exploding a little bit. (laughs)

MB. A lot. (laughs)

JN. Are you afraid of climate change? Where do you see danger?

MB. I don't have an "Angst" around climate change. I think I'm afraid of it. I live in California, so every October, or every year now, from August to November, it's like --- There are weeks, where you're choking on smoke from wildfires. So, in a way it is very immediate for me. In a way I wasn't necessarily expecting. I think everyone sort of thinks, "oh, that happens in other places." Or that's other people. It's interesting that people think it's other people's atmosphere, that it's not ours. It's happening in California and it's happening in Australia and people think that that's different than happening to them. It's happening to all of us at the same time. I don't know where the danger lies. Part of it is in the parts per million carbon in the air. I'm afraid of the politics of it. You know, climate refugees. The United States already have our first climate refugees within the United States who have been relocated. --- I'm afraid of how people will --- welcome other people in. And I'm afraid of thinking about having a family of my own. It makes me afraid, like my kids or my friend's kids or --- If I can zoom back to just all, all the kids --- I think the danger lies in how big and kind of whatever the machine is, it's still moving forward. And the feeling that we can't do anything about that. And in some ways it is the truth that it needs to happen at the government and the corporate level, and I don't have much faith in that level. That's where I actually see the danger. And then the parts per million.

JN. How do you feel at the moment?

MB. I feel warm because I have a hot water bottle. And I am enjoying our conversation.

JN. What did you dream?

MB. I wish I could tell you. I have had some nightmares, but I cannot remember them. I've been dreaming a lot on this trip but no memory.

JN. The last question of the interview: What happened the day of your birth?

MB. It was a long labor. (laughs)

JN. We have a record, so far. Katy.

MB to KS. How long was your birth?

KS. 52 hours.

MB. 52 hours. Wow. Mine wasn't that long, maybe 30. (laughs)

JN. (laughs) Thanks Molly!

MB. Thank you.

We have a phenomenal bell pepper soup and wraps and I treat myself to a banana with Nutella for dessert. Erin shows me how to dissect a grapefruit.

In the afternoon we sail into the Kongsfjorden up to the glacier Kronebreen. The elevations on both sides are relatively close and high. The weather is still good and chunks in various guises pass by the ship (Sybren aptly calls it "the fashion show of icebergs").

I sign up for the silent Zodiac. Nobody talks or presses the shutter button, only Josh records audio. He hangs his hydrophone in the water. Sarah drives us around for an hour, sometimes jacking the dinghy onto an ice floe and switching off the engine.

I didn't bring my camera with me and have to memorize the spectacular formations. They have red, brown and black inclusions of earth and stone. When they have turned over at least once because the center of gravity has shifted during melting, you can see peaks, spikes and holes. The slabs quickly push each other further and float away. The landscape changes noticeably, everything is quiet and in motion.

Sarah is radioed by Marius whose engine gave up shortly after departure. His group in the Zodiac (photo and video) has spent the past hour more or less in the same spot. I make a cheeky remark when we reach them and then we tow them away.

Duck breast and roast potatoes. I get my period. We take a group picture in the midnight sun. Some play chess into the early hours.

I dreamt that I was with the glazier Alexander Wallner in Zwiesel. My parents also came by and we ate cake. I discussed a new project with him.

During today's landing, I scan another ice object on the stone beach. It isn't light blue like the previously scanned objects but has been washed by the water. It is shiny, clean and transparent. I see bubbles, it looks like glass. The surface consists of countless dents. Sometimes the journey feels as if we were on a tourist cruise, being taken to the most beautiful sights to marvel at them.

This is perhaps the northernmost point of this trip and of my life. 79°07.23' N – 011°51.5' E. The sky is overcast, with occasional light snowfall. The last few days have been very full and very productive. Yesterday I told Frederike that I was happy.

In Julibukta, we had our date and ate dinner on the dinghy. There were burgers. We put on make-up and chilled the Prosecco with crushed ice from the Arctic Ocean. Sarah shouldered the rifle and navigated, Nico accompanied us with his drone. We listened to an Italo disco playlist on my cell phone and drifted between the floes. Every now and then birds flew overhead and of course it was still light. We listed all our previous partners and what we valued in a relationship. Honesty, a spirit of adventure, humor and courage.

***

Can't you feel the heat wave, darling? is an almost five-minute-long video that was performed and recorded in the Arctic in collaboration with Frederike von Cranach (director of photography: Nicolás Rupcich, sound design: Josh Evert). We had a rendezvous on the rubber dinghy. The third person on board is

Sarah, the head of the expedition and, in this case, our defender against polar bear attacks. In the shot, we are being circled from diagonally above so that the landscape in the background changes. It mainly consists of dark turquoise sea water with smaller and larger ice floes, which create an almost graphic division of the surface. The bay is framed by a brown, partly snow-covered mountain that merges into a light blue glacier. Frederike and I are wearing red ski suits, sitting at a table set with a white tablecloth and typical dinner utensils: a bowl of olives and a candle, a stainless-steel bottle cooler, napkins, salt and pepper. We take off our gloves, the sky is clear, and the temperature is tolerable. Around halfway through the video, the camera is directly above the dinghy in a ninety-degree top view. Zoom out. After dinner, we smoke.

The soundtrack begins with a cover version of Lucio Battisti's *Ancora tu* (1976) by Róisín Murphy from 2014, the song we actually played at the beginning of the performance. Our voices are not audible; you can see that we are talking, but you can only hear a few fragments of sentences inserted afterwards. Where do you see danger? Do you feel lonely? These are questions that could actually be asked on a date in order to get to know the other person in depth. How pure is your conscience? What scares you? We clink glasses of Prosecco and Frederike laughs. Besides, there is the cracking of ice, the rubbing of floes against each other, the splashing of water and the noise of the engine.

> People live their lives and build their institutions on solid land. However, they prefer to understand their existence as a whole through the metaphor of a daring voyage at sea. The repertoire of this nautical metaphor of existence is rich. There are coasts and islands, harbors and high seas, reefs and storms, shallows and calm, sails

and rudders, navigators and anchorage, compass and astronomical navigation, lighthouses and pilots. (cf. HB 9, German Version, translated by Claire Henderson)

This is how the volume *Schiffbruch mit Zuschauer. Paradigma einer Daseinsmetapher* by Hans Blumenberg (*Shipwreck with Spectator. Paradigm of a Metaphor for Existence,* 1979, Suhrkamp Verlag) begins, which I use below as a lens for my perspective on the video and for the camera perspective in the video. Obviously, it also draws from nautical motifs: if we assume their metaphorical nature in the sense of life as a sea voyage, what does this specific metaphor communicate? Two people in a boat are observed from above as they make contact. We cannot speak of a shipwreck, but neither can we speak of a safe harbor. The boat drifts aimlessly in the polar sea, and because the video runs in a loop, it is not to be expected that the boat's origin will be revealed or that it will arrive at some destination.

Blumenberg assumes that seafaring is a violation of boundaries: The boundary from solid land to the sea is where the misstep into the improper and excessive was first committed (cf. HB 11, GV). On the one hand, the sea is the natural boundary of the space of human endeavour and, on the other, it is often demonized as a sphere of unpredictability, lawlessness and disorientation. Even in Christian iconography, the sea is a manifestation of evil because it stands for raw, all-devouring matter that is drawn back into itself. It is one of the promises of John's Apocalypse that in the messianic state there will be no more sea (cf. HB 10, GV).

Today, these aspects are outdated, as container shipping in particular is an expression of maximum efficiency and therefore the most precise calculations. In terms of the Arctic Ocean, for example the Chinese are already anticipating ice-free Arctic summers, which according to scientific modeling can be a reality as early as 2035, and new trade routes across the North Pole are being planned. Despite, or perhaps because of the calculable ocean, the "un-naturalness" of shipping, as Blumenberg calls it, can stand for the "misstep of culture":

> The metaphorical and the real process of crossing the boundary of solid land out to sea overlap, like the metaphorical and the real risk of shipwreck. What drives people out to sea is likewise the transgression of the limits of their natural needs. And so humankind labors fruitlessly and in vain, consuming its lifetime in futile worries, because it does not live by the goal and limit of its possessions and certainly does not know how far real pleasure can still be increased. (cf. HB 30, GV, in reference to Lucretius, the originator of the shipwreck metaphor)

The hedonistic moment of the candlelight dinner in the Arctic initially falls into the category of maximizing pleasure and transgressing natural needs and reinforces the "suspicion" that there is a frivolous, if not blasphemous moment in all human seafaring that can be compared to the violation of the inviolability of the earth, the law of *terra inviolata* (cf. HB 12, GV). Because the Arctic ice landscape is literally symbolic of the current state of the climate crisis, which, according to scientific findings, in the dominant narrative and also in my opinion, was caused by human activity, the violation of the inviolability of the earth is certainly inherent to the video.

The motif of the Odyssey, something that the wandering of the boat in the video may resemble, is an expression of the arbitrariness of the forces, the denial of homecoming, the senseless drifting and finally the shipwreck, in which the reliability of the cosmos becomes questionable (cf. HB 10, GV). In the present, the cosmos is not only unreliable, but increasingly destructive towards humankind. Isabelle Stengers speaks of the "intrusion of Gaia," which refers to surprising and extreme events on a global scale that disrupt everyday human life (see *In Catastrophic Times: Resisting the Coming Barbarism*, 2015, Open Humanities Press). "Nature" would have left its traditional role behind and has the power to call us all into question.

According to Nietzsche, Blumenberg writes, the seafaring metaphor applies to all of existence: you can't stay in port, you are always already "embarked," at the mercy of nature. This is also suggested by the dramaturgy of the video. The metaphor of embarkation contains the suggestion that life already means being on the high seas, where there are no solutions, no withholdings except salvation or destruction (Nietzsche, quoted from HB 21, GV).

> We have left the land and gone to sea! We have left the bridge behind us – more than that, we have broken off the land behind us. Now, little ship, look out! …and there is no more 'land'! (Ibid.)

The action documented in the video actually took place, Frederike and I really ate (hamburgers) and were therefore not in the as-if modality of a theater piece; at the same time, we allowed ourselves to be filmed and thus implied spectators from the very beginning. So, I read the nautical metaphor from the current situation, in which I am a spectator of the scene on the ship from a bird's eye view. I seem to be in a safe place. Neither of the protagonists in the video are in acute danger. But my central point is an attempt to update the metaphor of seafaring via the reference to the Arctic landscape. This image contains the warming of the earth, the melting of the ice, the rising sea levels and therefore a very present and real threat not only to the characters in the video, but to humanity as a whole. And therefore, also to us. We are spectators of the video, however, in life itself, we have lost this position as spectators.

There is no harbor in sight and humans are objects of other standards (cf. HB 38, in reference to Voltaire). With explicit reference to Blumenberg's volume, Bruno Latour affirms that it is impossible in today's era to watch the all-encompassing tragedy of global warming from a distant, history-less shore: There are no longer any spectators, because there is no longer a shore that is not involved in the drama of Earth's history. (…) It is a shipwreck, but one without spectators. (see *Facing Gaia. Eight Lectures on the New Climatic Regime,* 2017, *Kampf um Gaia: Acht Vorträge über das neue Klimaregime,* Suhrkamp, 74f, GV.) The bystander view of nature *and* history has been lost; in the Anthropocene, historical and "natural" catastrophes coincide. The relationship between history and nature has changed since humans became a geological factor and through their actions wrote Earth's history, since the epoch of humankind manifested itself in sedimentary layers. It is no longer the case that all that happens on the sea is as if it had not happened (cf. HB 56, GV), that progress and destruction leave behind the same untouched surface. Rather, both progress and destruction can be read from drill cores. Talk of the "navigator" on planet Earth, also a nautical metaphor, is outdated. The place of humans in today's cosmology or in an appropriate world view for the present is integrated into a symmetrical network of animate and inanimate actors. The camera perspective – the view from above, from nowhere, God's eye – suggests an impossible position: We can neither have an overview nor remain uninvolved. Everyone is called upon to identify with the people on the rubber dinghy. For a long time, I was vehemently opposed to the idea of integrating myself into a general group of humanity. I found essentialist statements about the nature of humanity and statements such as "we have reached the moon" inappropriate because I have never and will never set foot on the moon.

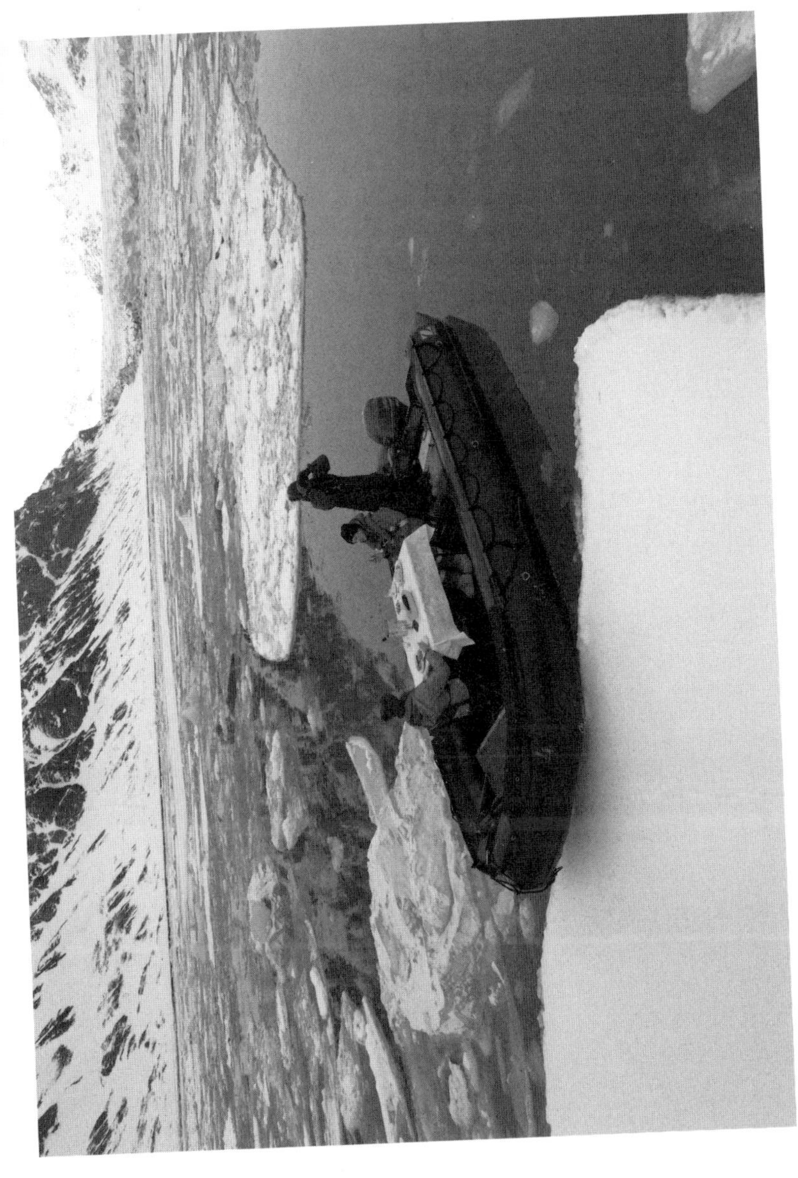

Can't you feel the heatwave, darling? 2022, video (4K, colour, sound, 4.58 min), in collaboration with Frederike von Cranach, drone operator and editing: Nicolás Rupcich, sound design: Josh Evert.

And I was not alone in this skepticism but found myself for instance confirmed by Roland Barthes in his criticism of *The Great Family of Man* (see 1957, *Mythen des Alltags*, Suhrkamp Verlag, English translation: *Mythologies*). According to Barthes, the universalist "myth" of the human community serves as an alibi for a large part of humanism, but actually covers up social inequality in its egalitarianism. It is based on placing nature at the beginning of history; instead, the approach to "nature" must itself be historicized. As mentioned, the relationship between nature and history has shifted, with (human) history becoming the decisive factor for the planet and all its inhabitants. In the Anthropocene, we must affirm ourselves as a human collective. The "we" of our species must therefore be retold. Latour calls us "earthbound": First and foremost, we need to regain solid ground under our feet! Then we can reorient ourselves (see *Das terrestrische Manifest*, 2018, Suhrkamp, English translation: *Down to Earth: Politics in the New Climatic Regime*). The eye of God is replaced by the eye of Gaia: From now on, everything looks at us, everything concerns us (BL 429, GV).

In "The universal right to breathe," Achille Mbembe argues that the connection should be extended to all living beings: "Are we capable of rediscovering that each of us belongs to the same species, that we have an indivisible bond with all life?" (2021, *Critical Inquiry*, Volume 47, Issue 2, University of Chicago Press, 62). At the same time, we must be careful not to repeat the mistake criticized by Barthes: We must not allow ourselves to dwell on the surface of an identity and be prevented from penetrating into a deeper realm of human behavior, where the historical gaze introduces differences – injustices, discriminations. This means that despite the global scale of the climate crisis, its problems and ways of dealing with them must be analyzed and developed regionally. While icebergs the size of Bavaria are breaking off in West

Antarctica, there is an increase in snow in East Antarctica, and Germany is more to blame for global warming than the Philippines, while the latter is going under first.

According to Blumenberg, Jakob Burckhardt takes the seafaring metaphor to the extreme by applying it to epistemology and turning humankind itself into a wave (a wave of history): We would like to know the wave on which we drift in the ocean, but we are this wave ourselves. Objective knowledge is not made easy for us. (Burckhardt, quoted from HB 66, GV) In 1871 (!) he writes along similar lines in an eschatological section explicitly referring to the relationship between humans and the earth:

> How long our planet will still tolerate organic life and how soon telluric humanity will disappear with its solidification, with the consumption of carbonic acid and water, may be up to us. (…) As soon as we become aware of our situation, we find ourselves on a more or less frail ship drifting on one of millions of waves. But one could also say: we are partly this wave ourselves. (Ibid.)

So all we can do is live *with* the shipwreck. Science is not a way out, but the best way to the goal of self-preservation, Blumenberg quotes Emil Du Bois-Reymond's scientific concept of self from 1876 in the last chapter:

> One has to adjust permanently to the goings-on of the sea; there is no longer any talk of voyage and course, of landing and harbor. The shipwreck has lost its framework. What is to be said is: science does not achieve what wishes and demands had realized in expectation of it; but what it does achieve cannot be substantially surpassed and satisfies the requirements of the preservation of life. (cf. HB 70, GV)

So we are permanently embarked, our actions the waves of history that are inseparable from nature. How can we adjust to the sea, how can we produce sufficiently reliable knowledge that we can use to orient ourselves politically? Donna Haraway proposes situated knowledge, i.e. a science that understands itself to be entangled in dependencies and makes the respective standpoint from which it speaks explicit. According to Haraway, a partial perspective – only a partial perspective – promises an objective view: This can be a saving grace. Because everything we know has historical origins and is therefore not produced independently by humans, every form of knowledge is culturally specific. This is what Haraway calls for in the essay *Situated Knowledge. The science question in feminism and the privilege of a partial perspective* (1995, in *Die Neufindung der Natur*, Campus). Namely, that the object of investigation be perceived as part of the research process and that the investigating subject – the researcher – discloses his or her own perspective. How we produce knowledge has an impact on how we perceive the world and what actions follow from this. Situated knowledge means that we must question our patterns of thought, open them for discussion and deal responsibly with the power we have through the reproduction of knowledge. So if, for example, the Arctic region and possibilities for its use are to be investigated, this must also be seen as the habitat of indigenous peoples and their view be taken into account.

Ultimately, we can imagine the goings-on of the sea as a happy situation. The heat wave mentioned in the title of the video also refers to a metaphor: that of warmth of interpersonal relationships. In the connection to the other, in the communication with Frederike, closeness is established. A mutual dependency, so-called interdependence, is most immediately perceptible and acceptable in human dissolution. We, as belonging to the human species, people in networks with their environments, can share responsibility. This gives rise to the courage in finding creative solutions, fun in devising alternative models, joy in trying out new activities, curiosity about the unknown. For Frederike and me, we concluded, it will always have been the best date of our lives.

Excerpt from *Going under – under water, under the skin*, lecture in Evangelische Akademie Tutzing, 20.01.2023

***

Frederike and I slept in and I feel almost completely healthy. Marius is lying at the triangular table in the mess room next to me with his second cup of coffee. Sarah, Sergei and Tuomas are sitting at the other table. They are leafing through the notebook that Strangeley has put together with Polaroid photos and everyone's contact details.

The phone reception has just returned. I'm listening to *The old man is back again* by Scott Walker. I receive a few work emails and a voicemail from Lili. The boat rocked during the night when we turned into Isfjorden. The breakfast utensils are stowed away in baskets with high edges and pizza is on the menu again. We are already heading for Longyearbyen, the end point of the journey. The up and downward movement has intensified in my dreams, turning into flights of fancy and falls. I can't remember a specific dream image, but I think that my parents and Olivia, my roommate in Neuperlach, as well as Birgit, the old friend from elementary school, were there.

Snowfall and fog, wind, the temperature is around freezing. I have a headache and take a tablet. Everyone is sitting in the box on deck with their cell phones like in an internet café. The return journey planning starts and the bill is due at the bar. Primary emotion: sad.

I lead an art therapy session and give Tuomas a sheet of paper and an assignment. He has to paint the whales he saw while kayaking. Sandra has to position her friends from the last residency in Iceland like in a family constellation. I draw a red Zodiac with a yellow engine, Kelsey praises my pictures. Nico writes on a napkin: LOVE & PEACE.

We spend the morning on a sand and pebble beach where the waves are breaking. I look for stones that indicate glacial activity. These kind of rocks are clearly made up of several different types of rock, where the individual components have been pressed together. Svalbard was once on the equator and stuck to Greenland for a long time. The bedrock was formed during the Paleoproterozoic era.

In the afternoon, the water reaches the edge of the snow, the ice objects are connected and the surface has already begun to freeze. I record Sergei in front of the equilateral mountain as he sings a Russian farewell song.

ZOOM0033.WAV, Wednesday, April 20, 2022,
4:41:58 PM (18.10 min):

JN. I am here with Nastja and we start right away with the first question: What is your project?

NR. Well, it's a bit complicated because of the delay of the trip. I am writing. I am writing this survival guide for a post-apocalyptic child, which is like a guide how to survive different kind of apocalypses. Also about emotions related to climate change. And it includes practical skills. And then I've been filming a lot, just taking videos of the ice and glaciers but also of the people, of the group inside the ship and just documenting stuff. But I am not sure how to use that.

JN. Who pays for your travel?

NR. It is paid by the Finish cultural fund. So --- it's like an organization and they give out grants to art projects abroad. For Finnish people --- or people who live in Finland.

JN. Why are you here?

NR. I'm attracted to these kind of barren, epic landscapes and remote places. And I always wanted to come on this trip. But then I was --- It was super expensive, so I needed time to apply for the funding. But I feel really inspired. I don't like the word inspired, but I am touched by this sort of landscape. And also, I am obsessed with boats and sailing. So, it's perfect here.

JN. What do you see at the moment?

NR. I see a lot of people, like, sleepy people trying to work because it's the second to last day. --- I went outside and it's super windy. I really love it when it's that kind of weather.

JN. What do you know about this place?

NR. The outside place?

JN. The ship, the place at the moment, Svalbard in general, the Arctic.

NR. Well, I am from Finland and I partly grew up in Lapland. So, snow feels very familiar to me. But then I've been to Svalbard only once I think five years ago and I fell in love with it. It's just super magical. Now I don't know exactly where we are. Somewhere --- Somewhere near Svalbard.

JN. In this Isfjorden where the capital lies.

NR. Isfjorden.

JN. What did you do when you have been for the first time in Svalbard?

NR. I was working on a project. I was travelling to places that had been or are in the process of being destroyed by people. Really slow processes, like melting glaciers, or then immediate things like the Chernobyl nuclear accident. So, I traveled to different places around the world for four years, and I was filming a kind of one person protest. I wrote this sign on cardboard, and I was just standing there with the sign and filming it. In Svalbard it was melting glaciers because you can really see the climate change with sea ice. Also in Finland but especially here.

JN. What was on the sign?

NR. It was different texts. I don't remember exactly what was on the sign for Svalbard. I think it was "paws you will not see," referring to polar bears. That is kind of the symbol of the Arctic melting, this skinny starving polar bears.

JN. I also have the feeling that you see the melting here. But then I was thinking, it's April, it's spring, so I don't know if my impression is right. One knows that the Arctic is melting and goes there with this in the back of the head.

NR. Yes.

JN. Maybe this supposition informs my perspective. Do you see that the glaciers are melting because you know in comparison how big the glacier was before or do you really see it?

NR. Personally I haven't been here so much in this place so that I could follow it. But then, like in Finnish Lapland I see it. From the landscape and the snow levels. There is no snow in certain years. But it's also that knowledge of --- Before I came here, I watched a lot of videos and resources --- Ten years ago, thirty years ago where you can see the landscape, how it retreated. So, it's also possible to know that from --- not from personal experience, but from other people's documentation.

JN. And so you feel that you see it here?

NR. The places we have been, I don't feel I've seen it because I don't know how they would normally be. It's something in the imagination, I guess.

JN. How do you see yourself in this landscape?

NR. Oh, I love this question. It's really nice. I feel very at ease. Like, somehow, I feel I don't belong here. But at the same time, I feel like I am welcome in a weird way. And it is easy to feel at one with the landscape. Or not like a weird, random thing. It's like: "oh, we are all just part of it."

JN. And what is your favorite landscape?

NR. I think it was yesterday's. I don't know why. It felt friendly. And there was lot of sounds with the sea ice, hitting the shore. And then one of the epic glaciers.

It just felt really nice. I always think more about how it feels than the physical.

JN. What is nature?

NR. Oh. I think everything. I don't separate humans and nature and these kind of things, because I feel we are all so much a part of it.

JN. Several people said this in the interviews. When I ask further, sometimes I still discover a line they draw. A city?

NR. Well, for example, if you think of technology, the minerals come from Earth. Or if you think of oil paints, also those minerals come from the earth, everything is part of it. It's just that we make it into a different form. We separate ourselves, that we are something better in a way, or something different or more advanced than nature. But I don't feel that separation. This table is wood, this ship is wood. The materials of this might come from a mine. So, that's kind of the background how I think about it.

JN. What does cold mean, what does warmth mean?

NR. Ah, it's relative! Here, I am like, if the cold is not painful than it's warm. If you can tolerate it for hours.

JN. How long, four hours? (laughs)

NR. I don't know, four hours? (laughs) Well, practically warm it's inside the ship and cold is outside. But we want to go out into the cold here, while normally you stay inside. However, here you are worried as well if it's not cold because it means it's too hot. (laughs)

JN. (laughs) Yeah. Funny how people say it's relative and then they give examples. It's nice to see what the spontaneous categories are.

NR. For example, I didn't buy new clothes because --- I bought some things. But mostly they are my normal clothes from Finland.

JN. Actually, how do you --- In Lapland, the indigenous people are also considered Arctic.

NR. Yeah, the Arctic is just across Russia, Finland, Norway, Sweden.

JN. How come you were living there? With your family?

NR. Lapland is full of people.

JN. Yeah?

NR. I mean, it depends which country. But in Scandinavia at least, the Sami people and other people up there, they are mixed. I mean, indigenous people and others live in the same areas, it is not like in the U.S., where there are very specific areas for the indigenous people.

JN. How pure is your conscience?

NR. What do you mean? (laughs) I hope --- Some days it is more pure and some days more guilty. In relation to maybe climate or flying.

JN. It plays a role that I am reading this book by the ethnographer Mary Douglas. It's called "Purity and danger." She talks about rituals of purity in different cultures. I thought it's interesting to ask about purity within this landscape because often, maybe even more in Antarctica, this is a term used to approach this landscape.

NR. Yes.

JN. But then it's also a common category for humans. Purity and conscience.

NR. It made me think how we arrived here. Because I am worried about the privilege of flying and travelling a lot. Some days it's better. (laughs) For this trip, because I live so close by, I feel ok. But then if you travel to the other side of the world, then it has always been --- I need a really good reason. I need to spend time there.

JN. Yes. I know this feeling. That's also why I try to work a lot here. Not to be a tourist. What is the social role of your art, also in times of climate warming?

NR. A lot of the things I do are participatory. I like to work with people either in that they take part in my work or in collaborations with them. I am interested in working with their emotions in relation to climate change, for example. Like how do we deal with them or why don't we do more when we know all the facts? And then I try to --- think through a practice.

JN. Do you have some results? What is a thing you found out or what is the major emotion coming with climate change?

NR. Last summer, for example, we did a workshop with teenagers about all kinds of emotions they had. I think the biggest one for them was anxiety. And anger. Anger because: why didn't older generations do anything. Why did we leave the world in this state for them.

JN. Mhm. Do you think it's a better strategy to channel this anger into action or to --- let go?

NR. Both, because you have to let anger go at some point. But then also I think it motivates people to act, definitely.

JN. Are you afraid of climate change and where do you see the danger?

NR. Afraid. It also makes me angry. And it's worry for certain species, like humans and other species and the future. I mean, the planet will survive. You know, there's always things that survive ecological changes. But for humans, we are kind of fucked.

JN. Yeah.

NR. (laughs) So yeah. It's worrying.

JN. Do you think it changes a lot, your feeling towards climate change, you having a child?

NR. I think so. Because then you think about --- Why would you have children in this. Like why would you bring them into this world. I was super aware of it always.

JN. How do you feel?

NR. (laughs) Now kind of --- I feel sad because it's the

last days. But I am really happy with the trip. And people I met.

JN. And what did you dream?

NR. I don't remember. I've been sleeping really deeply. Some nights.

JN. What happened the day of your birth?

NR. What happened the day of my birth? I don't know what happened. I know it was spring so probably snow was melting.

JN. What happened the day of your daughter's birth?

NR. Well, a lot of changed for me. (laughs) I was not freaking out but --- New life is always special.

ZOOM0034.WAV, Wednesday, April 20, 2022,
5:15:06 PM (34.08 min):

JN. Directly afterwards, I'm sitting here with Emma, on the second last day. What is your project, Emma?

ES. Well, I have actually been lucky enough to come here twice before now. This time, I'm focused on looking at sea ice and glaciers. It's a project that is going to take a long time to develop because I've got a show in two years' time, big space, big museum, which is exciting. And the museum is situated on a coastal area of the British landscape and it's suffering some sea erosion. And I want to link sea ice recession, ice melt with rising sea levels and the impact that's having on the local landscape to this particular venue. So hopefully audiences might connect, you know, what is seemingly remote with something that they're familiar with.

JN. Will there be drawings and paintings only?

ES. Yeah. I'm thinking because it's got these really enormous walls. I'd like to do some kind of immersive, big scale --- We've seen some amazing stuff while we've been here, for example, the distant glacier with this almost oblivion kind of white out over it. Something like that, that would be overwhelming maybe, in terms of scale. With some new --- God, this is going to be a long interview, Judith.

JN. (laughs)

ES. With some new aspect to it. I want to have some 3D projection like making some sculptural elements. So possibly some iciness coming out of it. That's yet to be. I've got a long leading. So, this is kind of early days.

JN. How is your travel and the residency here paid for?

ES. Me. This time me. When I applied, that was a while back now, I just knew this project was going to be really good material for the show. I'm considering whether I can get to Antarctica as well. I have applied for funding for that. If I don't get it, then that might not happen. But one of the aspects of Svalbard I think is important for me, is visiting the high Arctic. In terms of research gathering, it interests me because of its geopolitics, and the fact that it has not, you know, the indigenous peoples now. I think it's more complex to visit, say, other areas of the high Arctic that have indigenous peoples and not involve those communities. So, I think

Svalbard is less --- I don't want to say fraught 'cause obviously it's not fraught, it's really interesting, but it would be much more difficult to work if there's a community of Inuit. You can't just take from that landscape and re-represent it without obviously referencing and involving that cultural aspect.

JN. Why are you here?

ES. Well, actually, there you go! Sorry. Question answered. So, Svalbard seemed a really good --- Again, contentious is the wrong word 'cause it's culturally interesting, obviously. But I think those indigenous people should speak about their landscape. And for me, an outsider coming in, it's quite difficult to just take from that. I don't know, do you find that?

JN. Yeah. Definitely I also find that and that's also why --- My first approach and intuition was to work on the people on this boat and on why they are here and what their approach is.

ES. Mhm.

JN. That for me is a way to navigate around the other problem.

ES. For you even this would be difficult to just come like me and not interface with other people's projects? You know, I'm interested.

JN. In Antarctica I was working on the people and how they view the place and not on my view on the place. But now years passed by, and I try to be a bit more introspective, also to find out why I am here.

ES. Yeah.

JN. And I am doing this also in conversation or maybe in comparison, by interviewing other people. Still, I find the human factor always --- That's at the core of my interest.

ES. Yeah. There's a lot of difficulty working with landscape from that aspect obviously, you know culturally it's fraught. And I think my approach is probably always instinctively about the geology, the science, the glaciology. So, I would naturally speak to scientists about that. I don't naturally feel inclined to look at the social aspects on the naval ship in Antarctica which was remarkably strange and interesting. Unlike you, I couldn't think of a way that I would put that into the work, other than a critique. Which wouldn't be very grateful. (laughs)

JN. (laughs) I am also doing critique. Critique for me means not to judge it negatively. But I think only by describing it, you in a way expose the situation, obviously through your lens.

ES. But really, you can't do it transparently. You can't present what you see other than your own.

JN. That's true.

ES. It's really difficult. And again, with Antarctica, because there's no indigenous community, it's fraught with politics, geopolitics but it's not got that same contentious problem --- It is not a problem. It's just a problem for me. For the visitor. For the outsider.

JN. If we would have come in contact with an indigenous population then it would have been a whole different

ES. Yeah.

JN. Then I would have probably done interviews with these people instead of you.

ES. It's the romantic tradition, I guess, of the sublime that the individual goes and experiences the extreme wilderness. Which of course is ludicrous. It's not, you know, unoccupied. It's highly visited. But having said that, I think the sublime now in the 21st century has a new meaning and I think with climate warming, visiting a place like this has got a really vital sort of urgency about it. Which gives us a new sense of --- yeah, the future being in question.

JN. What would this new meaning contain?

ES. Traditionally, where you had the sense of awe and wonder, usually from a position of safety. The viewer is looking out onto the apocalypse or whatever. Now we are in the eye of the storm, and it's like we are subject to everything. Obviously, we're not only responsible for very much of what's happening, but also we're at the mercy of it. That truly is awesome. I mean, don't get me wrong. It's not going to be the end of the world, it's just our species.

JN. Yeah, yeah. It's interesting what you are saying because my first idea would be to cancel the notion of the sublime. But you were saying before that its meaning shifted and I was wondering where to.

ES. Yeah. This is obviously difficult to justify. So, it's an artist's individual --- I think the notion of the sublime still has a lot of purpose now. Not just --- aesthetically but also in terms of the psychological and sort of philosophical understanding. We talked about that for a long time. --- Kant. (laughs)

JN. (laughs) And Edmund Burke, I learned in university.

ES. Edmund Burke!

JN. What do you see at the moment?

ES. Oh. It is strange. I had such a strong experience. I think it was two days ago. When we were at Eidembukta? Is that the one with the white out?

JN. At Hornbækbukta we were docked in the sea ice.

ES. Yes, we had the evening walk onto the ice and it was like a religious experience.

JN. Yeah?

ES. It was very hard not to --- not go into some romantic ridiculousness, but we --- I was looking at this glacier --- You go up to the perimeter, where you can walk with the two guns on either side, so we can't go beyond the line and I was just looking and looking at the glacier in front, at this stretch of ice, sea ice leading out. I thought: "wow, this is me and the elements." And then I looked along to my left and right and everybody else was on their knees as well, like from some sort of you know --- appearance from some --- specter.

JN. In adoration.

ES. Yes, it was. It was really. That's really stuck.

JN. Where would you locate the religion there?

ES. Actually, that's interesting, Judith, because in your presentation you were talking about faith and maybe misplaced faith --- or some strange kind of construction of belief which may sound ridiculous in another society. But I think --- It is something beyond your comprehension when you see something of that magnitude. And that's where your imagination leaps into some other element. Maybe that's called faith. Some reference point. Am I sounding romantic now?

JN. (laughs) A bit.

ES. How would you determine faith?

JN. I think to connect religion with faith is a very Christian thing, because as I learned in my religious studies

ES. Yes!

JN. I was studying that in the university. A lot of religions or cults are highly based on practical rituals. It's not about believing in something abstract and only in your head, rather that you have to do, I don't know what, a rain dance, or whatever.

ES. Yes, yes.

JN. Religion can be mostly a practice. And faith I think is --- When Jesus says to Thomas: "you have to believe without seeing." That for me is faith. Often it is posed in opposition to knowledge. But then religion for me, I was also saying it in the presentation, is a system of symbols.

ES. Yeah.

JN. Or of these practices I mentioned. And it differs from culture to culture and from time to time.

ES. And do you think our artistic practice ties in with this, the ritual nature of what we do as artists? --- I definitely think over the years my behavior has gotten more and more eccentric and it could be some weird shamanistic thing going on that I am trying desperately to deny.

JN. It can be. It depends a lot on the single artistic practice because I see a lot of artists who --- don't have a studio practice or --- For example, institutional critique or something like this is not such a religious art practice.

ES. Yeah. I have to sort of do both, teaching too. But if I am honest with myself, the immersion of going into my work mode when I'm actually drawing, it is like going into another dimension. Definitely. It's the only activity that engages a particular part of my consciousness.

JN. I also know it from working with material. This I don't know how to call it. Forgetting yourself

ES. Yes.

JN. But being at the same time present.

ES. Yes.

JN. Not like being immersed in a Hollywood movie.

ES. Yeah, yeah. It's the action of making as well as thinking and reflecting. And actually being here in this landscape and drawing some observations: It must look a bit eccentric from the outside, repeating this activity. But I can get into this. I have really bad days, and nothing is working and then it suddenly goes right, and I think it's the repetitiveness of doing something.

JN. Repetitiveness is a very important aspect in rituals, it's the core maybe.

ES. And maybe there's a bit of rain dance in there too.

JN. (laughs) Exactly. Which is different to religious rituals: that you are not afraid of --- It must not go in a certain way. Nothing bad will happen otherwise, you know, this connection to destiny.

ES. Oh my god, Judith. This is like a counseling session.

JN. (laughs)

ES. (laughs) I think this is true! Don't you?

JN. What?

ES. Sometimes, when you are making work? I have to do it this way.

JN. (laughs)

ES. That's dangerous. I am aware of that. Anyway. (laughs)

JN. Next question. What do you know about this place?

ES. This very place? Well, as I say, I've been to Svalbard,

not twenty times, obviously. I had a residency for a month or five weeks and then on a previous trip to the Arctic Circle a few years before that. But every time I've been it's completely like a new place. I feel unfamiliar. I know a bit about the history and the science. I got a few connections at the university in Longyearbyen, with glaciologists. It has been helpful to have their insight. But yeah, I feel completely like an outside viewer.

JN. Which leads to the next question: How do you see yourself in this landscape?

ES. It's hard to define though. I mean, as an experience of somewhere it's --- In particularly this time of year, I see myself as very vulnerable and insignificant. You know, it's life at the mercy of --- Although we have obviously lots of support with The Arctic Circle and the guides, I still feel --- The other day, I was out during the night and forgot to put my gloves on and I felt I really would perish if I hadn't got protective clothes. So, on an immediate sensory level, it is a really very elemental landscape which one feels tiny in. Particularly in this weather today. In terms of purpose, how do I see myself in this landscape, that's harder to define. To travel here, I've burned a lot of fuel off flying. You know, what's the purpose of it? I don't know. I have to go back to belief --- I have to think about what's the value of my output at the end of it. Will it communicate with people? I have a vague belief that there is a purpose of art that it connects people emotionally with places that they probably won't ever get to see in their lives and that that might be some trigger that makes them think a bit more – not them, me, all of us. We all start thinking about our behavior and our actions. I think scientists find it really hard to get more than the data across. I've spoken to a lot of glaciologists working who complain, they really only get academic readers for their data. And the wider public is really hard to get the imagination about. So on a couple of projects where I have worked with science – I wouldn't call it collaboration, but we sort of have shown work together –, and they've been really pleased with the kind of new audiences that brought. So maybe it has a purpose in that sense.

JN. The next question, again, you seem to have already answered.

ES. What's the question?

JN. Question number eleven: What's the social role of your art, especially in times of climate change?

ES. I hope --- Hopefully art has an enormous kind of positive impact in terms of connecting people emotionally. It's not just emotionally, intellectually obviously as well. But it is this emotional connection that evidently makes us change behavior. Research shows that. We can intellectually understand something, but we don't necessarily change what we do until we actually feel about it.

JN. I also experienced it in the news. It's a huge difference if you read articles about the war or if you see the images.

ES. That's true.

JN. What is your favorite landscape?

ES. (laughs) --- Wow. (laughs) --- Well, today --- I love glaciers. They just fascinate me. There is something about them slightly moving. There's something in the imagination as well as physically and visually that just is really extraordinary. That it is sort of thousands of years of evolution. And that if you dropped down a crevasse you wouldn't be seen again for a hundred years. I love that. (laughs)

JN. (laughs) What is nature?

ES. It's everything obviously. Nothing has priority. We might have more impact as a species, but we are no different to any other species in terms of being subject to the cycle of things like evolution and death. Yeah.

JN. Yeah. What does cold mean? What does warmth mean?

ES. Cold. Well, in this landscape it's really obvious. You know, definitely you know what cold means when you step out. But on another level, I suppose it's also a kind of materiality, coldness. When you say the world cold, it immediately makes me think about the physical nature of how that looks. I don't know hot. I am more of a cold person.

JN. Yeah?

ES. I never go on holiday. (laughs)

JN. You don't?

ES. Rarely. My partner loves hot places. It's a hopeless relationship. (laughs)

JN. Oh no. (laughs)

ES. He loves hot and I love cold. It's a disaster.

JN. How pure is your conscience?

ES. How pure is my conscience? Oh my God. And that's somebody who studied religious studies to ask that. How pure is my conscience. Certainly not pure, god, yeah. In no way, no. In fact, I went to a convent school as well. And I think it's been extremely damaging. Because one carries guilt of everything around. I am not even catholic, I don't know why my parents --- I am atheist now, obviously, but I still kind of can't pass a church without cowering.

JN. Yeah?

ES. So, I know what conscience is.

JN. I found in the other interviews that people, or the people on this boat, relate the question to their ecological footprint. The CO2 footprint.

ES. Absolutely. I mean going back to justify my work. Why I travel a lot. I try to only travel by plane, if it's for work. But that's highly questionable really. And materials I work with I try to think about. The footprint of what you make as an artist, we should be thinking hard. Art practice is actually indulgent quite often. And I increasingly try to be thoughtful about, why make art? What's the need for that? Going back to the earlier question about --- Maybe we need some sort of cultural belief system to make sense of our surroundings. It has purpose in that sense. I definitely think, yeah, we should interrogate.

JN. The way of producing this system maybe also.

ES. Yeah. I make drawings on paper. I have always been attracted to materials that have an earth related substance.

Paper is organic. I like the fact that it is vulnerable and could be destroyed easily. I like this sort of light footprint. And indeed, quite often I use kind of earths or ash from the ground I have gathered to reference that. I think there's a metaphor in the material construction of the work, the subject matter that I am working with as well.

JN. I was just recently at the art fair in Milan and there was a stand belonging to the Art Climate Coalition.

ES. Yeah.

JN. It's a British organization.

ES. Yeah, they're right down to

JN. They developed guidelines. Especially for shipping.

ES. Shipping, packing materials. I use recycled packing materials now for my prints. I do sell quite a lot of prints, so I always make sure everything is kind of recycled. I am curating a show, and it opens when I'm --- Wc have quite a bit of historic works, loans from all over the UK, from different museums who are lending work to us. We could only borrow on particular routes. So, the co-curator said, you've got one chance. If you want something from Scotland, it has got to go either on the east or on the west coast. We are not allowing any more vehicle use than that. --- Artists are the worst, though. The fly off for a private view or something.

JN. It depends on the level of career, but yeah.

ES. People are saying, “oh yes, the environment. And then it's like, I am jetting off to the next art fair.”

JN. Yeah.

ES. But I am not innocent.

JN. Are you afraid of climate change? Where do you see danger?

ES. Am I afraid of climate change and do I see the danger?

JN. Where do you see the danger.

ES. Oh, where. I think the danger is really how disengaged we are. The problem for a lot of the world --- I'm saying the obvious --- is not caused by its behavior, it's caused by developed countries, like ourselves, and that's just unjustifiable. We have to wake up. Our whole system, basically. We could talk for a whole day now on how to deconstruct our system, but that's unrealistic and naive thinking that this radical change is going to happen. Realistically, the best that's going to happen probably is that there will be some mitigation of the effects of climate change through technologies. Hopefully electric cars are not going to work. We have to invest massively more to find new ways of coming up with transport systems, heating, insulation for homes. The government needs to radically change. But on a personal level, we need to think about our own behavior as well.

JN. Yeah.

ES. So, the danger is, we are disengaged. Perhaps the objective of being an artist is to help add to some compelling narrative to get people to be like, "oh, yeah, that's a kind of mission." With my own work that has now become my sort of --- not mission, but (laughs)

JN. (laughs)

ES. I have a commitment to thinking really hard about what the message --- It's not a message. But there is a purpose, even if it's just a homage to something that's disappearing. --- It's in my lifetime and I am now witnessing that when I revisit places. I could see the disappearing myself even in less than ten years in the Alps. It is really obvious. Yeah, so --- This is getting really depressing.

JN. How do you feel? Next question.

ES. (laughs) I feel amazed to be here. It's fantastic. It is amazing. It makes me --- reawakens my sense of --- Like you've been taunted. A sense of tininess in the system of things. And all our blood, sweat, tears, that's probably not very much in the scale of things.

JN. It releases a lot of pressure on the daily life you are imposing on yourself, no? At least for me.

ES. Yes, yes. And even though we fuck our environment, there will be species that will adapt to that when we are long gone. It will continue without --- Who knows? --- Cosmic. My god. How do I feel? Yes, that's how I feel.

JN. (laughs) And what did you dream?

ES. Oh, what did I dream. That's interesting. At least to me. For the others my dreams might be really uninteresting. (laughs) I had a very vivid dream, and I can't remember, it was a lurid, a violent dream. I can't remember, sorry.

JN. I am also having violent dreams.

ES. Murderous (laughs)

JN. (laughs) Bloody.

ES. Exorcisms in the night.

JN. What happened the day of your birth?

ES. It was a big day for me. (laughs) I don't know what happened on the 1st of March 1963. I was born in Münster, Germany.

JN. Ah yeah?

ES. Yeah. My dad was in the Armed Forces, so I was born in the military hospital. What happened that day? I am very grateful that it happened.

JN. It's so interesting how different people respond to this question because you are saying it was a special day and another person said: it was the same as every day. (laughs) --- I opened my eyes.

ES. (laughs) I like that. I think I was a real problem baby, actually. I had asthma and was in a little oxygen tent so probably not a great day but ---

JN. Got better since.

ES. (laughs) Got better since.

JN. Thank you for this interview, Emma, it was really great.

ES. Thank you! Thank you for listening.

Big night. Jette, the bartender and, at 19, the youngest on board, asks the group how creativity and artistic practice can be integrated into everyday working life. This leads to a extended conversation and I learn a lot about the other's working methods and concepts of art. Nico says there is never a perfect moment to make art. Sarah says it's okay from time to time to be idle for a few months. Someone forces themselves to write a poem every day. I say that being an artist means a specific lifestyle and is about playing. It doesn't have to crystallize into a product but implies a certain attitude towards the world, and a way of dealing with things.

Marius leads a group meditation. We are told to make noises and capture and repeat those of the people next to us. Then, with their eyes closed, everyone thinks about something they are leaving behind and not taking home with them. I think of my anger towards Federico. And then we're each asked to think of someone we love, and almost like a prayer, we imagine wishes for these people. May they be happy, may they be successful in life, etc. Afterwards, I talk to Nico about how we had a hard time finding someone we love. I chose my brother, and he chose his sister, but we're not really happy with that.

The last night on the ship doesn't bring any dreams. The weather is good, sunny and not cold at all. At Boremorenene, the water is very shallow and we have to be careful not to run aground. I visit all three guides with Frederike, who are standing on the hills with their rifles and defining the playing field. Some of the artists in residence are lying in the snow and contemplating. Frederike points out once again that the red suit really is a fashion statement and that I am bringing Milano to the Arctic. But now we're wrapping up and the lights of the fashion show are going out.

Shortly before the Zodiacs bring us back to the boat for lunch (Carbonara II), I follow Josh, Kelsey and Molly into the water.

I take one last dip in the Arctic Ocean with a water temperature of around -2 degrees Celsius.

My Covid test is negative. We take a group photo and I pack. Sergei repairs the handle of my suitcase. We are picked up by a bus at the harbor.

Longyearbyen: approx. 2,100 permanent residents, Barentsburg: 434 permanent residents from Russia (as of July 2014), Cape Linné – Isfjord radio and hotel: 3 people, Cape Wijk (Isfjord) – Trapper station: 1 person, Svea: formerly 225 commuters, now abandoned, Hornsund – Polish research station: 10 people, Pyramiden: 10–12 people for hotel operations, Ny-Ålesund: 25 permanent residents, plus around 100 guest researchers in summer, Akseløya and Cape Schollin (Van Mijenfjord) – Trapper station: 1 person, Bear Island (Bjørnøya) – Norwegian weather station: 9 people, Hopen – Norwegian weather station: 4 people, total Svalbard population: 2,428 (April 7, 2020).

The first impression of Longyearbyen is that of a small industrial town, functional, cold and without decor. Our program has booked two nights for everyone at the Radisson Blu Polar Hotel, where room rates start at 280 euros. You can tell by looking at the other hotel guests. I take a hot shower and shave my armpits for the first time in several weeks.

At the Goodbye Party, Nastja gives ten people stick and poke tattoos. I want a snowflake. Sergei gets the same six-link motif on his left ring finger as I do. This delights and irritates me equally. Three of us remain in our hotel room. Frederike, Sergei and I. Frederike has her "purse" with her, a 5 liter canister of red wine. She turns on her favorite song, "Look at me now."

I sleep from 8 am to 12 noon, then I say goodbye to Tuomas with a kiss on the cheek. He gives me a hug and I say "see you soon."

We visit a glacier cave. The batteries in my headlamp are flat and I feel my way along behind Pablo with the cell phone flashlight. We enter the underground via a narrow hole in the snow and it is very slippery and very, very dark at the bottom. Once we turn off our lamps, the blackness is absolute. It's not like most of the time, when your eyes get used to it and you can make out shadows, but the darkness remains impenetrable. The cave has a few almost impassable places where we have to squeeze and crawl through, and it doesn't seem to end. I'm scared (primary emotion!) and have to force myself to keep going. Such a glacier cave is the place of my nightmares. At some point we meet three ice climbers and turn back.

On the very last day, a visit to Artica and the Global Seed Vault is on the agenda. Both institutions are relatively closed associations: you have to be recommended for an artist Residency at Artica and can't apply yourself. The Global Seed Vault can only be viewed from the outside, i.e. you stand in front of the door, take a picture and then walk back into the city for about an hour. It is a repository for the seeds of all cultivated plants and also contains genetically modified seeds, representing a status quo. It is artificially cooled because the permafrost began to melt shortly after it opened in 2006. Sarah accompanies us with her rifle, as it is only safe to walk around freely in the center of Longyearbyen. She talks about the transitory nature of the town and the tourist seasons. There are only three mammal species on Svalbard apart from humans: the small reindeer, the Arctic fox and the polar bear. Loneliness is also an issue for the people of Svalbard.

I talk to Nico about studying art and about death. On New Year's Day, I saw the movie *Voyage of Time* by Terrence Malick, in which the idea was formulated that death has only existed in the universe since the emergence of life 3 billion years ago and not since the beginning. I found the idea of a world without death mind-blowing, but Nico and I agree that it may still not exist if you take the material side seriously. "A body does not suddenly disappear after death." I sort books to calm myself down, he sorts plastic bags.

Frederike and I go shopping and buy Amundsen brand clothes in the Longyear 78° store. The sales clerk is pregnant and we talk briefly about the practicalities of childbearing because no children are allowed to be born on Svalbard, and no one is allowed to die. This means that there are no really old or sick people there and the sales clerk will be flown out to Tromsø in a few days to give birth.

We have dinner at the MIX kiosk. They have the best tapas in town. KB is closed. We celebrate a housewarming party in the apartment Sergei just moved into the same day. Frederike and I have bought presents for the party (plants, candles). For Nico, we got a polar bear plate. Polar bears can mate with brown bears, resulting in a white bear with brown rings around its eyes. Nico is turning 42 years old and his favorite animal are pandas.

One by one, people say goodbye. Sergei and I do a photo shoot with strawberries. At 5 am he accompanies me to the airport shuttle. We say thank you to each other.

I haven't slept and lie down across the seats after the security check at the Svalbard Airhaven, which consists of only two halls. I sleep for an hour until departure at 8 am, two hours on the plane to Oslo and another three hours on the plane to Munich. I arrive at my studio at 6 pm. It's around 10 degrees Celsius and I cook pasta from whatever leftovers I can find.

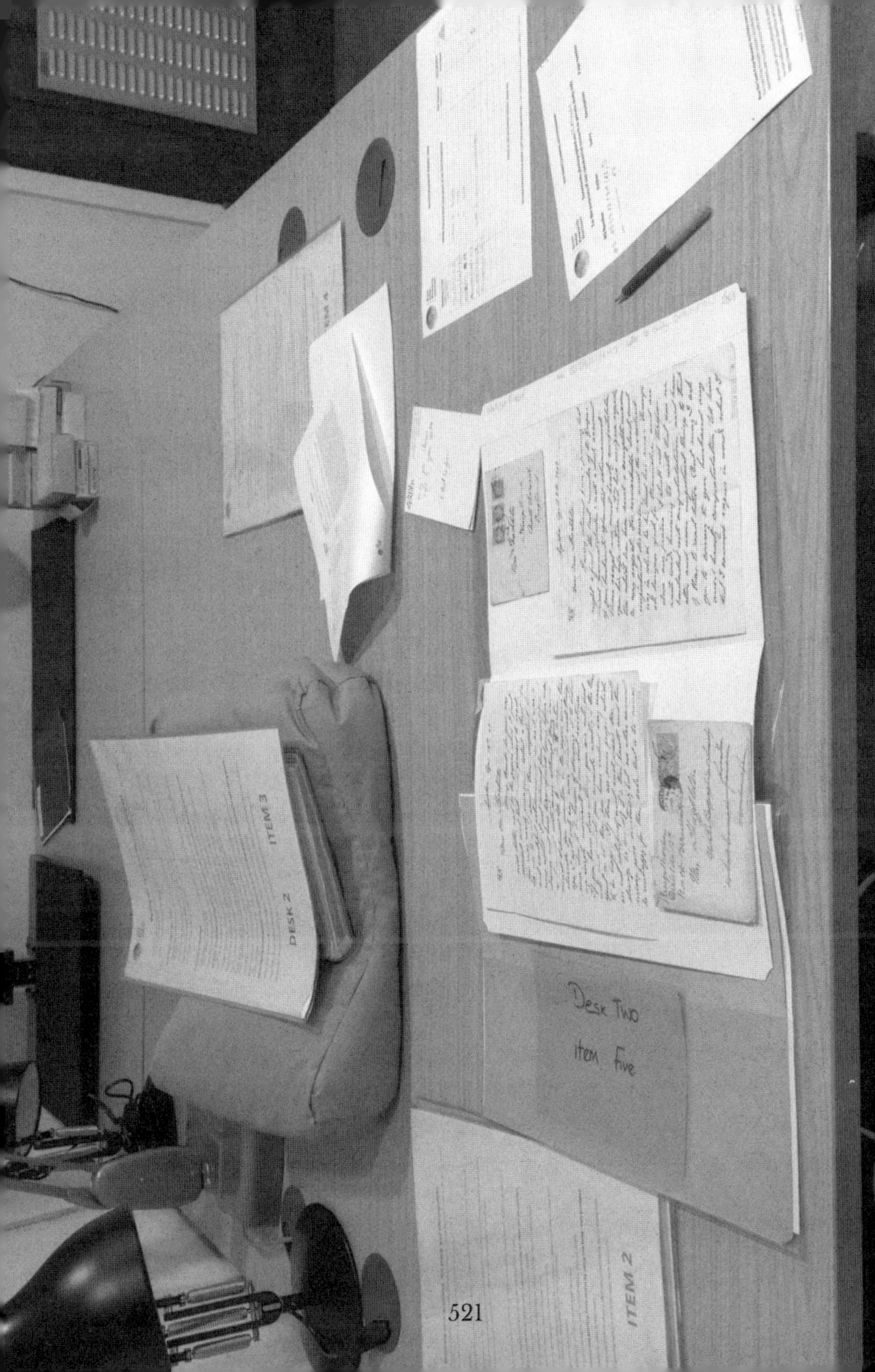

DESK 2
ITEM 3
Desk Two
item five
ITEM 2

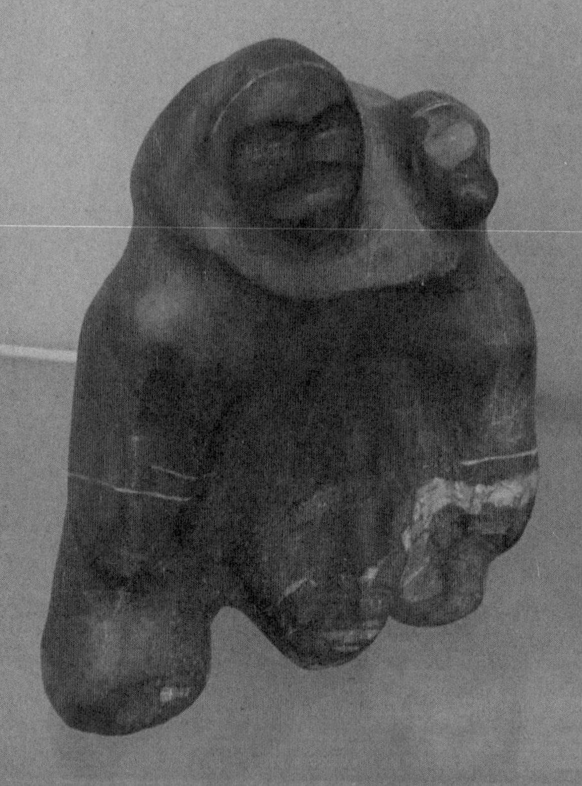
Barnabus Arnasungaaq (b.1924)
Woman and child
Qamanittuaq (Baker Lake) | metabasic stone | 1995
sed with the assistance of the Heritage Lottery Fund, 2009
seum Y: 2010/10/91

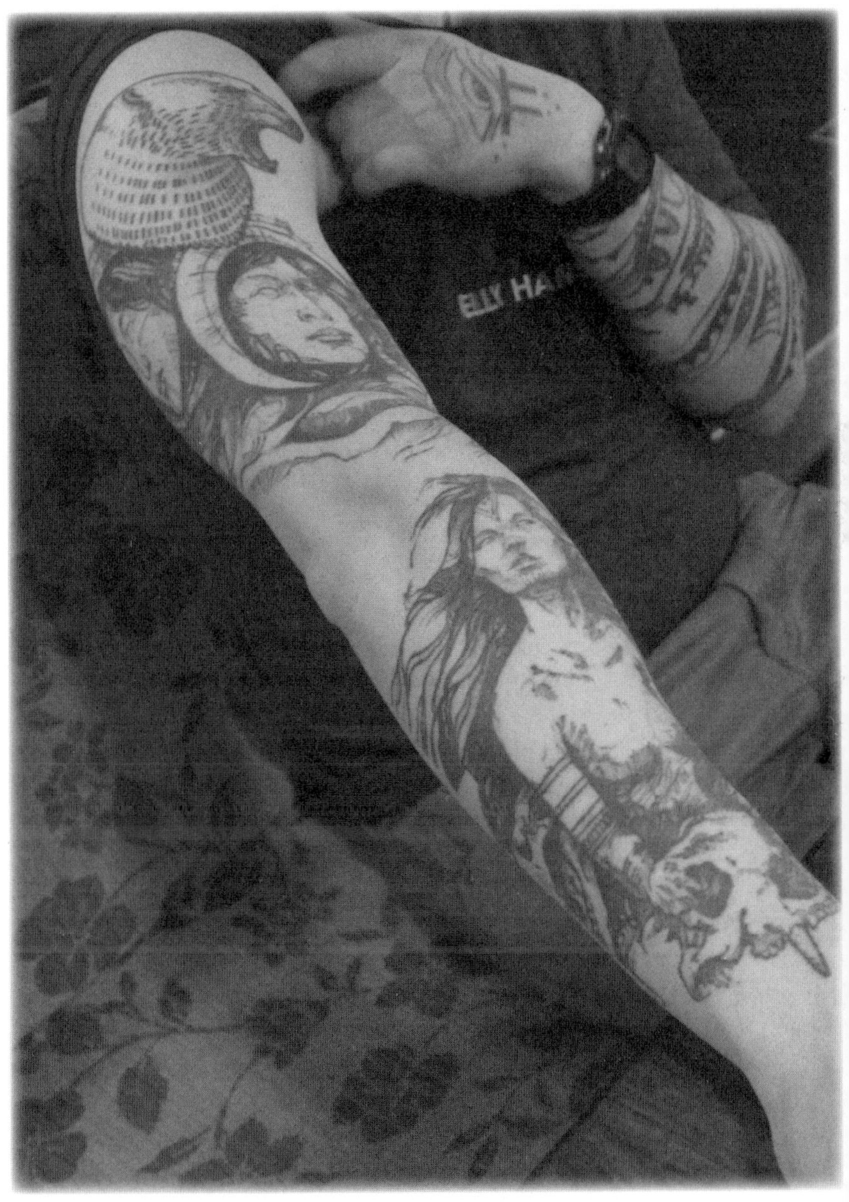

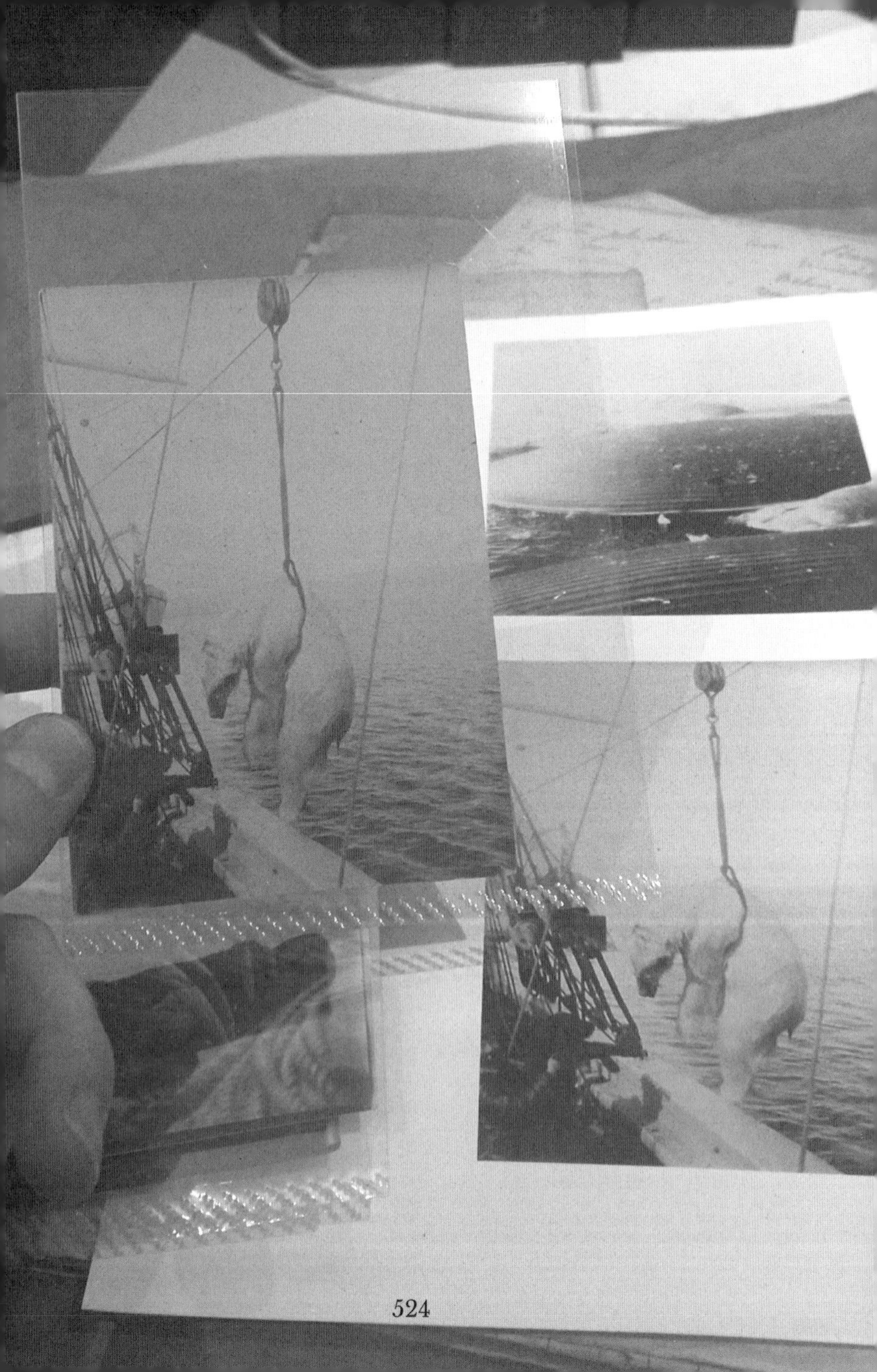

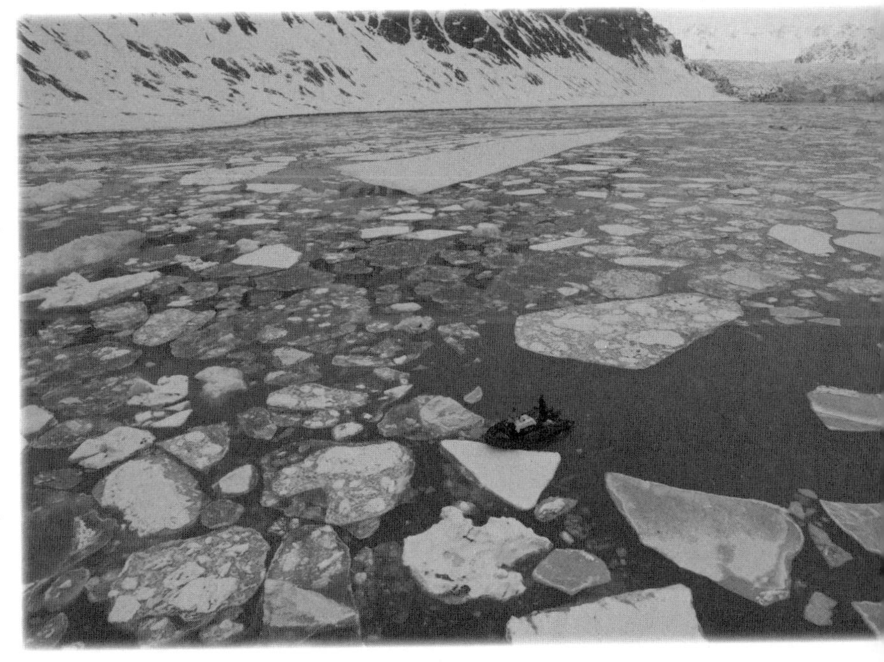

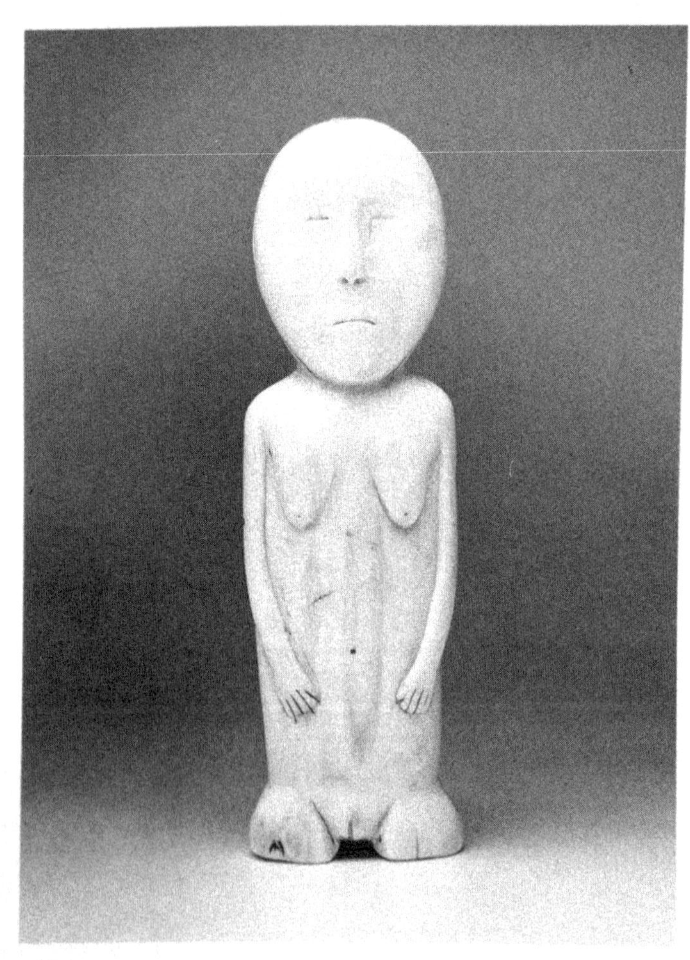

bb.5
/eibliche Figur
/alroß- Elfenbein
merikanische Eskimo
). Jh.
. 18,8 cm; B. 5,8 cm
(at.Nr. 143)

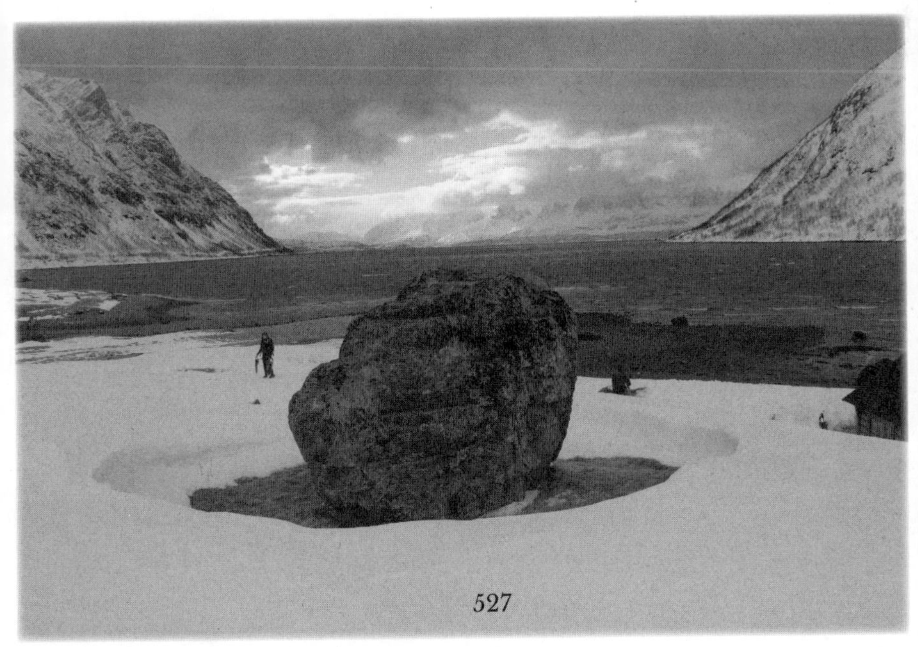

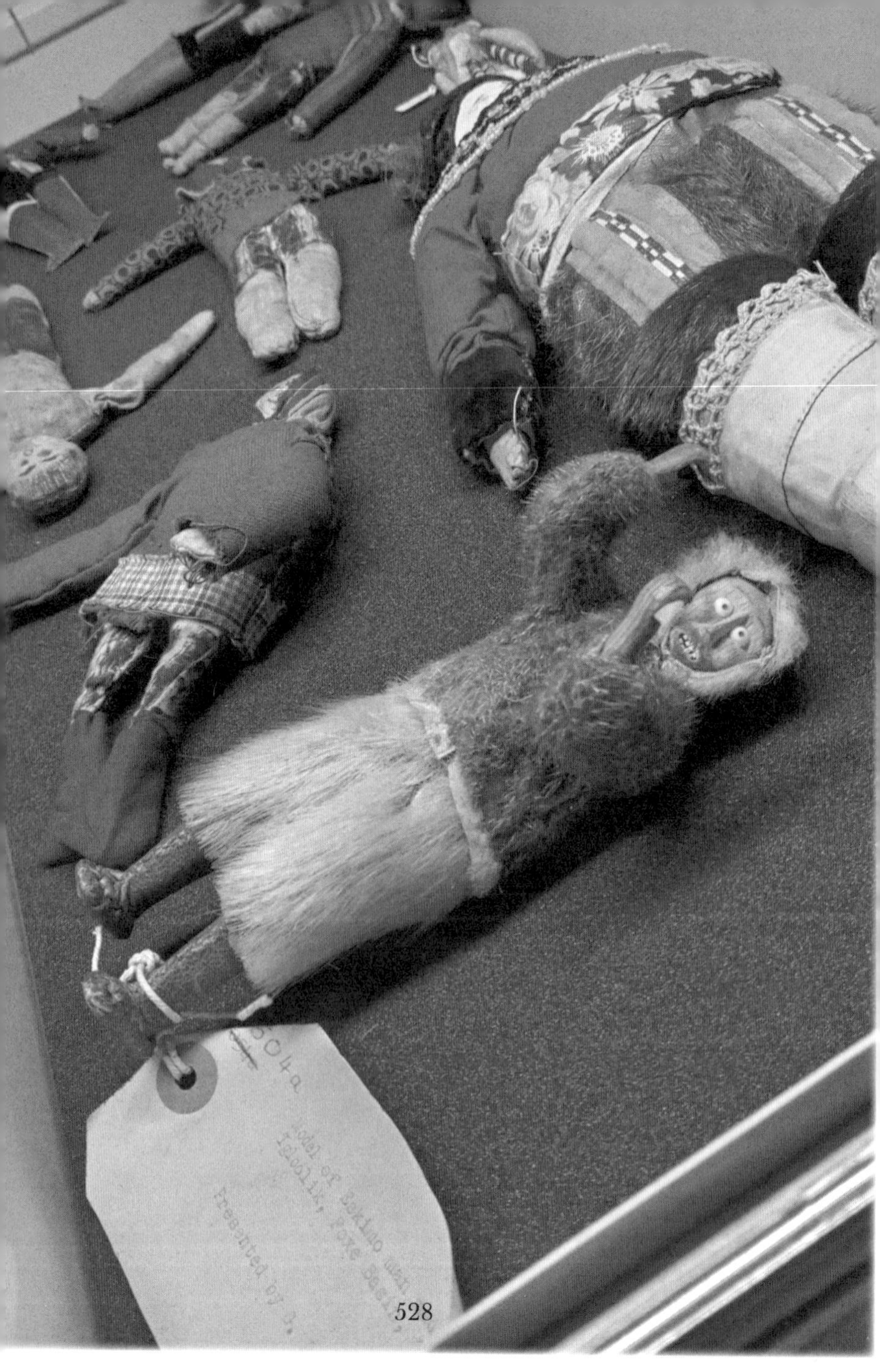
Igloolik, Foxe
Presented by D.

Torkji, Numedal.

29th September, 1904.

My dear Captain Scott,

I congratulate you with all my heart upon your successful expedition and your great results, and wish you a warm wellcome back to your land and your friends. You know certainly that outside your own country there are not many who have followed you with more interest, and who have been more delighted to hear of your success.

But you receive hundreds of letters, and I know what it is to return from an expedition, therefore I will not bore you with a long letter at present. I may come later.

I am in the mountains now far away from all regular communications, and therefore I have not heard of your return to England before now.

My wife joins in kindest regards and hearty good wishes

ever yours sincerely
Fridtjof Nansen

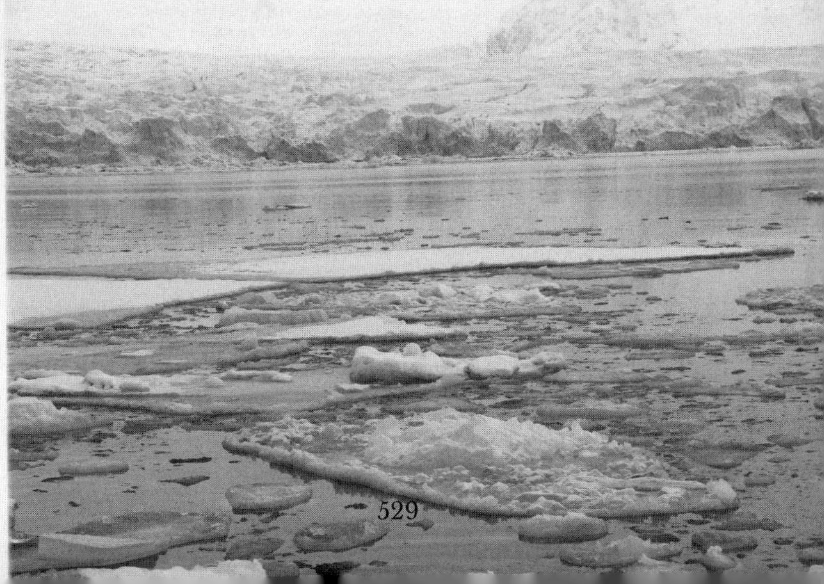

Lysaker 16-4-12.

My dear Bruce,

I understand that you have taken observations in the warm Spitsbergen-current, and that also the Prince of Monaco has taken such observations. As Helland-Hansen and I are just now writing a paper on this current, based upon the observations of the Norwegian Spitsbergen-expedition in 1910, I would be much obliged if you would kindly tell me, where the observations of yourself and the Prince of Monaco have been published, or still better, if you could give me your vertical series of temperatures (and if possible salinities) taken in this current. As I am just now studying the annual variations of the temperature of this current during all years, from which observations are known, you will easily understand that all trustworthy series of temperatures are of great value for our investigations. I would also be thankful if you could tell me where Leigh Smith's observations in the Spitsbergen-current were published.

Hoping you are well with kindest regards

Yours very truly

Fridtjof Nansen

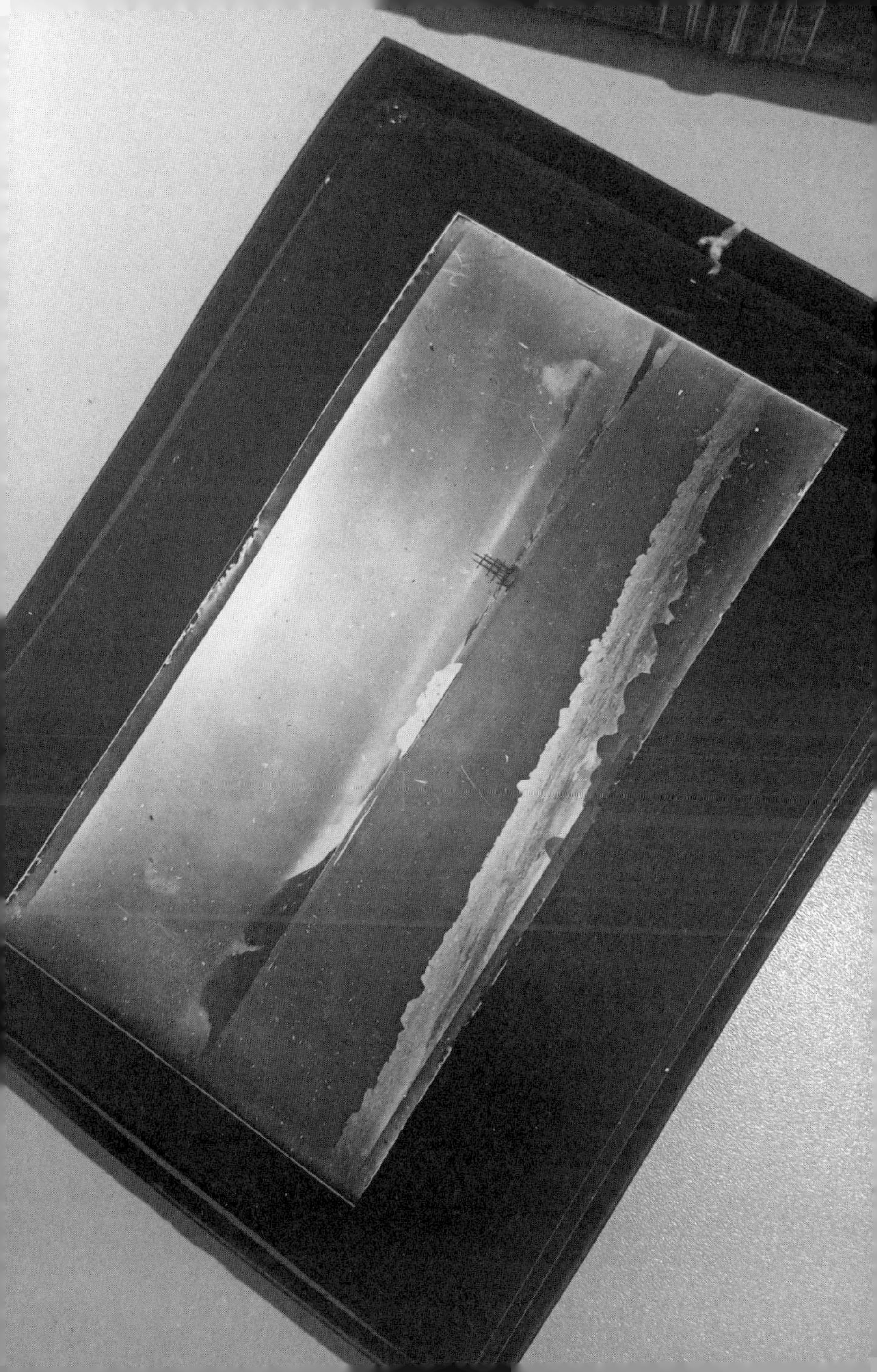

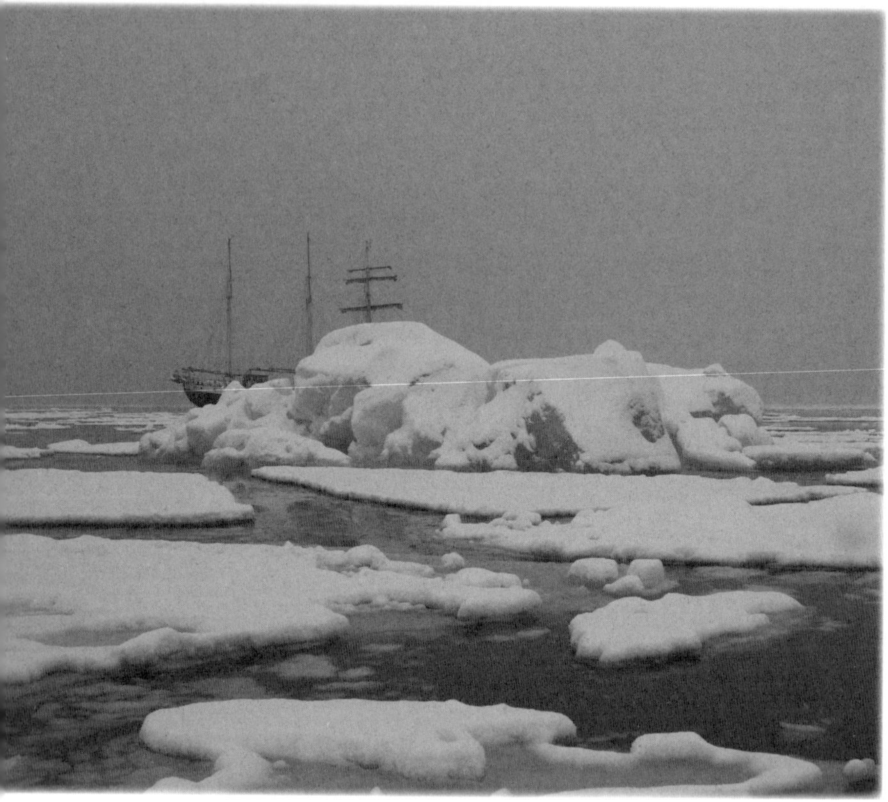

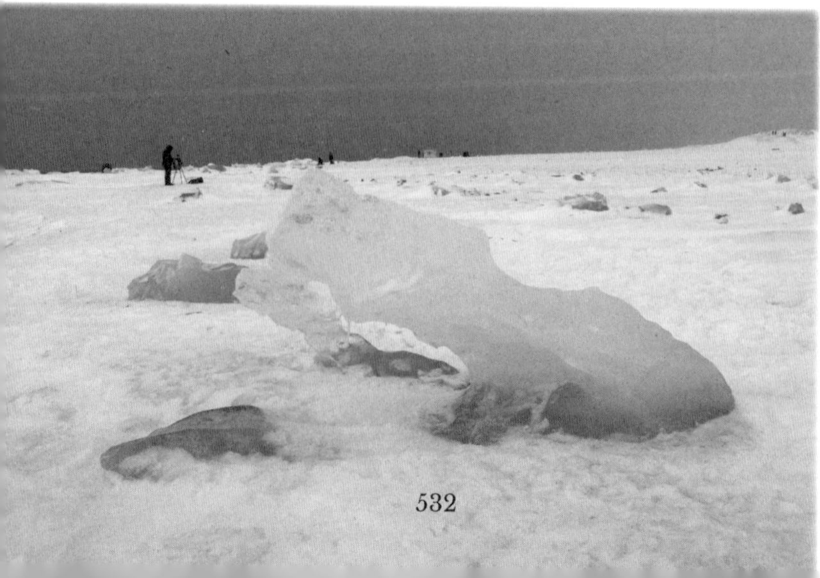

I'm the only guest sitting in my Amundsen trousers with a pot of green tea at Café Wetterstein. The tables are still decorated for Easter. It's cloudy, 12 degrees Celsius. Outside the window, the newspaper Bild's headlines read: Shocking fees! Ripping off the Oktoberfest guests, and the radio asks "are we humans or are we dancers?" Yesterday, while traveling, I had my headphones on all day and listened to *Cosmic Dancer* by Nick Cave.

I've just been to see my therapist and he was the first person I told about the time past. It was strange to start narrating that story. First of all, because of the German language. But above all because the experience is now complete and has become a story. I talked about Frederike, Nico, Sandra, Tuomas, Sarah and Sergei. I said it was a lot of fun and that Frederike and I sang in the cabin when we woke up. The therapist thought it was good that I had been desired. He said that I seemed to have seen vulnerabilities in the lives of others. The fact that others seem to need even more support than I do could reassure me. He also asked: "What is it that makes a tattooed man attractive?" I am numb and let the events pass me by. No emotion.

In the Whatsapp group "Fjord Finder 2022," people share photos of the homes they have reached. As part of the group on the Antigua, I felt seen and valued as a person. This memory sustains me. There is a "we" that I want to be part of. The encompassing we of the others is meant to be mine too. It speaks of us humans as a species, in an indissoluble planetary context.

The therapist also thinks it's good that I didn't just have fun, but that I got to work. I realize that I have more faith in the relevance of art again.

A woman enters the café: "Grüßgott." "Grüßgott, bitteschön." I'm confused. I posted on Instagram saying I'm having re-entry issues. Weird to be back on my phone. Weirder to be back on the clock. The trees have lots of green leaves, the birds are singing and the flowers fragrant. I've already done the laundry and taken three fully photographed films to the drugstore to be developed. Now the sun comes out and I receive a call that I don't answer.

I have a vaginal fungal infection. The therapist has Covid. Hopefully not from me, I'll never know if I was infected with corona in the Arctic. I meet him virtually. He says he's glad that he still has his sense of taste and that its disappearance would be the worst thing. He ate beef carpaccio today. Apart from that, we talk about lots of different things, about the interviews I've started transcribing. It's a nice activity, I hear the voices of the others and I'm happy. The therapist ends the session with the diagnosis that I can actually articulate exactly what I want. He says that stability doesn't have to be boring.

My friends come to the billboard at Lenbachplatz: Sophie, Lili, Nikolai, Paul, Charlotte, Elfi, Martin, Jonah and Michi. Michi and Melina have won the scholarship award for visual art from the city of Munich, as announced in an official email. I'm left empty-handed, but I don't mind. We drink Campari Spritz at the Künstlerhaus.

I receive a text message from Lisa. Lisa is going to Paris, our time in Milan together is over. A new era begins.

For-Judith_Sarah.m4a, Friday, April 29, 2022, 9:36:58 AM

Hello, good morning. So, I am home, sitting here and I will see what I can answer to your questions. I try to make it short, it might become long.

My project was to make all your projects happen. To understand them, to combine them, to find the --- the right places, the right situation, the right possibilities and to make sure that you would be able to go and work on your projects --- to make the best possible out of the situation and the situations that we had.

My trip paid me. I've been working on the Arctic Circle for ten years now. Every June, every October since 2012 and it's the longest, most stable job I ever had, and it pays some of my bills.

I am here because --- I love it. It's my home. Both, the islands, and the ship. And I keep doing this, or why I keep working with all these groups of artists, even though after every voyage like now, I cannot imagine that there will be a new group of artists coming --- Even though always when everyone leaves, I feel like I am missing in this case 29 lovers and am broken into 29 pieces --- I love doing it because it's so special to --- Well, to bring you to this place and to see how you see the island and the nature. But also, because it's so special to see everyone in this very early stage of working, like, the final thing is in most cases --- It's not yet important. It's the beginning of making, it's the beginning of creating. What usually happens alone, maybe with a few people --- but usually it happens in the studio. And I think it's just a very special and specific position that you don't find in many other situations, which I love. So, I love the work and I love the place.

What I see at the moment is my dirty windows. There has been a lot of wind from the east and the sand from the valley blows straight onto my windows. But through these dirty windows I see the mountains, the other side of the Fjord. There's still white, a bit of rock showing up because there's been blowing, shadows from the clouds. And I see the ocean, I see the waves. Now the wind is more Northwest, so the waves are coming here. I can hear them when I open a window. And I see my home. I am back. I am here.

What I know about this place? A lot. And maybe me, what's different from others, that I know the changes. I have been here over time and I've seen many places in many different times of the year, many different times of the day, so that I know it's true how this place changes.

I see myself as part of the landscape. I remember very, very clearly the first time that I went out alone on my own. It was also straight away a very long walk to a cabin. And I remember how completely overwhelmed I was and how extremely silent it was. And how I was running, almost. I was going too fast, I was getting too warm, going too far just because it was so overwhelming. But that has changed a lot by being here. And really it has become very --- the surroundings are very at my pace. So, in nature here I see myself as part of nature. But always on the surface. It's --- You're not in nature here. You're almost in it, but always on the surface. And that is what I often feel when I am in a place --- I feel --- It just strikes me how this place doesn't need us at all. How it is exactly the same if we were not there. So, we are there and what overwhelms me is that this is what it is like when no one is looking. So yes, as part of the landscape, but never in it. Always on the surface.

My favorite landscape. Oh --- We've seen a little bit of it. We saw a part of it at the very last landing. It's the moraine landscape. More than the ice, more than the glaciers and the snow, it's the moraine landscape when you read the history and the landscape which looks like hills with small lakes between the hills. It is often described as a moon-like landscape. And it looks so solid, and it looks so perfect in a way. But it's changing. Still, there's still a lot of ice under these hills and it keeps melting. And it keeps changing. And in this very slow process it becomes this very accidental and balanced landscape, which is like describing the glacier and describing, showing what has been. Even though the landscape looks like it will never change. It looks so solid but it's changing all the time and in the moraine landscape you can read that.

I think nature here is exactly that what I described. Knowing that it does not need us. And it's a very different way I think, being here. Because we lose all the connection to nature, being in a place that --- Like, we don't eat from the land, a few mushrooms in August and maybe a reindeer and a bit of seaweed. But the land is not feeding here. The land doesn't need us. We're just on top of it.

I love cold. It wakes me up. Before I knew cold, I was always floating. I wasn't on earth at all. I was in my head and overruling my body completely and I didn't know how to be on earth. And then the first time I came to Iceland and learned to be grounded, you could say, on my feet. That is what cold means for me. It puts me --- I'm not a very practical person. I am --- I easily go up into the clouds. But here I don't. The cold grounds me. And warmth --- Warmth is having time. Warmth is not being at work, it's home. It's looking at the mountains like I do now from within my home, where I just rest. And safety. Definitely safety as well.

My conscience is not very pure. I'm thinking of what it means to live here. Then I'm thinking of what we are doing here. Here far north where everyone wants to come and see how things are changing. And here we live, and everything I eat and everything I buy, everything has been flown up here by plane or has been brought here by boat. But nothing comes from here. It's an enormous pressure on nature. It's using resources much more than it should be. And it will be continuing like this. Food will never come from the land; it will always be brought up. And every time we go somewhere – apart from the times we sail, but that is very rare – we fly. We fly, and what we eat has been flown up. There are a lot of resources necessary to keep this place running. We shouldn't be here at all. No one should. But we are. --- And all the ships are coming. All the people are coming, and everyone is facing it, and it has to be cheaper, and it has to be accessible, and it should be possible for everyone. That's how it is now, and they all have to go out in nature on their scooters and the Arctic is being consumed. And my conscience is --- I always meet it whenever I go on board again and we start to sail and there is my group of tourists and the only thing I can do, or what I try to do to balance it, is to give information. And now with the group that we had, everyone was well informed. Everyone knows. But I still meet people that don't believe in climate change. That don't think that it's real that say: "yeah, well, we just come from the little --- the little ice --- how do you say, ice time, Eiszeit, vielleicht? We just come from the small ice age. Of course it's getting warmer." --- So there, I think, there's a lot still that I can do, that I do, I pass on the information. I tell. I show it in the landscape, I explain where glaciers have been, how it is changing now, and this is how I try to balance it. But my conscience about being here, no, it's not clear. Even though I know I consume a lot less than average because it's not part of my world anymore, but still all the foods, the whole infrastructure, everything. It's taking a lot.

The role of my work is what I said before, being on the ship and being the one that gives information, passes information but also chooses what to show and where to put the focus in a voyage. If it's only consuming or if there's place for --- There's always room to really make the changes tangible. Last August we did it very clearly. If you look at the map of Svalbard, in Hornsund there's a glacier and it stretches from the end of Hornsund to the other side of the island. And this glacier has been retreating and retreating and retreating, and it is thought that in 35 years, this glacier will not be any more and that it will be an island so that the main island of Spitsbergen will fall into two. That there is a passage through there. And what we did last August, as we sailed into Hornsund, the most southern Fjord on the island, we sailed all the way to the glacier, all the way, as close as we could. And then from there, the next day we went all the way around South Cape. That was a nice thing. It was good weather. We could sail all the way up and we went to the other side of the glacier. And then we measured our tracks. We measured the distance between our tracks on the one side of the glacier and on the other side. And there was only about 4,5 kilometers left between our tracks. And to do that, like to make it really visible and tangible and to put the focus on there, at the same time as enjoying these beautiful glaciers and the beautiful sailing in a perfect midnight sun, I think there we have really --- I have a role that I can use to give information and to make the changes tangible. This is what I try.

I'm afraid of climate change. And the danger I see everywhere. Often the images that are passed on, it's the lonely polar bear on the piece of ice with a note saying how hard the times are for the polar bear because there's no ice and no food. And it's difficult. The polar bears will manage, they have already started developing new techniques of finding food. They've been eating a lot more eggs and have also started eating more reindeer. They will find their way. If we finally stop hunting them, then they will have the margin that they need to adapt. But where you see it much more is in the landscape. And it's this stable landscape of rocks and ice, this landscape that looks so solid and it looks like it is always here, not changing at all. This is changing. It's melting. It's not in balance. It's not solid anymore. It's shifting. And we see that in town very strong. Where the permafrost is thawing and all the houses are anchored in the permafrost, and they are shifting and cracking. Just yesterday there was a house that got closed because the foundations were not good enough anymore. And we see the sides of the mountain, they get unstable, there are mudslides because the permafrost is melting. It's not solid anymore, these loose rocks and then the water and the sand that just comes down and the avalanches. The avalanches that have been much stronger in the recent years, and the crazy weather, the warm weeks in winter that melt the snow and the tundra and then the waters freezes and it locks off all the food that the reindeer have. And this hot week in summer. It's just not stable anymore. It's shifting. The solid landscape is falling apart. And of course, of course for the polar bears it's different as well. I just wanted to say that that image, yes, it's true. But what we really feel around us is that the landscape is not solid anymore.

I feel exhausted and satisfied. And I miss all of you. Terribly. There's something so special with being on a voyage like this because when do we experience this in --- like after school, after we've been to primary school, that you are with people and they're there as some kind of unconditional presence. You don't have to ask anyone to go for a coffee. You don't have to see if someone has time and you --- Conversations can just happen and pass by. There's no asking, there's no confirmation needed. You're all there. I loved it.

Yesterday I had a funny dream because I was at the end of my sleep late in the morning. I've been going to bed very late now, but also sleeping until late in the morning. Just because I can. Late in the morning I had this dream that I was packing. This dream I have a lot. I was packing and I was in Holland, and I was trying to decide if I should go to Belgium or not, or if I should stay, if I should catch the train, and I was going back and forth between decisions. There's never an end to this dream. There's never an end to the packing, there's never an end to the deciding. And then I woke up and I was so relieved that I did not have to decide anything. And, so relieved that I did not have to make any decisions that involve 36 other persons. So, I woke up happily alone, knowing that the only thing I was going to do now was to make coffee and start with the day.

What happened the day I was born: The day before yesterday, I would not have known what to answer to this because I didn't know. But last night I was watching a series. A Norwegian series, it's called Luckyland. Or Happyland, maybe it translates like that. It's about the oil adventures, it starts when the first oil has been found and then it shows how it has been changing the whole country of Norway. And this is so fascinating. I watched the first season the night before yesterday. I watched the whole second season last night and when I finished at eight in the morning, then I had to just read a bit about it and check if the series was based on facts or fiction and what were the facts. And most of it is based on facts. So, I started to look up the accident that had happened and the platform that had sunk, also the diving accidents. And then I read that on the 16th of March 1983 a twenty-nine-year-old diver lost his life working, like in a diving accident for this oil platforms, for the oil industry. That's the day I was born. 16th of March 1983.

Well, I have been talking for a while --- And staring out of the window. I hope it helps or there are parts that can add something. And most of all I really hope to see you again. At one point. See you.

Impressum / Imprint
Old Ice and Us, 2024

Ness Books, Paris.

Ich bedanke mich bei Residency 11:11, Erwin und Gisela von Steiner-Stiftung, Sophia Mainka, Claire Henderson und Julie Héneault, der Abteilung für Deutsche Kultur der Provinz Bozen, Frederike, Nico und Sarah, meinen Interviewpartner*innen, Mitreisenden und der Crew auf der Antigua, bei der Galerie Doris Ghetta, Lisa Jäger und Matteo Pizzolante.

I would like to thank Residency 11:11, Erwin and Gisela von Steiner-Stiftung, Sophia Mainka, Claire Henderson and Julie Héneault, the department for German Culture of the Province of Bolzano, Frederike, Nico and Sarah, my interview partners, fellow travellers and the crew on the Antigua, Galleria Doris Ghetta, Lisa Jäger and Matteo Pizzolante.

Verlag / Publisher
Ness Books, Paris
Auflage / Edition
400
Vertrieb / Distribution
Antenne Books
Gedruckt im Oktober 2024 /
Printed in October 2024

Bilder und Text / images and text
Judith Neunhäuserer
Textredaktion / text editing
mit / with Sophia Mainka
Übersetzung / translation
Claire Henderson
Gestaltung / design
Espace Ness (Julie Héneault)

ISBN 9 782959 488719

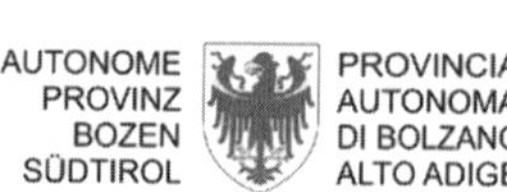

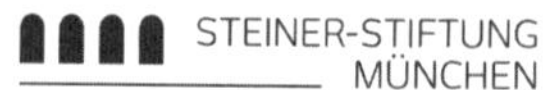

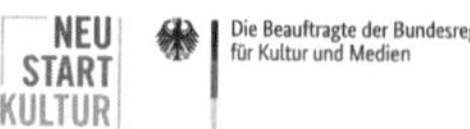

bayern innovativ